20세기 우리 역사

20세기 우리 역사

강만길의 현대사 강의

창비

20세기 우리 역사
강만길의 현대사 강의

초판 1쇄 발행 • 1999년 1월 25일
초판 27쇄 발행 • 2009년 2월 20일
증보판 1쇄 발행 • 2009년 5월 29일
증보판 17쇄 발행 • 2025년 4월 21일

지은이 • 강만길
펴낸이 • 염종선
책임편집 • 김도민 조인영
펴낸곳 • (주)창비
등록 • 1986년 8월 5일 제85호
주소 • 10881 경기도 파주시 회동길 184
전화 • 031-955-3333
팩시밀리 • 영업 031-955-3399 편집 031-955-3400
홈페이지 • www.changbi.com
전자우편 • human@changbi.com

ⓒ 강만길 2009
ISBN 978-89-364-8246-6 03910

증보판을 내면서

〈20세기 우리 역사〉가 처음 출간된 것은 1999년 1월이었고, 마지막 26강의에서는 김영삼정권을 다루었습니다. 김영삼정권은 절대연대로 따져도 당연히 20세기 정권이지만, 뒤이은 김대중정권은 1998년부터 2002년까지 존속했기 때문에 절대연대로 따지면 20세기 말과 21세기 초엽에 걸친 정권이었습니다.

그렇게 보면 김대중정권 시기는 〈20세기 우리 역사〉에 넣을 수도 있고 또 넣지 않을 수도 있겠지만, 다음과 같은 이유로 넣기로 했고, 따라서 증보판을 내게 되었습니다.

김대중정부는 30년 군사정권 후에 성립된 두번째의 민주정부이며, 앞선 김영삼정부와는 역사적 성격이 같은 점도 있고 또 다른 점도 있습니다.

두 정권의 담당자가 군사독재정권 30년간 한결같이 민주화투쟁을 지도해왔다는 점에서는 같습니다. 그리고 정권성립과정에서 김영삼정권은 노태우군사정권과의 합당으로 성립되었고, 김대중정권은 5·16 군사쿠데타의 핵심인물인 김종필 중심 정당과의 연합으로 성립되었습니다.

두 민주정권이 군사정권을 뒤엎고 성립되지 못하고 군사정권세력과의 합당이나 연합을 통해 성립된 사실은 곧 우리 민주화과정이 가지는 역사적 제약성입니다. 두 민간정부의 핵심은 민주세력이요 군사정권 아래서의 야당세력이었지만 — 김영삼 중심 세력이 합당 후에는 더이상 야당이 아니었지만 — 30년 군사정권과 동일한 시기에 함께 정치를 해온 결과라고도 할 수 있겠지요. 그 점에서는 구군부세력이건 신군부세력이건 군부세력과의 합당이나 연합 없이 성립될 수 있었던, 21세기의 2003년에 시작된 노무현정권과는 그야말로 시대적 역사적 차이가 있다고 할 수 있습니다.

그럼에도 불구하고 같은 20세기 정권이면서도 김영삼정권과 김대중정권 사이에도 큰 차이가 있습니다. 두말할 것 없이 대북정책과 통일정책에서의 차이가 그것입니다. 김영삼정권은 불행하게도 결과적으로는 6·25전쟁 후 계속되어온 대북 대결정책으로 일관할 수밖에 없었던 데 비해, 김대중정권은 대북 화해협력정책으로 전환할 수 있었다는 점입니다. 20세기 후반기 우리 역사가 남북대결의 시대였다면 21세기 역사는 남북화해의 시대라 하겠는데, 그 점에서 김대중정권은 절대연대상에서는 2년간 걸쳤을 뿐이지만 21세기 정권의 성격을 가졌다고 할 수 있을 것입니다.

생각보다 비교적 많이 읽힌 〈20세기 우리 역사〉가 처음 간행된 지 벌써 10년 가까이 되었습니다. 이번에 증보를 하면서 읽어보니 마음에 안 드는 서술이나 표현이 상당히 있었습니다. 특히 어느 역사적 사실에 대한 표현이나 관점에서 처음 쓸 때와 지금과는 조금씩 차이가 있음을 알았습니다. 그래서 군데군데 조금씩이나마 손질했음을 밝혀둡니다.

'증보판을 내면서'의 초고를 쓴 것은 이명박정권이 성립되기 전인 2007년 8월이었습니다. 그런데 증보판 간행이 이명박정권이 성립되고 1년이 지난 2009년에 이루어지게 되었습니다. 그 1년간 여러가지 변화가 있었지만, 특히 우리의 관심을 끄는 일은 '역사논쟁'이라 할 일이 일어난 것입니다. 그래서 이 증보판 서문에서도 그 문제에 대해 한마디 덧붙이지 않을 수 없습니다.

인류의 역사가 직행만 하는 것은 아닙니다. 정치·경제·사회·문화적 민주주의가 직선적으로만 발전해왔다면, 인류역사 5천년을 통해 바친 그 많은 피와 희생의 결과가 어찌 이 정도밖에 안되겠습니까. 역사가 가는 길은 때로는 정체하는 것 같기도 하고 심할 때는 후퇴하는 것 같을 때도 있게 마련이며, 직선이 아니라 지그재그로 나아간다고도 말해지기도 합니다. 좌측으로 흐를 때도 있고 우측으로 흐를 때도 있다는 것이지요.

지난날 어느 시인이 "모든 강물은 / 바다로 흐른다 / 백두산 위에 떨어진 빗방울이 / 바다로 흘러가는 그 이치를 아느냐"고 한 시구가 기억납니다. 좌측으로 흐를 때도 있고 우측으로 흐를 때도 있지만 결국 모든 강물은 바다로 흘러가게 마련이지요. 인류의 역사는 장구한 세월을 통해 결국 정치·경제·사회·문화적 민주주의의 바다로, 지구 전체가 하나의 평화공동체가 되는 한없이 크고 넓은 바다로 나아가게 마련입니다. 그러나 직행하지만은 않고 지그재그로 가기도 하는데, 문제는 그 지그재그의 각도가 넓어야 한다는 것입니다. 다시 말해서 앞의 흐름에서 생산된 민주주의적 잇점을 없애버릴 것이 아니라 가능한 한 크게 수용해야만 역사발전이 더 진전되는 것이지요. 역사가 지그재그로 갈 때는 이 점이 중요합니다.

이명박정권이 가는 방향이 김대중정권 및 노무현정권이 갔던 방향과 설령 다르다 해도, 이명박정권이 의식적으로 우측 방향으로 간다 해도 그 지그재그의 각도가 넓어야 그 정권에 대한 역사적 평가가 그만큼 높아지게 마련이라는 점이 중요합니다. 제 정권의 특성을 살리기 위해 시정방침을 앞 정권과 다르게 한다 해도, 앞 정권이 이루어놓은 민주적·민족적 성과는 그대로 수용하는 일이 곧 역사를 전진시키는 길입니다. 특히 민주주의와 평화통일의 진전 면에서 그렇지요.

역사학 전공자의 처지로서는 뉴라이트인가 하는 입장의 역사 보는 눈이 역사진전 지그재그의 각도를 좁힘으로써 이명박정권에 대한 훗날의 역사적 평가를 낮아지게 하지 않을까 걱정입니다. 이명박정권도 물론 우리 역사의 21세기를 여는 중요한 한 부분이기 때문입니다.

해방 후 우리 땅에서 성립된 정권들은 정치·경제·사회·문화적 민주주의를 얼마나 발전시켰는가와 함께, 그야말로 민족의 숙원인 평화통일을 얼마나 진전시켰는가도 중요한 평가대상입니다. 뉴라이튼가 하는 쪽의 역사인식이 만에 하나라도 민주주의 발전과 민족의 평화통일에 저해되는 길이라면, 그리고 이명박정권이 그 길을 따른다면 후세 사가(史家)들의 가혹한 평가를 받지 않을 수 없을 것입니다. 역사적 평가는 '춘추필법(春秋筆法)'이란 말을 들먹이지 않더라도 어디까지나 '역사적 대의'나 '역사가 가는 큰길'에 입각하게 마련이지, 결코 일시적 실용주의나 현실적 이해관계를 앞세우지는 않기 때문입니다.

독자 여러분, 늙은이의 '노파심'은 이 정도에서 그칠까 합니다. 역사, 특히 파란만장했던 우리 근현대사에 더 많은 관심을 가져주기 바라는 마음 간절합니다.

2009년 5월, 동해변의 우거에서
강만길 씀

강의를 시작하면서

1. 강의를 하게 된 동기는 이렇습니다

1997년 초로 기억됩니다. PC통신을 운영하는 어느 기업체로부터 가상대학(cyber university)을 개설하는데, 한국 근현대사를 강의에 넣고 싶으니 24강의 분량의 강의안을 써달라는 요청을 받았습니다.

내 나름의 관점에서 보는 우리 근현대사 상(像)을 한 사람에게라도 더 보급하고 싶다는 생각을 평소 가지고 있었기 때문에, 그리고 가상대학의 강의가 대학생이 아닌 일반인을 대상으로 하는 상당히 괜찮은 형식이라 생각했기 때문에, 응하기로 했습니다. 강의 범위는 20세기 우리 역사에 한정하기로 했습니다.

1주일에 두번씩 나가는 강의를 개설 직전에 청탁받았기 때문에, 기존의 『고쳐 쓴 한국현대사』(창비 1994)를 저본으로 한다 해도 시한에 맞추어 원고를 써내기가 대단히 벅찼습니다. 따라서 가상대학 강의는 내가 봐도 마음에 드는 내용이 되지 못했지요.

당초 1년으로 계약한 기한이 연장되는 경우에 대비해, 1997년 말부터 강의안을 고쳐 쓰기 시작했습니다. 그러나 역시 강의가 인기 없던 탓인지 계약이 1년으로 끝나서 가상대학 수강자들에게는 더이상 강의를 할 수 없게 되었습니다.

고쳐 쓴 강의안을 그대로 묵히기가 아까워 책으로 만들었으면 하고 생각하던 차에, 창작과비평사에서 읽어보고 출판을 하겠다고 하여 이에 응하기로 했습니다. 책으로 내는 데는 강의 횟수에 구애될 이유가 없어서 26강의로 늘리고,「강의를 시작하면서」와「강의를 마치면서」를 추가했습니다.

2. 역사책과 역사 강의는 다릅니다

고쳐서 책으로 내는 강의안은 한마디로 가상대학 강의안보다 훨씬 더 강의안답게 하려 애썼습니다. 가상대학 강의안이 시간에 쫓겨 '책 같은 강의안'이 되어버렸다면, 책으로 내는 강의안은 오히려 '강의 같은 책'이 되게 하려 했습니다. '책 같은 강의안'을 '강의 같은 책'으로 고쳤다는 말의 의미는 다음과 같이 설명할 수 있을 겁니다.

역사학자가 한 시대의 역사를 책으로 쓸 때는 연구를 통해서 이미 실증되고 논증된 사실만을 골라서 쓰게 마련입니다. '역사는 선택이다'라는 말이 있듯이, 실증되고 논증된 사실이 모두 역사책에 오르는 것은 물론 아닙니다.

역사적 가치에 따라 또 연구자의 관점에 따라 역사에 오를 만한 사실만이 선택되지만, 어떻든 역사책에는 일단 실증되고 논증된 사실만이 오르는 것이지요.

그렇기 때문에 원칙적으로 '역사책'에서는, 어느 하나의 사실에 대해 "지금까지는 이런 것으로 되어 있지만, 앞으로 연구가 더 진행되면 다른 것으로 될 수도 있을 것"이라든지 "지금까지는 이렇게 봐왔지만, 앞으로는 저렇게 볼 수도 있을 것"이라든지, "다른 사람들은 나름대로의 논증을 통해 이렇게 봐왔는데, 비록 논증은 아직 못했지만 역사 흐름의 큰 방향 같은 것에 비추어봤을 때 이렇게 보는 것이 옳다고 생각된다"는 식으로는 전혀 쓸 수 없습니다.

그러나 '역사 강의'는 반드시 그렇지만은 않습니다. 강의에서는 앞에서 말한 역사책에서는 쓸 수 없는 예상이나 가정, 추측 같은 것을, 수강자의 이해를 돕기 위해 어느정도 할 수 있다는 겁니다.

그래야만 어떤 역사적 사실을 수강자들이 새로운 시각으로 볼 수 있고, 그것을 실증하기 위해 더 연구하는 계기를 마련해주는 강의가 될 수 있는 것이지요. 또 그래야만 학문이 더 발전할 수 있는 것입니다.

역사를 공부하는 목적이 흔히 '과거를 알아서 현재를 이해하고 미래를 전망하는 데 있다'고 하지만, 역사책에서는 미래전망 같은 것은 극히 제한적이게 마련입니다.

그것도 책에서 직접 말해주기보다 현명한 독자가 스스로 터득하게 하는 경우가 대부분이지요. 그러나 강의에서는 좀더 적극적으로 미래전망을 할 수도 있으며, 그것을 가능한 한 정확하게 할 수 있는 강의가 명강의가 될 것입니다.

이것으로 『고쳐 쓴 한국현대사』라는 '역사책'이 있는데도, 20세기 우리 역사를 '강의'한 책을 내는 이유가 어느정도 설명되지 않을까 생각합니다.

한마디로 말하면 사실만이 나열된 '역사책'이 아니라 그 사실에 대한 논평이나 의미 추구, 앞으로의 전망 같은 것이 있는 '역사 강의'를 책으로 만들고 싶은 것입니다.

그리고 또 지금은 우리 현대사 연구가 크게 진전되고 있습니다. 1994년에 『고쳐 쓴 한국현대사』를 쓸 때까지는 밝혀지지 않은 사실들이 그후의 연구를 통해서 많이 밝혀졌으며, 새로운 관점들이 도입되기도 했습니다. 1999년에 책으로 펴내는 이 20세기 우리 역사 '강의'에 그 연구 성과들이 가능한 한 반영되었음은 말할 나위가 없습니다.

일일이 이름을 들지는 않겠지만, 최근에 나온 젊은 연구자들의 연구 결과로부터 특히 일제강점 시대의 사회주의운동사 부분과 경제사 부분 그리고 해방 전후사 부분을 강의하는 데 많은 도움을 받았습니다. 감사해 마지않습니다.

3. 역사를 강의하는 목적은 이렇습니다

역사책을 낼 때보다 역사 강의안을 책으로 내면서 한가지 더 걱정되는 일이 있습니다. '역사책'이 아니고 '역사 강의'라는 이유를 내세워 우리 역사를 너무 주관적으로 설명한다는 말을 듣지 않을까 하는 점입니다.

강의에서는 책에서보다 어느정도 주관적 설명이 허용될 것 같아서 이런 방법을 택한 게 사실이지만, 그렇다고 역사적 사실을 제멋대로 해석하면서 '무턱대고' 주관적으로 설명한 것은 물론 아닙니다. 이 점에 대해서는 좀 길어질 수밖에 없는 이론적인 설명이 필요하겠으나, 여기서 길게 말할 계제는 못 되는 것 같습니다.

다만 현대사로 올수록 '역사 보는 눈'이 다양해질 수밖에 없으며, 역사학에서 흔히 말하는 객관성이란 것이 역사적 사실에 대한 몰가치적 이해를 말하거나, 가치중립적 입장에만 서는 것을 가리키지는 않는다는 점을 말해두고 싶습니다. 하나의 역사적 사실에 대한 어떤 관점이 동시대인의 동의를 더 많이 얻을 수 있는가에서 객관성이 구해질 수 있다는 말을 하고 싶습니다.

역사를 공부하는 것은 단어나 공식을 하나 더 외우는 것처럼 지식을 더 축적해가는 그런 단순한 일이 아닙니다. 민족사이건 인류사이건 우리가 역사를 배우는 목적은 스스로 역사를 영위해가는 데 도움이 되게 하기 위해서입니다.

그리고 우리가 역사를 영위해가는 큰 목적은 한마디로 내 민족 네 민족 할 것 없이 이 세상 사람들 모두의 삶이 한층 더 나은 것으로 되게 하는 데 있다고 하겠습니다.

세상 사람들의 삶이 한층 더 나아진다는 것은, 간단히 얘기해서 모든 사람들이 정치적으로 한층 더 자유로워지고, 경제적으로 한층 더 고루 잘살게 되며, 사회적으로 한층 더 평등해지고, 문화·사상적으로 한층 더 자유로워짐을 말한다고 할 수 있지요.

이 강의중에 혹시 강의하는 사람의 주관적 관점이 강해 보이는 부분이 있으면, 그것은 이같은 역사발전의 큰 방향에다 잣대를 맞춘 관점이나 해석 혹은 논평이 되게 하려 노력한 결과라 봐주면 고맙겠습니다.

다시 강조하고 싶습니다. 긴 눈으로 보면 인간의 역사는 정치·경제·사회·문화적으로 더 자유스러워지고 고루 풍부해지고 더 평등해지는 방향으로 발전해왔고 또 발전해가고 있다고 생각합니다. 그 점에 잣대를 맞추어 인간사(人間事)로서의 역사를 이해하고 평가해야 합니다.

그리고 정치적 자유, 경제적 균부(均富), 사회적 평등, 문화·사상적 자유 등이 더 올바르게 더 빨리 확대되게 하려면, 그 길이 역사의 옳은 길임을 알고 개인사나 민족사나 인류사 전체를 그쪽으로 가져가려는 사람들의 노력과 헌신이 쌓여야 할 것입니다.

이 강의가 이런 생각 아래 이루어진 것임을 이해해주면 그 이상의 다행이 없겠습니다.

차 례

강의

한반도는
왜 일본에 강점되었을까요

근대 이전 우리 민족사회가 알고 있던 '세계'는 한반도를 중심으로 중국과 일본이 전부였다 해도 과언이 아닙니다. 그 '세계' 속에서는 중국이 문화적으로 가장 선진지역이었고, 한반도는 거기에 버금가는 지역으로 인식되었습니다. 그런 한반도지역이 근대사회로 들어오는 길목에서 늘 중국의 선진문화를 받아 전해주던 일본에 강점되었습니다.

그 직접적 원인은 재빨리, 이른바 탈아입구(脫亞入歐)해서 근대국가로 변신한 일본이 군사력으로 강압한 데 있습니다. 그러나 일본이 서양을 배워 제국주의적 부국강병 정책으로 나아갈 때 한반도지역은 왜 그러지 못했는가 하는 문제가 있습니다.

이 문제를 제대로 이해하기 위해서는 우선 우리 민족사회는 왜 제한적으로나마 국민주권주의 정치체제를 이루지 못하고 자본주의 경제체제를 제대로 수립하지 못했는지, 그 근본원인이 무엇이었는지, 그리고 20세기를 맞는 시점에서 한반도는 어떤 국제관계 속에 놓여 있었는지 등을 정확히 알아야 합니다.

한반도지역이 일제의 식민지로 전락한 주·객관적 원인을 정확하게 이해하는 일은, 분단된 한반도를 평화적으로 통일하고 앞으로의 역사를 실패 없이 운영해나가기 위한 요긴한 참고가 될 것이란 점에서 또한 중요합니다.

1. 한반도의 국제정치적 위치를 알아야 합니다

먼저 한반도 정세와 일본과의 관계를 살펴봅시다

중국대륙과 일본열도 사이에 놓인 한반도는 문호개방 이전에는 왜구의 침략이나 임진왜란 등 해양 쪽 일본과 관계도 계속되었지만, 그보다는 전체적으로 보아 대륙 쪽의 여진·몽골 등 새외(塞外) 유목민족이나 중국 관내(關內) 한족(漢族)과 관계가 더 깊었습니다.

그러나 문호개방을 전후한 시기로 오면서 바다 쪽의 일본이 재빠르게 근대국가로 변모해가는 한편, 대륙 쪽에서는 북경(北京)조약(1860)으로 시베리아 연해주지방이 제정러시아의 영토가 되었고, 따라서 조선은 제정러시아와 국경을 접하게 되었습니다.

이로써 한반도의 조선왕조는 대단히 복잡한 국제관계 속에 놓이게 되었습니다. 한반도는 청국이 쇠퇴해가는 한편, 아시아지역의 영토확장에 혈안인 제정러시아와 국경을 접하게 되었고, 현해탄을 사이에 두고 부국강병과 식민지 개척에 뛰어든 일본과 접하게 되었습니다. 지정학적으로 어려운 위치에 놓이게 됨으로써 역사적 시련을 겪을 상황에 처한 것이지요.

미리 말해두지만, 그렇다고 해서 한반도가 처한 이 지정학적 위치를 숙명론적

북경조약 1860년 청나라와 러시아 사이에 체결된 조약. 조약의 결과 청나라가 러시아에 우수리강 동쪽의 연해주를 할양했다.

메이지유신 1868년 일본에서 에도바꾸후(江戶幕府)를 무너 뜨리고 천황 중심의 중앙집권 적 통치체제를 확립하여, 통일국가의 건설과 일본자본주의 형성의 기점이 된 정치적·사회적 변혁.

정한론 일본은 메이지유신 과정에서 도태된 사무라이층(士族層)의 불만을 밖으로 돌리고, 구미 각국과 맺은 불평등조약을 개정하기 위한 방법의 하나로 조선의 문호개방을 강요했다. 정한론은 1870년대 당시 수교에 반대한 조선을 무력으로 침략해야 한다는 주장이다.

운요오호사건 1875년 9월 20일 일본 군함 운요오호가 강화해협을 불법침입하여 발생한 조·일 간의 포격사건.

으로 받아들여, 한반도의 역사는 어쩔 수 없이 외세의 작용에 휘둘릴 수밖에 없다는 식의 역사인식에 빠져서는 안됩니다. 한때는 불리하게 작용했던 어느 민족사회의 지정학적 위치도 시대의 변화에 따라 또 주체적 역사운영의 성공 여부에 따라, 대단히 유리한 위치로 변할 수 있다는 역사인식상의 전환이 중요합니다.

메이지유신(1868)을 이룬 일본에서는, 자기들의 임금을 황상(皇上)으로 칭하면서 조선의 대원군정권에 새로운 수교를 요청했다가 거절당하자, 이른바 정한론(征韓論)이 일어났습니다.

그러나 당장 침략해 오지는 못하다가, 대원군이 하야한 후 들어선 민씨정권을 상대로 운요오호(雲揚號)사건을 일으켜, 강압적으로 불평등 강화도조약(1876)을 체결했습니다. 영국·미국 등 서양 나라들에 불평등조약을 강요당한 일본은 조선에 불평등조약을 강요함으로써 자신의 불평등조약을 벗어나려는 계책을 세운 것입니다.

강화도조약으로 일본은 부산·인천·원산을 개항시키고, 제 나라에 일방적으로 유리한 쌀과 면직물 교환 중심의 무역을 전개함으로써, 한반도 침략의 발판을 마련했습니다.

조선 정계에도 박규수(朴珪壽) 같은 개항론자들이 있긴 했습니다. 그러나 그 역시 국내의 정치·경제적 조건이 자본주의시장 앞에 개방할 만큼 되었다 해서 문호개방을 주장한 것은 아니었고, 개방이 부득이하다는 의견일 뿐이었죠.

메이지유신 이후 아시아지역에서 가장 먼저 자본주의국가로 변모해가던 일본은 초기 자본주의의 상품시장을 확보하고 원료공급지를 확보하고자 했습니다. 그러나 동쪽 태평양을 건너 미국으로 갈 상황은 아니었고, 남쪽으로도 타이완은 모르겠지만 미국과의 이해관계 때문에 필리핀을 침범할 상황도 아니었습니다.

결국 서쪽으로 한반도를 탐내게 되었고, 미국과 영국도 러시아의 남하를 막을 목적으로 일본의 한반도 진출을 눈감아주거나 도와줄 상황이었습니다. 일본은 이같은 국제관계의 이해관계를 이용하여 한반도

공략에 나선 것입니다.

다음 한반도 정세와 청나라의 관계를 알아봅시다

강화도조약을 통해 일본이 한반도에 진출하는 걸 가장 우려한 나라는 병자호란(1636) 이후 조선과 종속(宗屬)관계를 유지해오던 청나라였습니다.

이때 벌써 청국의 이홍장(李鴻章) 같은 사람은 한반도가 일본세력권에 들어가면 '만주'가 위협받게 되고, '만주'가 일본의 세력권에 들어가면 중국 본토가 위협받을 것이라 예상했습니다. 20세기 전반기의 동아시아 역사는 그대로 진행되었지요.

청나라는 운요오호사건의 책임문제가 제 나라에까지 파급될 듯하자 조선정부에 일본과 강화도조약을 체결하라 권했습니다. 그러면서 일본세력의 한반도 상륙으로 불안해진 청나라는 조선과의 중세적 종속관계를 근대적 식민지관계로 돌려놓을 기회만 엿보고 있었습니다.

마침 조선에서 일본세력의 침투와 개화정책에 반대하는 임오군란(1882)이 일어났습니다. 이를 기회로 청나라는 조선에 군대를 파견하여 군란의 배후로 지목된 대원군을 납치하고, 정치·군사·경제·외교 등 모든 부문에서 간섭을 강화했습니다. 특히 경제적 침투를 노려 조청상민수륙무역장정(朝淸商民水陸貿易章程, 1882)을 체결했습니다.

이같은 청나라의 간섭에 조선정부 안의 개화세력은 반청정책을 도모하기 시작했고, 특히 김옥균(金玉均)을 중심으로 한 개화파는 일본의 후원을 어느정도 기대하면서 갑신정변(1884)을 일으켰습니다. 그러나 위안 스카이(袁世凱)가 지휘하는 청나라 군대의 공격으로 정변은 실패하고 김옥균 등은 일본으로 망명하고 말았지요.

이후 조선은 계속 위안을 앞세운 청나라의 간섭을 받았고, 그에 벗어나기 위해 반청(反淸)정책을 펴기도 했지만 역부족이었습니다. 결국 청나라가 청일전쟁에서 패할 때까지 그 간섭에서 벗어날 수 없었습

임오군란 1882년 6월 구식군대의 군인들이 신식군대인 별기군(別技軍)과의 차별대우에 불만을 품고 일으킨 폭동. 폭동군인들은 민씨정권에 의해 밀려나 있던 대원군에게 도움을 청했고, 대원군은 이를 재집권의 기회로 이용했다. 그러나 일본의 무력개입을 염려한 청나라가 대원군을 납치함으로써, 대원군정권은 33일 만에 끝나고 말았다.

조청상민수륙무역장정 1882년 8월 조선과 청나라 사이에 체결된 육해상 양면에 걸친 무역조약. 청나라는 "중국의 속방을 우대하는 뜻에서 나온 것이므로 각국은 일체 균점(均霑)할 수 없다"라고 규정하고, 특권을 앞세워 조선에 경제적 침투를 본격화했다. 청나라는 치외법권은 물론 내지통상권, 연안어업권, 자국 군함의 연안항행권 등을 관철하여 자국에 일방적으로 유리하게 했다.

갑신정변 김옥균 등 개화파는 청불전쟁(1884~85)으로 청나라의 조선 간섭이 줄어든 틈을 타서 1884년 12월 4일 우정국 개국 축하연을 기회로 정변을 일으켰다. 그러나 청나라의 개입과 후원을 약속한 일본의 배신으로 3일 만에 실패로 끝났다. 대외적으로는 청나라와의 종속관계 청산을, 대내적으로는 조선왕조의 전제주의 정치체제를 입헌군주제로 바꾸려 하는 등 국민주권주의를 지향한 최초의 정치개혁운동이었다.

니다.

갑신정변이 성공하여 자력으로 청나라와의 종속관계에서 벗어났을 경우와 청일전쟁에서 일본이 이김으로써 청나라와의 종속관계를 벗어나게 된 경우는 그야말로 역사적 차이가 있는 것이지요. 청일전쟁은 청국과 일본의 한반도 쟁탈전 그것이었으니까요.

임오군란에 이은 갑신정변의 실패로 조선 침략이 저지된 일본은, 이후 조선정부가 갑오농민전쟁(1894)을 진압하기 위해 청나라에 군사원조를 청한 것을 기회로 삼아 군대를 파견했습니다.

조선정부가 일본군 철수를 요구한 것은 당연한 일이었으나, 일본은 엉뚱하게도 조선의 내정개혁을 내세우며 운요오호사건 이래 품어온 한반도 침략 목적을 달성하기 위해 청일전쟁을 도발했습니다.

전쟁은 갑신정변 후 10년간 급격히 군비를 강화한 일본의 완승으로 끝났습니다. 이 때문에 조선과 청나라 사이의 종속관계가 청산되고, 이후 조선도 제국(帝國)이니 황제니 하는 칭호를 쓸 수 있게 되었습니다. 그러나 자력으로 얻은 제국이나 황제 칭호가 아님은 말할 나위가 없습니다.

어쨌든 1897년에는 대한제국이란 국호와 황제 칭호를 쓰게 되었습니다. 그러나 10년 전 갑신정변이 성공하여 자력으로 청나라와의 종속관계에서 벗어났을 경우를 상정해보면, 청일전쟁에서 일본이 이김으로써 청나라와의 종속관계를 벗어났지만 이는 또 하나의 침략에 직면하게 된 불행한 일이었습니다.

청일전쟁 후 조선은 당연히 일본의 정치·경제적 침략을 더 강하게 받게 될 상황이 되고 말았습니다. 하지만 또 하나의 대륙세력인 제정 러시아의 등장으로 다시 한반도와 '만주'문제를 둘러싼 러·일 간의 대립 시대로 들어가게 되었습니다.

이제 한반도 정세와 러시아와의 관계를 봅시다

짜르러시아는 청나라와 맺은 북경조약으로 우수리강 동쪽의 연해주지역을 차지하고 블라지보스또끄에 군항을 건설했습니다. 그러나 태평양지역으로 진출하기 위해서는 부동항(不凍港)을 가질 필요가 절실했고, 그것을 한반도에서 구하려 했습니다.

한편 조선정부는 청일전쟁 이전부터 이미 러시아세력을 끌어들여, 우선 청나라의 간섭에서 벗어나고, 다음으로 한반도를 둘러싼 청·일의 대립상황에서 벗어나려는 외교정책을 지향하고 있었습니다. 구체적 내용을 보면 이렇습니다.

㉠갑신정변 후 한반도를 둘러싸고 청·일 사이의 대립이 심했을 때, 두번이나(1885, 1886) 조선과 러시아 간에 비밀협약이 기도된 것도 ㉡러시아의 영흥만(永興灣) 점령설이 나돈 것도 ㉢영국이 러시아의 남하를 막는다는 평계로 거문도(巨文島)를 점령한(1885) 것도 ㉣묄렌도르프(P. G. von Mölendorf)가 일본에 가서 주일(駐日) 러시아공사와 접촉한(1885) 것도 모두 이 때문이지요.

청일전쟁의 결과 일본이 중국의 요동(遼東)반도를 점유했다가 러시아를 중심으로 하는 삼국간섭으로 되돌려주게 되었을 때도, 민비세력 중심의 조선정부는 청일전쟁 후 강화된 일본의 조선 침략을 저지하는 방법으로 러시아세력을 적극적으로 끌어들이려 했습니다.

상황이 이렇게 전개되자 일본은 이를 저지하기 위해 민비를 살해하는 을미사변(1895)을 일으켰습니다. 그 결과 조선의 왕이 러시아공사관으로 피신한 아관파천(1896)이 일어남으로써 김홍집(金弘集) 내각은 무너지고 전국적으로 반일의병(義兵)이 봉기했습니다. 일본의 한반도 침략이 또 한번 저지되었을 뿐 아니라, 러시아의 한반도 진출이 유리해진 것입니다.

아관파천으로 러시아의 한반도 진출이 유리해진 데 당황한 일본은 수세에 몰리면서 한반도문제를 두고 러시아와 협상을 기도했습니다.

일본은 러시아와 '베베르(K. Weber)·코무라(小村) 각서'(1896. 5) '로바노프(Rovanov)·야마가따(山縣) 의정서'(1896. 6) 등을 체결하여 한반도에서 러시아와 세력균형을 도모하는 한편, 38도선을 경계로 북쪽은 러시아세력권에, 남쪽은 일본세력권에 두려는 계획을 가지고 있었습니다.

이 계획은 러시아의 반대로 무산되고 말았지만, 대륙세와 해양세 사이에 가로놓인 한반도를 둘러싸고, 대체로 중간이 되는 북위 38도선을 경계로 하여 그 북쪽을 대륙세력권에 두고 그 남쪽을 해양세력권에 두려는 움직임은 이미 19세기 말엽부터 있었음을 알 수 있습니다.

국제세력들이 한반도의 중간선이라 할 38도선을 경계로 분단하려 한 것은 대개 해양세력과 대륙세력이 동북아시아에서 세력균형을 이루려는 책동입니다. 일본의 한반도 식민지배가 끝나는 2차대전 후, 일본을 이긴 미국과 소련 사이에서 이 책동은 현실화합니다.

이야기로 다시 돌아갑시다. 아관파천 후 러시아의 극동정책은 '만주'지방을 제 세력권으로 확보하는 데 치중하고, 한반도를 일본과의 일종의 완충지대로 삼으려는 방향으로 바뀌어갔습니다. 이 때문에 일본이 '로젠(Rosen)·니시(西) 협정'(1898. 4)을 통해 한반도에서 약간의 우위를 인정받게 되었지요.

그러나 의화단(義和團)사건(1900)을 계기로 러시아가 '만주'를 사실상 점령하게 되자, 이에 크게 반발한 영국과 일본이 동맹을 체결했습니다(1902). 제1차 영일동맹이 그것입니다.

이에 러시아는 '만주'를 그대로 확보하기 위해 북위 39도선을 경계로 하여 그 이북의 한반도 땅을 중립지대로 하고, 그 이남에서 일본의 우위권을 인정할 것을 제안했습니다. 영일동맹으로 불리해진 러시아가 조금 양보한 안이라 할 수 있겠지요.

하지만 당시의 세계 최대 강국 영국과 동맹을 맺고 또 미국의 도움도 얻게 된 일본은, 러시아의 제안을 거절하고 영국과 미국으로부터 전쟁비용을 지원받아 결국 러일전쟁(1904)을 도발했습니다.

의화단사건 중국 청나라 말기인 1900년 6월 교회를 습격하고 외국인을 공격하는 등 외세 배척을 주장하는 의화단을 청나라 정부가 지지하고 대외 선전 포고를 하자 미국을 비롯한 8개국 연합군이 북경을 점령한 사건.

2. 한반도는 어떤 과정으로 일본에 강점되었을까요

러일전쟁 후 대한제국은 사실상 강점되었습니다

러일전쟁이 임박해지자 대한제국정부는 국외(局外)중립을 선언했습니다(1904. 1). 일종의 전시(戰時)중립 선언이지요. 그러나 일본은 이를 묵살하고 자국의 군대를 서울에 주둔시키고 대한제국정부에 동맹조약 맺기를 강요했습니다.

대한제국정부는 이에 굴복하여 한반도에서의 일본군의 군사활동을 인정하는 '한일의정서'를 체결하고(1904. 2), 러시아와 체결한 모든 조약과 러시아에 준 모든 이권을 폐기했습니다. '한일의정서'의 체결로 일본의 한반도 강점 제1단계가 시작되었습니다.

당시 세계 최강 육군국인 러시아를 상대로 일본이 단독으로 전쟁을 해서 이기기는 어려운 실정이었습니다. 그러나 러일전쟁의 전쟁비용 총 19억 8400만원 중 영국과 미국이 12억원을 제공했습니다.

뿐만 아닙니다. 영국은 이미 영일동맹에서 일본의 한반도 지배를 사실상 인정했고, 일본이 전쟁을 도발하자 미국 대통령 시어도어 로우즈벨트(Theodore Roosevelt)는 일본의 한반도 지배를 찬성했습니다.

또 미국과 일본은 미국의 필리핀 지배를 인정하는 대신 일본의 한국 보호권 확립을 찬성하는 '태프트(Taft)·카쯔라(桂) 비밀협약'을 맺었습니다(1905). 러일전쟁은 영국과 미국의 원조를 받은 일본이 유리한 상황에서 미국의 알선으로 포츠머스조약(1905)이 체결됨으로써 끝났습니다.

일본정부는 러일전쟁 전에(1903) 이미 대한제국을 보호국으로 만들 것을 결정했고, 그것을 위해 전쟁중에 대한(對韓)시설강령(1904)을 결정했습니다. 그것은 ㉠일본군의 본격적 한반도 주둔 ㉡일본의 대한제국 외교 및 재정 감독 ㉢경부·경의선 철도 부설과 대한제국 교통기관

태프트·카쯔라 비밀협약 1905년 7월 일본 수상 카쯔라(桂太郞)와 미국 대통령의 특사 태프트(W. H. Taft) 육군장관 사이에 맺어진 밀약. 비밀협약이었기 때문에 1924년까지 내용이 공개되지 않았다.

장악 ㉣농업·임업·어업 등 각 산업부문에서의 척식(拓殖)계획 등을 내용으로 하는 것이었습니다.

이 '강령'을 실시해야 한다는 구실로 일본은 대한제국정부에 외교고문과 재정고문을 추천하는 한일협약(1904. 8)을 체결했습니다. 한일협약의 체결은 일본의 한반도 강점이 제2단계로 들어섰음을 의미하는 것이었습니다.

일본은 포츠머스조약을 통해 영국·미국 등 국제세력으로부터 대한제국의 보호국화를 다시 한번 승인받았습니다. 이에 따라 일본은 대한제국과 보호조약을 맺고자 획책하면서 "대한제국정부의 동의를 얻을 가능성이 없을 때는 최후의 수단으로서 대한제국에 대하여 일방적으로 보호권의 확립을 통고할 것"을 결정했습니다. 일본이 이같이 결정한 것은 '보호조약'을 강제로, 또 일방적으로 체결할 의사를 명백히 드러낸 것이라 하겠습니다.

일본의 통감통치란 이런 것이었습니다

일본은 곧 대한제국의 내부대신 이지용(李址鎔) 등 '을사5적(乙巳五賊)'을 매수한 후 황제를 협박하고, 반대하는 국민을 총칼로 제압하면서 '을사보호조약' 즉 한일협상조약을 강제로 체결했습니다(1905. 11. 17).

이 조약의 골자는 ㉠일본이 대한제국의 외교권을 완전히 박탈하고 ㉡대한제국 황제에게 내알(內謁)할 수 있는 권한을 갖는 일본인 통감(統監)을 두게 하는 것이었습니다.

그러나 실제로는 "일본국 정부가 한국 황실의 안녕과 존엄의 유지를 보증"하는 대신, 한국의 외교권뿐 아니라 통치권의 대부분을 일본인 통감이 빼앗는 조약이었죠.

일본이 강제로 체결했다 하여 당시 사람들은 늑결(勒結)이라 하면서 강력히 반발했지만, 어쨌든 이 '을사보호조약'의 강제체결로 일본의 한반도 강점 공작은 제3단계로 접어들었습니다.

'을사보호조약'에 따라 일본은 이또오 히로부미(伊藤博文)를 초대

아관파천 후 일본군대가 러시아 공사관을 찾아간 사진으로 알려졌으나, 1906년 고종의 퇴위를 강요하며 덕수궁 돈덕전에서 무력시위하는 일본군의 모습으로 새롭게 밝혀졌다.

통감으로 하는 통감부를 서울에 두었습니다(1906. 2. 1). 대한제국의 외교사무를 관리한다는 구실이었지만, 실제로는 그 안에 경무부·농상공부·총무부 등을 둠으로써, 통감부는 대한제국의 내정 전체를 관장한 뒷날의 조선총독부와 다르지 않았습니다.

대한제국 황실은 '보호조약'이 강제로 체결되었음을 국제사회에 알리기 위해 미국 등지와 만국평화회의가 열리는 네덜란드 헤이그 등지에 밀사를 보냈습니다.

그렇지만 미국은 처음부터 일본의 한반도 지배를 원조하는 처지였으므로 이는 거의 효과가 없었고, 평화회의 또한 이상설(李相卨), 이준(李儁) 등의 활동에도 불구하고 일본을 원조하는 영국 등의 방해로 별성과가 없었지요.

일본은 헤이그밀사사건을 빌미로 고종(高宗)황제를 강제 퇴위시키고 대신 병약한 순종(純宗)을 즉위시켰습니다. 그리고 곧 한일신협약(1907), 즉 정미7조약을 강제로 체결했습니다.

이로써 제1차 한일협약 이후 실시된 일본의 대한제국에 대한 '고문(顧問)통치'가 '차관(次官)통치'로 바뀌게 됩니다. 정미7조약의 체결은 일본의 한반도 강점 공작이 제4단계에 들어섰음을 말해주는 것이었습니다.

이 조약의 결과 대한제국의 궁내부·내부·농상공부·학부·탁지부·법부 등 내각의 차관이 모두 일본인으로 바뀌고, 경무국장·총세무사 등에도 일본인이 임명되었습니다.

그리고 친위대(親衛隊)·시위대(侍衛隊)를 통틀어 겨우 8800명 정도에 불과하던 대한제국 군대가 해산되었으며(1907. 8), '한국 사법 및 감옥사무 위탁에 관한 각서'에 따라 사법권을 완전히 통감부에 강탈당했습니다(1909. 7).

이제 대한제국은 허울뿐 '합방', 즉 일본이 한반도를 완전 강점하는 절차만이 남게 되었습니다. '을사보호조약' 후의 통감부 설치로 한반도는 사실상 일본의 식민지로 된 것입니다.

일본은 '합방'이란 이름으로 한반도를 강점했습니다

일본은 한일의정서(1904. 2), 한일협약(1904. 8), 한일협상조약(을사보호조약, 1905. 11), 한일신협약(정미7조약, 1907. 7) 등을 통해 한반도 강점을 단계적으로 추진했습니다. 그러므로 이제 완전강점 즉 '합방' 절차만 남았을 뿐이었지요.

먼저 일본은 "적당한 시기에 한국의 병합을 단행할 것, 한국을 병합하여 이를 일본제국 판도의 일부로 하는 것은 한반도에서 일본의 실력을 확립하기 위한 확실한 방법"이라 한 '한국합방에 관한 건'(1908. 7)을 결정했습니다.

그리고 다시 "필요한 군대를 한국에 주둔시키고 가능한 한 다수의

정미7조약 ㉠ 한국 고등관리의 임면(任免)에 대한 통감의 동의권 ㉡ 일본인의 한국 관리로의 임명 ㉢ 한국 사법권의 통감부 장악 ㉣ 한국군 해산 등을 내용으로 했다.

헌병과 경찰관을 증파하여 충분히 치안의 목적을 달성할 것"을 결정
했습니다.

한편, '합방'이 조선인들의 뜻으로 이루어진 것처럼 속이기 위해 이
용구(李容九)·송병준(宋秉畯) 등 친일파로 하여금 일진회(一進會)를 만
들어 '합방촉진성명'을 발표하게 했습니다.

또 일본은 한반도를 완전 강점하기 위한 준비를 한층 더 구체화하고
자 '병합 후의 한국에 대한 시정방침 결정의 건'을 결정했습니다(1910.
6). 이 결정에서 완전강점 후의 조선에는 일본의 헌법을 적용하지 않기
로 했습니다.

그리고 ㉠소위 '천황의 대권(大權)'으로 통치할 것 ㉡일체의 정무를
무관(武官) 총독이 독재할 것 ㉢통치기구는 가능한 한 간단히 할 것 ㉣
총독부 회계는 특별회계로 할 것 등의 방침을 정하여 '합방' 준비를 완
료했습니다.

일본군이 경성의 각 성문과 왕궁, 친일파 대신들의 집을 엄중히 경
계하고, 조를 짠 일본 헌병이 시가지를 순찰하면서 두 사람만 모여도
검문검색하는 가운데, 대한제국 내각총리대신 이완용(李完用)과 조선
통감 테라우찌 마사따께(寺內正毅) 사이에 8개조의 '한국병합에 관한
조약'이 체결되고(1910. 8. 22) 공포되었습니다(8. 29).

'합방'조약 제1조에서 "한국 황제 폐하는 한국 전부(全部)에 관한
일체의 통치권을 완전 또 영구히 일본국 황제에게 양여한다"고 했습
니다.

그밖에 ㉠한국 황제와 그 가족들의 존칭 및 명예 유지와 충분한 세
비(歲費) 지급 ㉡'합방'에 공이 있는 친일파에 대한 일본의 작위 수여
와 일본 천황의 은사금(恩賜金) 지급 ㉢일본의 법규를 준수하고 강점
정책을 존중하는 조선사람에 대한 신체 및 재산의 보호와 이들의 식민
지 관리로의 등용 등을 규정했습니다.

대한제국의 주권과 영토와 국민을 완전히 그리고 영구히 일본 왕에게 넘겨주

는 댓가로 조선의 황실 및 친일파의 영예와 생활을 보장받은 것이 '합방'조약인 것입니다.

그리고 일본의 강제지배를 인정하고 그 지배법규를 지키는 조선사람만이 법의 보호를 받게 하고, 나머지는 모두 법의 보호 밖으로 쫓아낸 것이 '합방'조약인 것입니다.

한편, 일본의 한반도 강점에 대한 국제사회의 반응도 대체로 냉담했습니다. 일본의 동맹국이던 영국정부는 관세율의 불변과 개항장 및 연안무역의 유지를 요구하면서 강점을 "반대할 하등의 이유가 없다"고 했으며, 미국정부도 "일본의 조선에서의 행정이 매우 선의에 차 있고 조선인의 행복을 위해 힘쓰고 있는 흔적이 역력하다"고 했습니다.

러시아의 신문도 대한제국의 운명은 이미 포츠머스조약에서 결정되었다 하고, "병합이 대한제국과 이해관계가 있는 열국의 동의를 얻어 단행되었고 러시아도 이에 반대할 이유가 없다"고 논평했습니다.

독일의 한 신문은 "대한제국 국민이 그 애국적 정신에 의해 내심으로 일본의 너그러운 문명적 통치보다 오히려 부패한 옛 정부를 택할 의사가 있는 것은 자연스러운 이치"라 하면서도 "앞으로 일본의 지배에 의한 조선의 경제적 발전은 의심할 수 없다"고 했습니다.

다만 청나라 신문들만이 대한제국의 멸망을 우려하면서 장차 '만주'나 몽골도 같은 운명이 될 것이라 전망했습니다. 이후 20세기 전반기 동아시아에서 전개될 '만주사변'과 중일전쟁 등을 내다본 정확한 전망이었다고 하겠습니다.

그렇다면 한반도가 일본에 강점된 원인은 무엇일까요

중세까지도 일본에 계속 선진문화를 전달해줌으로써 특히 문화 면에서 일본보다 앞섰다고 생각되던 한반도지역이, 왜 근대로 오면서 일본에 강점되어 식민지배를 받게 되었을까요?

한반도가 일본에 강점된 직접적 원인은 물론 청일전쟁과 러일전쟁에서 이긴 일본의 군사적 강압에 있습니다. 따라서 일본이 대한제국을 강점한 것은 두말할 것 없는 제국주의 침략이었으며, 역사적으로 철저히 규탄되어야 합니다.

그런 한편으로, 한반도지역은 왜 일본의 군사적 강압을 자력으로 물리칠 만큼 정치·경제·군사적으로 강하지 못했던가 하는 문제도 있습니다. 오늘날의 우리 역사학은 그 원인까지 철저히 밝혀내 가르쳐야 할 것입니다.

유럽의 자본주의세력이 아시아지역으로 침투해올 때 조선만이 쇄국주의를 강행하며 문을 닫고 이른바 '은자(隱者)의 나라'로 남아 있을 수는 없는 일이었습니다.

그렇기 때문에 ㉠능동적으로 문호를 개방하여 자본주의를 배우고 자율적으로 산업혁명과 시민혁명을 이루어 국민국가를 수립하며 ㉡부국강병을 이루어 남의 나라를 침략해서는 안되지만, 자력으로 국가를 보위하고 독립을 유지했어야, 식민지가 되는 일을 면할 수 있었을 것입니다.

그렇다면 한반도지역의 중세왕조이던 조선왕조와 그것을 어느정도 근대적인 체제로 바꾸려 했던 대한제국은 왜 부국강병을 이루어 자력으로 국가를 보위하는 데 성공하지 못하고, 동북아시아지역에서 유일하게 완전 식민지로 전락했을까요?

일본이 군사력으로 강압한 것 이외에 또다른 원인은 없었는지 따져봐야 합니다. 조금 멀리 올라가보면 18세기 후반기의 실학사상가 박제가(朴齊家)·정약용(丁若鏞) 등은 나라가 가난하게 된 원인을 이렇게 지적했습니다.

㉠조선왕조 초기부터 강화된 쇄국주의와 이른바 농본주의 때문에 외국과 민간무역이 이루어지지 못한 점 ㉡나라에서 상공업을 천시하고 발달시키지 않은 점 ㉢청나라를 오랑캐 나라로 보아 오랫동안 중국으로부터 선진기술을 도입하지 않은 점 등을 말하고, 중국에 와 있는 서양인 선교사들을 초청해서 그들이 가진 새로운 기술을 배워야 한다고 주장했습니다.

당시의 진보적 사상가이던 실학자들은 시대의 변화에 능동적으로 적응해가야 함을 알고 있었던 것이지요. 이들은 정조(正祖)의 신임을 받아 정치권력에 접근할 가능성이 있었으나, 많은 방해를 받은 데다 정조가 갑자기 죽고 말았습니다.

이후 19세기로 들어서면서 보수정치세력이 정권을 잡은 세도정권 시대가 되었고, 실학사상가 등 진보세력의 대부분이 천주교 신자라는 죄를 쓰고 숙청되었습니다.

세도정권이 60여년이나 지속되었고, 다시 왕족이요 역시 보수정객인 흥선대원군 이하응(李昰應)의 정권이 10년간 유지되었습니다. 대원군정권이 무너진 후 왕비 민씨 중심의 정권은 준비가 안되었으면서도 외세 특히 일본의 강요에 못 이겨 문호를 개방했습니다.

19세기 말엽까지 중세적 성리학체제, 즉 ㉠정치적으로는 국민주권주의를 철저히 거부하는 전제군주제 ㉡경제적으로는 상공업 발전을 극히 제한하는 지주·전호(佃戶) 중심 체제 ㉢사회적으로는 양반·상놈의 신분제 ㉣사상적으로는 성리학 유일체제가 너무 오래 유지되었습니다. 그리고 그것을 혁명적으로 청산할 만한 조건을 갖추지 못한 채 타의로 세계자본주의 앞에 문호를 개방하게 된 겁니다.

문호를 개방한 후에라도 자본주의체제를 주체적으로 도입해가기 위해서는 그것을 주도해나가야 할 사람들, 유럽식 개념으로 말해서 부르주아계급이 성장해야 했습니다.

그러나 정치·경제·사회·사상적으로 중세적 성리학체제가 온존한 조건에서는 새로운 자본주의체제의 주인이 될 만한 부르주아계급이 성장하기 어려웠지요.

부르주아계급은 주로 근대적 지식인과 자산계급으로 이루어집니다. 우리나라 개항기 30여년간은, 근대적 교육기관의 발달로 새로운 지식인이 어느정도 형성되어갔으나, 주로 상공업자로 이루어지는 근대적 자산계급의 성장은 비교적 부진했습니다.

개항기 동안 대외무역이 어느정도 발달함으로써 근대적 상인계급이 약간은 성장했고, 특히 대한제국 시기로 오면서 방직업 등에서 국내 산업도 어느정도 발달한 것이 사실입니다.

그런데도 '합방' 다음해(1911) 작성된 일본인들의 통계에 의하면, 당시 조선에 들어와 있던 일본인이 경영하는 공장 수가 109개, 공칭자본금이 1051만원, 납입자본금이 506만원이었던 데 비해, 조선인이 경영하는 공장 수는 66개, 총자본금은 약 64만원, 종업원 총수는 약 2500명, 연간 총생산액은 2백만원 미만이었습니다.

이 정도의 상공업 부르주아지의 성장으로는 설령 지식인부르주아지가 어느정도 성장했다 해도, 그 두 세력이 합쳐 자율적으로 산업혁명과 시민혁명을 수행해내고 부국강병을 이룩함으로써 일본의 군사적 강압을 막아내고 국가적·민족적 독립을 유지하기에는 역부족이었던 것이 사실입니다.

제국주의가 난무하는 19세기 말과 20세기 초에 걸쳐, 국제세력들이 상충하는 지정학적 위치에 놓여 있으면서도, 조선왕조와 대한제국 사회는 주변의 어느 민족국가보다 정치·경제·군사·외교적으로 앞서지도 강하지도 못했습니다.

이 때문에 차라리 지정학적 위치의 잇점을 주체적으로 살려서 영세국외중립국이 되어 국가적 독립을 유지해야 한다는 주장이 이미 1885년경부터 독일인 부틀러(H. Budler)와 개화파 유길준(兪吉濬)·김옥균 등에게서 나왔습니다. 그리고 러일전쟁이 급박했을 때는 대한제국정부가 실제로 전시(戰時) 중립을 선언하기도 했습니다.

그러나 국제정세와 완전히 차단된 둔감한 국민과 국제사회로부터 거의 완전 고립된 대한제국이라는 전제주의 정권으로서는, 국토의 지정학적 위치를 이용하여 일본의 침략욕을 저지하고 독립을 유지할 수 있는 지혜를 발휘하고 그것을 정책화할 만한 능력을 가지지 못했습니다.

㉠한반도를 강점함으로써만 '만주'를 넘볼 수 있었던 일본제국주의의 무력 침략과 ㉡이에 대한 영국·미국을 위시한 국제세력의 원조와 승인 ㉢대한제국정부

공칭자본(公稱資本) 은행, 회사 따위에서 정관(定款)에 적어 등기를 한 자본의 총액. 불입한 자본금과 아직 불입하지 않은 자본금을 합한 금액이다.

의 무능과 부패 ⓔ그런 정부를 무너뜨리고 국민주권주의 정부를 수립하지 못한 국민적 역량의 한계 ⓜ또 국제세력이 상충하는 지정학적 위치의 잇점을 살리지 못한 국민적·역사적 조건 등이 겹쳤던 것입니다.

이같은 원인들이 겹쳐 20세기에 들어선 시점에서 일본에 강점되었지만, 한반도 주민 정도의 오랜 역사를 가진 문화민족사회가 아시아지역내 식민지분할이 끝난 후인 20세기의 첫 10년대에 들어서 유럽의 자본주의 선진국도 아닌, 같은 문화권인 '동양 3국' 중의 하나인 일본에 강제지배되었다는 것은 참으로 '억울한' 일이었습니다.

무단통치와 '토지조사사업'의
진상을 알아야 합니다

한반도를 강점한 일본은 그것을 정당화하기 위해 국제여론 앞에서 두가지 점을 크게 선전했습니다. 하나는 조선인도 일본의 지배기구에 참여하고 있을 뿐 아니라 일본의 지배를 달게 받고 있다는 것이었으며, 또 하나는 일본이 한반도지역의 경제를 발전시킨다는 것이었습니다.

그리고 이같은 생각과 선전은 일제가 패망하고 한반도지역이 해방된 지 반세기가 지난 지금에도 많은 일본인에 의해 계속되고 있습니다. 이것이 얼마나 잘못된 것인지를 밝히려면 조선총독부의 통치기구는 어떻게 짜여 있었는지, '토지조사사업'을 포함한 일본의 조선경제 시책의 본래 목적이 어디에 있었는지, 역사적 의의는 무엇인지를 정확하게 이해해야 합니다.

요사이 국내 학계의 일부에서도 박정희정권의 이른바 '개발독재'의 역사성을 인정하려는 것과 같은 맥락에서 일제의 '개발수탈'의 역사성을 인정하려는 움직임이 있습니다.

경제사학적 관점과 역사학적 관점에 차이가 있을 수 있겠지만, 한 민족의 한 시대의 역사운영권을 다른 민족이 빼앗았다는 사실이 가지는 역사적 의미는, 침략목적에 의해 약간의 경제적 발전이 이루어진 사실과는 비교할 수 없는 엄청난 것임을 알아야 합니다.

1. 조선총독부의 식민지 통치기구는 어떻게 짜였을까요

조선총독부의 조직과 운영을 알아봅시다

만 35년간에 걸친 일본의 한반도 강제점령 시대를 역사적으로 시기 구분하면 대체로 다음과 같은 세시기로 나눌 수 있습니다.

㉠강점이 이루어진 1910년부터 3·1운동이 폭발한 1919년까지의 무단통치기와 ㉡3·1운동 이후부터 일본이 '만주'지방을 강점하면서 파쇼체제화해가는 1931년까지의 이른바 문화정치 시기로 불린 민족분열정책기 ㉢'만주사변' 이후부터 일본의 침략전쟁이 중일전쟁·태평양전쟁으로 확대되었다가 결국 2차대전의 패전으로 끝나는 1945년까지의 침략전쟁기입니다.

그중에서 제1기인 1910년대의 무단통치기는 일본이 정치·경제·사회·문화 등 모든 부문에서 강점정책의 기틀을 잡아가던 시기라 할 수 있으며, 그것은 구체적으로 조선총독부 조직의 정비에서 나타났습니다.

'합방'조약을 강제로 체결한 후 일본은 한반도지역의 호칭을 종래의 대한제국은 말할 것 없고 그 약칭인 한국이라는 호칭도 못 쓰게 하고, 대신 일본국의 한 지역이름으로서 '조선'이라는 호칭을 쓰게 했습니다.

통치기구로서 종래의 한국통감부 대신 조선총독부를 두었습니다. 육·해군 대장만이 임명되도록 규정된 조선총독은 일본 본국의 천황에게 직속되어 일본 내각의 통제를 거의 받지 않았습니다. 조선의 행정권·입법권·군사권 등을 모두 행사하는 전제군주 같은 절대권력자였던 셈이지요.

대한제국이 일본에 패망하지 않고 그대로 유지했더라도 얼마나 존속했을지는 예상하기 어렵습니다. 그러나 갑오농민전쟁, 독립협회운동, 의병전쟁, 애국계몽운동 등이 계속되었고, 물론 일본의 강제점령에 대한 저항운동이지만 3·1운동 같은 거대한 민중운동이 폭발한 일 등으로 보아, 대한제국이 일본에 망하지 않았다 해도 오래 존속했으리라 보기는 어렵습니다.

그리고 독립협회운동과 신민회(新民會)운동에서 이미 공화주의 정치운동이 일부 나타났으며, 다음 강의에서 말하겠지만, 일본에 강점된 지 9년 만에 일어난 3·1운동도 공화주의운동의 성격이었던 것으로 보아, 대한제국은 결코 오래 유지되지 못하고 국민주권주의 국가로 대체될 운명이었다고 할 수 있겠습니다.

그런데 결국 대한제국은 일본제국주의에 망했고, 그후 한반도는 전제군주 일본 천황의 대행자인 조선총독에게 지배당했습니다. 이 때문에 한반도의 주민들은 2차대전에서 일본제국주의가 패망할 때까지 전제주의 통치체제에서 전혀 벗어날 수 없게 됨으로써, 민주주의 정치제도는 실험조차 할 수 없었습니다.

조선총독부는 강점 당초에는 대한제국 시기의 중앙정부 관제를 그대로 계승하여 내무부·탁지부·농상공부 등을 행정기구로 두었습니다. 그러나 3·1운동 후에는 부를 국(局)으로 격하했습니다.

전체 강점시대에 걸쳐 중앙정부의 장관 격인 조선총독부 국장에는 대부분 일본인이 임명되었고, 예외로 한두 사람의 친일파 조선인이 실권 없는 자리에 임명되었을 뿐입니다. 전국의 지방조직이 13도(道) 12부(府) 317군(郡)으로 편제되었고, 도지사에는 상당수 친일파 조선인이 등용되었습니다.

조선총독부 본부 관료는 대부분 일본인으로 채워졌고, 지방의 경우
도 도와 부의 간부직원은 모두 일본인이었지요. 군 단위에 가면 조선
인 군수가 얼마간 있었으나, 군 행정의 실권은 일본인 내무국장이나
재무국장이 장악했습니다.

면(面) 단위에 가서야 면장 이하 직원 대부분이 조선사람이었지요.
또 조선총독부의 같은 관리라 해도 일본인에게는 식민지 수당이 있어
서 월급이 조선인 관리의 두배나 되었습니다.

중추원의 기만성에 조선통치의 본질이 있습니다

조선총독부는 ㉠대한제국 때의 황족이나 친일 고관을 '우대'하고
㉡또 일본의 총독통치에 조선사람도 참여한다는 명분을 대내외적으
로 내세우기 위해 총독의 자문기관으로 중추원(中樞院)이란 것을 두었
습니다. 강점기간 내내 조선의회는 두지 않고 중추원이란 자문기관으
로 일관한 것입니다.

총독 밑의 국무총리 격인 정무총감(政務總監)을 의장으로 한 중추원
에는 이완용·송병준 등 1급 친일파 15명을 고문으로 임명하고, 2급 친
일파 20명을 찬의(贊議), 그밖의 35명을 부찬의로 임명했다가 뒤에 찬
의와 부찬의를 합친 후 이들을 참의(參議)라 불렀습니다. 일제강점 시
대 내내 중앙과 지방을 막론하고 친일파의 대명사처럼 알려진 중추원
참의는 바로 이들을 가리키는 것입니다.

중추원의 의사규칙에 따르면 의장인 정무총감의 허가 없이는 발언
할 수 없었고, 같은 사항을 한번 이상 발언할 수도 없었습니다. 또 의
장이 의사종결을 선포한 후에는 누구도 의사에 대한 발언을 할 수 없
었습니다. 이런 중추원마저 3·1운동이 일어날 때까지 한번도 소집되
지 않았습니다.

'합방'을 성사시킨 후 귀족 칭호와 대우 그리고 은사금을 받고 식민

통치의 들러리 노릇을 하면서 일신의 영화를 누린 중추원의 고문과 참의들이야말로, 전체 일제강점 시대를 통틀어 으뜸가는 민족반역자들이었습니다. 해방 후 남한에서는 이승만정권의 폭압으로 '반민특위'가 해체됨으로써 이들마저 처벌하지 못했다가 최근에 와서야 역사적 단죄를 하게 되었습니다만.

이처럼 세상이 다 아는 친일파들로 구성된 중추원에까지도 온갖 제도상의 제한과 제약을 두면서, 조선사람도 식민통치체제에 참여하고 있는 것처럼 가장한 것이 일제 강점통치의 본질이었습니다. 3·1운동 후의 '문화통치'기에 와서 일부 타협주의자들이 조선의회를 두자는 이른바 자치운동을 운운했지만, 일본제국주의자들은 그것마저 용납하지 않았습니다.

2. 헌병경찰제도와 무단통치의 실상을 알아야 합니다

의병전쟁에 대한 탄압은 가혹했습니다

일본의 한반도 강점과정에서 그에 대항한 저항세력은 크게 보아 두 계통이 있었습니다. 그것은 ㉠치열한 무력항쟁을 벌인 의병전쟁세력과 ㉡비무장의 정치·사회운동을 전개한 애국계몽운동세력이었습니다.

일본이 해산시킨 대한제국의 군대가 8000여명밖에 안되는 데 비해 연 참가인원 수가 8만여명이나 된 의병의 전국적 저항을 진압하지 못하거나, 경찰권과 사법권을 장악한 통감부의 감시와 탄압 아래서도 걷잡을 수 없이 퍼져가는 애국계몽운동을 막지 않고는 한반도의 완전강점은 불가능한 일이었지요.

따라서 일본은 이같은 저항운동을 탄압하고 강점정책을 수행해가기 위해 악명높은 헌병경찰제도를 실시하지 않을 수 없었습니다. 일본은 한반도 강점을 준비하면서 1907년에 이미 "대한제국에 주둔하는 헌병은 주로 치안유지에 관한 경찰업무를 장악한다" 하여 헌병경찰제도를 준비했습니다.

강점과 함께 조선 주둔 일본군 헌병사령관이 경무총감이 되고 각 도의 헌병대장이 경찰부장을 겸하게 됐습니다. 농촌지방까지 헌병 분견소(分遣所)와 파출소를 두었고, 여기에 경찰관 주재소와 파출소가 있어서, 방방곡곡 헌병과 경찰이 배치되지 않은 곳이 없었습니다. 전국적으로 일어나는 '합방' 반대투쟁을 탄압하기 위해 헌병과 경찰력을 대폭 늘리지 않을 수 없었던 거지요.

일본은 의병의 저항을 탄압하기 위해 대규모 육·해군 정규부대를 동원하고 '남한대토벌작전'(1909)이라는 정규 군사작전을 감행했습니다. 이 '작전'으로 약 5만명의 사상자를 냈으면서도 의병전쟁을 완전히 진압할 수는 없었습니다.

일본제국주의자들의 한반도 강점이 임박했던 1908~09년에는 의병전쟁 참가자가 급증했고 일본군과의 전투 횟수도 많아졌습니다. 이미 일본이 만든 통감부의 지배 아래 들어간 대한제국정부 경무국의 조사에 의하면, 1908년 후반기에만도 의병과 일본군의 전투 횟수는 1900여회나 되었고, 참가 의병수도 약 8만 3000명에 이르렀습니다. 강점당하기 전해인 1909년 전반기에는 1700여회의 전투에 3만 8000여명이 참가했습니다.

또한 1906년에서 1911년까지 6년 사이에 일본경찰을 제외한 일본 정규군과의 전투 횟수만도 2800여회나 되었고, 참가 의병의 수는 약 14만명이나 되었습니다. '남한대토벌작전' 후 의병전쟁의 무대는 '만주'지방으로 옮겨졌고, 그 핵심세력은 1920년대의 무장독립운동으로 발전했습니다.

1885년에 의병전쟁이 처음 일어났을 때 의병부대들은 유생층을 지도부로 한 근왕병(勤王兵)적 성격이 강했습니다. 그러나 1900년대로 오면서 의병전쟁이 서

헌병·경찰 기관의 증강 헌병·경찰 기관의 구체적인 숫자를 통계로 알아보면 다음과 같다. 1910년에는 전국의 헌병 기관이 653개소였고 인원이 2019명이었으나, 1911년에는 935개소에 7749명으로 인원은 3배 증가했다. 경찰기관은 1910년에 481개소에 5881명이었으나, 1911년에는 678개소에 6222명으로 증가했다.
남한대토벌작전 1909년 5월 대한제국을 합방하기로 결정한 일제가 의병전쟁을 조속히 종식시킬 필요에서 지리산과 전라도 해안지대에서 활약하던 의병부대에 대해 그해 9월부터 2개월간 감행한 토벌작전.

1910년 7월 23일 통감으로 부임하는 테라우찌의 행렬. 테라우찌는 초대 총독이 되어 무단통치를 폈다.

민 출신 의병장에 의해 지도되기 시작했고, 국민들 특히 농민층의 지지를 받는 독립전쟁의 성격이 짙어졌습니다. 갑오농민전쟁의 병사들이 의병전쟁 병사가 되고, 또 이 의병전쟁 병사들이 1920년대 '만주' 무장독립운동의 전사로 발전해간 것입니다.

애국계몽운동에 대한 탄압도 철저했습니다

한반도를 강점한 일본은 의병전쟁뿐 아니라 비무장 저항운동인 애국계몽운동에도 철저히 탄압했습니다. 첫째로, 신문 탄압을 들 수 있습니다. 통감부 시기에 이미 '신문지법'(1907. 7) '신문지규칙'(1908. 4) 등을 만들어 애국계몽운동을 통제했지만, '합방'과 함께 『한성신문』 『대한매일신보』 등을 모두 폐간하고 조선총독부의 어용신문 『경성일보』와 그 한글판 『매일신보』만을 두었습니다.

둘째로, 교과서를 포함한 서적에 대한 탄압도 심했습니다. '합방'을 전후해서는 각종 서적에도 대대적인 폐간·발매금지·압수 처분을 내렸습니다. 『초등대한역사』 같은 교과서를 포함해서 『동국역사』 『월남망국사』 같은 역사서와 『이순신전』 『프랑스혁명사』 등이 판매금지되었습니다. 그밖에 『서북학회월보』 등 애국계몽운동 잡지들은 모두 폐간되었습니다.

셋째로, 애국계몽운동의 모체가 된 대한협회·서북학회 등 각종 단체들이 탄압을 받아 끝내 해산되고 말았습니다. 통감부 시기에 이미 '보안법'이 공포되어(1907. 7) 결사에 대한 해산권이 정부에 주어졌고, 곧 '집회 취체(取締)에 관한 건'이 공포되어(1910. 8) 정치적 집회가 금지되면서 애국계몽운동단체는 모두 해체되었습니다(1910. 10).

합법적 애국계몽운동단체를 모두 해산시킨 조선총독부는 다시 평안도지방을 중심으로 활약한 대규모 비밀결사단체인 신민회를 탄압하기 위해 이른바 '총독암살사건' 즉 '105인사건'을 날조했습니다. 이 사건으로 특히 기독교 인사들이 많이 체포되어 이 계통의 애국계몽운동세력이 큰 타격을 입었지요.

넷째로, 조선총독부가 대한제국 시기에 왕성하던 민족교육 열기를

신문지법 1907년 7월 법령으로 공포된 최초의 언론탄압법. 이로 인해 신문 발행은 정부의 허가를 받아야 했고, 신문기사에 대한 사전 검열제도가 실시됐다. 반일적인 내용을 보도한 신문에 대해 배포금지 및 압수는 물론 발행을 정지시켰다.

사립학교령 일제가 민족사학이 실시하는 민족교육을 탄압하기 위해 공포한 법령. 사립학교의 설립을 포함해서 교과서 채택, 예산운영, 재정지원 등에 이르기까지 학부대신(大臣)의 인가를 받도록 했다.

철저히 탄압한 점을 들 수 있습니다. 이미 통감부 시기에 각종 '학교령'을 제정하여 자유로운 교육활동을 제약한 한편, 통제하기 쉬운 관립학교를 늘리고 일본어 교육을 강화했습니다.

그러나 민족교육 활동이 결정적으로 타격을 받은 것은 일본이 '사립학교령'(1908. 8)과 '서당(書堂)에 관한 훈령'(1908. 8) 등을 만들어 서당과 학교의 설립 및 교과서 채택 등을 감독하면서부터였습니다. 특히 일본은 사립학교령을 공포하여 이미 설립인가를 받은 학교까지도 6개월 이내에 다시 인가를 받게 했습니다.

이 때문에 1909년 6월 말까지 인가를 출원한 1995개 학교 중 설립이 인가된 학교는 겨우 820개에 지나지 않았습니다. 그것도 기독교 등 종교계 학교가 778개였고, 민족계 학교는 42개에 불과했지요. 결국 1908년 현재 약 5000여개이던 사립학교가 사립학교령이 적용된 후인 1910년 8월에는 1900여개로 줄어들었습니다.

문호개방 이전까지는 초급 이상의 교육은 주로 양반계급만이 받을 수 있었지만, 갑오개혁(1894) 이후에는 일반 서민층에게도 고등교육이 개방되었습니다.

이 시기에 사립학교가 엄청나게 늘어난 것은 시대의 변화에 따라 신식교육 및 민족교육에 대한 열의가 높아진 때문이기도 하지만, 신분적으로 해방된 서민들의 교육열이 높아진 데 기인한 것이기도 합니다. 그러나 '합방'을 전후한 시기 강화된 일본의 민족교육 탄압으로 이 서민층의 민족교육열이 급격히 위축된 것입니다.

'합방'을 계기로 본격화한 일본의 교육 탄압은 강점시대 내내 조선인에 대한 교육기회의 박탈, 특히 고등교육 기회의 박탈로 일관되었습니다. 이는 식민지 우민(愚民)정책의 연속이었으며, 또 해방 후에 교육열 특히 고등교육열이 과도하게 높아진 원인이 되기도 했습니다.

3. '토지조사사업'은 왜 실시되었으며, 어떤 의미를 가질까요

먼저 1910년대의 식민지 경제정책을 알아야 합니다

앞 강의에서도 말했지만, 일본이 한반도를 강점하기 이전의 개항기 동안 우리 사회의 근대적 신지식인층과 상공업자들은 자율적으로 산업혁명을 추진해가거나 시민혁명을 일으켜 정권을 장악할 수 있는 세력으로, 유럽식 개념으로 말해서 부르주아계급으로 성장하지 못했습니다.

그러나 문호개방 이후 무역의 발달과 국내산업의 일정한 성장으로 일부 상공업자들이 부(富)를 축적해가고 있었으며, 이와 함께 특히 관료층이 가진 막대한 부가 산업부문에 투입될 가능성도 어느정도 조성되었습니다. 상업자본이 산업자본의 일부로 전환될 조건이 어느정도 마련되어간 것이지요.

이 때문에 한반도를 강점한 일본으로서는 조선민족의 산업부르주아지가 성장하는 것을 막기 위해 공업회사의 설립을 애초에 억제할 필요가 있었습니다.

조선사람들의 생산공장이나 공업회사가 설립될 경우 ㉠식민지 조선을 일본의 상품판매시장과 식량공급지로 삼으려던 경제적 목적이 달성되기 어려웠습니다. ㉡조선사람들의 산업자본이 발달할 경우 결국 일본인 자본과 충돌하지 않을 수 없을 것이며 ㉢그 경우 조선인 산업자본은 민족자본의 성격을 띠기 쉽고 ㉣따라서 민족해방운동의 물적 기반이 되지 말라는 법이 없었습니다.

이 때문에 일본의 조선에 대한 식민지 경제정책은 조선인 산업자본의 발달을 억제할 필요가 절실했고, 이같은 필요에 의해 '합방' 직후 조선총독부는 회사령을 공포하여(1910. 12) 조선인의 회사 설립을 극히 제한했던 것입니다.

통계로 보면, 1911년의 경우 조선인 공업회사의 납입자본금이 전체

회사령 1910년 12월 조선총독부가 공포한 제령(制令). 조선에서의 회사 설립과 지점의 설치 등은 조선총독의 허가를 받아야 하며, 설립된 회사가 공공의 질서와 선량한 풍속에 반하는 행위를 했을 때는 회사의 정지·금지, 해산과 지점의 폐쇄를 명할 수 있도록 규정했다. 당시 일본 상법에서는 회사의 자유설립주의를 채택하고 있었다.
납입자본금 주주가 실제로 납입한 자본금으로 회사의 실질적 자본으로서 활용된다.

납입자본금의 17%였고, 일본인 회사의 그것은 32%였으며 조·일 합자회사는 51%였습니다.

그러나 1917년에는 조선인 자본이 전체의 12.7%로 감소한 데 비해, 일본인 자본은 83.2%로 대폭 증가했고, 합자회사도 4.1%로 격감했습니다. '합방' 무렵 조·일 합작경영으로 표시된 공업회사의 대부분이 본래 일본인 자본이었다가 강점정책이 정착하면서 본색을 드러냈거나 혹은 '합방' 후 7년 사이에 일본인에게 넘어간 것이라 할 수 있습니다.

일본의 식민지 경제정책의 결과 1910년대에 조선인 자본이 경영하는 공업회사는 납입자본금액으로 따져 17%에서 12.7%로 줄어든 것이죠. 이같이 1910년대의 조선인 자본은 회사령의 공포로 법인화를 통한 산업자본화의 길을 거의 봉쇄당한 것입니다.

한반도를 강점한 일본은 조선의 공업을 발전시키기보다, 공업화에 희생된 제 나라의 농촌 대신 조선을 식량공급지로 만들려는 정책을 적극 세워나갔습니다.

일본은 '합방' 이전과 마찬가지로 자본주의 제품인 광목(廣木) 등의 면직물을 조선에 수출하고 조선의 값싼 쌀을 수입하여 제 나라의 저곡가정책을 유지함으로써 초기 자본주의체제의 필수조건인 저임금정책을 지속할 수 있었습니다.

이같은 일본의 한반도 경제정책은 상당기간 변하지 않았습니다. 그리고 그 정책을 유지하기 위한 기반을 조성하고자 강점 직후부터 '토지조사사업'을 실시한 것입니다.

토지조사사업 토지소유권 조사는 각 필지별로 토지소유권 및 경계를 사정하여, 토지등기제도를 실시하기 위한 기초 장부인 토지대장을 만드는 일이었다. 또 토지가격 조사는 전국의 땅값을 조사하여 지세 부과를 위한 표준을 만드는 것이었으며, 지형·지모 조사는 전국적으로 지형도를 작성하는 일이었다.

'토지조사사업'의 역사적 의미는 무엇일까요

문호개방 이후부터 부산·인천·원산 등 개항장을 중심으로 일본인들이 상당수 와서 살았고, 특히 러일전쟁 후에는 그 수가 급증했습니다. 그중에는 여러가지 방법으로 조선의 토지를 점유 또는 소유하게 된 자들이 많았습니다.

따라서 통감부는 이들의 토지소유권을 법적으로 확보해주어야 했고, 이 때문에 통감부 시기에 이미 '토지가옥증명규칙'(1906) '토지가옥소유권증명규칙'(1908) 등을 제정했습니다. 그러다가 일본이 조선을 완전 강점하게 되자, 이제 조선의 토지 전체를 요리하기 위해 '토지조사사업'을 실시할 필요가 있었습니다.

일본은 한반도를 강점하자마자 임시토지조사국을 설치하고(1910. 9) '토지조사령'을 공포한 후 약 2천만원의 경비를 들여 1918년까지 8년간 ㉠토지소유권 조사 ㉡토지가격 조사 ㉢지형(地形)·지모(地貌) 조사를 실시했습니다.

'토지조사사업'이 가지는 역사적 의미는 여러가지로 말할 수 있습니다. 주목해야 할 것은 그것이 비록 근대적 토지소유제의 확립을 위해 필요한 과정이었다 해도, 타민족의 식민지배 정책에 의해 타율적으로 이루어졌다는 점입니다.

"누구에 의해 이루어졌건 근대적 토지소유제가 확립되기만 하면 된다"는 식의 해석은 역사적 해석이 못 됩니다. 근대적 토지소유제도가 제힘으로 이루어졌는가, 아니면 침략목적을 가진 남에 의해 이루어졌는가에 따라 그 결과가 달라지기 때문입니다.

한반도를 강점한 일본인들은 조선의 토지조사, 특히 소유권 조사는 토지등기제도를 실시하여 자본주의적 배타적 사유권을 법적으로 확립하는 데 목적이 있다고 했습니다.

그러나 토지에 대한 민간차원의 전통적 사유권은 개항 이전에 이미 성립해 있었고, 개항기에는 그것을 바탕으로 조선정부 차원에서 근대적 사유권을 확립하고 자본주의체제를 확립하려는 방향으로 나아가고 있었습니다.

거듭 강조하지만, '토지조사사업'이 조선정부의 주체적 역량에 의해 실시된 것이 아니라, 조선에 대한 일본의 식민지경영 목적에 따라 실시되었다는 점이 중요합니다.

㉠이미 식민지가 된 조선의 토지를 대량으로 약탈하여 '국유지' 즉 조선총독부 소유지로 만들려는 목적 ㉡그 땅에 일본의 토지 없는 농민을 대량으로 이민시

키려는 목적 ⓒ또 조선을 일본의 영원한 식량공급지로 만들려는 목적을 가진, 조선총독부의 정책에 의해 이루어졌다는 점이 중요하다는 겁니다.

조선총독부의 '조선부동산등기령' 실시(1914~18)로 토지에 대한 절대적·배타적 소유권이 성립되었는데, '토지조사' 과정에서 조선의 전통적 사유권은 상세히 조사되지 않았습니다.

그리고 농민들이 가지고 있던 중세적 부분소유권으로서의 도지권(賭地權) 같은 것은 아무 보상 없이 토지소유권에서 완전히 배제되었습니다. 이 점에 대해 일본인 식민지 관리이던 히사마 켄이찌(久間健一)는 이렇게 말했습니다.

"조선에서의 토지사유제 확립은 과거에 토지의 현실적 보유자였고 또 경작자인 농민을 희생하여, 당시의 수조권자(收租權者)를 바로 토지소유권자로 변경해버려 소수의 수조권자와 부민(富民)이 토지를 취득한 반면 대다수의 농민은 토지에서 이탈당하게 되었다."

토지의 '국유지화' 즉 조선총독부 소유지화가 크게 이루어짐으로써 농민적 토지소유에 역행하는 '조사사업'이 되었을 뿐 아니라, 민유지로 인정된 경우도 상당부분 식민지 지배민족 즉 일본인의 소유가 되었습니다.

'합방' 이전 대한제국정부는 광무사검(光武査檢, 1899~1901)을 통해 많은 민유지를 황실재산인 역둔토(驛屯土)로 강제 편입했습니다. 이 때문에 농민들이 환급을 요구하는 경우가 많았으나 환급이 이뤄지지 않았으며, 한반도를 강점한 일본은 '토지조사사업'을 통해 이 역둔토를 모두 조선총독부 소유의 '국유지'로 만들었던 것입니다.

한편 종래 소유권이 불분명한 상태에서 농민들의 잠재적 소유지이던 미간지(未墾地)나 산림 및 산야는 이미 통감부 시기의 국유미간지법(1907)과 삼림법(森林法, 1908)에 의해 대부분 대한제국의 국유지가 되었는데, 이 또한 '토지조사사업'으로 조선총독부 소유지가 되어버린 것입니다.

'토지조사사업'이 끝난 1918년 현재 총독부 소유지와 동양척식회

삼림법 1908년 1월 공포된 법령으로, 통감부가 신고주의에 입각한 산림 소유주의 확인과정을 통해 국유림을 창출하기 위해 만든 법률이다. 소유주의 확정과정에서 조선농민은 임야의 공동이용이 불가능해지고 일상적인 연료 채취도 봉쇄되었다.
동양척식회사 1908년 일본정부와 재계 주도로 설립된 국책회사. 일본 농민의 한반도 이주 및 토지 수탈에 주력하여 1910년대 초반, 조선에서 총독부 다음가는 대지주가 되었다. 회사는 토지·건물의 매매, 임차, 경영뿐 아니라, 금융업무도 취급했다.

사 소유지는 전체 경작면적의 4.2%였고, 일본인 개인 소유지는 전체의 7.5%였습니다. '조사사업'의 결과 조선총독부와 일본인 지주는 조선 전체 경작지의 10% 이상을 합법적으로 소유하게 된 것이지요. 이렇듯 조선후기 이래 일정하게 발달해온 농민적 토지소유가 조선총독부의 '토지조사사업'을 거치면서 크게 후퇴했을 뿐 아니라, 일본인의 조선토지 소유도 급격히 증가했습니다.

자본주의적 배타적 토지소유를 완전히 보장하는 등기제도가 실시됨으로써 토지매매가 급증했고, 그 결과 지주 특히 일본인 지주에 의한 토지겸병이 급격히 진행되었다는 점에 유념해야 합니다.

조선총독부에 의해 강행된 '토지조사사업'은 농민적 토지소유제를 발달시키는 방향으로 이루어진 것이 아니라 식민지 지주제를 강화하는 방향으로 이루어진 것입니다.

실제로 1917년에는 토지매매 건수가 약 17만 4000건에 매매면적이 34만 3000여 필지였으나, 1920년에는 27만 1800여건에 55만 7000여 필지로 각각 1.6배 정도 증가했습니다. '토지조사사업'의 결과 토지의 상품화가 급격히 진행됐고, 그것이 식민지 지주제의 재편성으로 연결된 것입니다.

일본은 ㉠조선토지의 근대적·자본주의적 소유권을 확립한다는 명목으로 '토지조사사업'을 실시하여 ㉡대한제국 시대부터 이루어진 일본인의 조선토지 소유를 합법화하고 ㉢조선총독부 소유지인 '국유지'를 다량으로 확보했습니다.

그런 후 ㉣일본인을 대거 조선에 이민시켜 이미 확보한 토지를 그들에게 불하함으로써 조선에서 일본인 지주를 양산하고 ㉤그들 중심으로 식민지 지주경영제를 강화하여 한반도를 자국의 영원한 식량공급지로 만들려는 목적을 달성한 것입니다.

한반도가 일본에 강점되지 않았다 해도 자본주의적 배타적 토지소유제는 필연코 확립되어갔을 것입니다. 일본 같은 외세의 침략의도에 의해서가 아니라 한반도 역사의 자율적 발전과정에 의해 중세적 지주제가 청산되고 농민적 토지소유제가 확립되는 쪽으로 진행될 수 있었을 것입니다.

'토지조사사업'같이 근대화과정에서 중요한 '사업'이 우리 민족에 의해 주체적으로 실시되지 못하고, 침략목적을 가진 외세에 의해 그들에게 유리하게 실시되었기 때문에, 이른바 식민지 지주제가 확립되는 결과를 가져왔다는 사실은 역사적으로 불행한 일입니다.

누구에 의해서건 어떤 목적에 의해서건 등기제도를 통해 토지의 배타적·자본주의적 소유가 이루어지기만 하면 근대화가 되는 것 아니냐 말할 수도 있을 것입니다.

그러나 다시 한번 강조하지만, 역사적 관점은 그렇지 않습니다. 중세적 지주·전호제를 청산하고 농민적 토지소유제를 확립하는 방향으로 배타적·자본주의적 토지소유제가 이루어져야 옳은 의미의 근대화가 되는 것이지요. 특히 역사학은 이 점을 명백히 해야 한다고 생각합니다.

3 강의

3·1운동의 역사적 의의는
대단히 큽니다

  팔이 안으로 굽는 식의 말일지 모르지만, 근대사회로 들어오는 과정에서 우리 민족
정도의 문화수준을 가지고 남의 지배를 받게 된 민족은 많지 않습니다. 때문에 우리 민
족은 일제강점 시대 35년간 어느 피압박민족보다도 꾸준히 민족해방투쟁을 전개한 것
이지요.
  그중에서도 3·1운동은 그야말로 거족적인 운동이었습니다. 3·1운동은 일제강점
시대에 가장 빛나는 민족해방운동이라 할 수 있는데, 참가인원이 어느 운동보다도 많았
다거나 규모가 전국적이었다는 사실 때문만은 아니며, 또다른 이유로 그 민족사적 의의
가 큰 운동이었습니다.
  그것은 조선민족이 일본의 통치를 달게 받는다고 한 일본제국주의자들의 선전이 허
위였음을 일시에 폭로한 운동이었습니다. 또 흔히 3·1운동이 우리 민족해방운동전선에
공화주의운동을 정착시켰다 하고, 이 운동을 계기로 사회주의 노선이 도입되었다고도
합니다.
  공화주의 민족해방운동에 우익노선과 좌익노선이 함께하게 되었을 때 그 운동이 그
후 어떤 형태로 전개되었는가 하는 문제도 연구되어야 하겠지요. 여기서는 그것을 좌우
익 통일전선운동으로 파악하려고 합니다. 3·1운동을 하나의 출발점으로 한 이후 우리
민족해방운동 전체의 통일전선적 전개과정에 유의해주기 바랍니다.

1. 3·1운동이 일어난 배경을 알아야 합니다

민족자결주의와 3·1운동은 어떤 관계가 있을까요

일본이 한반도를 강점한 후 제국주의 전쟁인 1차대전이 발발했습니다(1914). 이 전쟁은 세계사적으로 두가지 큰 변화를 가져왔습니다. 하나는 전쟁 중에 러시아에서 혁명이 일어나서 인류역사상 최초로 사회주의 정권이 성립한 일입니다.

또 하나는 전쟁이 유럽을 중심으로 전개되고 그 피해가 대단히 컸기 때문에, 세계경제를 주도해오던 영국의 위치가 약해지고, 대신 전쟁피해가 없었을 뿐 아니라 오히려 전쟁특수 덕을 본 미국이 세계자본주의를 주도하는 위치로 부상한 점입니다.

혁명 이전 연합국의 하나로 프랑스나 영국보다 더 많은 군대를 전쟁에 동원한 짜르러시아는 혁명 후 독일·오스트리아와 단독으로 강화를 맺어 전선에서 이탈했고, 혁명정부가 약소민족의 해방을 원조할 태세를 갖춤으로써 제국주의 세계체제에 큰 위협을 주었습니다.

신생 쏘비에뜨공화국의 집권자 레닌(V. I. Lenin)은 식민지문제의 해결을 통해 세계 사회주의혁명을 달성하고자 우선 제정러시아 치하에 있던 100여 피압박민족에 대해 민족자결의 원칙을 선언했습니다.

러시아혁명 1917년 10월 레닌의 지도 아래 볼셰비끼가 일으킨 혁명으로, 역사상 최초로 사회주의국가를 성립시켰다. 같은 해 2월 짜르체제를 붕괴시킨 이후 연속해서 이루어진 2차 혁명이다. 2월혁명을 통해 입헌민주주의자들과 온건 사회주의자들은 임시정부를 구성했지만, 러시아 국민의 뜻과는 반대로 전쟁 계속을 선포했으며 식량·토지문제를 해결하지 못했다. 10월혁명은 맑스의 이론을 현실에 적용하여 성공한 최초의 사례로 이후 세계 사회주의운동에 많은 영향을 끼쳤다.

이것이 아시아의 여러 피압박민족에게 강렬한 영향을 준 것은 물론이지요.

한편, 국제정치상 위상이 높아진 미국의 윌슨(T. W. Wilson) 대통령도 영국·프랑스 등 유럽 전승국들이 패전국의 식민지를 병합하는 것을 저지하고, 국제연맹의 위임통치를 통해 식민지문제를 점진적으로 해결하기 위해 민족자결주의를 주장했습니다.

레닌과 윌슨의 취지에 차이가 있었음에도 불구하고, 1차대전 후 새로운 사조로 등장한 민족자결주의는 식민지 피압박민족들에게 큰 자극을 주었습니다. 일본의 식민지배 아래에 있던 조선민족도 예외는 아니었지요.

하지만 일본은 1차대전의 전승국이었습니다. 일본은 동맹국 영국과 교전 상태에 있던 독일에 선전포고를 하고 중국의 산동(山東)반도에 있던 독일의 조차지를 점령했습니다.

그후 일본은 또 '만주' 및 내몽골 등지의 이권을 확보하기 위해 중국에 '21개조'를 요구함으로써 이 지역의 이권을 확보하려는 미국과 대립하게 되었습니다.

이같은 정세 속에서 식민지 조선의 민족지도자들은 미국 대통령 윌슨이 제창한 민족자결주의에 기대를 가지기도 했습니다. 그러나 윌슨 민족자결주의의 주된 대상은 패전국의 식민지인 데 반해, 조선은 패전국의 식민지가 아니라 전승국 일본의 식민지였지요.

3·1운동을 주도한 민족대표들이나 청년·학생들도 물론 이 점을 알았겠지만, 그래도 세계적으로 일어난 민족자결주의의 큰 물결을 이용하여 거대한 민족해방운동을 일으키게 된 것입니다.

무단통치에 대한 저항이 3·1운동의 배경입니다

3·1운동은 일본이 한반도를 강점하고 가혹한 무단통치를 강행한 지 9년 만에 폭발한 그야말로 거족적인 항일운동이었습니다. 그러나

21개조 요구 1차대전중인 1915년 중국에 제출한 일본의 권익확대 요구. 주요 내용은 관동주 조차기한과 남만주철도 권익기한의 연장, '만주' 남부와 동부 내몽골에 있어 일본 우월권 확립, 중국 연안의 항만·섬의 타국에 대한 할양·대여 금지 등이다.

일본에 강점된 9년 동안 조선민족이 일본의 식민통치를 마냥 감수하고 있었던 것은 결코 아닙니다.

한반도 전체가 일본의 완전식민지가 되어 독립군을 양성할 '해방구'(解放區)를 가지지 못하게 되자, 의병전쟁의 잔여세력을 비롯해 민족해방운동을 준비하고자 한 많은 지도자들이 중국 동북지방 즉 '만주'지방으로 옮겨갔습니다.

그런 한편 국내에서도 조선총독부 무단통치의 물샐틈없는 감시 속에서 비밀단체들이 조직되고 민족해방운동이 계속되었습니다. 이 비밀단체들의 활동이 곧 3·1운동 폭발의 중요한 배경이 된 것입니다. 그 구체적인 활동상을 알아봅시다.

'남한대토벌작전'으로 국내 의병세력의 대부분이 무너진 가운데서도, 유림(儒林)세력을 중심으로 의병전쟁 잔여세력을 재조직하여 국권회복을 이루려 한, 아직은 복벽주의(復辟主義)적 성격을 가진 대한독립의군부(1913) 등이 조직되었습니다.

한편, 독립군 양성을 위한 군자금 모금 등의 활동을 했던 대한광복회(1915)는 처음 경상도 대구지방에서 발족하여, 충청도·경기도·강원도·전라도·황해도 등 전국적으로 확대되었으나 결국 발각되고 말았습니다(1918). 대한광복회는 복벽주의를 극복하고 공화주의를 지향한 단체였습니다.

평양을 중심으로 근대교육을 받은 청년·학생들이 조직한 조선국민회(1915)의 활동도 컸습니다. 이 단체는 하와이에서 설립된 대조선국민군단의 국내 지부로, 간도지방의 독립운동단체들과 연락을 취하면서 군자금 모금과 무기 구입 등을 계획하다가 발각되었습니다(1918).

이밖에도 서울과 대구 등 도시에서 혈성단(血誠團)·혜성단(慧星團) 같은 비밀결사가 조직되어 암약하고 있었는데, 구성원들은 학생·교사·목사·의사·변호사·제조업종사자·상인 등이었습니다. 3·1운동이 폭발하여 삽시간에 전국의 주요도시로 확대된 것은 이같은 비밀결

대한광복회 1915년 7월 대구에서 결성된 독립운동단체. 1913년 경북 풍기에서 채기중을 중심으로 창립된 광복단과 1915년 초 대구에서 박상진을 중심으로 창립된 조선국권회복단의 일부가 통합하여 성립했다. 개신유학자·의병참가자를 중심으로 군자금을 모아 무기를 구입하고 공화주의 독립국가를 수립할 계획을 세웠으며, 국외의 독립운동과도 연계했다. 군자금 모집을 위해 의연금을 모으거나 광산과 우편차 습격 등의 작전을 벌이기도 했다. 1918년 일제의 검거로 국내 조직은 거의 파괴되었다.

대조선국민군단 1914년 박용만 등이 하와이에서 조직한 항일 무장독립운동단체. 독립전쟁에 대비하여 130여명에게 군사훈련을 실시했다.

사들이 있었기 때문입니다.

이들 민족해방운동단체들은 일제 무단통치의 철저한 감시 때문에 비밀리에 조직되었다가 결국 발각되어 해체되곤 했으나, 이같은 활동이 바로 의병전쟁과 애국계몽운동을 3·1운동으로 연결시키는 고리가 되었다고 할 수 있습니다.

이들 비밀단체들이 조직되어 저항하는 한편, 대한제국 시기에 크게 발달한 민족교육은 조선총독부의 가혹한 무단통치 아래서도 명맥을 이어가고 있었습니다.

개성의 한영(韓英)서원, 영흥의 문명(文明)학교 등에서 애국창가집이 발견되어 학생들이 구속되는가 하면, 대성(大成)학교의 기성단(箕城團), 숭실(崇實)학교의 조선국민회 등 학생들의 비밀조직이 생겨 뒷날 3·1운동을 전국적으로 확대시킨 비밀조직과 연계되기도 했습니다.

한편 '합방' 후 '만주'지방으로 망명한 사람들도 그곳에 명동(明東)학교·신흥(新興)학교 등을 세워 계속 민족교육을 펴나감으로써, 국내에서 일어난 3·1운동이 바로 '만주'지방으로 번져가게 되었습니다.

흔히 '합방' 이전의 무장 의병전쟁과 비무장 애국계몽운동이 3·1운동에 와서 합쳐졌다고 하는데, 그것은 '합방'에서 3·1운동이 폭발하기까지의 9년 동안에 이루어졌다고 할 수 있습니다.

그리고 이 두 계통의 저항운동이 합쳐지는 9년간이야말로 옳은 의미의 근대적·민족적·국민적 민족해방운동이 배태된 시기라고 할 수 있겠습니다.

무단통치 아래서 민중생활이 어려워진 것도 원인이지요

일본이 한반도를 완전 강점한 지 불과 9년 만에, 통감부 시기부터 치면 14년간이지만, 민족의 각계각층이 모두 참가한 거족적 저항운동인 3·1운동이 일어났습니다.

그것은 그 기간 동안에 자행된 일본의 강압지배가 농민과 노동자 들은 물론 지식인과 중소지주층과 상인 등 자산계급에 이르기까지, 조선사람 각계각층의 실제 생활에 그만큼 타격을 주었기 때문입니다.

우선 문호개방 이후 일부 형성되어가던 자본가층이 '화폐정리사업'과 '회사령' 등으로 큰 피해를 입었고, '토지조사사업'을 통해 특히 중소지주층과 자작농층이 심한 타격을 받았습니다.

이 때문에 아직은 식민지배체제에 예속되지 않은 민족자본가층과 중소지주층은 식민지 경제정책의 정착과정에서 그 진로를 봉쇄당하고 3·1운동 같은 돌파구를 찾고 있었던 것입니다.

농민층의 경우는 사정이 더욱 절박했습니다. 조선후기 이래 점진적으로 발전해오던 농민적 토지소유제가 많은 반발을 무릅쓰고 강행된 조선총독부의 '토지조사사업' 때문에 결정적 타격을 받은 것입니다.

중간층 및 상층 자작농들은 농업에서 자생적 자본주의화를 담당할 계층으로 성장할 길을 철저히 봉쇄당한 채 오히려 소작농으로 전락해 갔습니다. 소작농민의 경우는 소작조건이 악화일로에 있었습니다.

이같이 극히 일부의 대지주층을 제외한 조선 농민 전체가 무단통치 9년간에 큰 피해를 입었으며, 그것이 곧 3·1운동이 단시일에 전국적 운동으로 확대된 원인이었습니다.

1910년대의 조선에는 일본 독점재벌자본은 아직 본격적으로 침투하지 않았고, 대신 소규모 공장과 매뉴팩처가 많았습니다. 따라서 공장노동자 수는 점차 증가하면서 노동조건은 극도로 나쁜 상태에 있었습니다.

특히 임금 수준에서 조선인 노동자와 일본인 노동자의 차이가 컸습니다. 대체로 조선 노동자의 임금이 일본 노동자의 2분의 1 내지 3분의 1에 지나지 않았습니다.

이같은 ㉠낮은 임금과 긴 노동시간 ㉡비인간적 대우 ㉢민족적 차별 때문에 이미 1910년대에도 노동쟁의가 자주 일어났습니다. 통계에 의하면 식민지배 초기인 1912년에 이미 노동파업이 6건 일어났고, 조선 노동자만 약 1500명이 참가했습니다.

화폐정리사업 1905년 7월 일제는 한국의 화폐제도가 문란하다는 것을 구실로 한국정부 재정고문 메가따 타네따로우(目賀田種太郎)에게 화폐정리를 지시했다. 일본은 이를 통해 조선에 자국과 등가(等價)의 화폐제도를 마련하여 자본·물자·인력 이동상의 장벽을 제거했으며, 이는 조선의 경제가 일본에 종속되는 계기가 되었다. 이 과정에서 구화폐의 회수, 금융관행의 와해로 많은 조선인 상인이 파산했다.

56

그러던 것이 3·1운동이 폭발하기 전해인 1918년에는 50건의 파업에 조선인 노동자가 4443명, 일본인 노동자가 475명, 중국인 노동자가 1187명 참가했습니다.

3·1운동이 폭발한 1919년에는 84건의 파업에 조선인 노동자 8283명, 일본인 노동자 401명, 중국인 노동자 327명이 참가했습니다. 무단통치의 탄압 아래서도 노동운동이 꾸준히 성장하고 있었고 그것이 3·1운동에서 폭발한 것입니다.

일본제국주의의 무단통치 9년간 중소지주층을 포함한 중소자산계급과 농민·노동자 등 조선사람 각계각층이 피해를 심하게 입었습니다. 이것이 곧 3·1운동이 각계각층의 조선인이 참가하는 거족적 운동이 된 원인인 것입니다.

2. 3·1운동의 전개과정과 그 역사성을 알아봅시다

운동의 전개과정은 3단계로 나누어볼 수 있습니다

3·1운동의 제1단계는 독립선언문에 서명한 '민족대표' 33인을 포함해서 서명에는 참가하지 않았다 해도 처음부터 이 운동에 동참한 48인이 독립을 선언하여 운동에 불을 지핀 단계입니다.

이들은 대체로 일제강점 이전 애국계몽운동 계통의 신지식인층과 종교인 그리고 식민통치의 피해를 직접 입은 민족자본가층 및 일부 지주층으로 구성되어 있었습니다.

일반적으로 초기 단계의 식민지 민족해방운동은 민족자본가 및 지식인층의 주도로 시작되는데, 3·1운동도 그랬습니다. 이들은 애국계몽운동 계통의 방법론을 이어받아 비무장·무저항주의 방법을 넘어서지 못했습니다. 이들의 역할은 대중운동을 현장에서 지도하는 데까지 나아가지 못하고 독립을 선언하는 데 그쳤다고 하겠습니다.

이들 '민족대표'들은 독립선언문에서 일제강점의 무단통치 아래서 민족자본가와 농민·노동자층이 겪고 있는 피해와 고통을 구체적으로 지적하지 못함으로써, 대중운동을 적극적으로 유도하는 역할을 제대로 하지 못했습니다.

이들은 청년·학생층과 일반 민중이 기다리고 있는 탑골공원에는 나가지 못하고, 태화관에서 독립을 선언하는 데 머물렀습니다. 그럼에도 불구하고 일본제국주의의 가혹한 무단통치 아래서 대규모 항일 민족운동을 유발하는 도화선 역할을 담당한 것은 사실입니다.

3·1운동의 제2단계는 '민족대표'들의 선언에 이어 주로 청년·학생과 교사 등 지식인, 도시의 노동자 및 상인층에 의해 운동이 전국 주요 도시로 확산된 단계입니다.

독립을 선언하는 데 그친 '민족대표'들의 3·1운동을 전국 주요도시로 확산시키는 역할은 이미 비밀결사에 참가하고 있던 학생들과 젊은 지식인층이 담당했고, 여기에 노동자·상인층 등이 호응했습니다. 전국 주요도시에서 상인들이 철시(撤市)로 호응했고, 특히 노동자층의 호응은 민감했습니다.

3·1운동의 제3단계는 이 운동이 주요도시에서 전국의 농촌지방으로 확산된 단계입니다. '민족대표'들의 독립선언에는 '토지조사사업'의 수탈성이나 농촌·농민 문제가 전혀 언급되지 않았을 뿐 아니라 그 문장도 농민들이 이해하기에는 대단히 어려운 것이었습니다.

그럼에도 무단통치 아래서 해가 거듭될수록 소작농으로, 농업노동자나 화전민으로 전락해간 농민들은 이 운동에 적극 참여하여 전국 방방곡곡의 농촌 장터에서 거의 1년 동안이나 만세시위를 계속했습니다.

'민족대표'들이 최고 3년형을 받았다가 일본의 회유정책으로 형기 전에 모두 풀려난 데 비해, 시위에 참가한 민중의 피해는 대단히 컸습니다. 시위는 평화적 방법으로 시작되었으나, 일본이 무력으로 탄압함으로써 폭동화했고 희생도 그만큼 컸던 것입니다.

전체 인구의 1할이나 되는 약 2백만명이 만세시위에 참가한 것으로 추산되었는데, 그중 공식집계만으로도 7500여명이 살해되었고, 4만 6000여명이 검거되었으며, 1만 6000여명이 부상했습니다. 그리고 49개의 교회와 학교, 715호의 민가가 불탔습니다.

이해 3월부터 5월까지 3개월간 운동에 참가했다가 입감(入監)된 사람들의 직업별 비율을 보면, 농민이 58.4%, 학생·지식인 20.8%, 상공업자 13.8%, 노동자 3.9%, 무직 3.1%였습니다.

또 '민족대표'들이 비폭력주의를 표방했음에도 3월과 4월 2개월간 일본군의 탄압에 맞서 폭력화한 시위가 전체의 34.5%나 되었습니다.

이 통계는 소학교의 교사까지도 칼을 차고 가르치던 일본의 폭압적 무단통치 아래서 거국적으로 폭발한 3·1운동의 진정한 주역이 누구였는지를 말해줍니다.

그뿐만이 아닙니다. '민족대표'들이 지향한 비폭력운동이 일본의 폭압적 무력탄압으로 폭력저항으로 변해갈 수밖에 없었던 사실을 말해주고 있습니다.

3·1운동의 역사적 의의를 어떻게 봐야 할까요

첫째, 3·1운동이 독립을 선언한 운동이라는 점에서만 보면, 독립을 이루지 못한 이 운동은 '실패'한 것이라 할 수 있겠지요. 그러나 이 운동을 통해서 조선민족의 독립의지가 세계만방에 강력하게 전해졌다는 점에서는 크게 성공한 운동이었습니다.

일본은 대한제국을 강점하는 과정에서나 그 이후에도 유럽을 비롯한 세계 각국에 조선민족은 자치능력이 없으며, 그 때문에 일본의 지배를 달게 받는다고 선전해왔습니다.

3·1운동의 폭발로 이같은 선전의 허위성과 기만성이 폭로되었고, 나아가서 조선민족이 일본의 지배를 거부하며 독립을 원하고 있음을 세계만방에 알린 것입니다.

솔직히 말해서 일제강점 시대 35년간을 통해 우리의 민족해방운동이 꾸준히 계속되었지만, 우리 민족해방운동전선의 독자적 투쟁만으로 강대국 일본의 군사력과 싸워 이기고 해방을 이루기는 현실적으로 어려운 일이었습니다.

그러나 3·1운동과 그후의 민족해방운동 과정을 통해 조선사람들이 일본의 지배를 거부한다는 뜻을 분명히 나타냈기 때문에, 뒷날 일본제국주의가 2차대전에서 패망해갈 때, 연합국들은 카이로선언 등에서 일본이 패망한 후 한반도를 그 영토에서 분리하여 독립시킬 것을 당연한 사실로 결정한 것입니다.

다만 일본이 조선민족의 자치능력이 부족하다고 국제사회에 계속 선전했기 때문에 미국을 중심으로 하는 연합국들은 신탁통치 과정을 거쳐 독립시킬 것을 결정했고, 그것이 카이로선언에서 "일정한 절차를 밟아서"란 단서로 나타난 것이지요.

둘째, 유럽식 개념으로 말해서 부르주아계급이 주도한 우리 민족의 근대민족

카이로선언 2차대전 말기인 1943년 11월 27일 연합국측의 로우즈벨트 미국 대통령, 처칠 영국 수상, 장개석 중국 총통이 이집트 카이로에서 회담을 갖고 채택한 공동성명으로, 연합국이 2차대전 후의 일본 영토에 대한 방침을 최초로 공식성명을 통해 발표한 것이다.

운동은 갑신정변에서 시작되어 3·1운동으로 끝나고, 그후에는 노·농계급을 기반으로 하는 사회주의세력이 민족해방운동을 주도하는 시대가 된다는 관점이 있습니다.

그런가 하면, 양반·상놈이라는 신분 차이에서 오는 이해관계를 넘어 자산계급과 농민·노동자를 막론한 민족구성원 전체의 이해관계가 일치해서 외세에 맞선 것은 3·1운동이 처음이라 봄으로써, 우리 역사에서 중세적 신분을 초월한 근대적 '민족'이 형성된 시점을 이 운동에서 찾으려는 관점도 있습니다.

이런 문제에 대해서는 연구가 더 진행되어야겠지만, 어쨌든 3·1운동이 우리 민족해방운동에서 하나의 큰 전환점 내지 새로운 출발점이 된 것은 사실이라 하겠습니다.

셋째, 3·1운동은 '만주'지방의 무장독립운동과 임시정부 수립으로 연결되었다는 점에서 큰 의미를 가집니다.

비무장·무저항주의를 표방하며 일어난 3·1운동이 일본의 잔혹한 무력탄압으로 진압되고 나서, 거기에 참가했다가 '만주'지방으로 망명한 청년층과 '합방' 후 이미 그곳에 망명해 있던 의병세력 등이 합쳐져서, 무장독립운동이 일어나게 되었습니다.

이런 점에서 일제강점 이전에 추진된 무장항쟁인 의병전쟁과 비무장항쟁인 애국계몽운동이 3·1운동에서 결합된 것이라 할 수 있습니다. 근왕주의(勤王主義)적 성격이 남아 있던 의병전쟁과 전투성·혁명성이 결여된 부르주아운동으로서의 애국계몽운동이 3·1운동에서 합류하여 국민주의적 민족해방운동으로 승화했다고 하겠습니다.

넷째, 일제강점 이전에도 신민회운동 같은 공화주의운동이 일부 있었지만, 3·1운동은 이제 민족해방운동에서 공화주의운동이 정착하는 계기가 되었다는 점이 중요합니다.

3·1운동을 계기로 서울·연해주·상해 등지의 민족해방운동세력을 중심으로 민족운동의 총본부를 지향하는 임시정부가 수립되었습니다. 어느 쪽의 정부조직이건 복벽주의를 극복하고 공화주의자 중심으

로 조직되고 운영되었습니다.

'민족대표' 33인의 대표인 손병희(孫秉熙)는 재판 때 3·1운동이 성공했다면 어떤 나라를 세우려 했느냐는 판사의 물음에 "백성의 나라를 만들려 했다"고 답했습니다.

대한제국 시기에 시민혁명이나 국민혁명을 일으키지 못하고 군주제를 무너뜨리지 못한 채 일본에 강점되었지만, 9년 후의 3·1운동에 참가한 청년·학생층과 '민족대표'의 대부분도, 일본의 통치에서 벗어나 독립할 경우 군주제가 아닌 공화제를 채택할 계획이었다고 했습니다.

3·1운동은 민족사회의 바깥에서 보면 물론 항일독립운동이지만, 안에서 보면 공화주의 독립운동이었던 것입니다. 3·1운동 이전에는 독립운동전선에 복벽주의도 있었으나, 그후에는 모두 도태되고 공화주의 독립운동만이 남았다는 점이 역사적으로 중요합니다.

다섯째, 3·1운동을 흔히 우리 근대민족운동의 분수령이라 말합니다. 그것은 복벽주의를 극복한 공화주의 민족운동이 펼쳐지는 출발점이 되는 한편, 그 공화주의 노선과 더불어 사회주의가 수용되는 계기가 되기도 했습니다.

하지만 3·1운동 자체에 사회주의의 영향, 특히 2년 전에 성공한 러시아혁명(1917)의 영향이 얼마나 컸는지는 아직 선명하게 밝혀지지 않고 있습니다. 3·1운동 전에 일본 토오꾜오에서 발표된 2·8선언에 러시아혁명이 언급되기는 했습니다.

3·1운동 후 조선에는 사회주의사상이 급격히 밀려들어왔고, 곧 사회주의 노선의 민족해방운동이 등장했습니다. 우리 민족해방운동전선에서 복벽주의가 청산되고 공화주의가 정착하는 과정과 사회주의 노선이 도입되는 과정이 겹쳤는데, 그 구체적 계기가 3·1운동이었던 것입니다.

그 때문에 3·1운동의 결과 성립된 상해임시정부는 민족주의세력과

2·8선언 1919년 2월 8일 토오꾜오 유학생들이 발표한 선언서. 그해 1월 유학생들은 토오꾜오에서 조선청년독립단을 조직하고 2월 이광수를 중심으로 선언서의 초안을 잡았는데, 완성된 초안은 국내로 반입되었다. 선언서는 정당한 방법으로 민족의 자유를 추구할 것이지만, 만일 성공하지 못하면 모든 행동을 동원해 영원한 혈전을 벌일 것을 불사한다고 밝혔다.

국민대표회 이승만의 국제연맹 위임통치 주장을 계기로 임시정부 활동과 독립운동 전체의 방향전환을 위해 1923년 1월 상해에서 개최됐다. 해외동포사회의 70여 단체 대표 125명이 모인 이 회의에서 임시정부 개조파와 새 정부 창조파가 팽팽히 맞섬으로써 회의는 결렬되었다. 회의의 결렬로 큰 타격을 받은 임시정부는 이승만을 탄핵하고 대통령제를 국무령제로 바꾸는 등 헌법을 개정했다.

한인사회당을 중심으로 하는 사회주의세력의 연합전선 내지 통일전선적 성격을 띠게 되었습니다.

뿐만 아니라 그후 해방될 때까지의 우리 민족해방운동전선에서 좌우익 연합전선 내지 통일전선운동이 꾸준히 계속되는 하나의 계기가 되었습니다.

상해임시정부에 참가한 사회주의세력이 이탈하여 임시정부가 통일전선의 성격을 잃게 되었을 때, 국민대표회가 소집되어(1923) 다시 통일전선운동이 펼쳐진 일 등이 그 예라 하겠습니다.

여섯째, 3·1운동을 계기로 민족해방운동전선에는 방법론상으로 뚜렷한 구분이 나타났습니다. 만주·연해주의 독립운동기지를 중심으로 하는 독립전쟁론과, 미국과 영국을 중심으로 하는 국제세력에 대한 외교적 교섭과 노력을 통해 독립을 이룰 수 있다고 생각하는 일부의 외교독립론이 비교적 선명히 구분되어간 것입니다.

또 한편 종래의 절대독립노선이 계속 주장되는 한편, 종래에도 실력양성론 및 독립준비론 등이 있었던 데다 거족적 3·1운동으로도 독립을 이루지 못한 결과 타협주의·자치주의 노선이 나타나서, 전체 민족해방운동전선에 혼선이 빚어지는 계기가 되기도 했습니다.

강의 4

1920년대 '문화정치'의
본질을 알아야 합니다

  3·1운동은 우리 민족해방운동사의 큰 분수령이었을 뿐 아니라, 일본이 한반도 지배정책
을 바꾸는 계기가 되기도 했습니다. 3·1운동 후 일제의 지배정책은 '문화정치'라는 이름의 민
족분열정책으로 바뀌었고, 그 결과 민족해방운동전선의 일부 우익세력이 타협주의로 돌아서
게 되었습니다.

  과연 '문화정치'의 본질이 무엇이었으며 구체적으로 어떤 정책을 썼기에 민족해방운동전
선의 일부가 이탈했는지, 또 그것의 민족사 내적 원인은 무엇이며, 타협노선으로 돌아선 일부
세력을 제외한 민족해방운동전선은 '문화정치'에 어떻게 대응해갔는지를 살펴봐야 합니다.

  민족사적으로 볼 때 일본에 지배당한 20세기 전반기는 근대적 민주주의 정치를 훈련해야
할 중요한 시기였지만, 조선민족은 주권을 잃었습니다.

  이 중요한 시기에 일본은 전체 한반도 주민들에게 어떤 정치활동도 허용하지 않고 전제주
의적 총독정치로 일관했으며, 극히 제한된 '자치제'를 실시한다는 핑계로 반민족세력을 양성
했을 뿐입니다.

  '문화정치' 시기에 절대독립노선에서 이탈한 개량주의자들은 1930년대의 일제 파쇼체제
아래서는 반민족적 친일파가 되었고, 남한의 경우 이들이 해방 후에도 그대로 집권세력으로
또 행정담당세력으로 남게 되었습니다. '문화정치'의 여파가 해방 후까지 계속되는 불행한 역
사가 된 것입니다.

1. '문화정치'에 앞서 경찰기구가 크게 강화되었습니다

'문화정치' 실시 배경은 민족운동의 활성화입니다

한반도를 강점한 후 1910년대 내내 무단통치를 강행하다가 3·1운동에 부딪히자, 일본에서는 무단통치에 대한 비판과 반성이 크게 일어났습니다.

그중에는 조선민족은 중세까지 일본민족보다 문화수준이 높았는데, 그런 민족을 무단통치 방법으로 다스려 3·1운동이 일어났다는 분석도 있었습니다.

이처럼 3·1운동은 일본으로 하여금 한반도 통치정책을 바꾸지 않을 수 없게 한 원인이 되었습니다. 이 운동이 설령 독립을 쟁취하지는 못했다 해도, 그후 특히 국내외의 민족해방운동이 강화되는 계기가 되었으며, 그것이 일본으로 하여금 '문화정치'라는 조선민족 분열정책을 쓰지 않고는 한반도를 계속 다스릴 수 없게 한 것입니다.

우선 3·1운동 후 민족해방운동이 강화된 사실을 들어봅시다. 상해에 성립된 대한민국임시정부는 국무원령 1호를 발표하여 연통제(聯通制)를 실시했습니다. 임시정부가 국내 및 간도지방과 연락하기 위해 조직한 연락망이었습니다.

연통제 국내의 경우 서울에 총관(總辦)을 두고 각 도에는 독판(督辦), 군에는 군감(郡監), 부에는 부장(府長), 면에는 면감(面監)을 두도록 조직되었고, 간도지방에는 독판부(督辦府)가 설치되었다.

이 연락망이 1921년에 일본 경찰에 발각되어 전면적으로 와해될 때까지 임시정부는 이를 통해 국내에서 인구세를 징수하고 독립공채(獨立公債)를 발행하여 큰 호응을 얻었습니다.

한편 3·1운동 후 '만주'지방에서는 무장독립운동이 활발하게 일어났습니다. 이동녕(李東寧)·이상용(李相龍)·이회영(李會榮) 등과 이동휘(李東輝)·김좌진(金佐鎭)·홍범도(洪範圖) 등은 서간도와 북간도 지방의 동포사회를 근거지로 무관학교·사관연성소 등을 설립하여 독립군을 양성했고, 이들 독립군들이 계속 국내 진공작전을 폈습니다.

예를 들면 1920년 초에는 대한독립군과 도독부군(都督府軍)이 연합하여 조직한 국민회군(國民會軍)과 북로군정서군(北路軍政署軍) 등 2000여명이 국경을 넘어 일본군 300명을 사살하는 전과를 올리기도 했습니다.

무장독립운동세력들은 국내에 '해방구'를 갖지 못한 상황에서, 서간도와 북간도를 '해방구'로 삼아 독립군을 양성하고 국내 진공작전을 편 것이지요.

국내로 진공한 독립군부대들이 전과를 올리고 '만주'지방으로 철수하면, 이를 추격하는 일본군이 국경을 넘었다가 독립군의 반격을 받아 큰 피해를 입기도 했습니다.

1920년에 홍범도·최진동(崔振東) 부대를 추격하여 국경을 넘은 일본군 39사단의 일부 병력이 독립군의 반격을 받아 120명이 사살되고 200여명이 부상한 전투가 그 한 예입니다.

널리 알려진 청산리(靑山里)전투와 봉오동(鳳梧洞)전투도, 독립군의 국내 진공에 시달린 일본군이 그 근거지를 공격했다가 홍범도·김좌진 등이 이끄는 독립군 연합부대의 요격을 받아 크게 패전한 경우입니다.

일본은 3·1운동의 폭발 자체에도 당황했지만, 그후 국내외에서 고조된 민족해방운동에 대응하기 위해 민족운동세력을 분열시키려는 정책으로 나아갔습니다. 그리고 그 분열정책에 민족세력의 일부가 말

북로군정서 1919년 만주 길림성에서 조직된 무장독립운동단체. 1920년 12월 청산리전투에서 일본군을 대파함.

려들어 절대독립 노선에서 개량주의 노선으로 전환했습니다.

3·1운동 후 일본이 한반도 통치정책으로 내놓은 '문화정치'라는 것이 민족분열정책에 지나지 않았음을 이해하기 위해, 이 '문화정치'를 통해서 실제로 무엇이 이루어졌는지를 알아볼 필요가 있습니다.

일본의 경찰병력이 대폭 강화되었습니다

일본은 '문화정치'를 표방하면서 표면상으로는 ㉠관료주의와 형식적 행정의 타파를 통한 시정(施政) 쇄신 ㉡조선인 관리의 임용과 대우 개선을 통한 민족차별 철폐 ㉢언론·출판·집회 자유의 인정을 통한 민의(民意) 창달 ㉣교육·산업·교통·경찰·위생·사회제도 개선을 통한 민복(民福) 증진 ㉤지방자치제의 실시를 통한 민풍(民風) 함양과 민력 작흥(民力作興) ㉥조선의 문화와 관습의 존중 등을 내세웠습니다.

그리고 조선총독부의 직제 중 "총독은 육·해군 대장으로 보임한다"는 조목을 없애고 문관도 총독으로 임명할 듯이 꾸몄습니다. 그러나 이후 8·15 해방 때까지의 조선총독 6명 모두 육·해군 대장 출신이었습니다.

일본은 무단통치를 '문화정치'로 바꾼 가장 두드러진 증거로서 헌병경찰제도를 폐지하고 보통경찰제도를 채택한 사실을 내세웠습니다. 그러나 실제로는 무단통치 때의 헌병이 '문화정치'의 경찰로 옮겨 앉았고, 군·경의 병력도 훨씬 증가했습니다.

헌병경찰제도가 겉으로나마 폐지되자 조선에 주둔한 일본 군대의 지휘부는 3·1운동 후 강화된 민족해방운동을 탄압하기 위해 "조선을 지배하는 데는 최하 5개 사단의 병력이 필요하다"고 했습니다. 사단 증설은 실현되지 않았으나 대신 경찰병력이 크게 증가했습니다.

구체적인 통계를 들어봅시다. 우선 경찰관서의 경우 3·1운동 이전 무단통치기인 1918년에 751개소였으나, '문화정치' 시기 초의 1920년에는 2716개소로 3배 이상 불어났습니다. '합방' 직후인 1910년 12월의 통계에서 경찰관서와 헌병기관을 합쳐 1134개소이던 것과 비교해 볼 만합니다.

또 경찰인원도 1918년에는 약 5400명이었으나 1920년에는 약 1만 8400명으로 3배 이상 증가했습니다. 그 때문에 경찰비용도 1918년에 약 800만원이던 것이 1920년에는 약 2400만원으로 역시 3배가 증가했습니다.

'문화정치'를 표방하면서도 이 시기에 고조되어가던 반일운동과 사회주의운동을 탄압하기 위해 일본은 "국체(國體, 혹은 政體)를 변혁하고 또 사유재산제도의 부인을 목적한 결사를 조직하거나 그 정(情)을 알고 이에 가입한 자는 10년 이하의 징역 또는 금고에 처한다"는 조항으로 시작되는 치안유지법을 만들었습니다(1925). 또 "무정부주의자, 공산주의자와 기타 운동자"를 단속한다는 이유로 결사의 자유를 완전히 박탈했습니다.

교원이나 군수 같은 문관들이 칼을 차지 않게 되고 헌병의 경찰행위가 일단 없어졌으나 모든 경찰기구가 불과 1~2년 사이에 3배로 증가하여 1군 1경찰서, 1면 1주재소 제도가 확립되었습니다.

그리고 치안유지법에 의한 특고(特高)형사와 사복형사·밀정 등의 민족해방운동 요원 및 지식인·학생에 대한 감시가 대폭 강화되어 체포건수가 크게 늘어났습니다.

요약해서 말하면 ㉠헌병경찰제도를 폐지하여 유화정책을 쓰는 척하면서도 보통경찰을 대폭 늘려 식민통치체제를 한층 더 강화한 점 ㉡치안유지법을 제정하여 사상통제와 사회운동에 대한 탄압을 강화한 점에 '문화정치'의 기만성이 있었던 것입니다.

그리고 ㉢'문화정치'를 표방하면서 친일세력을 확대해 민족해방운동전선을 분열시켜간 점에 '문화정치'의 더 높은 기만성이 있는 것입니다.

치안유지법 1925년 5월 총독부가 사회주의사상의 전파와 조직운동에 대응하기 위한 사상통제법으로 제정·공포했다. 같은 해 4월 일본에서 제정되었으나 5월 조선에서 먼저 공포·적용되었으며, 1928년 4월 목적수행죄가 신설되어 처벌규정이 강화되고 적용범위가 확대되었다.

2. 친일파를 양성하고 기만적 '자치제'를 실시했습니다

'문화정치'는 많은 새 친일파를 양성했습니다

3·1운동 후 일본이 '문화정치'를 통해 기도한 민족분열정책은 새로운 친일파를 양성하여 친일파의 사회적 구성 폭을 넓히는 정책으로 나타났습니다.

일본은 한반도를 강점하기 전에도 이미 일본 유학생, 정치망명자 및 고급관리와 조선왕족의 일부를 협박 혹은 매수해서 친일파로 만들고, 이들을 '합방'과정에서 적절히 이용했습니다.

그러나 '합방' 후에는 이들 가운데 극히 일부만 식민통치의 하수인으로 참여시키고, 그밖의 대부분은 은사금 등을 주어 우대하되 실권을 주지 않는 정책으로 일관했습니다. 이용할 가치가 이미 없어지기도 했습니다만.

3·1운동이 일어나자 당황한 일본은 친일파들을 사태수습에 이용하려 했습니다. 이완용에게 이른바 대국민경고문을 여러번 발표하게 한 일 등이 그 예입니다.

그러나 이들의 활동이 전혀 효과를 거둘 수 없었을 뿐 아니라, 3·1운동의 열기 속에서 오히려 그 일부가 친일 대열에서 이탈함으로써 친일세력의 약화를 가져왔습니다.

'합방' 때 이용한 주로 대한제국의 황족이나 각료 등으로 구성된 친일파만으로는 3·1운동 후의 식민통치에 도움이 되지 않음을 알게 된 일본은, 새로운 친일세력을 양성하여 3·1운동 후 훨씬 어려워진 식민지 조선의 통치에 이용하고, 또 민족해방운동전선을 분열시킬 정책을 세웠습니다.

3·1운동 직후 강우규(姜宇奎)의 폭탄세례를 받고 부임한 총독 사이또오 마꼬또(齋藤實)는 '조선민족에 대한 대책'을 구상하면서 다음과 같은 방안을 고안했습니다. '문화정치'가 바로 친일파 양성정책 그것

大韓民國二年元月元旦
大韓民國臨時政府新年祝賀會紀念撮影

1920년 1월 1일 대한민국 임시
정부 및 임시의정원 신년축하회
기념 사진. '대한민국 2년 원월
(元月) 원단(元旦)'이라고 씌어
있는 데서 1920년의 사진임을
알 수 있다. 둘째줄 중앙의 이시
영, 그 오른쪽의 안창호, 그 왼쪽
부터 이동휘, 이동녕, 신규식 등
의 얼굴이 보인다.

이었음을 극명하게 드러내줍니다.

㉠ 일본에 절대 충성을 다하는 자로 관리(官吏)를 강화한다.

㉡ 신명(身命)을 바칠 친일적 인물을 물색하고, 이들을 귀족·양반·
유생·부호·실업가·교육가·종교가 등에 침투시켜 친일단체를
만들게 한다.

㉢ 각종 종교단체의 최고지도자를 친일파가 되게 하고, 일본인을 고
문으로 앉혀 단체를 어용화한다.

㉣ 친일적 민간인에게 편의와 원조를 제공하고, 장기적 안목에서 수
재 교육의 이름 아래 친일적 지식인을 대량으로 양성한다.

㉤ 양반과 유생으로서 직업이 없는 자에게 생활방도를 만들어주고
이들을 선전과 민정정찰에 이용한다.

ⓗ조선의 부호에게는 노동쟁의·소작쟁의를 통해 노동자·농민과의
　대립을 인식시키고, 또 일본자본을 도입하여 이것과 연계를 맺도
　록 해서 그들을 매판화해 일본 측에 끌어들인다.
ⓢ농민을 통제·조종하기 위해 전국 각지에 유지가 이끄는 친일단
　체 교풍회(矯風會)·진흥회(振興會)를 만들어 국유림의 일부를 불
　하해주는 한편 입회권(入會權, 수목채취권)을 주어 회유·이용한다.

　대단히 구체적인 이같은 사이또오의 구상은 거의 그대로 실현되었
습니다. 우선 조선총독부는 "신명을 바칠" 직업적 친일파 양성에 어
느정도 성공했습니다.
　이들을 ㉠친일여론의 조성 ㉡친일단체의 조직 ㉢독립운동가 적발
과 정보수집 ㉣독립운동에 대한 파괴활동 ㉤독립운동가 포섭과 설득
등에 광범위하게 이용했습니다.
　그리고 친일여론을 조성하기 위해 교풍회·국민협회·대동(大東)동
지회 등을 조직했습니다. 또한 대지주계급과 예속자본가들의 친일단
체로 대정(大正)친목회·유민회(維民會) 등을 만들었습니다.
　특히 중심적 여론형성층이던 유생들의 친일단체로 대동사문회(大東
斯文會)·유도(儒道)진흥회가 생겼고, 농민운동을 약화시키기 위한 어
용단체로 조선인소작회상조회가 조직되었습니다.
　3·1운동 후 사회주의사상이 들어오면서 조선인 사회에도 지주·자산가계급과
소작인·노동자 사이의 이해관계가 첨예하게 대립해가고 있었습니다. 이같은 상
황에서 식민지 지배당국에 의한 친일파 양성정책은 곧 민족분열정책과 연결되었
습니다.
　일본은 새로 양성된 친일파를 이용하여 사회주의운동과 소작농민 및 노동자에
대한 탄압을 강화하는 한편, 지주와 자산가 계급을 보호하여 그들을 개량주의자
혹은 친일파로 만들면서 민족해방운동전선을 분열·약화시켜간 것입니다.

참정권 문제도 '지방자치'도 기만책이었습니다

3·1운동 후 조선총독부는 친일파 양성정책을 추진하는 한편 민족분열정책의 효과를 더욱 높이기 위해 민족부르주아지의 일부를 무장투쟁 노선 및 절대독립 노선에서 이탈시켜 문화운동·자치운동 등 개량주의운동 노선으로 돌리려고 획책했습니다.

그리고 그것을 효과적으로 추진하기 위해 조선사람에게도 참정권이나 자치권을 줄 것처럼 선전했습니다. 물론 일본제국주의가 패망할 때까지 조선사람들에게 참정권이나 자치권을 일절 주지 않았지만, 일본의 이런 기만술에 일부 조선인은 현혹되기도 했습니다.

일본이 조선사람에게 참정권을 주려 한다면, 그리고 또 조선사람이 이를 가지려 한다면, 그 방법은 대개 두가지가 있을 수 있었습니다. 그 하나는 조선의회를 따로 만드는 방법이고, 또 하나는 일본의회에 조선사람 대표를 참가시키는 방법입니다.

그러나 처음부터 일본은 어느 쪽도 허용할 생각이 없었습니다. 다만 조선사람과 조선에 사는 일본인 대표로 구성된 지방행정 자문기관을 두어 참정권을 준 것처럼 선전하고, 그것을 통해 친일파의 폭을 넓혀감으로써, 완전독립·절대독립 노선을 고수하는 민족해방운동세력을 혼란시키는 데 목적이 있었던 것입니다.

참정권 얘기가 조선총독부 쪽에서 흘러나오자 일부 친일파들은 이에 호응하고 나섰습니다. 이른바 참정권 청원운동을 벌여 민중의 반일감정을 딴 곳으로 돌리려 한 것입니다. 그러나 그 주동인물인 민원식(閔元植)이 양근환(梁槿煥)에게 살해되었을 뿐 별다른 효과를 거두지는 못했습니다.

이에 조선총독부는 본래의 계획대로 지방제도를 일부 개편하고 거기에 자문기관을 두어 지방자치에 대한 훈련을 한다고 선전했습니다. 이러한 지방자치제도 실상을 보면 대단히 기만적임을 알 수 있습니다.

조선총독부가 3·1운동 후 지방제도 개편과 함께 만든 자문기관은

행정기관에 둔 부(府)협의회·면(面)협의회·도(道)평의회 등과 교육기관에 설치한 학교평의회 등 네가지였습니다.

이 가운데 일본인이 많이 사는 부(府, 지금의 市)협의회는 완전 선거제였으나, 면협의회는 도시화 과정에서 일본인과 조선인 지주가 많아진 전국 24개의 지정면(指定面)만 선거제였습니다. 나머지 약 2500개 보통면의 협의회 회원은 모두 군수가 지명했습니다.

도평의회는 회원의 3분의 2를 부·면 협의회 회원이 뽑은 후보 중에서 도지사가 임명했고, 나머지 3분의 1도 그들의 눈으로 보아 이른바 '학식과 명망이 있는 사람'을 역시 도지사가 임명했습니다.

학교평의회는 부(府)와 군(郡)에만 설치되었으며, 학교평의회의 부 회원은 선거제였으나 군회원은 면협의회 회원이 뽑은 사람 중에서 군수가 임명했습니다.

도지사나 부윤(府尹, 지금의 市長)·군수가 임명하는 회원의 대부분이 친일인사였음은 말할 나위 없고, 선거제 경우도 일본인의 당선율이 조선인보다 훨씬 높았습니다.

그리고 선거권자가 부세(府稅)나 면부과금(面賦課金)을 1년에 5원 이상 납부하는 사람으로 제한되어 있었습니다. 이 때문에 일본인과 조선인 지주 및 자산가와 부유한 상인만이 선거권을 가질 수 있었습니다.

1920년 경우를 예로 들면 조선에 사는 일본인은 45명 중 1명이 부·면 협의회 회원이 되었으나 조선인은 2800명에 1명이, 그것도 친일인사가 그 회원이 되었습니다.

의결기관이 아니고 자문기관인 협의회를, 그것도 선거회원보다 임명회원이 많게 만들어 일본인이나 친일 조선인이 임명될 문을 넓혀놓은 것입니다.

일본에서는 유권자가 되는 납세액 한도가 3원이었는데도 조선에서는 이를 5원으로 올려 조선인의 선거권을 극도로 제한한 채 도·부·면 협의회를 구성한 것입니다.

3·1운동 후 일본제국주의는 '문화정치'라는 것을 내세우고, 조선인에게 참정권을 줄 듯이 선전함으로써 일부 조선인을 현혹했습니다. 또 '자치제에 대한 훈련'을 시킨다는 명목으로 말만의 '자치제'를 일부 실시했습니다. 하지만 이는 사실 총독 사이또오가 고안한 친일파 양성책의 일환이었으며, 민족분열정책에 지나지 않았던 것입니다.

문화운동과 자치론의 의미를 정확히 알아야 합니다

민족해방운동전선을 약화시키고 민족분열을 획책하기 위해 마련된 '문화정치'의 또 하나의 책략은, 3·1운동으로 높아진 민족해방운동의 열기를 문화운동 쪽으로 유도하여, 절대독립론·독립전쟁론을 약화시키려는 데 있었습니다.

3·1운동 후 민족해방운동전선에는 절대독립론·독립전쟁론이 지속되면서도 독립준비론·실력양성론과 외교독립론 등이 나타났습니다. 처음 일본은 이 모두를 용납하지 않았습니다. 그러나 점차 온건론인 독립준비론·실력양성론을 이용하려 했고, 그것을 문화운동으로 연결시키려 했습니다.

국내에서는 3·1운동이 별다른 결실을 맺지 못했으며, 그후 사회주의운동이 대두했다는 점은 이미 말한 바 있습니다. 이런 상황에서 국내 민족주의자 가운데 일부는 민족운동의 방향을 문화운동 쪽으로 유도하기 위해 종교운동·수양운동·사교운동·생활개선운동·농촌계몽운동 등을 적극 장려했습니다.

조선총독부는 그 운동의 주동자를 포섭하는 데 수단과 방법을 가리지 않았습니다. 식민지 피압박민족사회의 경우 문화운동 역시 결국 저항성을 가질 수밖에 없지만, 저항성이 결여될 때는 타협주의적 운동이 되거나 복고주의적 운동이 되게 마련이지요.

적극적 독립운동 노선에서 한걸음 물러선 일부 우파 민족주의자들이 나아갈 길은 타협주의, 아니면 더 나아가서 친일적 노선일 수밖에 없었습니다. 결국 이들의 타협주의는 '문화정치' '문화운동'과 논리를 같이하는 '민족성 개량' '실력양성' '자치주의'로 나아갔습니다.

상해임시정부운동에서 이탈해 귀국한 이광수(李光洙)는 곧『동아일보』에 「민족개조론」(1922)을 썼습니다. 이 글에서 그는 '합방' 전의 독립협회운동이 실패한 원인의 하나는 그것이 정치적 색채를 띤 점에 있다 하고, 교육의 진흥, 산업의 발전, 민중의 진작 등을 '민족개조운동'의 방법으로 내세웠습니다.

또한 그는 이 글에서 현대의 조선인은 "허위(虛僞)되고 공상과 공론만 즐겨 나타(懶惰)하고 서로 신의와 충성이 없고, 일에 임하여 용기가 없고, 극히 빈궁하고, 이런 의미로 보아 이 개조는 조선민족의 성격을 현재의 상태에서 반대 방면으로 변환하는 것"이라 했습니다.

이후 그의 '민족개조론'은 일본의 식민통치를 인정하는 범위내의 '자치론'으로 나아갔습니다. 5회에 걸쳐『동아일보』사설로 발표된 그의 글 「민족적 경륜」(1924)에서는, 식민지배 아래서 조선인이 정치적 생활을 갖지 못한 원인을 두가지로 들었습니다.

첫째 원인은 일본이 그것을 허가하지 않은 데 있다고 보았지만, 둘째 원인은 "병합 이래 조선인은 일본의 통치권을 승인하는 조직 밑에서 하는 모든 정치적 활동 즉 참정권·자치권 운동 같은 것은 물론이요, 일본정부를 대수(對手)로 하는 독립운동조차도 원치 아니하는 강렬한 절개(節介)의식이 있었던" 때문이라 했습니다.

그리고 그 대안으로 "조선에서 허용되는 범위 안에서 일대 정치적 결사를 조직하여야 한다는 것이 곧 우리의 주장"이라고 했습니다. 조선총독부의 통치를 인정하는 범위 안에서 정치활동을 하자는 말이었는데, 일본은 물론 그것조차 허용하지 않았습니다.

이광수의 민족개조론·자치론은 개인적인 경륜에서 나온 것이 아니라, 국내외의 민족운동전선에 이미 형성되어 있었고, 민족해방운동전선의 분열 요인으로 등장한 독립준비론·실력양성론의 귀결로서 나타난 것이었다고도 할 수 있겠습니다.

민족개조론자·자치론자 이광수는 곧 철저한 친일 이론가 및 행동가로 바뀌어갔습니다. 친일단체의 간부로, 친일문필가로, 학병권유연설가로 활동했던 그는, 해방 후에는 자신의 친일행위를 반성하는 글을 쓰기도 했고, 반민족행위처벌법에 연루되어 체포되기도 했습니다.

'민족개조론'이나 '민족의 경륜'은 식민지배 아래에 있는 민족사회의 발전을 위한 건전한 방법론을 제시한 것이 아니었습니다. 그것은 민족해방운동전선에서 이탈한 인물이 가진, 제 민족사회의 역사발전 및 문화창조력에 대한 불신에서 나온 '이론'이었다고 할 수 있습니다.

그것은 결국 '문화정치' 시기 일본의 조선민족 분열정책에 호응한 결과였다고 할 수밖에 없으며, 일본제국주의가 중일전쟁과 태평양전쟁 등 침략전쟁기에 들어섰을 때 그 참모습이 드러나게 되었습니다.

5 강의

일제강점 시대,
조선 민중은 어떻게 살았을까요

일본제국주의자들에 의해 강행된 '토지조사사업'은 농민적 토지소유제를 강화하는 것이 아니라, 식민지 지주제를 강화하는 방향으로 진행되었습니다.

그리고 식민지 지주제 아래에서 자본주의적 이윤추구를 도모하는 지주경영 때문에 조선 농민들은 토지에서 쫓겨나거나 농촌에 남았다 해도 농업노동자 내지 빈농층으로 전락해갔습니다.

일제강점 기간 동안 조선에는 이른바 3대 빈민층이 양산되었습니다. 농촌빈민과 농촌에서 쫓겨난 화전민과 토막민이 바로 그들입니다. 이 가운데 농촌빈민과 화전민은 일제강점 시대 이전에도 일부 있었지만, 토막민은 전적으로 일제시대에 양산된 빈민층이었습니다. 또한 같은 농촌빈민이나 화전민이라 해도 일제강점 이전과 이후를 비교해보면 양과 질에서 모두 전혀 달랐습니다.

강점 이후 식민지자본주의의 소산물로서 그 수도 급증했던 것입니다. 이들 빈민층의 생활상을 정확하게 알아야 합니다. 이들이야말로 일본제국주의의 조선지배가 낳은 정직한 산물이기 때문입니다.

1. 먼저 농촌빈민의 생활상을 알아야 합니다

소작농민의 수가 급증했습니다

지금까지의 우리 역사학은 일제강점 시대에 대한 연구가 그다지 활발하지 못했습니다. 해방 후 반세기가 지난 지금까지, 다소 연구업적이 쌓이긴 했지만 대부분 민족해방운동사 연구에 한정되었다 해도 과언이 아닙니다. 민족해방운동사 연구도 물론 중요하지만, 식민지시대의 생활사 연구가 좀더 활성화되어야 할 것입니다.

일본의 조선 식민정책의 중요한 목적 가운데 하나가 조선 농촌을 일본의 항구적인 식량공급지로 만드는 데 있었다고 앞에서 말했습니다.

한편으로 조선의 중소지주·자작농·자소작농 등 농촌중간층의 성장과 발전을 억제하고, 농촌사회를 일본인 및 조선인 대지주와 그 소작인으로 양분하는 데 목적이 있기도 했습니다.

그리고 이를 통해 농촌에서 식민지배 반대세력이 될 수 있는 민족부르주아 계층의 성장을 저지함으로써 식민지배를 영구화하려는 데 큰 목적이 있었다고 할 수 있습니다.

일본이 이같은 식민지배 정책의 목적을 달성하기 위해 최초로 실시한 경제정책인 '토지조사사업'은, 농촌중간층을 몰락시켜 그들을 소작농 혹은 농업노동자로 만드는 결정적인 계기가 되었습니다.

'토지조사사업'으로 토지의 매매와 겸병이 활성화됐으며, 그 결과 중소지주층과 자작농층 및 자소작농층이 급격히 줄어들었고, 그 대신 소작농이 급증했습니다. 조선총독부 농림국에서 발행한 「조선의 소작에 관한 참고사항 적요」라는 자료를 통해 그 실정을 알아봅시다.

일본이 조선을 강점한 6년 후인 1916년에는 자작농 비율이 20.1%, 자소작농이 40.6%, 소작농이 36.8%, 지주가 2.5%였습니다. 소작농 비율이 36.8%인 데 비해 자작농과 자소작농을 합친 비율이 60.7%나 되어 농촌중간층이 그만큼 많았음을 알 수 있습니다. '합방' 이전의 추세가 일제시대 초기인 1910년대까지는 아직 남아 있었다고 할 수 있겠지요.

그러나 이보다 16년 후인 1932년에는 자작농 비율이 16.7%, 자소작농이 26%, 소작농이 54.2%, 지주가 3.7%로 변했습니다. 자작농과 자소작농을 합친 비율이 60.7%에서 42.7%로 감소한 데 비해 소작농이 36.8%에서 54.2%로 크게 증가하고, 지주도 2.5%에서 3.7%로 증가했습니다.

농업부르주아지로 성장할 가능성이 있는 중간층이 감소하고, 대신 지주와 소작농민층이 증가하는 현상이 현저해졌습니다. 일본이 지주층, 특히 신흥지주층을 포섭하고 그들을 통해 소작농민을 통제해가는 이같은 현상이 바로 식민지 농촌계급구조의 한 특징이었다고 하겠습니다.

또한 16년 동안에 자작농이 20%에서 16.7%로 감소했을뿐더러, 자작과 소작을 겸함으로써 일반적으로 자작농보다 더 영세하다고 할 수 있는 자소작농이 40.6%에서 26%로 대폭 감소했다는 사실도 확인할 수 있습니다.

이는 자소작농 가운데 상당수가 완전한 소작농이 되었거나 아니면 파산하여 농촌을 떠났기 때문입니다. 자소작농이 완전 소작농으로 떨어지게 된 주요 원인 중 하나는 식민지배 아래서 소작조건이 악화된 데 있었습니다.

소작조건이 크게 악화되었습니다

일본의 한반도 강점 이전인 대한제국 시기의 한 조사(1904~05)에 의하면, 소작조건은 ㉠지세와 종자를 지주가 부담하고 수확을 작인과 지주가 반분하는 경우와 ㉡지세와 종자를 작인이 부담하고 지주가 수확의 3분의 1을 가지는 경우가 대부분이었습니다.

그러나 일제강점 시대인 1941년의 『조선총독부 조사월보』에 실린 한 논문에서는 이렇게 말하고 있습니다.

조선의 소작료 형태는 정조(定租)·타조(打租)·집조(執租) 등 여러 가지가 있지만, 수확고에 대한 비율은 평균 5할이라고 보아 대과 없다. 그러나 그것은 명목상의 소작료에 지나지 않는다. 이외에도 지조공과(地租公課), 수세(水稅), 마름 보수, 추수원(秋收員) 접대비, 소작료 운반비, 색조(色租), 두량임(斗量賃), 장세(場稅) 등이 소작인에게 전가되고 (…) 결국 실질적으로는 총수확고 중에서 지주 때문에 공제되는 부분의 비율이 7할 내지 8할 정도라 보아도 좋을 것이다.

일제강점 이전에 비해 그후에는 소작료가 전체적으로 2할 내지 3할가량 높아졌을 뿐만 아니라 소작권도 대단히 불안해졌습니다. 조선총독부가 조사한 『조선의 소작관행』에서는 이렇게 말했습니다.

일본의 한반도 강점 이전에는 "소작계약이 구두약속일 뿐만 아니라 소작기간도 정해지는 일이 없었고, 지주가 특별한 사정이 있거나 소작인의 배신행위가 없는 한 소작은 대개 영구히 계속되었다."

그러나 1920년대와 30년대에 걸쳐 활발하게 일어난 소작쟁의의 원인 가운데 가장 높은 비율을 차지한 것이 소작료와 함께 소작권 변경 문제였습니다.

1930년 무렵의 가난한 농촌 마을.

통계를 하나 들어보지요. 1927년부터 29년까지 일어난 소작쟁의 원인 중 47.3%가 소작권 관계였고, 48.5%가 소작료 관계였습니다. 일제강점 시대에는 그 이전에 비해 소작권이 훨씬 불안해진 것입니다.

1930년대 이후로 오면 이같은 조선 농민층의 몰락을 식민지배 당국자조차 우려할 정도였습니다. 그리하여 이른바 자작농 창출계획이나 농촌진흥운동 같은 것을 내세운 것입니다. 물론 대륙침략과 함께 조선 농민을 회유하고 단속할 필요도 있었지요. 하지만 그것들은 실제로는 모두 허울 좋은 기만책에 지나지 않았습니다. 농촌중간층의 몰락, 그것이 곧 식민지 지주제가 지속되고 식민통치가 유지될 수 있는 중요한 기반이었기 때문입니다.

파산해서 떠도는 농민이 급증했습니다

일본의 식민지배 아래서 중간층 이하 조선 농민의 생활은 커다란 변화를 겪었습니다. 그 변천과정을 단순화해서 보면 이렇게 말할 수 있습니다.

㉠농촌중간층의 몰락과 소작농민의 증가 ㉡그에 따른 소작조건의 악화와 그 결과인 농가수지의 악화 ㉢농가부채의 증가와 농촌빈민 수

의 증가 ㉣이들 농촌빈민의 이농(離農)과 화전민화 및 도시빈민화 그리고 걸인화(乞人化).

앞에서 일제강점 시대 동안 소작농가의 비율이 계속 높아졌음을 보았지만, 소작농가의 증가는 당연히 소작지 부족을 가져와 소작농가의 평균 경작면적은 1정보(3000평)를 넘지 못했습니다.

평균 1정보 정도를 경작한 소작농민들의 연간 영농수지가 어떠했는지 정확하게 알려주는 자료를 구하기는 어렵습니다. 자소작농가·자작농가 등의 경우도 정확한 경영수지를 알기 어렵기는 마찬가지입니다.

조선농회에서 1930년부터 33년 사이에 각 지방의 자작농·자소작농·소작농 각 3호씩을 대상으로 조사한 자료가 있습니다. 그에 따르면, 이들 모든 종류의 농가가 적자경영이었습니다.

그 연간 적자의 폭은 대체로 자작농이 20원대, 자소작농이 80원대, 소작농이 30원대로 조사되어 있습니다. 대단히 소략한 조사이며, 이조차 얼마나 정확한지 의문입니다. 그리고 왜 소작농보다 자소작농의 적자 폭이 더 큰지 설명되어 있지도 않지만, 농가수지의 적자현상이 농가부채를 가중시켰을 것은 분명합니다.

1932년에 전라북도 경찰부가 작성한 비밀문서 「세민(細民)의 생활상태 조사」라는 것이 있습니다. 그것에 의하면, 전라북도 총세대수 28만 4345호 중 40.7%인 11만 5670호가 세궁민호(細窮民戶)였고, 그 72.6%인 8만 3947호가 빚을 지고 있었으며, 호당 평균 부채액은 34원 60전이었습니다.

이같은 농가부채의 증가로 농민생활은 몰락 일로에 있었고, 당연히 빈농의 수가 증가했습니다. 조선총독부가 1932년에 작성한 비밀문서 「농촌 궁민(窮民)의 실정과 농촌구제대책안 참고자료」에 의하면, 전국 자작농가의 평균 17.6%, 자소작농가의 36.5%, 소작농가의 66.8%가 춘궁(春窮) 상태에 있었고, 1933년에는 전국 농가의 44%가 춘궁 상태에 있었다는 통계도 있습니다.

　이같이 가난에 빠진 조선 농민들은 결국 파산하고 농촌을 떠날 수밖에 없었습니다. 역시 전라북도 경찰부의 비밀조사에 의하면, 1932년 1월부터 4월 사이에 도내에서 농촌을 떠난 인구는 3만 3059명이었습니다. 그중 생활이 궁해서 떠난 사람이 42.2%였고, 노동을 할 목적으로 떠난 사람이 28.2%였으며, 빚을 갚을 길이 없어 떠난 사람이 20.9%였습니다.

　이보다 앞선 1927년의 경우도 전국에서 약 15만명이 이농(離農)했는데, 그중 47.4%가 고용인이 되었고, 17.2%가 일본으로 갔으며, 16.1%가 소상인(小商人)이 되었고, 11.5%가 공업노동자가 되었습니다. 그리고 4.7%는 한 집안이 모두 거지가 되었습니다.

　이농한 농민의 약 5%가 거지가 된 셈인데, 역시 조선총독부의 조사에 의하면 같은 1927년에 "상시걸인(常時乞人)으로서 배회하는 사람" 수가 전국적으로 4만 6299명이었으며, 1930년에는 그 수가 5만 8204명으로 증가했다가 1931년에는 5만 4029명으로 감소한 것으로 통계되었습니다.

　일본경찰의 비밀문서에서는 이같은 '상시걸인' 이외에도 춘궁기가 되면 '주거가 있고 잠정적으로 걸식하는 사람'인 일종의 '계절(季節)걸인'들이 있다고 했으나, 그 수가 통계되어 있지는 않습니다.

　극히 일부만 남은 이같은 일본경찰의 비밀문서를 통해 식민지 자본주의체제 아래서 조선 농민들이 어떻게 몰락해갔는지 그 실정을 엿볼 수 있습니다.

2. 화전민의 생활은 처참했습니다

일제강점 시대에 화전민 수가 급증했습니다

화전민(火田民)이란 산속에 들어가서 일정한 장소에 불을 지르고 그 자리에 강냉이나 감자 등을 심어서 먹고 살다가, 땅의 거름기가 다해서 농사가 안되면 또 다른 곳으로 옮겨가서 불을 놓아 농사를 지어 먹고 사는 사람들을 말합니다.

이같은 화전민은 일본이 한반도를 강점하기 이전에도 있었지만, 일제강점 시대로 들어오면서 그 수가 급격히 증가했고, 따라서 화전면적도 크게 확대되었습니다.

조선총독부는 삼림법(森林法)을 제정하여(1911) 화전 개간을 엄벌하는 규정을 두었습니다. 그러나 '토지조사사업'과 일본 농업이민의 증가 등으로 토지를 잃은 조선 농민들이 많아짐에 따라 화전민과 화전면적은 급격히 증가했습니다.

조선총독부의 통계에 의하면 1919년에 전국적으로 약 14만 정보였던 화전이 1928년에는 약 40만 정보로 늘어났고, 화전민의 수도 1928년 통계에는 약 120만명으로 당시의 전체 인구 약 2천만명 중 6% 가량 되었습니다.

그리고 경성제국대학 위생조사부의 조사에 의하면, 1926년부터 39년까지 14년 사이에 자작농이 14% 감소하고 자소작농이 20% 감소한 반면, 소작농이 33% 증가하고 순화전민이 100% 증가했습니다.

앞에서도 말했지만, 식민지 경제정책의 결과 자작농과 자소작농 등 농촌중간층이 몰락하여 소작농이 되거나 화전민이 되어갔음을 말해 주는 것입니다.

왜 일제강점 시대에 들어와서 화전민이 급증한 것일까요? 조선총독부의 비밀문서 「화전조사보고서」에서는 그 원인으로 다음과 같은 세가지를 들고 있습니다. 정확하게 파악한 원인이라 할 수 있으며, 특히 셋째 원인이 정곡을 찔렀다고 생각됩니다.

㉠평지에서 파산한 사람이라도 화전으로 경작지를 쉽사리, 무상으로 얻을 수 있다는 점 ㉡하층의 조선사람들은 행정관청의 지도 감독이 쉽게 미치지 않는 곳에서 생활하기를 좋아한다는 점 ㉢초근목피로 사는 사람들은 삼림법 위반으로 형을 살아도 감옥생활이 집에서 생활하는 것보다 나아서 고통이 되지 않는다는 점.

파산한 농민과, 일본의 지배법규가 미치지 않는 곳에 살고 싶은 사람들, 그리고 집생활보다 감옥생활이 오히려 나은 처지에 있는 빈민들이 주로 화전민이 된 것입니다.

지배당국이 작성한 비밀문서인 만큼 식민지배 아래서 조선 농민들이 왜 화전민이 되었는지를 솔직히 지적하고 있음을 볼 수 있습니다.

화전민 생활의 실상은 이렇습니다

1백만명이 넘는 사람들이 일반 농촌에서 파산하고 일본의 행정력이 미치지 않는 깊은 산속에 들어가서 화전을 일구어 살았으므로 그들의 생활상은 사회적 관심의 대상이 될 수밖에 없었습니다.

1929년 6월에 함경남도 장진군 신남면 일대의 화전민 생활을 현지 취재한 『동아일보』 기자는 그들이 사는 집의 실정을 묘사하면서 '틀거리'라 불린 화전민 특유의 오두막집을 소개하고 있습니다.

양지바른 산비탈에는 거의 빈틈이 없이 연접된 화전이 있고 물 흐르는 좁은 골짜기마다 '틀거리' 집이 있으니, 그는 산에서 나무를 베어 온 채 별로 다듬지도 않고 네 귀를 맞추어 덧놓고 덧놓아 기둥도 없이 지어놓은 집이다.

그 덧놓고 덧놓은 '틀거리' 사이에 바람을 막기 위하여 흙을 엷게 바르고 한편에 들고나는 문이 있으니 이것이 곧 순화전민들의 일시

우거하는 안식처라 한다.

또 한 기사는 '틀거리' 집 안의 모습을 이렇게 전하고 있습니다. "거적자리를 깔아놓은 캄캄한 그 방안에 살림이란 극히 간단하니 의장(衣欌)이 없고 또한 침구가 없다. 부엌에는 솥이나 냄비 한두개가 걸리고 상, 사발 몇개가 있을 뿐이다."

그리고 화전민들은 대개 개가죽을 입고 살았는데, 이 무렵에는 개가죽 옷을 벗고 광목 옷, 즉 면직물 옷을 입게 되었다 하여 그들의 의생활이 일정하게 변해가고 있음을 전하고 있습니다.

한편 일본의 행정력을 피해 깊은 산속으로 들어간 화전민들이 그곳까지 파고드는 총독부의 간섭에 저항하는 모습을 1928년 5월의 『동아일보』는 이렇게 전하고 있습니다.

총독부 산림부에서는 화전을 정리·구제하려고 화전 조사를 시작하여 조사반이 평남·평북·함남·함북·강원의 각 도에 출장하였던바, 평남지방의 화전민 중에는 자위책으로 화전농민동맹을 조직하고 투쟁위원을 선출하여 화전민 이외 자의 침입을 방지하고 있는 곳도 있어서, 이 조사는 비상히 곤란할 모양이므로 산림부에서는 만일 조사반이 가해를 당치 않을까 하여 경관의 경호하에 조사하기로 하였다더라.

1929년에는 함경남도 갑산군 보혜면 대평리 속칭 '평평물'의 80여 호 화전민 마을에 영림서(營林署) 직원들이 불을 질러서 전국적으로 여론이 들끓은 일이 있었습니다.

또 평안남도 영원군 내의 447호나 되는 화전마을에 대해 "매양 독립단 등이 그곳에 우거하여 소동을 일으키는 일이 종종 있다고 도 당국에서는 이 집들을 전부 없앨 계획"이라 한 기록도 있습니다.

1930년대로 오면 "최근 적색분자가 엄중한 취체를 벗어나 비밀히 입산하는 경향이 있으므로 경무국과 연락하여 엄중히 취체할 것"을 결정했다는 자료도 보입니다. '만주'와의 접경지대에 있는 화전마을이 사회주의운동의 근거지가 되었음을 말해주는 것이지요.

일본의 식민지 경제정책의 결과 파산하거나 그 통치체제에 반대하여 산속으로 들어가 화전민이 된 사람들이 모여 사는 곳이 항일운동의 근거지가 될 가능성은 높았습니다.

뒤 강의에서 상세히 말하겠지만, 1930년대 후반기 이후 중국과 접경지대에 있는 평안도와 함경도의 화전민 마을이 동북항일연군 조선인부대나 조국광복회 활동의 대상지가 된 사실들이 그것을 말해줍니다.

3. 토막민이란 도시빈민이 생겼습니다

토막민(土幕民)은 어떻게 생겨났을까요

일본제국주의 강점시대 동안 조선에는 3대 빈민층이 형성되었다고 말합니다. 앞에서 말한 농촌의 춘궁빈민과 화전민, 그리고 토막민이라 불린 도시빈민을 가리킵니다.

토막민이란 당시의 설명을 빌리자면 도시 변두리 공터에 "땅을 파서 온돌을 만들고 짚이나 거적때기로 지붕과 출입구를 만든 집"에 사는 사람을 말합니다.

농촌의 춘궁민과 화전민이 급증한 것은 물론 일제강점 시대 이후부터지만, 이들 두 종류의 빈민은 '합방' 이전에도 일부 있었습니다. 그러나 토막민은 전적으로 일제강점 시대의 소산물이었습니다.

다시 말하면 토막민이란 한반도에 대한 일본제국주의의 식민지배 정책의 결과로 나타난 이농민들로 주로 대도시 변두리지역의 빈민을 지칭하는 것이었습니다.

토막민의 형성 1940년에 경성제국대학 학생 20명이 토막민을 종합적으로 조사하여 『토막민의 생활·위생』이란 보고서를 냈는데, 거기에서는 "오늘날 보는 것과 같은 토막의 발생은 조선에 근대자본주의가 유입한 '일한병합' 이후의 일이다"라고 했다. 그리고 「토막민과 그 처치에 대하여」란 글을 쓴 일본인 죠오고오 에이지(長鄕衛二)도 "지난날의 조선에는 도시에 토막민이란 명칭의 주민은 존재하지 않았다. 따라서 이 명칭은 '일한합방' 이후의 것이며 조선 토지조사 이전까지는 토막이란 명칭은 그다지 쓰여지지 않았다"고 했다.

‘토지조사사업’과 일본 농민의 조선 이민 등으로 농토를 잃고 농촌에서 쫓겨난 사람들 가운데 ㉠일부는 일본의 노동시장으로 흘러들어가고 ㉡일부는 ‘만주’지방으로 가서 중국인의 소작인이 되거나 아니면 화전민이 되고 ㉢나머지 일부는 도시지역으로 흘러들어가서 도시빈민인 토막민이 된 것입니다.

당시 『동아일보』의 한 기사에 따르면, 지금의 서울 시내 을지로 7가의 성곽 밑은 서울시 소유지인데, 1921년부터 빈민들이 모여 움집을 묻기 시작했다고 합니다.

또 여기에 사는 200여명은 거의 전부가 극빈자로 그날그날 목숨을 이어가는 사람들이라 했습니다. 서울의 토막민들이 대체로 1920년대 초엽부터 형성되었음을 말해주는 것이지요.

평양의 경우도 1924년 6월의 『동아일보』의 한 기사에서 “암정(巖町) 일부분, 행정(幸町) 일부분 등과 토성(土城) 일대의 토막 생활 등이 가장 적빈자(赤貧者)들인데, 그들은 모두 하루 한 끼도 변변히 못하는 가련한 인생들로서 그 수가 무려 5000명에 달한다”고 했습니다.

서울의 토막민 통계는 지방도시에 비해 비교적 상세합니다. 통계에 따르면 1927년에는 신당동의 169호를 비롯해서 서울 전체에 447호의 토막민호가 있다 했고, 1938년에는 3316호에 1만 6644명의 토막민이 있다고 했습니다.

그러다가 1939년부터는 ‘토막 및 불량주택 조사’를 했는데, 이 조사에서 토막은 “지면을 파내려가서 토벽으로 하고 간단한 지붕을 덮은 원시적 주택”을 말하며, 불량주택은 “위생상 유해 또는 보안상 위험하다고 인정되는 오두막과 같은 조악한 주택”을 말한다고 했습니다.

1942년에는 전국의 토막 거주자가 3731호에 1만 9604명이었고, 불량주택 거주자가 2만 9609호에 12만 8858명이었다고 통계되어 있습니다.

일본제국주의의 한반도 강점과 함께 생성된 도시빈민촌인 토막민촌은 서울과 평양 등 대도시는 물론 지금의 시(市)에 해당하는 전국 20개 부(府)에 모두 있었습니다.

농촌에서 쫓겨난 이들이 도시에서 무엇을 하면서 살 수 있었는지를 살펴봄으로써 일본의 한반도 지배가, 또 일본의 식민지 자본주의라는 것이 어떤 것이었는지를 이해할 수 있을 것입니다.

토막민들은 무엇을 하며 어떻게 살았을까요

농촌에서 쫓겨나 전국의 각 도시 주변에 빈민촌을 이루어 살았던 토막민들이 무슨 일을 하며 생계를 유지했는지, 즉 그 생업이 무엇이었는지를 조사한 자료가 몇가지 있습니다.

일제강점 시대 우리 민중생활의 실상을 구체적으로 이해하는 데 도움이 될 것 같아서 여기에 소개합니다.

1928년의 조사에 의하면 서울 시내에 사는 1143명의 토막민 중 31.6%인 361명이 날품팔이를 했고, 8%인 91명이 지게꾼이 되었으며, 그 나머지 가운데 28명이 상점고용인, 28명이 목공, 25명이 인력거꾼, 20명이 석공, 15명이 회사 직공, 15명이 과일 행상 등으로 생계를 유지했습니다. 그리고 그 44.6%인 510명이 무직을 포함한 기타에 속했습니다.

또 1931년 통계에는 1536명이 조사되었는데, 그중 30.1%인 462명이 날품팔이, 13%인 200명이 공사장 인부, 10.7%인 164명이 지게꾼이었으며, 17.6%인 270명이 기타의 직업에 종사했습니다.

1938년의 서울 시내 토막민 조사에는 남자 8831명과 여자 7813명 합계 1만 6644명이 조사되었습니다. 그중 46.3%인 7705명이 일고노동자였고, 무직이 43.6%인 7256명이었으며, 그중 남자 실업자가 1609명이었습니다. 같은 해 신당동 토막민의 경우도 391명 중 57.8%인 226명이 날품팔이 노동자였습니다.

1939년에서 42년까지의 토막 및 불량주택민 생업조사에서도 그들이 종사한 직업 중 제일 높은 비율을 차지한 것이 인부(人夫)였습니다. '토지조사사업' 등으로 농촌에서 쫓겨나 도시지역으로 옮겨온 빈민들이 가장 많이 종사할 수 있었던 직업이 날품팔이, 지게꾼, 공사장 인부 등이었음을 알 수 있습니다. 공장노동자가 될 수 있는 길은 대단히 좁았던 것이지요.

일본이 한반도를 강점하여 농민들한테서 토지를 빼앗고 그들을 도시지역으로 쫓아냈지만, 일본의 식민지 자본주의가 그들을 공장노동자로 수용할 만큼의 수준에는 이르지 못했던 것입니다.

1920년대 말까지 조선의 공장노동자 수는 20만명 정도였고, 나머지 대부분은 도로공사장이나 철도공사장 및 수리조합공사장의 날품팔이 노동자나, 토막민들의 생업에서 보듯 지게꾼이나 인력거꾼이 된 것입니다.

1920년대까지는 일본자본주의가 식민지 조선에 공업을 크게 일으켜 이들 농촌에서 쫓겨난 사람들을 값싼 노동력으로 수용할 만한 수준에 이르지 못했습니다. 겨우 날품팔이 혹은 토목공사장 인부가 되거나, 아니면 실업자가 될 수밖에 없었던 것입니다.

일본제국주의는 1930년대에 들어서 '만주사변'을 일으키고 중일전쟁을 도발하고서야 이들 농촌에서 쫓겨난 조선사람들을 전쟁노동력으로 쓰게 되었습니다.

태평양전쟁을 도발한 후에는 이들뿐만 아니라 농촌에 남아 있는 노동력까지 보국대·모집·징용 등으로 강제 동원하여 일본의 광산이나 군수공장의 노동력으로 쓴 것입니다.

일제강점 시대 내내 많은 조선 농민들이 농촌에서 쫓겨났지만, 일본의 식민지 자본주의는 그들을 값싼 공장노동력으로도 수용할 형편이 못 되었고, 따라서 그들은 화전민, 토막민, 공사장 날품팔이 등이 되는 한편, 일본의 노동시장으로 흘러가거나 '만주'로 가서 다시 소작농민이 되었을 뿐입니다.

만주사변 1931년 9월 18일 봉천(奉天) 즉 현재의 심양(瀋陽)의 북쪽 유조구(柳條溝)의 만철(滿鐵) 선로 폭파사건을 계기로 일본군이 중국 동북지방을 침략한 전쟁.

그러다가 1930년대 이후 일본제국주의의 대륙침략이 본격화하고 그것이 태평양전쟁으로 연결되면서, 이들 노동력과 그때까지 농촌에 남아 있던 농민들은, 전쟁에 나간 일본인들을 대신해서 전쟁노동력으로 강제 동원되어 혹사당했습니다.

이들은 해방 후 대부분 귀환하게 되었습니다. 결국 일제의 식민지배 정책 때문에 농촌에서 강제로 쫓겨났던 조선의 노동력은 침략전쟁의 노동력으로 이용되었다가 해방과 함께 대부분 다시 제자리로 돌아온 것입니다.

다시 말하면, 조선에 대한 일본의 식민지배 정책은 그들의 필요에 의해 조선 사람들을 1920년대는 농촌에서 쫓아내어 도시의 날품팔이가 되게 했고, 1930년대 이후에는 전쟁노동력으로 혹사했다가, 패전함으로써 그 대부분을 다시 제자리로 돌려놓았을 뿐입니다. 식민지배 정책이란 결국 그런 것이라 하겠습니다.

1920년대의 '산미증식계획'은
왜 실시되었을까요

일제강점 기간에 이른바 식민지 자본주의가 어느정도 발달했는가, 그것이 역사적 의미를 가지는가 하는 문제를 두고 이런저런 말들이 많습니다. 두말할 필요도 없지만, 제국주의 국가가 남의 나라나 땅을 식민지로 만드는 일차적 목적은 물론 제 욕심을 채우기 위해서입니다. 흔히 원료공급지와 상품판매시장을 확보하기 위해서라 합니다.

만일 지배받는 사람들을 위한 것이라고 한다면 이는 거짓말이지요. 일본제국주의자들이 한반도를 강점한 당초의 경제적 목적은 이 지역을 영원한 식량공급지로 삼기 위해서였습니다. 1910년대의 '토지조사사업'이나 1920년대의 '산미증식계획'은 바로 이 목적에서 실시되었지요.

1930년대 이후 일본이 한반도에 약간의 공업시설을 세웠지만, 그것은 대륙침략을 위한 병참기지화 목적 때문이었습니다. 그런 목적이 없었다면, 식량공급지로 한정하려는 한반도에 대한 일본 본래의 식민지 경제정책은 그대로 지속되었을 것입니다.

우리가 이같은 '산미증식계획'의 역사적 의미를 옳게 파악함으로써 식민지 경제정책의 본질을 이해하게 된다면, 식민지 경제정책의 목적은 침략적이었다 해도 그 결과는 일정한 역사적 의미를 가진다는 식의 그릇된 역사인식을 불식할 수 있을 것입니다.

1. 먼저 1920년대 조선의 경제사정을 알아야 합니다

일본의 산업자본은 얼마나 침투했을까요

1차대전의 전쟁경기를 통해 일본의 독점자본은 급성장했습니다. 이들이 식민지 조선에 침투할 만한 조건을 어느정도 갖추자, 조선총독부는 회사령을 철폐했습니다(1920. 4).

회사령 철폐 후 미쯔이(三井)·미쯔비시(三菱)·노구찌(野口) 등 일본 독점재벌의 조선 침투가 활발해진 것은 당연합니다.

미쯔이는 자본금 5백만원의 삼성(三成)광업주식회사를 비롯하여 7개의 회사를 침투시켰고, 미쯔비시는 자본금 1천만원의 조선무연탄주식회사를, 노구찌는 자본금 6천만원의 조선질소비료회사를 비롯하여 4개의 회사를 세웠습니다.

이밖에도 일본자본은 화학공업·전기공업·섬유공업·광업·철도업 등에 광범위하게 침투했습니다. 일본이 1930년까지 조선·대만·중국·몽골 등 식민지 및 반식민지에 투자한 금액은 총 71억 5900만원이었는데, 그 가운데 조선에 투자한 액수는 그 22.7%인 16억 2700만원이었습니다. 중국에 이어 두번째로 많은 액수였지요.

이같은 일본자본의 침투 때문에 조선에서 조선인 공업회사와 일본인 공업회사 사이의 양적·질적 격차는 더욱 커져갔습니다.

1929년 조선에 설립된 일본인 공업회사는 301개였고, 조선인 공업회사는 143개로 일본인 회사의 절반도 되지 않았습니다. 그리고 일본인 공업회사의 평균 출자액 및 불입자본은 조선인 회사의 7배나 되었습니다.

1920년대의 조선에는 일본 재벌에 의해 대규모 공장들이 세워지긴 했지만, 전체적으로 보아 아직은 소규모 공장들이 큰 비중을 차지하고 있었습니다. 1932년의 통계에 의하면 총 4525개 공장 중 종업원수가 49명 이하인 곳이 4277개로 전체의 94.5%나 되었습니다.

종업원 50명 이상 99명 이하의 공장이 151개로 3.3%였고, 100명 이상 199명 이하의 공장은 46개로 1%에 지나지 않았습니다. 또 종업원 200명 이상의 큰 공장은 51개로 1.1%였습니다.

일본이 중국을 본격적으로 침략해 들어가는 1930년대의 '만주사변' 이전, 즉 대륙침략 병참기지화 이전 1920년대까지 식민지 조선의 공업이 얼마나 영세했는지를 알 수 있습니다.

1920년대까지 일본의 식민지 경제정책은 조선의 쌀을 증산하여 조선을 자국의 식량공급지로 삼으려는 기본정책에는 변함이 없었습니다. 다만 이런 조건 속에서도 1920년대에는 회사령 철폐 등에 힘입어 조선총독부의 공업정책과 직접 연결되지 않은 조선인 공업이 일부 발달했음이 실증되고 있습니다.

조선인 공업의 실태는 어떠했을까요

앞에서도 말했지만, 1920년대는 1차대전으로 자본규모가 상당히 커진 일본 재벌자본이 조선에 침투해 들어오기 시작한 시기입니다. 이 때문에 조선 안에서도 조선인이 경영하는 공업회사와 일본인이 경영하는 공업회사 사이의 자본과 시설규모의 격차가 점점 커졌지요.

그러나 회사령 등으로 규제받던 1910년대와는 달리 1920년대에는 민족자본의 성격을 지닌 조선인 자본이 어느정도 발달했습니다.

1910년대부터 조선인 자본은 회사령의 탄압을 피해서 회사 설립보다는 주로 개인공장 경영 쪽으로 나아갔는데, 그것이 1920년대로 오면서 조선인 공업이 일부 발달하는 근거가 되기도 했던 것이지요.

통계에 따르면, 1911년에 조선인만의 자본으로 설립된 공업회사는 4개소에 자본금 7만 9000원이었으나, 회사화하지 않은 개인경영 공장은 66개소에 자본금 63만 7000원이었습니다.

그러던 것이 1919년에는 공업회사가 13개소에 자본금 약 80만원으로 증가한 데 비해, 개인공장은 958개소에 자본금 758만 9000원으로 더욱 크게 증가했습니다.

개항기부터 미약하게나마 일부 성장해온 조선인 산업자본이, 일제 강점 정책 아래서 회사령에 걸려 회사화하지는 못했지만, 개인공장의 형태로는 일정하게 발전하고 있었던 것입니다.

이와같은 1910년대의 상황을 바탕으로 하여 회사령이 폐지된 1920년대에는 조선인 산업자본이 대단히 작은 규모이긴 하지만 어느정도 발달한 것입니다. 연구성과가 축적되어 있는 평양지방의 조선인 메리야스 공업을 중심으로 살펴봅시다.

메리야스 공업은 1910년대까지만 해도 소상인 혹은 수공업자들에 의해 한두대 또는 서너대의 직기(織機)로 운영되던 소규모 경영에 지나지 않았으나, 1920년대로 접어들면서 그 규모가 조금씩 커지고 기업화해갔습니다.

양말공장의 경우 1922년에는 평양에 직공 200명이 넘는 공장이 생겼고, 크고 작은 공장 30여개소에 약 750대의 직기가 있었습니다. 1925년에는 직기 5대 이상의 공장이 18개였고, 2대 정도를 가진 제조업자는 300호나 되었습니다.

또 1927년에는 평양 시내 전체의 직기 수가 1531대로 증가하여 전국 생산고의 60%를 차지했고, 직기 200대가 넘는 공장이 4개소나 되었습니다. 그 제품도 제주도에서 만주의 간도지방에까지 팔려나갔습니다.

1920년대로 오면서 종래의 짚신이나 가죽신 대신 고무신을 신게 되고 이에 따라 배선보다는 양말의 수요가 늘어났습니다. 이 때문에 고무신공업과 양말공업 등이 발달하고, 이 분야에 조선인 자본이 투입되어 어느정도 성장할 수 있었던 것이지요.

그러나 1930년대로 넘어가면서, 특히 이들 공장의 기계를 수직기(手織機)에서 동력기로 바꾸는 데 따른 자금압박 때문에, 조선인 자본은 식민지 지배당국과 타협하지 않을 수 없는 상황이 되었습니다.

타협하는 조선인 자본의 경우 일본제국주의의 대륙 침략에 따라 '만주' 진출의 길이 열리면서, 어느정도 자본을 축적할 수 있었습니다. 총독부 권력과 연결되는 경우 민족성을 상실하지 않을 수 없었고, 타협하지 않을 경우 몰락할 수밖에 없었던 것이 이 시기 조선인 자본의 처지였습니다.

이렇게 보면 완전식민지 아래서 민족성을 가지고 또 어느정도 규모를 갖춘 산업자본이 성장하기를 기대하기란 어려운 일이라 하겠습니다. 그렇다면 완전식민지로 된 민족사회에서 민족자본이라 할 만한 자본이 성장할 수 있는가 하는 문제에 부딪히게 됩니다.

다음 강의에서 다시 말하겠지만, 1930년대 이후 일본제국주의의 이른바 한반도 병참기지화 정책에 따라 조선인 자본이 일부 발달했다 해도, 그것은 역사적으로 보아 예속자본일 뿐이지 민족자본은 아니었다고 하겠습니다.

2. '산미증식계획'이 어떻게 시행되었는지 알아봅시다

먼저 제1차 '계획'의 실시과정을 알아봅시다

1920년대의 조선에는 일본의 일부 재벌자본이 침입하는 한편, 대단히 제한적이지만 조선인 자본도 발달했다고 앞에서 말했습니다. 그러

일본으로 반출되기 전 군산항에 산더미처럼 쌓여 있는 우리 쌀.

나 1920년대까지 조선총독부 경제정책의 주된 흐름은 누차 언급했듯이 한반도를 일본의 항구적이고 안정적인 식량공급지로 만드는 데 있었습니다. 그 때문에 더 많은 쌀을 생산하기 위한 '산미증식계획'이 실시되었습니다.

　　일본은 1차대전을 통해 독점자본이 급성장하는 과정에서 특히 농촌의 희생이 컸습니다. 이 때문에 농업생산력은 급격히 떨어졌고, 그 결과 전쟁중에 이른바 '쌀소동'이라는 대규모 식량폭동이 일어났지요. 일본으로서는 조선을 안정되고 영구적인 식량공급지로 만들어야 할 필요성이 그만큼 높아진 것입니다.

　　조선총독부는 1920년부터 30년간 ㉠논 40만정보의 관개(灌漑)를 개선하고 ㉡밭 20만정보를 논으로 바꾸며 ㉢논 20만정보를 새로 개간하

쌀소동 1918년에 있었던 일본 민중들의 대규모 봉기. 일본에서는 1917년 흉작과 자본가·지주의 쌀 매점으로 쌀값이 상승했다. 1918년 7월 주부들의 쌀 반출 반대투쟁을 시작으로, 쌀의 염가판매를 요구하는 시위가 발생했다. 그후 일본 각지에서 1개월 동안 대규모 봉기가 일어나는 등 광범위한 대중투쟁으로 확산됨으로써, 내각이 바뀌게 되었다.

는 등 ㉣총 80만정보의 토지를 개량할 계획을 세웠습니다.

그 1차 계획은 15년간에 걸쳐 총공사비 1억 6800만원을 들여 22만 5000정보의 관개를 개선하고, 11만 2500정보의 지목을 변경하며, 9만 정보를 개간하려는 것이었습니다.

그 결과 약 9백만섬의 쌀을 증산하여 그중 441만 2000섬을 조선 안에서 소비하고, 나머지 458만 8000섬을 일본으로 가져가려는 '계획'이었던 것입니다. 조선에서 소비될 쌀보다 일본으로 가져갈 쌀이 더 많은 '계획'이었지요.

그러나 이 계획은 예정대로 진행되지 못했습니다. 우선 1920년에서 25년까지 6년간 공사착수 예정면적 16만 5000정보의 59%인 9만 7500정보 정도만 착공되었습니다. 또 준공 예정면적 12만 3100정보의 62%인 7만 6000정보가 준공된 데 그쳐 계획 자체를 크게 수정하지 않을 수 없었습니다.

1차 '산미증식계획'이 제대로 실시되지 못한 근본 원인은 식민지 지주제의 특성에 있습니다. 그 특성이란 소작료율이 높아서 토지의 개량·개간이나 농사 개량보다 토지의 매입 경영에서 더 높은 이윤을 얻을 수 있었다는 것입니다. 때문에 일본 자본은 '산미증식계획' 자체에 소극적인 반면 토지겸병에 더 적극적이었지요.

1924년의 경우 곡물가격의 하락현상에도 불구하고 쌀농사의 연간 수익률은 13%였던 데 비해 정기예금 이자율은 7.3%에 불과했으니, 토지의 개간이나 개량보다 손쉽고 더 큰 이익을 얻을 수 있는 토지매입 경영이 촉진되었던 것입니다.

제2차 '계획'은 어떻게 실시되었을까요

제1차 '계획'에서 소기의 목적을 달성하지 못한 조선총독부는 1926년부터 34년까지 2차로 '갱신(更新)계획안'을 만들어 실시했습니다. 당초 14년간에 완성할 계획이었던 '갱신계획'은 이런 내용이었습니다.

총공사비 3억 325만원을 들여 ㉠18만 5000정보의 관개를 개선하고 ㉡9만정보의 지목을 변경하며 ㉢7만 5000정보를 개간하는 등 ㉣총 35만정보의 토지를 개량하여 ㉤약 822만섬의 쌀을 증산하려는 것이었지요.

2차 '계획' 때는 1차 때의 실패를 감안해서 반관반민의 조선토지개량회사와 동양척식회사 토지개량부 등 ㉠대행기관을 두어 공사감독 등을 대행하게 하고 ㉡총독부가 적극적으로 나서서 자금의 31.8%를 알선하고 ㉢조선인 지주의 참가도를 높이는 등의 조치를 취했습니다.

그러나 2차 '계획'의 결과도 부진하여 예정면적 35만정보의 47%인 16만 5000정보만 개량되었습니다. 그리고 자금부족으로 1934년에 토지개량사업이 중단되고 조선토지개량회사가 해산됨으로써 '계획' 자체가 끝나고 말았습니다.

결국 1920년대 조선총독부 경제정책의 핵심이었던 '산미증식계획'은 그 시행과정에서 성과가 제대로 나타나지 않자 수정이 가해지면서까지 계속되었으나, 당초 예정된 기간의 반도 못 된 14년 만에 중단되었습니다.

그런데도 '산미증식계획'은 일정한 성과를 남겼습니다. 그것은 다음과 같은 두어가지로 요약할 수 있습니다.

첫째, 이 '계획'으로 조선의 관개시설이 어느정도 확대되고 이른바 몽리답(蒙利畓) 면적이 증가한 것은 사실입니다. 통계에 의하면 이른바 관개설비답(灌漑設備畓)이 1926년 말경에는 약 40만정보였으나, 1931년에는 약 54만 5000정보로 증가했습니다.

그것은 당시 전체 논 면적의 3분의 1에 해당합니다. 그 증가면적 전체가 '산미증식계획'에 의한 것이라고 볼 수는 없지만, '계획'기간 동안 수리조합사업이 발달한 것은 사실입니다.

둘째, '산미증식계획'을 통해 쌀의 품종이 재래종에서 은방주(銀坊主) 등 수확량이 높은 신품종으로 통일되어갔습니다.

몽리답 저수지나 보 따위 수리 시설의 혜택을 받는 논.

이렇게 볼 때, '산미증식계획'의 실시로 관개시설이 일정하게 발달하고, 그 결과 신품종 쌀의 증산이 이루어졌습니다. 그러나 그것이 가지는 역사적 의의는 결코 긍정적인 것이 아니었습니다.

3. '산미증식계획'의 역사성을 알아야 합니다

식민지 지주제가 더 강화되었습니다

'산미증식계획'은 이름 그대로 조선에서 쌀 생산을 증대한다는 계획이었습니다. 비록 당초의 계획대로 실시되지는 않았다 해도 '계획'의 결과 쌀 생산량이 얼마간 증가한 것은 사실입니다.

통계에 의하면 1920년부터 22년 사이에 쌀이 약 1474만섬 생산되고 그중 약 284만섬이 일본에 수출된 데 비해, 1930년부터 32년 사이에는 약 1713만섬이 생산되어 약 723만섬이 수출되었습니다.

생산량 증가보다 수출량 증가가 훨씬 높아짐으로써 조선사람들의 평균 쌀 소비량은 1920년의 1인당 0.63섬에서 1930년에는 0.45섬으로 감소했습니다.

조선사람들의 쌀 소비량은 줄어든 반면 일본에 대한 쌀 수출이 급격히 증가했다면, '계획' 본래의 목적이 선명히 드러나지만, 그 수출로 얻은 이익은 또 어디로 갔는지 밝혀져야 하겠습니다.

'산미증식계획' 기간 동안 쌀 생산량이 약간 늘어난 것은 사실이나, 그 이익이 경작농민층에게 돌아간 것은 아니었습니다. 식민지 지주제의 특징이기도 하지만, 금납제가 아닌 현물의 고율 소작료제가 토지개량 지역에 집중적으로 적용되었습니다. 이 지역의 소작료는 대개 수확량의 60% 이상이었지요.

그리고 토지개량으로 생산성이 다소 향상된 지역이라 해도, 개량사업비가 소작인에게 떠넘겨지거나 아니면 소작료가 그만큼 높아져서,

생산성 상승의 열매가 지주에게 돌아가고 경작농민에게는 별 이익이 없었다는 점도 중요합니다.

1930년대 전반기의 각 계급간 산미 분배량 통계를 보면 알 수 있습니다. 지주 1호당 평균 쌀 취득량은 61.5섬이고 그중 상품화한 양은 59섬인 데 비해, 자작농은 1호당 취득량 5.4섬에 상품화한 양이 3섬이었고, 소작농은 취득량이 2.2섬으로 이는 자가소비량에도 못 미쳤습니다.

'토지조사사업'에 이어 '산미증식계획'도 농민층에 의한 상업적 농업이 발달할 가능성을 완전히 차단하는 결과가 되었고, 반대로 소작농민의 경작권은 계속 불안해졌습니다.

종래 경작권은 구두(口頭)계약만으로 인정받는 경우가 많았으나, 이제 조선인 지주들도 소작미의 품종을 엄격히 지정하고, 시비량(施肥量)까지 간섭하는 등 세세한 내용을 담은 증서(證書)계약을 맺는 일이 많아졌습니다.

'산미증식계획'은 결과적으로 조선 농민을 식량부족과 경제적 파탄 상태로 몰아넣었습니다. 뿐만 아니라 일본제국주의의 조선민족 분열정책을 뒷받침하기도 했는데, 신흥지주의 성장에서 그 일단을 찾을 수 있습니다.

'산미증식계획'의 결과 지주경제체제가 강화되고 쌀의 상품화가 활발해지자, 조선에서 종래의 전통적 지주 이외에 이른바 신흥지주층이 성장한 것입니다.

이 신흥지주들은 쌀의 생산과 상품화 과정을 통해 일본제국주의자들과 이해관계를 같이하게 되었고 그것에 종속되어갔지요. 조선총독부는 이들 신흥지주를 중심으로 하는 지주층을 조선 지배의 사회적 지주(支柱)로 삼았습니다.

다시 말하면 '산미증식계획'은 일본제국주의가 3·1운동 후 기도했던 민족분열정책, 즉 민족세력 중 신흥지주와 같은 자산계급의 일부를 제 편으로 만들어가는 정책을 펴는 데 도움이 되었던 것입니다.

일본에 값싼 쌀이 더 공급되었습니다

일본이 한반도를 강점하기 이전인 개항기부터 많은 조선 쌀이 일본으로 수출되어 일본의 식량난을 해결하는 역할을 했습니다. 나아가서 일본이 저미가(低米價)정책을 유지하는 데 큰 도움을 주었는데, 강점 이후에는 더욱 그러했습니다.

그럼에도 1918년 8월에 일본 각지에서 '쌀소동'이 일어났습니다. 이 때문에 일본정부는 국내의 경작지를 확장하거나 개량하고 조선과 대만 쌀을 수입하는 정책 등을 강화했습니다.

한데 1920년대 전반기까지, 즉 조선에서 제1차 '산미증식계획'이 실시될 때까지만 해도, 미곡을 일본 국내에서 증산하여 조달하는 정책이 중심이었다고 합니다. 조선 쌀의 수입은 부차적 방법에 지나지 않았다는 거지요.

그러나 1920년대 후반기로 오면서, 즉 조선에서 제2차 '산미증식계획'이 실시될 무렵부터 일본은 조선에서 쌀 증산정책을 적극적으로 펴지 않을 수 없게 되었습니다. 제1차 '산미증식계획'의 결과가 부진하자 제2차 '계획'이 실시된 이유가 바로 여기에 있습니다.

일본이 조선 쌀 증산정책을 적극적으로 펴게 된 이유는 ㉠일본 국내의 산미증식정책이 한계점에 다다랐을 뿐만 아니라 ㉡비용 등 여러 가지 조건에서 조선에서 쌀을 증산하는 것이 유리했으며 ㉢일본의 국제수지가 악화되었기 때문입니다.

일본은 식량난을 경작면적 확대로 해결하기 위해 개간조성법(開墾助成法) 등을 제정했습니다. 그러나 1918년에 확장된 경지가 7.8만정보였던 데 비해 1925년에는 1.9만정보로 급감했습니다.

또 일본은 1920년대에 들어서면서 경상수지가 적자로 되었고, 특히 미곡의 수출입 차액은 1925년의 경우 약 1억 2000만원에 이르렀습니다. 이같은 적자를 메우기 위해 식민지 조선에서 값싼 쌀을 많이 생산하여 일본으로 가져갈 필요가 절실했던 것입니다.

일본 시장에서의 조선 쌀과 일본 쌀의 가격차를 보면, 1921~24년에는 일본 쌀이 1섬에 34.69원인 데 비해 조선 쌀은 31.9원이어서 2.79원의 가격차가 있었습니다. 1926~29년에는 일본 쌀 33.7원에 조선 쌀 31.93원이어서 1.77원의 가격차가 있었습니다.

가격차가 줄어들기는 했으나, 태국 등 동남아시아산 쌀과 달리 품질과 맛이 일본 쌀과 같으면서도 값이 싼 조선 쌀을 다량으로 수입함으로써 식량난을 해결할 수 있었을 뿐만 아니라, 저미가정책을 안정되게 유지할 수 있었습니다. 게다가 국제수지 악화를 방지함으로써 자본주의 발달에 도움이 될 수도 있었습니다.

요컨대, 1920년대 조선총독부가 실시한 '산미증식계획'은 당초의 계획대로 추진되지는 않았지만, 일본으로서는 식민지배라는 면에서나 자국의 경제발달이라는 면에서 나름대로 성과가 있었습니다.

식민지 조선에서는 농촌경제를 악화시키고 농촌중간층의 성장을 저지하여 농업부르주아지층의 형성을 막는 한편, 지주경제를 강화함으로써, 3·1운동 후 취해진 민족분열정책과 더불어 식민지 지배체제를 안정시키는 역할을 다한 것입니다.

한편 '산미증식계획'은 일본 본국에는 질 좋고 값싼 쌀을 다량으로 안정되게 공급함으로써 식량난 해결에 도움을 주고, 저미가정책을 유지할 수 있게 했습니다. 또 국제수지의 악화를 방지하는 역할을 함으로써, 일본자본주의 발달에 기여했습니다.

7 강의

조선공산당운동도
민족해방운동의 일환입니다

일제강점 시대의 민족해방운동을 통일전선적 시각에서 본다고 앞에서 말했는데, 이
는 민족해방운동전선에 우익도 있고 좌익도 있었기 때문입니다.

그런데도 해방 후 상당한 기간 연구되고 엮어진 민족해방운동사는 우익운동사뿐이
었고, 좌익운동사는 공산주의운동사라는 이름으로 따로 다루어졌지요.

이는 분단시대 역사학의 어쩔 수 없는 한계였다고 하겠는데, 좌익운동을 빼버린 민
족해방운동사는 두가지 문제를 가져옵니다. 그 하나는 민족해방운동의 절반이 빠짐으
로써 대단히 빈약한 운동사가 될 수밖에 없다는 점입니다.

또 하나는 일제시대의 민족해방운동이 좌우익 통일전선운동의 방법으로 추진되어
야 할 필요성이 높았고 실제로 그렇게 된 경우가 많았는데, 좌익운동을 민족해방운동의
일환으로 인정하지 않는 역사인식 때문에 통일전선운동 자체도 인정하지 않는다는 점
입니다.

이 강의에서는 1920년대의 공산당운동만을 주로 다루었습니다. 이 운동의 전개과정
을 알아야만 다음 강의에서 다루어질 좌우익 통일전선운동으로서의 민족유일당운동이
나 신간회운동의 역사적 의미를 이해할 수 있기 때문입니다. 또 왜 공산당운동이 분열되
기 쉬웠는가 하는 문제도 정확하게 이해해야 하겠습니다.

1. 먼저 해외에서 고려공산당이 조직되었습니다

조선공산당운동도 민족해방운동의 일환입니다

혹시 조선공산당운동이 왜 이 강의안에 들어 있는가 하고 이상하게 생각할 사람이 있을지도 모르겠습니다. 그래서 먼저 그 이유부터 밝히고자 합니다.

일제강점 시대의 우리 민족해방운동, 특히 3·1운동 이후의 운동에는 민족주의 세력뿐만 아니라 사회주의 세력도 함께 활동했습니다. 다시 말해 일제시대의 사회주의운동도 분명히 민족해방운동의 일환이었다는 겁니다. 따라서 우리는 민족주의 계통의 운동과 사회주의 계통의 운동이 합쳐진 민족해방운동사를 알아야 비로소 그 전체상을 이해할 수 있습니다.

그러나 해방 후 민족사회가 분단됨으로써 남쪽에서는 반공주의 노선 때문에 일제강점 시대의 사회주의운동을 민족해방운동의 한 부분으로 인정하지 않았고, 따라서 제대로 연구하거나 가르치지 못했습니다.

북쪽에서도 3·1운동 이후 추진된 민족주의 계통의 민족해방운동의 역사성을 인정하지 않았을 뿐만 아니라, 사회주의운동이라 해도 해방 후에 정권을 쥐게 된 계열의 운동이 아니면 종파주의 노선으로 다루고, 역시 그 역사성을 제대로 평가하지 않았습니다.

한데 다행스럽게도 남쪽에서는 1980년대 후반기부터 대학에 한정되기는 하지만, 일제시대 사회주의운동에 대한 객관적인 연구와 교육이 어느정도 이루어지고 있는 추세입니다.

그러나 일제시대 사회주의 계통의 운동을 공산주의운동사의 한 부분으로만 따로 엮으면서, 민족해방운동에 포함시키지 않는 것은 잘못이라고 봅니다. 민족주의운동과 사회주의운동 모두 우리의 귀중한 역사적 자산인 것이지요.

아직은 민족주의 계통의 운동과 사회주의 계통의 운동이 따로따로 다루어지는데, 앞으로는 이 둘이 하나로 용해된 새로운 민족해방운동사가 엮어지고 가르쳐져야 할 것입니다. 아직은 제대로 된 것은 아니지만, 이 강의의 민족해방운동사 부분은 그것을 어느정도 시도하고 있습니다.

한인사회당의 성립 경위를 먼저 알아봅시다

우리 민족해방운동사에서 처음 성립한 사회주의 계통의 운동단체는 러시아 극동지역에서 결성된 한인사회당입니다. 이 지역에는 일제 강점 시대 이전부터 이미 많은 조선사람들이 이주해 살았는데, 러시아혁명(1917)이 일어날 무렵에는 약 25만명이 있었고, 이들은 권업회(勸業會)라는 단체를 만들고 『권업신문』도 발행했습니다.

러시아 2월혁명 후에는 러시아에 귀화한 한인들을 중심으로 전로한족회(全露韓族會) 중앙총회가 결성되었습니다(1917. 5). 이후 이동휘처럼 국내에서 대한제국 시기부터 신민회운동 등 애국계몽운동에 참가했다가 '합방'과 함께 망명한 사람들이 여기에 가담했습니다.

그러다가 러시아 10월혁명 후 이동휘 등 볼셰비끼에 찬성하는 한인세력이 한인사회당을 결성하게 된 것이죠(1918. 5). 그러나 러시아혁명

권업회 1911년 블라지보스또끄 신한촌에서 결성된 항일단체. 실업을 장려한다는 권업회라는 명칭은 일제 및 러시아 당국의 감시를 피하기 위한 것이었다. 회장에 이상설이 추대되었으며, 재러 한인의 애국심을 고취하고 이들을 조직화하는 등 동포사회에 큰 영향을 끼쳤다. 1차대전 당시 일제의 압력을 받은 제정러시아 측의 명령에 따라 해산되었다.

전로한족회 중앙총회 러시아 2월혁명과 임시정부 수립에 자극받아, 1917년 5월 연해주 지역의 한족회·대한교육청년연합회·권업회 등이 통폐합하여 러시아 영토 내 단일독립운동단체로 결성한 단체. 러시아의 한인동화정책에 반대하고, 러시아 입법의회에 한인의석 요구 등을 결의했다.

을 저지하기 위해 일본 등 제국주의 국가들이 시베리아에 출병했습니다. 이에 따라 극동인민위원회 정부가 붕괴하고 반혁명세력, 즉 백위군(白衛軍)이 연해주 일대의 지배권을 쥐게 됨으로써 한인사회당은 한때 불법화되었습니다.

3·1운동 후 한인사회당에 참가하지 않은 러시아 극동지역의 민족주의 세력들이 중심이 되어 전로한족회를 대한국민회로 개편했습니다. 대한국민회는 연해주지역 조선인사회의 의회와 같은 역할을 했습니다.

한편 한인사회당도 다시 활성화되어 "프롤레타리아트와 고농(雇農)을 조직하고 그들을 혁명적 맑스주의 정신으로 교양하며" "쏘비에뜨 권력을 가장 합목적적 권력으로 간주"한다는 강령을 발표했습니다 (1919. 4).

그후 이동휘 등 한인사회당 주도세력은 임시정부 통합과정에서 상해로 옮겨가 그곳에 있던 여운형(呂運亨)·안병찬(安秉瓚) 등과 함께 한인공산당을 조직했습니다(1920). 이후 한인사회당 세력은 임시정부 쪽 민족주의자들과 일종의 통일전선을 이루어 이동휘가 임시정부 초대 국무총리가 되었습니다.

두개의 고려공산당이 생겼습니다

3·1운동 후 시베리아·연해주·만주 지방의 조선인사회와 국내에서 여러개의 공산주의 단체들이 조직되었습니다.

연해주에서 성립한 일세당(一世黨, 1919), 한족공산당 연해주연합총회(1920. 6), 아무르주 한인공산당(1920. 4), 치따 한족공산당(1920), 옴스끄 한인공산당(1919. 11), 러시아공산당 이르꾸쯔끄현(縣)위원회 고려부(1920. 1) 등이 그것입니다.

이밖에도 국내에서 서울공산주의단체(1919. 10), 사회혁명당(1920) 등이 성립한 것으로 알려져 있습니다.

대한국민회 전로한족회 중앙총회가 1919년 2월 개최한 단체로, 러시아 내전과정에서 한인동포의 자치적 정부를 자처했다. 회장에 문창범, 부회장에 김만겸이 추대되었다. 한편 대한민국 임시정부 수립 이후인 같은 해 9월 러시아령 대표인 원세훈은 대한국민회와 임시정부의 의정원을 합치고 정부를 러시아령으로 옮길 것을 제의했다.

이렇게 각 지방에서 성립된 조선인 공산주의 단체들은 차츰 국내외 전체를 아우르는 조선민족의 단일 공산당을 결성하기 위한 운동을 벌여나갔습니다.

그 과정에서 러시아공산당 이르꾸쯔끄현위원회 고려부를 중심으로 '전로고려공산단체 중앙위원회'가 성립해(1920. 7) '이르꾸쯔끄파'가 되었습니다. 한편 상해 한인공산당이 치따에 본거지를 둔 러시아공산당 극동국 한인부와 함께 '상해파'를 이루었습니다(1920. 10).

이후에도 전체 조선인의 통일공산당을 성립시키기 위한 노력은 계속되었지만, 코민테른 극동비서부가 이르꾸쯔끄에 설치되고(1921. 1) 그 고려부가 이르꾸쯔끄파를 중심으로 구성됨으로써, 이르꾸쯔끄파와 상해파의 대립이 심해졌습니다.

그 결과 상해파의 세력기반인 극동공화국 한인부가 해체되었습니다. 그리고 전로고려공산단체 중앙위원회의 주도로 한명세(韓明世)·최고려(崔高麗) 등을 중심으로 하는 이르꾸쯔끄파 고려공산당이 조직되었습니다(1921. 5).

한편 한인사회당을 주도하다가 임시정부 국무총리가 된 이동휘는 한형권(韓馨權)을 정부의 전권대표로 모스끄바에 파견했는데, 한형권은 소련정부로부터 혁명운동의 원조금으로 2백만루블을 받기로 하고 그중 60만루블을 받아 40만루블을 상해로 가져왔습니다.

한데 이 돈의 사용문제를 두고 갈등이 일어나 상해의 한인공산당은 본래의 한인사회당계와 여운형·안병찬 등이 분열하게 되었습니다. 이들은 이후 이르꾸쯔끄파에 가담했습니다.

나머지 상해에 있던 공산주의자들은 국내의 사회혁명당 대표를 비롯하여 중국·일본 등지에서 활동하던 공산주의자들과 함께 '고려공산당대표회' 열어 이동휘를 위원장으로 하는 상해파 고려공산당을 조직했습니다(1921. 5).

이로써 상해파와 이르꾸쯔끄파의 두 고려공산당이 대립하게 되었고, 이후 일제강점 시대 전체를 통해 공산주의운동의 고질이었던 분파투쟁이 본격화하게 됩니다.

이들 두 고려공산당은 결국 해체되었습니다

3·1운동 후 국내외에서 성립한 공산주의 단체들은 통일공산당을 조직하기 위한 노력을 계속했습니다.

그러나 대체적으로 말해서 ㉠러시아에 귀화한 교포를 중심으로 하며 사회주의혁명을 우선적으로 지향하는 이르꾸쯔끄파 고려공산당과, ㉡일본의 한반도 강점 과정에서 망명한 사람들을 중심으로 하며, 민족해방을 우선적 과제로 하는 상해파 고려공산당으로 양분되었습니다.

시베리아지역에 출병한 일본군과 싸우던 조선인 빨치산이 약 1천명 있었고, 또 만주의 청산리전투에서 이기고 일본군의 '간도출병'을 피해 러시아 극동공화국 쪽으로 들어온 독립군 부대들이 있어서, 이 무렵 러시아 아무르주에 집결한 조선인 군사력은 약 4500명이나 되었습니다.

러시아의 극동공화국은 이들 조선인 군사력을 통합하기 위해 '대한의용군'을 편성했습니다. 또 이르꾸쯔끄 쪽에서는 코민테른 극동비서부와 전로고려공산단체 중앙위원회가 주도하여 '고려혁명군'을 편성함으로써 조선인의 군사조직이 양립하게 되었습니다.

그후 러시아에 있는 조선인 군사력의 관할권이 극동공화국에서 코민테른으로 넘어감에 따라 '고려혁명군'이 '대한의용군'을 흡수하는 과정에서 많은 사상자가 난 '자유시사변'(自由市事變)이 일어났습니다 (1921. 6). 그것은 이르꾸쯔끄파 고려공산당과 상해파 고려공산당 사이의 대립을 격화시킨 또 하나의 계기가 되었습니다.

한편 코민테른에서도 두 파의 통합을 위해 2차에(1921·1922) 걸쳐 '조선문제 결정서'를 채택하고, 같은 수의 두 파 대표자로 고려공산당 임시중앙간부진을 구성했습니다. 그리고 거의 같은 수의 두 파 대표를

간도 출병 일본군이 간도지역 독립군을 공격하기 위해 1920년 10월 간도를 습격한 사건. 청산리전투 등에서 독립군에게 패한 일본군은 민간 동포의 부락을 습격하여 가옥을 불태우고 수천명을 살해하는 만행을 저질렀다. 이를 '경신참변(庚申慘變)'이라 한다.

자유시사변 고려혁명군으로의 편입을 거부하고 '만주'지방으로 이동하던 대한의용군이 양측의 협의에 따라 자유시로 옮겨갔으나, 두 군사력의 실제 통합과정에서 협상이 결렬되어 고려혁명군이 극동공화국 수비대와 함께 대한의용군을 공격한 사건. 대한의용군 약 1400명 중 40명이 현장에서 사살되고 약 450명이 행방불명되었으며, 나머지 900명은 포로가 되었다.

베르흐네우진스끄(지금의 우란우데)에 모아 두 당의 통합을 위한 고려공산당대회를 개최했습니다(1922. 10).

그러나 ㉠러시아 귀화인과 비귀화인 사이의 대립 ㉡자유시사변의 응어리 ㉢모스끄바 자금 40만루블의 사용 문제로 인한 갈등 등이 해소되지 않아 베르흐네우진스끄의 통합회의도 실패했습니다. 이후 코민테른은 두 파의 고려공산당을 모두 해산시켰습니다(1922. 12).

두 고려공산당 해체 후 코민테른은 상해파의 이동휘, 이르꾸쯔끄파의 한명세(韓明世), 국내파의 정재달(鄭在達) 등을 위원으로 하는 '꼬르뷰로' 즉 고려국(高麗局)을 블라지보스또끄에 두고 조선 공산주의운동을 관할했습니다.

그런데도 상해파와 이르꾸쯔끄파의 반목은 계속되었습니다. 코민테른은 다시 '꼬르뷰로'를 해체하고 조선공산당을 조직하기 위한 준비 기관으로 '오르그뷰로' 즉 조직국을 설치했습니다(1924. 3).

2. 국내에 조선공산당이 조직되었습니다

화요회 중심의 조선공산당이었습니다

국내에서도 3·1운동 직후 이미 서울공산주의단체·사회혁명당 등의 단체가 결성되었다고 앞에서 말했지만, 이밖에도 지식인·청년·학생 및 일부 선진적 노동자를 중심으로 하는 사상단체인 서울청년회(1921), 무산자동지회(1922), 신사상연구회(1923), 맑스의 생일 요일을 의미하는 화요회(1924), 북풍회(1924) 등 사회주의 계통의 단체들이 조직되어 활동했습니다.

뒤이어 코민테른에서 파견된 김재봉(金在鳳)을 책임비서로 하는 제1차 조선공산당이 서울에서 비밀리에 조직되었습니다(1925. 4. 17). 이 시기 국내 사회주의 계통의 단체는 크게 서울청년회계와 화요회계, 그리고 북풍회계로 나눌 수 있는데, 제1차 조선공산당은 서울청년회계가 배제되고 북풍회계와 화요회계를 중심으로 성립했습니다.

뒤이어 조직된, 박헌영(朴憲永)을 책임비서로 하는 고려공산청년회도 화요회 중심으로 이루어졌습니다. 국내에서 처음으로 성립한 조선공산당도 사회주의 세력을 망라한 공산당은 못 되었던 것입니다.

이 제1차 조선공산당은 중앙조직원들이 검거될 때까지도 강령을 채택하지 못한 상태였습니다. 그러나 당 규약에 의하면 당의 최고기관은 당대회이며, 중앙집행위원은 당대회에서 선출되고, 당의 기본조직은 야체이까(세포)로 하며, 당원은 정당원과 후보당원으로 구분되었습니다.

이 당의 활동방향을 이해하기 위해 그 투쟁구호를 예로 들어보면 다음과 같습니다.

"일본제국주의의 완전 타도, 조선의 완전독립" "8시간 노동제 실시, 최저임금제 제정, 실업자 구제, 사회보장제 실시" "언론 출판 집회 결사의 자유, 식민지 노예화 교육 박멸" "제국주의 침략전쟁을 반제국주의 혁명전쟁으로" "일본의 물화(物貨)를 배척하라" "일본의 지주에게 소작료를 내지 말라, 일본인 교원에게 배우지 말라, 일본인 상인과의 관계를 단절하라"

조선공산당과 고려공산청년회는 곧 코민테른에 대표를 파견하여 그 승인을 받았습니다. 고려공산청년회는 합법단체인 조선청년총동맹에 가입하여 27개의 군(郡) 동맹과 9개의 도(道) 연맹을 조직하고 모스끄바 공산대학에 21명의 유학생을 파견했습니다. 그리고 잡지 『조선지광(朝鮮之光)』을 기관지로 삼았습니다.

그러나 조선공산당은 성립한 지 1년도 못 되어 신의주에서 청년 당원이 변호사를 구타한 사건을 계기로 그 조직이 탄로났습니다. 220명이 검거되어 101명이 재판에 회부되고 83명이 유죄판결을 받음으로써, '제1차 당'은 조직의 대부분이 파괴되었습니다(1925. 11).

6·10만세운동 때 서울 태평로
를 가득 메운 사람들.

　신의주사건이 일어나자 책임비서 김재봉 등은 『조선일보』 진주지
국장 강달영(姜達永)에게 당의 재건을 위임했습니다. 이리하여 강달영
을 책임비서로 하는 제2차 조선공산당이 조직되고(1925. 12), 권오설(權
五卨)을 책임비서로 하는 고려공산청년회도 다시 조직되었습니다.

　'제2차 당'은 서울지구 집행위원회를 비롯하여 각 도에 도당부를
조직하기 위해 간부를 파견하고, 각 지구와 직장에 야체이까를 조직해
갔습니다.

　그런 한편 중국의 '만주'지방과 상해 그리고 일본 등지에 연락부를
두었습니다. 또 공산청년회는 국제공산청년회로부터 공작자금을 받
아 모스끄바 공산대학에 유학생을 파견했습니다.

　제2차 당은 화요회 중심이었던 제1차 당의 후속 당이었으나, 특히 공산청년회
쪽에서 서울파 중심의 고려공산청년동맹과 통일전선을 이루려는 움직임이 나타
났습니다. 또 그 정치적 목적을 민족주의자와 사회주의자가 통일전선을 이루어
'국민당'을 건설하는 데 두려는 구상이 나타나기도 했습니다.

　사회주의 세력 내부의 통일을 이루고, 민족주의 세력과 통일전선을 지향하는
이같은 움직임은 '제2차 당' 당시에는 실행에 옮겨지지 않았으나 '제3차 당' 노선

에 큰 영향을 주었습니다.

제2차 당의 조직은 6·10만세운동으로 탄로가 났습니다. 순종(純宗)의 장례를 계기로 만세시위를 벌인 이 운동에서 고려공산청년회 책임비서 권오설이 격문과 전단을 살포하려다가 사전에 발각되었습니다. 그것이 계기가 되어 권오설·강달영을 비롯하여 전국에서 100여명의 당원이 검거되어 82명에게 실형이 언도됨으로써, '제2차 당'은 사실상 해체되었습니다(1926. 6~8).

1·2차 공산당사건으로 화요회계의 주요 간부들은 거의 검거되거나 해외로 망명하고, 이후 '제3차 당'은 비교적 새로운 세력에 의한 통합당적 성격으로 구성되었습니다.

'제3차 당'부터는 통합공산당을 지향했습니다

'제2차 당'의 조직위원이었으나 검거를 모면한 김철수(金錣洙)를 책임비서로 하며 흔히 ML당으로 불린 제3차 조선공산당이 조직되었습니다(1926. 9).

이후 조선공산당은 창당대회인 제1회 대회에 이어 제2회 대회(1926. 12)를 열어 일본에서 조직된 일월회(一月會)계의 안광천(安光泉)을 책임비서로 하고 화요회계, 서울계, 무파벌 사회주의자 등이 참여한 통합공산당을 이루는 한편, 김철수를 코민테른에 파견하여 그 승인을 받았습니다.

'제2차 당' 당시 안광천 등이 주도한 사상운동단체 정우회(正友會)는 ㉠공산주의운동에서의 분파투쟁 청산 ㉡비타협적 민족부르주아지와의 민족협동전선 조직 ㉢'경제투쟁'에서 '정치투쟁' 노선으로의 전환 등을 표방한 「정우회선언」을 발표하여(1926. 8) 민족통일전선을 결성할 것을 주장했습니다.

이러한 안광천이 '제3차 당'의 책임비서가 됨으로써 조선공산당은 "민족적 단일협동전선당의 매개형태"로서 신간회(新幹會)를 결성하는 데 적극 참여하게 됩니다. 신간회에 대해서는 다음 강의에서 다루겠습

ML당 제3차 조선공산당의 별칭으로, 맑스와 레닌의 머리글자를 따서 ML당으로 불렸다. 사회주의운동의 양대 세력인 화요회계와 서울청년회계가 함께 모여 조직했으며, '통일조선공산당'으로도 불렸다.

야체이까 세포를 뜻하는 러시아어로 여기서는 공산당 말단 조직을 의미한다.

니다.

한편, 고광수(高光洙)를 책임비서로 하는 '제3차 당'의 고려공산청년회는 서울파의 고려공산청년동맹과 합동하여 조선공산당 제2회 대회의 승인과 코민테른 및 국제공산청년동맹의 승인을 받았습니다.

코민테른은 두 공산청년단체의 합동을 승인하면서 "혁명적 합동"이라 높이 평가했습니다. 조선 공산주의운동의 분파투쟁을 청산하려는 코민테른의 노력을 엿볼 수 있는 부분입니다.

'제3차 당'은 강원도를 제외한 각 도에 도 간부를 두고 국내에 야체이까 약 40개, 당원 200여명을 확보했습니다. 또한 침체 상태에 있던 '만주'총국과 상해지부를 재건하고 일본지부를 활성화했으며, 일본에서 『대중신문』 『이론투쟁』 『현단계』 등의 기관지를 발행했습니다.

화요회계와 서울청년회계가 합동한 '제3차 당'의 고려공산청년회는 국내에 야체이까 18개 회원 50여명, 일본에 야체이까 2개 회원 20여명, '만주'·상해에 야체이까 50개 회원 400여명을 확보했습니다.

'제3차 당'은 책임비서가 김철수·안광천에서 김준연(金俊淵)·김세연(金世淵)으로 바뀌면서 1년 이상 유지되었으나, 역시 조직이 탄로나 고려공산청년회원을 합해 200여명이 검거됨으로써(1928. 2) 해체되었습니다.

그러나 제3차 당은 조직원에 대한 검거가 진행되고 있는 중에도 제3회 대회를 열어(1928. 2) 당 규약 일부를 개정하고 ㉠분파투쟁 청산 ㉡당 지도기관에 노동자 출신 배치 ㉢산업별 노동조합 조직 ㉣민족혁명대중당 조직 등을 지시한 「코민테른 결정서」를 승인했습니다.

그리고 「코민테른에 보고하는 국내정세」를 승인하고(1928. 3) 선진적 노동자 차금봉(車今奉)을 책임비서로 하는 '제4차 당'을 성립시켰습니다(1928. 3).

'제4차 당'은 「조선민족해방운동에 관한 테제」를 채택해 혁명노선을 한층 더 분명히 하는 한편, 특히 신간회와 관계를 긴밀히 하여, 그

32개 지회에서 당원들이 활동했습니다.

정간되었던 국내 기관지『조선지광』과 일본총국 기관지『대중신문』『현단계』를 속간하고 '만주'총국 기관지『혁명』등을 간행했습니다. 김재명(金在明)이 책임비서였던 '제4차 당'의 고려공산청년회의 '만주'지부도 기관지『불꽃』을 간행했습니다.

'제4차 당'은 이밖에도 코민테른에서 자금을 받아 코민테른대회·국제공산청년동맹대회·프로핀테른(적색 노동조합 인터내셔널)대회 등에 대표를 파견하는 등의 활동을 폈습니다.

그러나 곧 조직이 발각되어 170여명이 검거되고 차금봉·김재명 등은 고문으로 살해되었습니다. '제4차 당'이 붕괴 상태에 빠진 상황에서 코민테른은「12월테제」(1928)를 통해 당의 해체와 재건을 지령했습니다.

조선공산당은 1925년에 국내에서 조직된 후 불과 3년 동안 네 차례나 조직원이 대거 검거되고 그때마다 당이 해체되었으나 후속 당이 계속 건설되었습니다.

공산주의운동에 대한 일본의 탄압이 얼마나 철저했는지를 알 수 있지만, 그런 가혹한 탄압 아래서도 후속 당이 끈질기게 성립할 수 있었던 것은 그 운동이 공산주의운동에만 한정된 것이 아니라 민족해방운동의 일환이었기 때문이라 할 수 있습니다.

조선공산당은 혹심한 탄압 아래서도 노동총동맹·농민총동맹·청년총동맹 등 대중운동단체의 활동을 효과적으로 지도하면서 대중운동의 정치성을 높이는 데도 크게 기여했습니다. 그리고 한때는 비타협적 민족주의 세력과 통일전선을 지향하면서 신간회를 성립시켜 합법적 활동을 펴기도 했습니다.

한편으로 1920년대 후반기의 조선공산당운동은 많은 문제점도 안고 있었습니다. 코민테른의 지적처럼 당이 "편협하게도 지식계급과 학생의 결합체로 되어 있고 노동자·농민은 비교적 소수가 포함되어" 있었습니다.

때문에「12월테제」에서 "공산당 조직의 곤란성은 다만 객관적 조건에서만 초

프로핀테른 코민테른의 지도로 1921년 모스끄바에서 결성된 공산당계 노동조합의 국제조직. 1943년 코민테른의 해산과 함께 해체되었다.

12월테제 1928년 12월 코민테른에서 조선 공산주의운동에 내린 지침. 코민테른은 조선 공산주의자들에게 당내 분파투쟁을 지양하고 노동자와 빈농에 기반을 둔 볼셰비끼당을 재건하라고 지시했다. 이 테제를 발표함으로써 코민테른은 그 지부로서 조선공산당을 승인했던 것을 사실상 취소했다.

래되는 것이 아니라 조선 공산주의운동을 수년간이나 괴롭히고 있는 내부의 알력 파쟁에서도 초래되고 있다"고 하면서 인텔리 중심의 당을 해체하고 노동자·농민 중심의 당을 재조직하라고 지령했던 것입니다.

그러나 '제4차 당'의 후속 당은 재건되지 않았을뿐더러 만주총국과 일본총국도 해체되었습니다. 다음에서 다시 다루겠지만, 이후 국내외에서 당재건운동이 꾸준히 계속되었으나 일본의 집요한 탄압 때문에 많은 희생자만 내었을 뿐, 조선공산당은 8·15해방 때까지 재건되지 못하다가 해방 후에야 박헌영 등에 의해 재건될 수 있었습니다.

민족유일당운동·신간회운동이
추진되었습니다

    3·1운동 후 일부 우익세력이 타협주의 노선을 취함에 따라 민족해방운동은 큰 타격을 받았습니다. 때문에 비타협적 우익전선과 좌익전선은 약화된 민족해방운동전선을 재정비하고 투쟁력을 높이기 위해 서로 협력하면서 새로운 운동방향을 수립해야 했습니다.

    하지만 이같은 좌우익 통일전선운동은, 좌익운동을 민족해방운동의 일환으로 보지 않는 분단시대적 역사인식으로는 제대로 보일 리가 없었습니다.

    그러다가 남북통일의 방법론이 무력통일론에서 평화통일론으로 바뀌고 그것이 정착되면서, 1920년대 후반기 중국의 우리 민족해방운동전선에서 일어난 민족유일당운동이 처음으로 보이기 시작했고, 국내의 신간회운동도 '실패할 수밖에 없는 공산주의자와의 합작'이 아니라 민족통일전선운동의 한 부분으로 인식된 것입니다.

    민족유일당운동과 신간회운동은 1920년대 전반기 좌우익 통일전선운동이라 할 초기 임시정부운동 및 국민대표회와 1930년대 이후의 통일전선운동을 연결하는 고리 역할을 했습니다. 민족해방운동 및 통일전선운동에서의 그 위치를 정확하게 아는 일이 중요합니다.

1. 해외 민족유일당운동이 먼저 일어났습니다

왜 민족통일전선운동이 추진되었을까요

이번 강의에서 다루는 민족유일당운동과 신간회운동은 일제강점시대의 우리 민족해방운동사에서 좌익진영과 우익진영이 함께 펼친 통일전선운동이라는 특징을 가집니다.

우선 1920년대 후반기부터 우리 민족해방운동에 왜 좌우익 통일전선운동이 일어났는지를 살펴봐야 합니다. 그 배경은 이렇게 볼 수 있습니다.

㉠3·1운동 이후 민족주의 세력의 일부가 일본의 민족분열정책에 말려들어 타협주의 노선으로 선회하는 한편 ㉡당초 좌우익 통일전선의 성격으로 성립했던 상해임시정부의 활동이 국민대표회(1923) 실패 이후 침체하면서 전체 민족해방운동전선이 분산되어갔다는 점입니다. ㉢국내외 운동전선에 사회주의운동이 확대되고 발전하면서 전선의 분열상이 뚜렷해졌으며 ㉣1920년에 개최된 코민테른 제2차 대회에서 프롤레타리아트의 세력이 약한 동안은 민족부르주아 세력과 제휴하여 제국주의 세력과 싸워야 한다는 「식민지 민족문제에 관한 테제」가 발표되었고 ㉤그 테제에 의거하여 1924년부터 27년까지 중국에서

조선민립대학기성회 발기총회를 보도한 『동아일보』 기사.

국공합작 1923년 1월 중국 국민당의 손문과 코민테른 대표 요페가 '공동선언'을 발표하여, 중국공산당이 국민당에 개인 자격으로 입당하는 방식으로 양당이 합작했다. 국민당과 공산당은 군벌세력의 토벌과 민주주의 개혁이라는 공동의 목표를 위해, 소련과 연대, 공산당 활동의 허용, 노농원조의 3대 정책 아래 협력했다. 1927년 4월 장개석의 반공쿠데타로 1차 국공합작은 끝났으며, 이후 1937년 '항일'이라는 공동 기치 아래 2차 국공합작이 성사되었다.

국공합작이 이루어진 선례가 있었습니다.

이상과 같은 사실들을 배경으로 하여 1920년대 후반기로 접어들면서 전체 민족해방운동전선에는 새로운 방법론이 모색되지 않을 수 없었습니다.

우선 해외전선에서는 1920년대 전반기 임시정부 수립운동의 범주를 넘어서 '이당치국(以黨治國)' 원리에 입각한 민족유일당운동 혹은 대독립당(大獨立黨)운동이 나타났습니다.

1920년대 전반기 해외전선의 경우 중국 관내지역의 민족해방운동은 임시정부 수립운동으로 나타났지만, 만주지방의 운동은 임시정부운동과의 일정한 관계 아래 진행된 무장투쟁과 그것에 뒤이은 정의부·참의부·신민부 등 3부의 성립으로 나타났습니다.

이에 비해 1920년대 후반기에는 연해주와 중국 관내지역에서 통일전선운동인 민족유일당운동이 일어났고, 그 연장선에서 '만주'지방의 3부 통일운동과 좌우익 통일전선운동이 추진된 것이지요.

국내에서는 3·1운동 후 지주·자본가 및 일부 지식인 중심의 물산장려운동(1923)과 민립대학설립운동(1923)이 일어났으나 성과를 거두지 못했습니다.

또한 사회주의사상이 들어오는 한편, 이광수의 「민족적 경륜」(1924)이 발표되면서 우익진영이 타협주의 세력과 비타협주의 세력으로 나누어지게 되었습니다.

이같은 상황은 비타협적 민족주의 세력과 사회주의 세력이 타협주의 세력에 대항하면서 민족통일전선론을 펴는 계기가 되었습니다.

사회주의 단체인 북풍회는 강령에서 "민족운동도 또한 피치 못할 현실에서 발생한 것인 이상 우리는 사회운동과 민족운동의 병행에 대한 시간적 합동을 기함"이라 했습니다.

민족주의자들도 민족운동과 사회주의운동은 "본질상으로는 서로 다르다고 할지라도 분리는 해방 후에야 맞게 될" 일이라 했으며, 민족주의자 중에는 "민족운동은 사회운동을 이루어나가는 도정(道程)"이라 보는 진보적인 경우도 있었습니다.

비타협적 민족주의자들을 중심으로 조선사정(事情)연구회가 결성되어(1925. 9) 민족통일전선을 결성하기 위한 준비는 박차를 더해갔습니다.

같은 해에 결성된 조선공산당도 당면문제 슬로건에서 "조선의 모든 역량을 모아 민족유일당 전선을 만들어 적에게 완전한 공격을 준비하여야 한다"고 했습니다.

그리고 앞 강의에서도 말했지만, 그 표면단체였던 정우회가 비타협적 민족주의 세력과 제휴하여 민족협동전선을 건설할 것을 주장하는 「정우회선언」을 발표하기도 했습니다(1926. 8).

이같은 분위기 속에서 서울청년회계의 사회주의자들과 조선물산장려회계의 민족주의자들이 제휴했습니다. 여기에 종교계·교육계와 해외에서 귀국한 일부 민족주의자들이 참여한 조선민흥회(朝鮮民興會)가

조선사정연구회 1925년 9월 15일 안재홍·유억겸·최원순 등이 조직한 단체. 언론과 학계의 주요 인물들이 포괄되었으며, "조선의 사회사정을 과학적으로 조사 연구하여 널리 사회에 소개"할 목적으로 결성되었다. 재정·금융·공업·농업 등에 대한 학술연구를 진행하는 한편, 강연회 등을 개최했다. 단체 내부의 사상적 편차로 신간회 결성 이후 내부분화가 촉진되어 1927년 해산되었다.

결성되었습니다(1926. 7).

이로써 한정된 범위의 민족통일전선이 일단 성립했고, 민흥회 회원 전원이 무조건 신간회에 참가할 것을 결정함으로써 국내의 민족통일전선 건설을 선도하게 되었습니다.

그럼에도 민족유일당운동은 실패했습니다

상해임시정부 운동을 반성하면서 추진된 국민대표회가 실패한 후, 민족해방운동전선을 통일하려는 해외 민족유일당운동의 선구적 조직으로 블라지보스또끄에서 비타협적 민족운동단체인 민족당주비회가 결성되었습니다(1926. 3).

이르꾸쯔끄파 고려공산당의 최고려·김석하(金錫夏) 등이 상해 '임정'의 창조파계 및 국내 사회주의운동의 서울계 등과 제휴하고 코민테른의 승인을 받아 조직한 민족당주비회는 그 회원이 "서울에 잠입하여 민족주의자와 공산주의자에 대해 입회를 권유"하기도 했습니다. 그리고 이같은 움직임은 국내 조선민흥회의 성립과도 연결되었습니다.

한편 중국 관내지방에서 민족유일당운동이 비교적 일찍 일어난 곳은 북경이었습니다. 먼저 장건상(張建相)·원세훈(元世勳) 등을 중심으로 한 한국독립유일당(韓國獨立唯一黨) 북경촉성회(北京促成會)가 발족했습니다(1926. 10).

그 성명서에서는 "동일한 목적, 동일한 성공을 위하여 운동하고 투쟁하는 혁명자 등이 반드시 하나의 기치 아래 모이고 하나의 호령 아래 모여야만 비로소 상당한 효과를 얻을 수 있음은 더 말할 나위가 없다" 하고 "민족혁명의 유일전선을 만들라" 등의 구호를 내세웠습니다.

북경촉성회 성립을 계기로 중국 관내의 민족유일당운동은 곧 상해·남경(南京)·무한(武漢)·광동(廣東) 등지로 번져나갔습니다. 이들 지방의 우리 민족해방운동 세력도 유일당촉성회를 조직한 것입니다.

한편, '만주'지방의 민족유일당운동은 정의부·참의부·신민부를 비롯한 각 민족해방운동단체의 통합운동으로 추진되었습니다. 만주에 있는 18개 독립운동단체 대표 39명이 모여 유일당 촉성 문제를 토의했으나(1928) 완전한 통일을 이루지는 못하고 일단 두 단체로 통합되었습니다. 북만청년총동맹·남만청년총동맹·재만농민동맹 등을 중심으로 한 '전민족유일당조직촉성회'와, 정의부·다물단(多勿團)·북만조선인청년총동맹·남만청년연맹 등이 참가하고 참의부와 신민부가 동의한 '전민족유일당조직협의회'가 그것이지요.

이후 '전민족유일당조직협의회'의 중심세력인 정의부를 중심으로 참의부와 신민부의 일부 세력이 합쳐 국민부(國民府)를 이루고, 신민부의 군정파(軍政派)를 중심으로 혁신의회(革新議會)가 성립함으로써, '만주'지방에서는 이 두 단체가 양립하게 되었습니다.

'만주'지방의 사회주의 세력도 민족유일당운동에 적극 참여했습니다. 종래 중국 관내지방에 난립해 있던 재중국본부청년동맹 등 8개 청년단체는 연합하여 '재중국한인청년동맹'을 결성한(1928) 후 민족유일당운동에 참여하기 위해 혁신의회의 일원이 되었습니다.

또 남만청년연맹 등 6개 청년동맹이 합쳐 '남만한인청년총동맹'을 결성하여(1929) 국민부를 지지했습니다.

결국 1920년대의 '만주'지방에서 펼쳐진 민족해방운동의 중심단체였던 정의부·신민부·참의부 등 3부가, 1920년대 후반기에 일어난 민족유일당운동의 결과 국민부와 혁신의회의 두 세력으로 개편되었을 뿐, 완전한 통일전선이 이루어지지는 못하고 말았습니다.

이후 혁신의회 계통은 김좌진(金佐鎭)이 중심이 되어 한족총연합회를 구성했으나(1930), 그가 암살된 후 홍진(洪震)·이청천(李靑天, 池靑天) 등을 중심으로 한 한국독립당이 조직되었습니다. 그 군사조직인 한국독립당군이 북동만주를 중심으로 활약하다가 1933년경에 중국 관내로 옮겨갔습니다.

한국독립당 1930년 '만주'에서 홍진·이청천·신숙 등이 한족총연합회를 개편하여 조직한 독립운동 정당. 1933년 중국 관내로 옮겨갔으며, 같은 해 2월 한국혁명당과 통합을 이루면서 발전적 해체를 하여 신한독립당이 되었다.

조선혁명당 1929년 9월 현익
철·현정경·고이허·최동오
등이 "일본제국주의를 박멸
하고 조선의 절대독립을 이룬
다"는 강령 아래 국민부의 정
당적 성격을 갖춘 기관으로
중국 길림성에서 결성하였다.
1932년 11월 한국대일전선통
일동맹 결성에 가담했으며,
1935년 조선민족혁명당에 참
가했다. 11강의 참조.

한편 국민부 계통은 현익철(玄益哲) 등을 중심으로 조선혁명당과 조선혁명군을 조직하여 남만주 일대를 중심으로 활약했습니다. 1930년대 전반기 그 총사령 양서봉(梁瑞奉)이 지휘하는 조선혁명군은 중국군과 연합전선을 형성하여 일만(日滿)연합군과 싸웠습니다.

양서봉 전사 후 고이허(高而虛)가 조선혁명군정부를 조직하고 중국의 반만(反滿)항일군과 함께 한중항일동맹회를 결성하여 1936년경까지 활동했습니다.

1920년대 후반기 '만주'지방에서 벌어진 민족유일당운동의 결과 혁신의회와 국민부가 성립하고 그 후신으로 한국독립당과 조선혁명당이 조직된 것은, 결국 이 지역의 민족해방운동전선에 완전한 통일전선이 형성되지 못했음을 말해주지만, 한편으로 이 시기에 앞에서 말한 '이당치국' 체제가 성립되었음을 뜻하기도 합니다.

이는 1930년대 초엽까지 한국독립당이 지방주민회의 연합체로서 한족자치연합회를 성립시켜 지도하는 한편 군사조직으로 한국독립당군을 조직하여 싸우고, 조선혁명당이 국민부를 행정기관으로 하고 조선혁명군을 조직하여 군사활동을 전개한 데서도 드러나는 것이지요.

1920년대 후반기 해외 민족해방운동전선에서 일어난 민족해방운동 세력을 통일하기 위한 통일전선운동인 민족유일당운동은 그 방법론에 대립이 있어 실패하고 말았습니다. 그것을 구체적으로 살펴보면 이렇습니다.

㉠통일방법론의 하나는 종래 분산적으로 조직된 각 운동단체를 본위로 하여 그 연합체로서 유일당을 조직하려는 방법론이었습니다.

㉡다른 하나는 기성 운동단체 모두를 본위로 하여 유일당을 결성하는 것은 불가능에 가까운 만큼, 그 가운데 '혁명적 권위'가 있고 '역사적 전적'이 있는 유력단체를 중심으로 하고, 기타 단체를 그것에 종속시켜 유일당을 조직하자는 방법론이었습니다.

㉢또다른 하나는 종래의 단체는 대부분 지방적·파벌적 결합체이며 실력과 권위를 갖춘 중심단체가 없다고 보고, 유일당은 개인 본위로 조직해야 한다는 방법

론이었습니다.

이같은 대립으로 방법론부터 합의에 이르지 못함으로써 결국 유일당 결성운동은 실패하고 만 것입니다.

2. 국내 신간회운동은 일정한 성공을 거두었습니다

신간회는 좌우익 합작으로 성립했습니다

해외의 민족유일당운동이 완전한 통일전선을 형성하지 못하고 실패한 데 비해, 국내의 유일당운동인 신간회운동은 1920년대 후반기 민족해방운동의 통일전선운동을 대표하면서 상당한 성과를 거두었습니다.

신간회는 그 강령에서 "기회주의를 일체 부인한다"고 한 것과 같이 연정회(研政會) 등의 자치운동에 반대하며 성립한 민족통일전선체였습니다.

신간회는 언론계 대표 신석우(申錫雨)·안재홍(安在鴻), 기독교계 대표 이승훈(李昇薰), 천도교 대표 권동진(權東鎭), 불교계 대표 한용운(韓龍雲), 공산당 대표 한위건(韓偉健) 등 비타협주의적 우익의 대표와 사회주의 쪽의 대표 등 28명의 발기로 이상재(李商在)를 회장으로 하고 홍명희(洪命憙)를 부회장으로 하여 결성되었습니다(1927. 2. 15).

성립 당초 '민족단일당' 혹은 '민족단일당의 매개형태' 등으로 이해된 신간회는 단체 본위의 조직이 아니라 개인 본위의 조직이었습니다. 그러나 조선노동총동맹·조선청년총동맹 등의 대중단체들이 적극 가담함으로써 그 회원과 지회가 급격히 증가·확대되어갔습니다.

창립된 1927년 말 현재 결성된 지회가 토오꾜오·오오사까 등 일본의 지회를 포함하여 총 104개였는데, 그후 149개로 증가했다가 해소될 때는 124개소였습니다. 회원도 창립 1주년 때는 약 2만명이었고, 해소 무렵에는 약 4만명에 이르렀습니다.

新幹會創立總會

십오일밤청년회관에서개최

민흥회와신간회의합동성립

民興, 新幹合同完成

신간회 창립준비위원회와 조선
민흥회가 합동하여 2월 15일 신
간회를 창립하기로 한 것을 보
도한 『조선일보』 기사.

공산당 활동이 철저히 탄압받고 노동총동맹·농민총동맹·청년총동맹 등의 집회가 금지된 조건 아래서, 합법운동단체인 신간회는 어느정도 조선총독부의 묵인 아래 활동할 수 있었습니다.

따라서 신간회는 비교적 활발한 활동을 펼쳤는데, 구체적으로 ㉠조선인에 대한 착취기관 철폐 ㉡일본인의 조선 이민 반대, ㉢타협적 정치운동 배격 ㉣조선인 본위 교육제도 실시 ㉤사회과학과 사상 연구의 자유 보장 ㉥식민지 교육정책 반대 등을 주장하면서 노동파업·소작쟁의·동맹휴학 등을 지도했습니다.

한편 일본 토오꾜오지회의 경우 ㉠단결권·파업권·단체계약권의 확립 ㉡소년과 여성 노동 보호 ㉢8시간노동제 실시 ㉣공장법·광업법·해원법(海員法) 개정 등 노동자들의 기본권 보장을 요구하기도 했습니다.

신간회의 중앙조직에서는 비타협적 민족주의 세력이 우세했고, 지회조직에서는 사회주의 세력이 우세했습니다.

각 지회들은 조직형태가 중앙집중적이고 노동자·농민이 조직의 주체가 되지 못하며, 강령에 따른 구체적 활동을 할 수 없다고 지적하고, ㉠회장제를 집행위원장제로 바꿀 것 ㉡지회연합기관을 조직할 것 ㉢구체적 행동강령을 제정하여 투쟁할 것 등을 요구했습니다.

그러나 조선총독부의 탄압으로 정기대회를 열 수 없자, 신간회는 고육책으로 각 지방마다 인접한 몇 개의 지회가 합동으로 대표를 선출해서 정기대회를 대신하는 복대표대회(複代表大會)를 개최하여 '신간회

강령 및 규약'을 제정했습니다(1929. 6).

복대표대회 결과 허헌(許憲)이 집행위원장으로 당선되었습니다. 또 홍명희 등 57명이 중앙집행위원으로, 조병옥(趙炳玉) 등 8명이 중앙집행위원 후보로, 권동진 등 13명이 중앙검사위원으로 당선되었는데, 중앙위원과 그 후보 및 중앙검사위원의 46%가 사회주의자였습니다.

1930년 4월 경기도 경찰부가 검거한 조선공산당 재건운동 관계자 74명 중 27명이 신간회 회원인 것을 보면 이 시기 신간회 내부 사회주의 세력의 비율을 짐작할 수 있는데, 복대표대회로 재편된 다음에는 본부 간부진에도 사회주의자들이 많이 진출한 것이지요.

코민테른의 「12월테제」로 조선공산당이 해소된 후 당 재건을 당면임무로 삼은 사회주의 진영은 신간회 회원, 특히 지회 회원을 적극적으로 당재건운동에 끌어들이면서 식민통치정책에 대한 투쟁을 펴나갔습니다.

복대표대회 후 신간회는 갑산(甲山) 화전민사건(1929. 7) 진상보고회를 열려다 금지당하자 결의문 발표 등을 통해 맞섰고, '실제 투쟁방침에 대한 결의'를 확정하여 회보 발행, 지회 활동의 활성화, 재정 확립, 지방 순회 등의 계획을 세우기도 했습니다.

신간회는 또 광주학생운동을 대중운동으로 연결시키기 위해 조사단을 파견했습니다. '광주학생사건 보고 대연설회'를 개최하려 했으나 금지되자 서울을 비롯한 전국으로 학생운동을 확산시키기 위해 천도교·기독교·불교 세력 및 조선청년총동맹·근우회 등과 제휴하여 '대중대회'를 개최하려 했습니다(1929. 12). 그러나 허헌을 비롯한 90여 명이 체포됨으로써 계획은 실행되지 못했습니다.

'대중대회사건'으로 타격을 받은 신간회를 김병로(金炳魯)가 본부 재정을 전담하면서 이끌어나갔지만, 그후 노선이 점차 온건화해갔습니다.

『전북일보』에 의한 '조선인 모욕사건'(1930. 6), '단천(端川) 산림조합

갑산 화전민사건 1929년 4월 함남 갑산군 보혜면 대평리의 화전민 추방에 대해 주민들이 강력히 항의하자, 6월 일제는 이 지역 3개 부락의 가옥을 불사르고 화전을 파괴했다. 그 결과 63동의 가옥이 소각되었고, 3동이 파괴되었다. 주민들이 총독부에 진정서를 제출하면서 사회문제가 되었다.

광주학생운동 1929년 11월 3일 광주에서 일어난 학생들의 항일운동. 10월 30일 일본인 학생이 조선인 여학생을 희롱하면서 싸움이 벌어진 데서 발단이 되어, 11월 3일 일본인 학생과 조선인 학생 간에 대규모 충돌이 일어났다. 11월 12일 광주의 학생들이 일제히 시위에 들어가자, 전국의 학교들이 호응하여 참가학생 수가 5만 4000여명에 이르렀다. 1953년부터 11월 3일을 '학생의 날'로 정해 기념하고 있다.

조선청년총동맹 1924년 4월 21일 서울 중앙청년회관에서 23개 청년단체 대표 170명이 참석한 가운데 청년운동의 총본산으로 결성된 단체. 중앙집행위원에 정백·조봉암·김찬·김단야 등이 선출되었다. 전국의 사회주의 단체를 망라했으며, 도연맹·군동맹도 조직되었다. 일제의 탄압으로 1931년 5월 해산되었다.

반대운동'(1930. 7), '만주'에서의 '공산당 혐의 조선인 총살사건'(1930. 9) 등이 발생했을 때 신간회 본부의 대응은 비교적 온건했습니다.

이 시기의 신간회는 천도교 신파 최린(崔麟) 중심의 세력과 협력하여 합법운동을 주장하게 되었고, 따라서 합법노선을 적극 옹호하는 사람들이 중앙상무집행위원과 각 부서의 책임자가 되었습니다.

이같이 신간회 본부가 온건·합법 노선으로 전환함에 따라 대체로 사회주의 세력이 우세했던 각 지회에서 해소론이 대두했습니다.

신간회는 왜 해소되었을까요

신간회 해소론을 처음 제기한 것은 부산지회였습니다(1930. 12). 이후 이원(利原)·평양·인천·단천·홍원(洪原)·성진(城津)·서울 지회 등에서 잇따라 해소를 결의했습니다.

해소론자들은 "해소는 한 조직체의 해산을 뜻하는 해체와는 달리 한 운동에서 다른 형태의 운동으로 전환하는 변증법적 자기발전을 뜻하는 것"이라면서, 다음과 같은 몇가지 이유를 들어 신간회 해소를 주장했습니다.

㉠신간회 지도부가 타협주의 노선으로 바뀌어간 점입니다. 예를 들면 부산지회에서는 "본회의 근본정신인 비타협주의를 무시하고 합법운동으로 방향을 전환하려는 민족개량주의가 발호해온" 때문에 해소론을 펴는 것이라 했습니다.

㉡신간회의 조직 형태가 정당적 형태로 되어 있다는 점이었습니다. 단천지회에서 "조직의 중요한 모순과 소부르주아적 지도로 인하여 하등의 적극적 투쟁도 하지 못하고, 그 안의 노동대중의 투쟁의욕을 말살하여 객관적으로 필요한 계급적 대진출을 방해하는 데 이르렀다"고 한 것이 그 한 예입니다.

㉢신간회의 강령이 추상적이며 구체적 운동지침이 없다는 것이었습니다. 평양지회에서 "행동강령도 없는 신간회의 현재 강령만으로는

오히려 투쟁의식을 말살할 뿐이라" 한 것을 들 수 있습니다.

ⓓ객관적 정세의 변화에 따라 주체적 조응조건이 변한 점이었습니다. 객관적 정세의 변화란 세계공황이 일어나고 일본이 '만주'문제에 개입하기 시작한 것을 말하며, 주체적 조응조건이란 이 무렵에 나타나고 있던 노동대중의 전투화·혁명화 현상이 진전된 점을 말하는 것입니다.

지회를 중심으로 해소론이 대두하는 한편, 신간회에 대한 국제공산주의운동 쪽의 성격 규정에도 변화가 나타났습니다. 코민테른의 「12월테제」(1928)에서는 식민지문제에서의 반제(反帝)연합전선론의 의의가 그대로 계승되었습니다. 그러나 프로핀테른의 「9월테제」(1930)에서는 신간회를 민족개량주의 단체로 규정했습니다.

한편 「12월테제」에 의해 조선공산당이 해소된 직후 공산당 재건운동 이론가들 중에서도 한위건은 신간회가 "어느정도 매개적 역할이 가능하다"고 보았습니다. 임원근(林元根)은 신간회가 완전히 소부르주아지로 구성된 단체는 아니며 노농대중의 투쟁력을 말살하는 단체가 아니라는 이유로 해소반대론을 펴기도 했습니다.

고경흠(高景欽)은 "반제국주의 협동전선은 신간회 속에서 또는 신간회에 의해서 신간회를 통해서 전개되어야 하는 것이 아니라, 공산당에 의해서 신간회 밖에서 전개되어야 한다"고 했습니다.

김경재(金璟載)는 신간회가 아무런 투쟁능력을 갖지 못한 소부르주아의 사교장이어서 계급의식을 말살시킨다는 이유로 해소론을 펴기도 했습니다.

신간회운동에 참가한 비타협적 민족주의 세력의 대표격인 안재홍은 "조선의 운동은 양대 진영의 병렬 협동이 가장 동지적 지속을 하여야 할 정세에 있고, 둘이서 서로 대립 배격할 정세를 가지지 않는다" 하여 해소를 반대했습니다.

그러나 창립대회 이후 두번째로 열린 전체대회(1931. 5)에서 결국 해소안이 제출되었습니다. 일본 경찰에 의해 찬반 토의가 금지된 가운데 표결에 부친 결과 찬성 43, 반대 3, 기권 30으로 해소안이 가결되었습니다.

'표면단체' 운동으로서의 신간회운동은 1920년대 후반기 국내와 일본에서 민족해방운동을 주도하면서 비교적 폭넓은 민중운동으로 뿌리를 내려갔습니다. 하지만 처음에는 어느정도 관망하는 자세를 보이던 일본제국주의자들이 이 운동의 발전에 당황하여 교묘하고도 끈질긴 탄압을 가했습니다.

중앙본부의 활동을 철저히 제한하고 전국의 지회에 대해 해체공작을 벌여나간 것입니다. 이와 함께 '민중대회사건' 이후 좌익세력이 우세했던 지회에서 본부 지도층의 온건노선화·타협주의화에 대한 대응책으로서 해소론이 일어났습니다. 그리하여 신간회는 마침내 해소되고 만 것이지요.

한편 신간회에 대한 코민테른의 인식과 정책이 달라진 것도 해소의 원인이 되었습니다. 코민테른은 「조선공산당 조직 문제에 대한 국제당집행부 결정」(1930)에서 이렇게 말했습니다.

"신간회는 대체 어떤 것인가. 소위 전족(全族)의 단일당 또는 그 매개형태인가. 유일전선이란 간판을 걸고 아무것도 모르는 공산주의자들이, 공산주의 제3인터내셔널의 존재와 독립적 행동을 매장하여, 민족단일당 조직을 부르짖거나 또는 제 역량을 민족단일이란 표어에 던져버리는 것은, 두말할 것 없이 공산주의의 초보적 진리에 대한 반역 행동이라고 하지 않을 수 없다."

일제의 '병참기지화'도
경제개발로 봐야 할까요

일제강점 시대를 흔히 1910년대의 무단통치기와 1920년대의 민족분열통치기, 1930년대 이후의 파쇼체제기 내지 침략전쟁기로 삼분합니다. 우리 민족에게는 모든 시기가 어려웠지만, 특히 침략전쟁기에 민족적 희생이 컸습니다. 중일전쟁과 태평양전쟁으로 전선을 확대한 일본제국주의자들이 본국보다도 조선에 더 큰 희생을 강요한 것이지요. 청·장년 남녀를 전쟁터로 몰아넣거나 전쟁노동력으로 동원했으며, 전쟁물자로 쓸 수 있는 모든 물건을 약탈했습니다. 더욱 가혹한 것은 이를 위해 조선인을 '하등 일본인'으로 만들어 조선민족 자체를 없애려 한 일입니다.

이 시기 일제는 전쟁물자를 조달하기 위해 조선에 어느정도 중공업시설을 세웠고, 일부 친일 조선인들이 '전쟁경기'를 타고 약간의 중소기업을 중심으로 경제활동을 할 수 있었지요.

조선의 공업화가 이때부터 시작되었다고 하는 이들도 있지만, 이는 한마디로 침략전쟁을 위한 것이었으며, 친일 조선인들의 중소기업도 전쟁 말기에는 파탄 상태에 빠졌습니다. 이 시기를 포함한 일제강점 시대 전체의 사회경제사 연구가 역사학적 시각과 방법에 입각해서 이루어져야 강점정책의 본질이 드러날 것입니다. 지금까지 민족해방운동사 연구에 치중했던 역사학계가 이 분야의 연구에 주력해야 할 때가 되었습니다.

1. 파쇼체제 아래서 조선의 실정이 크게 변했습니다

민족말살정책이 강화되었습니다

근대 이후 유럽의 여러 나라들이 아시아나 아프리카 지역 등을 침략하고 그곳을 식민지로 만들어 통치하는 방법에는, 일부 자치를 허용하는 방법 등 여러가지가 있었습니다.

그러나 식민지배 일반은 대개 유럽인이 인종적으로 다르고 문화적으로 차이가 큰 동남아시아나 아프리카 지역을 지배하는 경우가 대부분이었습니다.

인종적으로 같은 황인종이며 문화적으로도 큰 차이가 없는 지역을 식민지로 삼아 강제지배한 경우는 조선이나 대만을 지배한 일본이 유일했습니다.

따라서 일본의 조선 지배는 영국의 인도 지배나 프랑스의 베트남 지배, 그리고 네덜란드의 인도네시아 지배와는 성격이 크게 달랐습니다.

지배민족과 피지배민족이 같은 문화권에 있었다는 점이나 두 민족 사이의 문화수준 등으로 보아, 일본의 조선 지배는 비록 기간에는 차이가 있다 해도 2차대전 때 독일이 프랑스를 지배한 것에 비길 만하지 않을까 합니다.

그러나 나찌독일이 점령한 프랑스지역에 비시정부가 있었던 것과는 달리, 일본은 조선사람의 자치조차 허용하지 않아 친일 괴뢰정권마저 성립할 수 없었다는 점은 달랐다고 하겠습니다.

일본이 같은 황인종이며 중세 이전의 문화수준은 오히려 높았고 근대문화에서조차 큰 차이가 없는 조선을 식민지배하는 일은, 당연히 유럽인이 동남아시아나 아프리카를 식민지배하는 것보다 훨씬 벅찬 일이었지요.

그 때문에 강제지배 초기인 1910년대에는 의병전쟁 뒤끝이라 무단통치와 같이 유례가 드문 강압정책으로 일관하다가, 3·1운동을 당한 후 1920년대에는 '문화정치'라 하여 민족분열을 획책하는 정책으로 바뀌었습니다.

그러다 1930년대 이후 침략전쟁 시기로 접어들면서, 일본제국주의자들은 전쟁에 대한 조선인의 협력을 얻어내기 위해 이른바 '내선일체(內鮮一體)'라는 것을 내세워, 조선인의 '황민화(皇民化)' 정책, 즉 군국주의 일본인의 아류로 만들려는 정책으로 나아갔습니다. 그것은 조선민족 전체를 '하등(下等) 일본인'으로 만들어 그 민족적·문화적 독립성과 저항성을 철저히 박탈함으로써 침략전쟁에 끌어들이려는 민족말살정책이었습니다.

이를 위해 일본은 여러가지 조잡하고 몰염치한 정책을 폈지만, 그 중에서도 조선사람에게 조선말과 조선글을 못 쓰게 한 일은 어느 식민지배의 경우에서도 볼 수 없는 무리한 정책이었습니다.

언어가 민족구성의 중요한 요소 가운데 하나임을 알기 때문에, 조선사람의 민족성을 말살하고 '하등 일본인'으로 만들어 침략전쟁에 써먹기 위해서는, 무엇보다도 그 말을 못 쓰게 하는 것이 효과적이라 생각한 것입니다.

1920년대까지도 각급 학교에서 일본어를 국어라 하여 주로 가르쳤지만, 우리말도 조선어라 하여 약간은 가르쳤습니다. 그러나 일본은 중일전쟁 도발 후 그것마저 완전히 없애버리고(1938. 4) 일본어만 쓰도록 강요했습니다.

일본은 조선민족 말살정책의 하나로 또 조선식 성(姓)을 못 쓰게 하고 일본식으로 바꾸게 했습니다. 이른바 창씨개명(創氏改名)을 강요한 것입니다.

조선 청년들을 처음에는 지원병으로, 다음에는 징병으로 일본군대에 넣어서 일본인들과 함께 침략전쟁터로 내몰아야겠는데, 그러기에는 몇가지 어려움이 가로놓여 있었습니다.

㉠성명이 일본식과 달라서는 조선 청년이 '하등 일본인'이 되기 어렵고, 따라서 일본에 대한 충성심을 가지기 어려우며 ㉡'하등 일본인'이 안된, 충성심 없는 조선 청년들에게 총을 맡기기가 불안했던 겁니다.

이 때문에 일본은 조선사람의 창씨개명을 '권장'한다면서 실제로는 강요했습니다. 조선인은 창씨개명을 하지 않으면 학교생활에 어려움이 많았고, 각종 행정기관에서 사무 취급을 거부당하는가 하면, 심지어 식량과 기타 물자의 배급대상에서 제외되는 등 일상생활 전반에 걸쳐 막심한 탄압을 받았지요.

이 때문에 주어진 기한 안에 조선사람의 약 80%가 창씨개명에 응하지 않을 수 없었습니다. '창씨개명'이 강요가 아님을 내보이기 위해 충성심이 강한 일부 친일파는 조선식 성명을 그대로 쓰게도 했습니다.

일본은 또 조선민족 말살정책의 하나로 이른바 일선동조론(日鮮同祖論)이라는 것을 강조했습니다. 일본민족과 조선민족이 같은 조상에서 나왔다는 '학설'은 이미 한일 '합방'을 뒷받침하는 근거로 일본 어용사학자들이 퍼뜨린 바 있었습니다.

그러다가 침략전쟁이 막바지에 다다른 파쇼체제 아래서 그것을 '내선일체 및 동조동근론(同祖同根論)'으로 바꾸어 조선사람의 민족의식을 잠재우고 '일본정신'을 주입하는 데 이용했습니다.

즉 조선민족과 일본민족이 고대사회에서는 같은 민족이었다가 중세로 오면서 중국의 영향으로 다른 민족처럼 되었으나 근대로 오면서 다시 같은 민족으로 돌아가게 되었다며 '합방'이나 '내선일체'의 합리성을 조작했습니다.

그러고는 조선사람으로 하여금 일본의 조상신이라는 '아마떼라스 오오미까미(天照大神)'의 신주를 집안에 걸어놓고 아침저녁으로 절하도록 강요했습니다. 한·일 두 민족이 같은 뿌리를 가진 민족이되, 일본이 우등 민족이었다는 억지를 부린 것이지요.

이같은 일본 파쇼체제의 조선민족 말살정책에 조선의 많은 지식인과 자산계급이 동조했습니다. 이광수와 같이 자발적으로 성과 이름을 일본식인 '코오야마 미쯔로오(香山光郎)'로 바꾸고, 조선사람이 철저하게 일본인이 되어야만 발전의 길이 열린다는 억지 주장을 펴는 경우도 있었습니다.

한편, 일본제국주의가 패망할 때까지 철통같은 파쇼체제 아래서도 민족해방운동은 국내외에서 꾸준히 전개되었습니다. 일제강점 시대에 태어나서 그들의 교육밖에 받지 못한 청년·학생들의 반일운동도 끊이지 않았습니다.

그런가 하면, 앞에서도 말했지만 이른바 학병으로 중국전선에 끌려간 조선인 대학생들이 목숨을 걸고 일본군에서 탈출하여 우리 민족해방운동전선으로 달려가기도 했습니다.

전시 총동원체제가 강행되었습니다

앞서도 말했지만, 3·1운동 후 1920년대 일본의 조선 지배정책은 민족분열정책이었습니다. 그리고 이 민족분열정책은 일본 본국의 이른바 타이쇼오(大正)데모크라시 시대와 일부 맞물려 있었습니다. 그것은 같은 시기 일본의 정치·사회적 상황도 비교적 자유스러운 분위기였음을 말합니다.

그러나 일본은 타이쇼오 시대가 끝나고 쇼오와(昭和) 시대로 들어서면서 군부의 정치 관여가 노골화해갔고, 특히 1930년대에 들어 '만주

타이쇼오데모크라시 일본 타이쇼오 시대에 군부와 귀족원에 의한 지배를 부정하고, 보통선거·정당내각제 등을 주장하면서 자유주의적 부르주아의 입장을 대변한 시대사조를 말한다. 보통선거권 쟁취를 위한 민중의 시위 및 언론·출판물의 활성화 등 민주주의를 향한 활동이 활발히 전개되었다.

사변'(1931)과 함께 중국 침략을 본격화함으로써 국가 자체가 파쇼체제가 되어갔습니다.

이후 일본은 '상해사변'(1932)을 거쳐 중일전쟁(1937)을 일으킴으로써 침략전쟁의 수렁에 빠져들었고, 마침내 미국·영국·네덜란드 등을 상대로 해서 태평양전쟁(1941)을 도발하기에 이르렀습니다.

'만주사변'에서 시작하여 태평양전쟁에서 패망하기까지 약 15년간은 일본의 군국주의자들이 침략전쟁을 강행하기 위해 국가체제 자체를 전시체제화·파쇼체제화하여 전체 국민을 침략전쟁의 소용돌이 속으로 몰아넣은 시기였습니다.

1910년대에 조선인의 저항을 탄압하고 식민지배의 기초를 확립하기 위해 무단통치를 감행했던 일본은, 1920년대에는 3·1운동의 뒷수습을 위해 민족분열정책을 적극적으로 펴서 어느정도 성과를 거두었습니다.

그러다가 1930년대에는 대륙침략을 본격화하면서 조선 국내의 민족해방운동을 탄압하고, 조선을 대륙침략을 뒷받침하는 병참기지로 만들기 위해, 일본보다 더 심한 파쇼통치체제의 광란 속으로 휘몰아넣었습니다.

중일전쟁에 대비해 조선의 민족해방운동을 좀더 강력히 탄압할 필요를 느낀 일본은 "일본의 국체(國體) 및 정체(政體)의 변혁과 사유재산제도를 부인하는" 치안유지법 위반자들에 대한 감시를 강화하기 위해 조선사상범보호관찰령을 제정했습니다(1936. 12).

또 중일전쟁을 도발하면서 조선중앙정보위원회를 두고(1937. 7) 조선 지식인에 대한 개인적 정보를 수집하는 한편, 조선총독부 경무국 주도로 조선방공(防共)협회를 조직하여(1938. 8) "공산주의사상 및 그 운동을 박멸하고 일본정신을 고양하게" 했습니다.

그리고 민족운동이나 사회주의운동 전선에서 후퇴하여 '전향'한 사람들의 단체인 시국대응전선사상보국연맹(時局對應全鮮思想報國聯盟)

상해사변 '만주'사변 이후 중국의 항일운동을 진압하고, '만주'에 대한 국제적 주의를 돌리기 위해 일본이 상해에서 일으킨 사건. 일본 승려에 대한 습격을 계기로 1932년 1월 일본 육전대(陸戰隊)와 중국의 19로군(路軍) 사이에 전투가 발발했다. 같은 해 2월 일본은 육군 3개 사단을 파견했고, 5월 정전협정을 체결한 후 군대를 철수했다.

중일전쟁 1937년 일본의 침략으로 일어난 중국과 일본 간의 전쟁. 7월 7일 북경 노두교에서 일본군이 군사행동을 도발함으로써 일어났는데, 선전포고도 없이 총공격을 개시한 일본은 무한·광동·산서에 이르는 주요 도시 대부분을 점령하고, 1200만명에 달하는 중국인을 학살했다.

태평양전쟁 1941년 12월 일본이 하와이 진주만을 기습 공격함으로써 시작된 전쟁. 1942년 6월 미드웨이 해전을 고비로 미국이 승세를 잡았으며, 1945년 8월 히로시마와 나가사끼에 원자폭탄이 투하됨으로써 일본이 항복하고 종전되었다.

을 만들어(1938. 8) '전향자'들에게 "사상국방전선(思想國防戰線)에서 반국가적 사상을 파쇄·격멸하는 육탄용사"가 되기를 요구했습니다.

태평양전쟁을 앞둔 시점에서는 이 '사상보국연맹'을 개조하여 '야마또쥬꾸(大和塾)'를 만들고(1941. 1), 사상범으로 지목된 사람은 모두 가입시켜 '사상전향'을 강요했습니다. 1943년 현재 '야마또쥬꾸'는 91개 지방에 개설되고 가입회원이 5400명이나 되었습니다.

제국주의 일본은 침략전쟁이 막바지로 치달을 태평양전쟁을 앞두고 조선사상범예방구금령을 발표했고(1941. 2), 태평양전쟁을 도발한 후에는 전시(戰時)임을 내세워 이른바 국체변혁죄 등의 형량을 크게 높인 조선전시형사특별령(1944)을 제정했습니다.

또한 3심제를 전면 폐지하고 민사·형사 전반에 걸쳐 2심제 원칙을 세운 조선총독부 재판소령전시특례(1944) 등을 만들었습니다. 특히 '국정변란죄'에 대한 형벌 규정이 강화되었습니다. 한반도 전체를 일본의 파쇼체제가 철통같이 통제한 상황에서도 민족해방운동이 지속되고 있었기 때문이지요.

식민지 조선에 대한 파쇼통치체제를 구축한 일본제국주의자들은 또 전시체제를 강조하면서 국민생활 전반을 통제했습니다. 중일전쟁을 도발한 후 만든 국가총동원법이 조선에도 적용된 것입니다(1938. 5).

중일전쟁 도발 1주년을 맞아 국민생활을 통제하는 새로운 조직으로 국민정신총동원 조선연맹이라는 것이 결성되었습니다(1938. 7). 그 산하단체로 각 직장연맹이 설치되는 한편, 지방행정기구에 따라 도 연맹, 부·군 연맹, 읍·면 연맹, 동·리 연맹 등이 조직되어 각 행정기구의 장이 그 책임자가 되었습니다. 지방연맹 밑에 10호를 표준으로 '애국반(愛國班)'이 만들어져 세대주가 그 반원이 되었습니다. 정기적으로 반상회를 열어 일장기(日章旗) 게양, 신사(神社) 참배, 일본 궁성(宮城)에 대한 요배(遙拜), 일본어 상용, 방공 방첩, 애국 저금 등을 강요했습니다.

그런가 하면 '일본정신 발양주간' '근로보국주간' 등을 계속 제정하고 강행함으로써, 조선인을 제국주의 침략전쟁의 광란 속으로 몰아넣었습니다.

2. 파쇼체제의 인적·경제적 수탈은 혹심했습니다

조선의 많은 인력을 강제 수탈했습니다

일본은 중국 침략에 나선 '만주사변' 때부터 이미 전쟁인력의 부족을 느껴 장차 조선 청년에 대해 징집제도를 실시할 것을 구상했습니다. 그러나 일반적으로 반일정신이 강한 조선 청년들을 무장시키는 데 따르는 위험부담 때문에 이를 쉽게 실시하지 못했습니다.

그러다가 침략전쟁이 중일전쟁으로 확대된 뒤에는 위험부담을 안고라도 조선 청년을 군사력으로 동원하지 않을 수 없었습니다. 우선 지원병 형태로 조선 청년들을 동원하기로 하고 '육군특별지원병령'을 공포했습니다(1938. 2).

이 '지원병령'에 따라, 1944년 조선에 징병령이 실시되기 전까지 약 1만 8000명가량의 조선 청년이 일본군에 '지원' 입대했습니다. 이들 중에는 일시적 흥분으로 철없이 지원한 경우가 없는 것은 아니었지만, 지원병제도가 장차 징병제도를 실시하기 위한 준비과정임을 알아챈 적령기의 청년들은 어차피 징병되리라 보고 먼저 지원하는 경우가 많았습니다.

지원병제도를 성공시키기 위해 일본측이 온갖 술책을 부린데다, 전시하에서 농촌이 갈수록 피폐해졌기 때문에 청년들이 "살길을 찾아" 지원한 경우도 많았습니다.

지원병제도의 실시를 "쌍수로 환영한" 지도급 인사들은 정작 제 자식이 지원해야 할 단계에 가서는 남을 권하고 제 자식은 모면하게 했

깎아지른 듯한 낭떠러지 길에서
일하고 있는 조선인 광부들.

지요. 지원병은 소작농민의 아들들이 대부분이었
습니다.

지원병제도로 시작된 조선 청년들의 전쟁동원
제도는 태평양전쟁이 막바지에 다다르자 마침내
징병제로 바뀌었고(1944), 일본이 패전할 때까지 약
20만명이 징집되어 침략전쟁터로 끌려갔습니다.

이보다 앞서 '학도지원병제도'가 강행되어(1943)
약 4500명의 조선인 전문학생과 대학생이 침략전
쟁터로 끌려갔습니다. 앞에서도 말했지만 이들
중 일부가 목숨을 걸고 한국광복군과 조선의용군
쪽으로 탈출하여 민족해방운동군이 되기도 했습
니다.

일본제국주의의 전시체제 아래서 조선사람의
희생은 지원병제도나 징병제도 강행에 그치지 않았습니다. 더 많은 사
람들이 모집·징용·보국대·근로동원·정신대(挺身隊) 등의 이름으로
강제 동원되어 노동력을 수탈당했던 것입니다.

앞 강의에서도 말했지만, 일본은 한반도를 강점한 후 '토지조사사
업', 일본 농민의 조선 이민, '산미증식계획' 등을 통해 많은 조선 농민
을 농촌에서 쫓아냈습니다. 게다가 일본이 지배하는 조선의 식민지 자
본주의는 농촌에서 쫓겨난 사람들을 공장노동력으로 수용할 수준에
이르지는 못했습니다.

그들은 도로공사나 수리조합공사 등 토목공사장의 날품팔이 노동
자가 되거나, 일본의 노동시장으로 흘러들어가거나, '만주'로 가서 다
시 소작농민이 되거나, 화전민이 되었을 뿐입니다. 그도 아니면 실업
자가 되었지요.

따라서 1920년대까지도 조선의 실업인구는 계속 증가했습니다. 그
러다 1930년대로 들어서면서 일본제국주의는 농촌에서 쫓겨나 실업

자가 된 사람들과 아직도 농촌에 남아 있는 '실업예비인구'를 전쟁노동력으로 이용한 것입니다.

침략전쟁이 본격화하기 전에는 농촌에서 쫓겨난 노동력을 '모집'이라는 이름으로 일본의 토목공사장이나 광산에 집단적으로 강제 동원했습니다.

그러나 중일전쟁 이후에는 '국가총동원법'을 공포하고 이어 '국민징용령'을 실시하여(1939), 수백만명의 조선사람을 침략전쟁을 수행하기 위한 노동력으로 강제 동원했습니다.

일본은 강제 동원한 조선인 노동자들을 공사장에서 군대식으로 편성하고 군대식 규율로 통제했습니다. 군사시설 공사의 경우 도망을 막기 위해 공사장 주변에 고압전류가 흐르는 철조망을 둘러 이들을 강제 수용하기도 했지요.

또 군사기밀에 관련된 공사일 경우에는 기밀 누설을 방지한다는 이유로 공사가 끝난 후 노동자들을 학살한 일도 있었습니다. 평양의 미림(美林)비행장에서는 징용된 노동자를 혹사하다가 공사가 끝날 무렵 집단학살했다 하며, 쿠릴(千島)열도에서도 같은 일이 있었다고 합니다.

뿐만 아니라 류우뀨우(琉球) 섬에 끌려간 조선인 노동자 가운데 일부가 배에 태워진 채 미군의 폭격 앞에 내던져져서 전원 사망한 일도 있었습니다. 이 섬에 미군이 상륙할 무렵 조선인 노동자의 도망 혹은 투항을 방지하기 위해 동굴 속에 가두어 학살한 사건도 있었지요.

1939년부터 45년 전쟁이 끝날 때까지 일본의 전쟁노동력으로 강제 동원된 조선인이 113만명으로 집계된 자료가 있는가 하면, 146만명이라 밝힌 자료도 있습니다. 이들은 위험한 탄광노동에 제일 많이 투입되었고, 다음은 금속광산·토목공사장·군수공장 등의 노동력으로 동원되었지요. 전쟁노동력으로 강제 동원되어 위험한 공사장에 투입된 이들은 대부분 농민이었습니다.

조선에서조차 일본어를 상용해야 하는 조건 아래서 대부분 일본어를 구사하지 못했던 이들은 특히나 일본인 감독자들의 혹심한 탄압을 받아 많은 사람이 목숨을 잃었습니다. 해방된 지 반세기가 지난 지금에도 이들의 유해가 일본 각처에 아직 방치되어 있습니다.

일본제국주의가 패망할 때까지 다행히 살아남은 사람들은 일본이나 '만주'에서 돌아와서 대부분 고스란히 본래의 제자리로 돌아가지 않을 수 없었습니다.

한편 일본제국주의자들은 침략전쟁 막바지에 이르러 중학생은 물론 초등학생까지도 '근로동원'이란 명목으로 끌어내어 군사시설 공사에 투입했습니다.

또 남자를 대상으로 한 징용령에 이어 '여자정신대(挺身隊)근무령'(1944. 8)을 만들어 12세에서 40세까지의 조선 여성들도 강제 동원했습니다. 이들은 주로 일본과 조선 내의 군수공장에 집단으로 수용되어 일했습니다.

한반도에서는 일제시대는 물론 해방 후에도 '정신대' 즉 '데이신따이'가 곧 일본군을 위한 '위안부' 즉 '성노예'(性奴隷)라고 알려져 있었습니다.

'데이신따이'로 끌려간 많은 조선 여성들이 중국이나 남양군도 등지의 전투지구로 보내져 일본군인을 상대하는 '위안부'가 되었다고 생각되고 있습니다.

그러나 일본군이 자료를 불태웠거나 남아 있다 해도 공개하지 않아서 '데이신따이' 여성들이 집단적으로 일본군인의 '성노예'가 되었다는 사실은 구체적으로 실증되지는 않고 있습니다.

그렇지만 수만명의 가난한 조선 여성들이 강제로 끌려가거나, 혹은 취직을 미끼로 한 꾐에 빠지거나, 약간의 돈에 팔려가서 '위안부'라는 이름으로 일본군의 '성노예'가 되었습니다.

이들은 필리핀이나 미얀마 등지의 최일선 전투지구까지 끌려가서 만행을 당하고 심지어 '전사'한 경우도 있었으며, '전쟁포로'가 되어 연합군 쪽에 수용되기도 했습니다.

'병참기지화'를 경제개발로 봐야 할까요

1930년대 이후 일본제국주의는 경제공황 탈출구로서, 그리고 '만주' 침략 및 지배를 위한 확고한 배후지로서 조선을 새롭게 활용하기 위해 일본 독점자본의 조선 침투를 적극 지원하고 나섰습니다. 이후 중일전쟁과 태평양전쟁의 도발로 조선은 침략전쟁 수행을 뒷받침하는 병참기지로 바뀌어갔습니다.

전쟁 범위가 일본의 자원동원 능력과 생산력 수준을 넘어 확대되면서 이른바 '일·선·만(日鮮滿) 엔블록 경제권'과 조선 자체의 중요성도 커졌습니다.

이에 따라 조선의 풍부한 수자원을 이용한 전력과 인조석유, 태평양전쟁 시기 설정한 '중점산업'에 속하는 군수물자 원자재인 경금속, 철강, 석탄 등의 증산을 위해 일본의 독점자본이 대거 조선으로 들어왔습니다.

강점기간 동안 회사자본 외에 재정·금융 등을 통해 최대 80억원 정도가 일본에서 조선으로 들어왔지만, 일본 재벌을 중심으로 한 회사자본 투자는 1930년대 중반 이후 급증했습니다.

회사자본은 조선에서 조달된 자금과 일본에서 들어온 자금을 합해서 1931년까지 20억원 내외였던 것이 1936년에 70억원을 훨씬 넘어섰고, 8·15 때까지 100억원 정도로 급증하여 전쟁 수행과 직간접으로 연관된 군수 관련 산업에 집중 투자되었습니다.

1930년대 이후 침략전쟁기를 지나는 동안 강력하게 추진된 병참기지화 정책에 따라 조선의 공업구조에서도 중화학공업의 비중이 급속히 높아졌습니다.

공업생산액 비율을 보면 일본의 '만주' 침략 1년 전인 1930년에는 화학·금속·기계기구 등 중화학공업과 식료품·방직 등 경공업의 비중이 27:73으로 경공업이 압도적이었으나, 일본이 중일전쟁을 도발한 1937년에는 46:54로, 태평양전쟁 도발 1년 전인 1940년에는 52:48로

중화학공업 비중이 더 커졌습니다.

1930~40년에 전체 공업생산액은 6.7배의 증가율을 보였는데, 경공업이 4.4배에 그친 것과 대조적으로 중화학공업은 12.9배나 증가했으며, 이 가운데 화학공업은 16.6배, 금속공업은 21.5배가 증가했습니다.

공업구조상의 이러한 변화는 일본의 강제지배 아래 있는 조선경제의 특징을 한층 더 분명하게 드러냈다고 볼 수 있습니다. 그것을 구체적으로 지적하면 다음과 같습니다.

첫째, 조선인은 정책결정 과정에서 완전히 배제된 채 일본제국주의자들이 도발한 침략전쟁을 수행하는 일이 조선에서도 최고 가치로 설정되어 중화학공업이 기형적으로 확대되었지만, 조선경제는 자립적 산업연관성을 가지지 못한 가운데 '엔블록'의 불완전한 하청 역할을 담당하는 데 한정되었다는 점입니다.

1944년에 조선에서 생산되는 선철(銑鐵)의 89.4%가 일본으로 반출된 데서 알 수 있듯이 생산품의 대부분이 군수공업의 원료로서 일본으로 반출되었고, 조선 자체의 민수용 중화학공업 발전으로 연결될 수 없었습니다. 그 기반은 일본의 패전과 더불어 일거에 무너질 수밖에 없는 취약한 것이었습니다.

둘째, 조선경제에서 일본 독점자본의 지배도가 더 높아져 태평양전쟁 직전에는 일본인 자본이 전체 자본액의 94%를 차지함으로써, 중공업 분야는 말할 것도 없고 공업생산의 대부분을 일본 독점자본이 경영하는 몇 개의 대규모 공장이 지배하게 되었습니다.

금속공업의 경우 1944년에 자본금 100만원 이상의 공장 가운데 조선인이 경영하는 공장은 3개소에 불과했지만, 일본인 공장은 30개소나 되었습니다. 1939년에 295개 공장 중 고용노동자가 200명 이상인 9개 공장이 전체 금속공업 생산의 88.4%를 차지했습니다.

화학공업에서도 618개 공장 중 노동자가 200명 이상인 33개 공장의 생산액이 전체의 76%나 되었으며, 기계공업은 노동자가 200명 이상인 20개 공장의 생산액이 전체의 53%를 차지했는데, 이들 공장은 모두 일본 독점자본이 경영하는 것이었습니다.

셋째, 조선의 국민경제가 개발되지 못했기 때문에 경공업 부문도 일본 자본이 식민지 초과이윤을 취득하는 데 유리한 부문만 발달했다는 점입니다. 방직공업의 경우 조선의 풍부하고 값싼 원료와 노동력을 바탕으로 일본 방직공업에 도움이 되는 면방직(綿紡織)과 조면업(繰綿業)을 중심으로 발전했습니다. 식품공업도 도정업(搗精業) 중심으로 발달했는데, 이 또한 일본에 식량을 조달하고 조선에 진출한 일본인 및 일본군대의 수요에 응한 결과였습니다.

침략전쟁의 막바지에 들어선 일본제국주의는 1943년과 44년에 걸쳐 비군수산업에까지 기업정비를 시작했는데 조선의 기업정비는 중소기업 중심으로 이루어졌습니다.

합병이 아니라 사실상 흡수에 의해 1943년에 자신의 자동차 수리공장 경영에서 밀려났다는 정주영(鄭周永)의 회고에서 드러나듯, 침략전쟁 경기를 타고 약간 성장했던 조선인 공업도 대부분 정비대상이 되었습니다.

넷째, 활동무대를 조선으로 크게 넓힌 일본 독점자본이 조선 안에서도 운영자금의 상당 부분과 인력이나 지하자원 등 이용 가능한 각종 자원을 마음대로 동원할 수 있는 체제였다는 점입니다.

침략전쟁의 수행과 관련된 업종의 독점자본은 각 금융기관이 강제 저축 등을 통해 조선경제의 능력을 넘어선 수준에서 조달한 자금을 독식하고, 각종 자원을 무상 또는 헐값에 동원할 수 있도록 조정되었습니다. 군수물자 조달에 필수적인 각종 지하자원의 채굴이 급증한 것도 이 때문입니다. 공업생산액을 100으로 할 때 광업생산액은 1930년에 8.8에 불과했으나 1937년에 15.7로, 1940년에는 17.1로 급증했습니다.

1930~40년에 광업생산액 증가율은 13.0배나 되어 공업생산액 증가율보다 훨씬 높았고, 1940~42년에는 그 이전보다 다시 39.3%가 늘어났습니다. 침략전쟁기의 이른바 광산개발은 조선의 지하자원이 강탈된 대표적 사례로 들 수 있습니다.

다섯째, 침략전쟁을 뒷받침하기 위해 경제논리를 초월해서 설정되고 시행된 병참기지화 정책은 조선인의 경제생활에 활력을 불어넣기보다 그것을 파탄으로 몰아넣었다는 점입니다.

조선사람 대부분은 배급 통제와 소비의 제한이나 금지, 그리고 각종 공출로 기본적인 삶조차 영위하기 힘들었습니다. 강제저축도 조선사람에게 더 강요되었는데, 일본은 이 자금을 군수산업에 소비하거나 일본국채를 사들이는 데 허비하였습니다.

조선인의 일본국채 구입액은 해방 전까지 총 100억원을 훨씬 넘었지만, 억지로 살 수밖에 없었던 일본국채는 해방 후 결국 휴지로 되고 말았습니다.

통계상으로는 경제가 성장했다 해도 조선사람 대부분이 초근목피로 연명하는 상황이 된 사실은, 조선총독부의 당시 재무국장이 고백한 것처럼, 무모할 정도의 수탈이 다양한 경로를 통해 이루어졌기 때문입니다. 또 이 때문에 자기 땅에서 살 수 없어 150만명이 '만주'로 떠났고, 여기에 징용이나 징병 등의 대상자가 되어 일본 등 타지로 떠난 사람들을 합치면 최소한 300만명 이상이 조국 땅을 떠나야 했습니다.

요즈음의 일부 연구에서는 1930년대 이후 일본제국주의자들이 한반도를 병참기지로 만드는 과정에서, 통계수치상으로만 보면 일본 독점자본에 의해 조선의 중화학공업이 발달했고, 조선인 중소공업도 꽤 발달했다고 합니다.

또 그 공업시설이 8·15 이후 그대로 이 땅에 남겨져서 강제지배 기간을 통해 조선은 경제적으로 수탈만 당한 것이 아니라 개발된 면도 있다고 말합니다.

일제강점 시대가 지난 지 반세기를 넘으면서 이 시대를 민족운동사적으로, 이른바 '주관적' 시각에서만 볼 것이 아니라, 이제는 '객관적' '과학적'으로 봐야 한다는 논리를 내세우기도 합니다.

그러나 식민지 피지배민족의 경제사를, 현상적으로는 당연히 성장한 것으로 나타나는 통계수치에만 의존해서 보는 것은 '객관적' '과학적'이지도 못하거니와, 역사학적 방법론 내지 관점이 되기 어렵다고 생각합니다.

㉠일본제국주의가 조선에 투자하고 시설을 세운 것은 한반도의 독자적 경제체제를 수립하기 위한 것이 아니라 일본제국주의 전체의 경제체제를 운영하기 위한 하나의 방편이었습니다.

㉡그것마저 38도선 북쪽에 치중되어 해방 후 한반도가 분단됨으로써 남쪽의 자본주의경제가 발달하는 데는 도움이 안되었고 ㉢남쪽에 있던 공업시설도 6·25전쟁으로 모두 파괴되어 그후의 경제건설은 새로 이루어진 것입니다.

㉣인력과 자원 수탈의 문제는 차치하고, 군사비처럼 직접 일본으로 유출된 부분과 조선에서 강제지배정책을 뒷받침하기 위해 투입된 부분을 합한 자금의 규모가 일본에서 들어온 자금에 비해 적어도 2배가 넘는다는 등의 반론이 제기되어 있기도 합니다.

하지만 그보다도 더 근본적인 문제에 대한 인식이 있어야 한다고 생각합니다. 민족주의가 제국주의로 변질된 20세기 전반기에, 한 민족사회의 역사를 다른 민족이 빼앗아 운영했다는 사실 자체는 결코 긍정적으로 평가될 수 없다는 것을 아는 일이 중요합니다.

인류사회가 지향하는 세계사의 큰 길은, 각 민족사회가 확실한 정치적 자결권을 가지고 제 민족사를 주체적으로 운영하면서, 다른 민족사회와 화합하고 협력함으로써, 이 세계 전체를 하나의 평화공동체로 만들어가는 데 있습니다.

어느 한 민족이 다른 민족사회의 자결권을 강압으로 탈취하여 지배하면서, 지배 목적을 달성하기 위해 어느정도 경제적 시설을 남긴 사실에만 초점을 둔다면, 그것은 침략주의를 긍정하는 반평화주의적 역사인식이 될 것입니다.

남의 민족을 강압적으로 지배했을지언정 그동안에 경제개발을 이룬 점은 인정해야 한다거나, 다른 민족의 자결권을 빼앗은 근본적으로 잘못된 침략의 역사에는 눈감고 지엽적인 성과를 부각시키는 것은 침략주의를 합리화하는 역사인식이라 하겠습니다.

1930년대 '만주'에서는
항일무장투쟁이 치열했습니다

　일제강점 시대의 사회주의운동도 민족해방운동에 포함되어야 하며 그럴 때 민족해방운동사 전체가 본래의 면모를 드러낸다고 앞에서 말했지만, 특히 1930년대 이후 중국 동북지역에서는 1920년대 우익전선의 무장투쟁에 이어 중국공산당과 연합한 우리 좌익전선의 무장투쟁이 치열했습니다. 이 지역에서 1930년대 초기 유격부대 활동과 그 이후 동북인민혁명군·동북항일연군 속의 조선인부대의 투쟁, 그리고 중국 관내지역에서 조선의용군의 활동을 빼면, 1930년대 이후의 민족해방운동 특히 그 무장투쟁은 미처 전투에 투입되지 못한 한국광복군 활동에 한정되어 대단히 빈약한 역사가 되고 맙니다.

　종래에는 해방 후 북한에서 정권을 쥔 김일성, 일명 김성주가 1930년대 이후 '만주' 지방에서 무장투쟁을 지휘한 김일성 장군이 아니라 가짜라는 설이 있었습니다. 이 때문에 이 시기 '만주'지방의 무장투쟁사에 대한 연구와 서술과 교육이 거의 이루어지지 않았습니다. 그러나 중국과 국교를 맺고 당시의 자료들이 공개되면서 이 시기 '만주' 지방의 무장투쟁사가 밝혀지기 시작했고, 따라서 우리 민족해방운동사가 본래의 모습을 찾아 풍부해졌습니다.

1. 동북인민혁명군에서 조선인들의 활동이 컸습니다

간도지방에서 조선인 유격대가 조직되었습니다

1930년대에 들어서면서 '만주'지방에서 항일유격대가 조직되었는데, 처음에는 조선사람이 중심이었습니다. 그리고 그것을 기초로 중국 공산당이 지도한 동북인민혁명군이 결성되었다가 동북항일연군으로 확대 발전하여 일본군 및 '위만군'(僞滿軍) 즉 괴뢰만주국군과 싸웠습니다.

최초의 항일유격대가 조직될 때 이 지방 조선사람들의 활약이 컸던 만큼, 그것이 확대 발전된 동북인민혁명군이나 동북항일연군에는 조선사람이 많았습니다. 그렇다고 해서 동북인민혁명군이나 동북항일연군의 투쟁 전체를 우리 민족해방운동으로 볼 수는 없습니다.

반대로 중국공산당이 지도한 투쟁이지만, 사회주의 민족해방운동의 국제주의 노선에 따라 조선사람이 그 속에서 크게 활약했는데도, 그 전부를 우리 민족해방운동사에서 제외하는 것은 더욱 안될 일입니다.

동북인민혁명군과 동북항일연군 투쟁의 어느 정도를 우리 민족해방운동사에 넣을 것인가 하는 문제는 아직 우리 학계에서 공식적으로 논의된 바 없습니다.

그러나 우선 조선사람이 특히 많았던 그 제1군과 제2군의 투쟁사를 중심으로 우리 민족해방운동사에 넣는 것이 타당하다고 봅니다. 그리고 북한 역사학이 말하는 조선인민혁명군의 문제도 이 강의에서 어느 정도 해명하고자 합니다.

먼저 '만주'지방의 우리 동포사회가 어떻게 형성되었는지를 알아야 합니다. 지금의 중국 동북3성 지역, 흔히 말하는 '만주'지방에 조선사람들이 들어가 살기 시작한 것은 19세기 후반부터였습니다.

1860년대 이후 조선의 북부지방에서는 해마다 홍수나 가뭄과 같은 재해가 계속되었고, 이 때문에 이재민들이 살길을 찾아서 두만강과 압록강을 넘어갔습니다. 얼마나 정확한지 모르지만, 1881년에 지금의 연변(延邊)지역에 사는 조선사람이 1만명이 되었다는 통계자료가 있습니다.

일본제국주의의 한반도 강점 직전인 1907년에 연길(延吉)청 경내에 있는 조선족은 5만여호나 되었고, 한족(漢族)은 조선족의 4분의 1도 안 되었다는 기록이 있습니다. 3·1운동 전 1916년의 연변지구 총인구는 약 26만 5000명이었는데, 그중 조선족이 20여만명이었다는 기록도 있습니다.

조선사람이 북간도·서간도로 불린 동만주 및 남만주 지방으로 대거 옮겨간 계기는 1910년 일본의 한반도 강점과 3·1운동에 대한 탄압 등이었다고 하겠습니다. 그리고 1930년대 이후에는 '만주'를 반식민지로 만든 일본의 계획적 이민정책으로 많은 조선사람이 옮겨갔습니다.

3·1운동 직후 이 지방에서 일어난 민족주의 계열의 무장독립운동은 청산리전투로 일단락되었다가, 1920년대 후반기로 가면서 조선독립군·조선혁명군 등의 활동으로 연결되었습니다.

그러다가 '만주사변' 후에는 그 지도부의 대부분이 중국 관내로 옮겨감으로써 민족주의 계열의 투쟁은 일단 종결되고 대신 사회주의 계열의 투쟁이 계속되었습니다.

연변지역에 사회주의사상이 전파된 것은 1920년대 초엽부터였습니다. 1923년에는 이미 맑스주의의 영향에 의해 '노동'이란 조직이 결성되었고, 기관지『노동보』를 발간했습니다.

1925년에는 '북만노력청년총연맹'이 조직되어『노동청년』이란 기관지를 발간했으며, 1928년에 조직된 '재만농민동맹'은 그 회원이 3~4천명이나 되었습니다.

1920년대 후반기 국내에서 조선공산당이 조직되어 활동할 때 '만주'지방에도 그 지부가 설립되어 국내보다 오히려 활발한 활동을 폈습니다. 그러면서도 내부의 파벌투쟁 역시 심했습니다.

1928년 「12월테제」로 조선공산당이 해소된 후 '만주'지방의 조선인 공산주의자들은, 대개 1930년에 성립한 중국공산당 동만특위에 가입해서 일본제국주의와 투쟁했습니다.

1931년에 연변지역의 연길현·왕청현·훈춘현·화룡현에 각기 중국공산당 현위원회가 성립했는데, 그 기층 조직의 당원 대부분이 조선사람이었습니다.

중국공산당 만주성위원회의 1931년 3월 보고에 의하면 동만주지역 당원 636명 중 618명이, 남만주지역 당원 200명 중 193명이 조선사람이었다고 합니다.

일본제국주의자들이 '만주사변'을 도발하자 중국공산당은 '만주병사공작(兵士工作)에 관한 지시'(1931. 10)를 통해 유격대를 창건하고 유격구를 개척할 것을 지시했습니다. 이에 따라 동만주·남만주·북만주 등지에 유격구가 건설되고 유격대가 조직되기 시작했습니다.

동만주지역 유격구의 경우 연길·왕청·훈춘현 등지에 소왕청쏘비에뜨, 대황구쏘비에뜨 등이 건설되고, 어랑촌혁명위원회, 우복동혁명위원회 등이 건설되었습니다(1932). 이들 유격구는 대부분 조선인 마을을 중심으로 성립했습니다.

대부분 조선사람으로 구성된 유격대의 성립과정을 봅시다. 연길현에서는 먼저 적위대(赤衛隊)가 결성되고 그것을 중심으로 유격대가 조직되었으며(1932), 화룡에서도 적위대·평강유격대 등이 중심이 되어 어랑촌 유격근거지에서 유격대가 결성되었습니다.

왕청현에서는 당초 18명으로 구성된 돌격대를 중심으로 유격대가 발족했고(1932), 훈춘에서는 영북유격대와 영남유격대가 합쳐져 훈춘유격대로 발전했습니다.

북만주지역에서도 지방자위대를 토대로 하여 20여명으로 주하(朱河)반일유격대가 성립되었고(1933), 밀산(密山)에서는 조선사람 7명으로 먼저 중국공산당 밀산위원회가 구성되고(1932) 그것을 모체로 반일유격대가 조직되었습니다(1934).

조선사람이 많이 이주해 살던 탕원(蕩原)에서도 그들 중심의 중국공산당 탕원위원회가 조직되었고(1929), 20여명으로 유격대가 발족했다가(1932) 여러번의 전투를 겪으면서 600명으로 불어났습니다.

남만주지역에서도 반석(盤石)을 중심으로 적위대가 성립되고, 그것을 기초로 유격대가 창건되었습니다. 이후 이들 각 지방의 유격대를 기초로 하여 동북인민혁명군이 편성된 것입니다.

동북인민혁명군 안의 조선인 활동이 컸습니다

먼저 동북인민혁명군의 성립과정을 봅시다. 남만주 일대에서는 유격대를 중심으로 조선인 이홍광(李紅光)을 대장으로 하고 조선사람이 대부분인 반석노농의용군이 조직되었습니다(1932).

이후 일본군 및 위만군과 투쟁을 겪으면서 한족(漢族) 무장부대에 합류하여 1933년 중국 노농홍군(勞農紅軍) 제32군 남만유격대로 정식 명명되었습니다.

이해 가을에 그 병력이 2000명으로 증가해 동북인민혁명군 제1독립사(獨立師)로 되었다가, 2개 독립사로 확장되면서 동북인민혁명군 제1

동북항일연군 제2방면군 대원들. 둘째줄 중앙이 김일성.

군으로 편성되었습니다(1934).

북간도 일대를 중심으로 하는 동만주지방에서, 대원의 대부분이 조선사람으로 성립된 연길·화룡·훈춘·왕청 등 4개 유격대가, 중국 노농홍군 제32군 동만유격대로 편성되었다가(1933), 약 900명의 병력으로 조선인 주진(朱鎭)을 사장(師長)으로 하는 동북인민혁명군 제2군 독립사로 발전했습니다(1934. 3).

북한 역사학에서는 동북인민혁명군과 동북항일연군 활동을 조선인민혁명군의 역사로 다루고 있습니다. 그리고 조선인민혁명군이 성립된 것을 바로 이 동북인민혁명군 제2군 독립사가 건립된 때로 잡고 있습니다.

동북인민혁명군 제2군 독립사는 1934년 한 해 동안 900여회의 전투를 치르면서 안도현 처창즈와 왕청현 라자구 등지에 유격근거지를 개척했습니다.

일본제국주의자들이 말하는 '제3기 치안숙정계획'(1934. 9~35. 1)을 돌파한 뒤에는 1200명의 병력과 980여 자루의 총을 확보했으며, 그 병

158

력의 약 3분의 2가 조선사람이었습니다.

한편 북만주에서 역시 대부분 조선사람으로 구성된 주하반일유격대가 동북반일유격대 하동지대로 재편성되었다가(1934. 6) 다시 동북인민혁명군 제3군으로 편성되었습니다(1935. 1).

또한 밀산유격대는 한족의 구국군(救國軍)과 연합하여 밀산현성을 공격해 큰 전과를 올렸고, 구국군과 함께 동북항일혁명군 제4군으로 편성되었습니다(1934. 9).

탕원유격대는 중국공산당의 통일전선 사업에 의해 주변의 자위단·경찰대 등과 합쳐져 동북인민혁명군 제6군으로 편성되었습니다(1936). 그 제1사 사장은 조선사람 마덕산(馬德山)이었습니다.

중국의 운남 육군강무당 출신으로 '광동(廣東)꼬뮨'에 참가했다가 '만주'지방으로 간 최석천(崔石泉, 崔庸健) 등은 요하(遼河)에서 100여 명의 조선 청년이 참가한 군정훈련반을 만들었고, 이들을 중심으로 최석천을 대장으로 하는 요하반일유격대가 조직되었습니다(1933).

이후 조선사람 이학복(李學福)의 지휘로 주로 우수리강 좌안 일대와 송화강(松花江) 하류 유역에서 일본군에게 큰 타격을 주었던 요하유격대는 동북인민혁명군 제4군에 편입되었습니다(1935).

중국공산당은 앞서의 '만주병사공작에 관한 지시'를 수정해서 「1월서한」을 채택했습니다(1933). 이에 따라 동만주·남만주·북만주 등지에서 활동하던 유격대들이 동북인민혁명군으로 개편된 것입니다.

「1월서한」은 ㉠항일 민족통일전선의 강화와 노동계급의 영도권 확보를 강조하고 ㉡일제와 친일주구의 재산 몰수 ㉢소수민족의 기본적 권리와 이익 보장 ㉣쏘비에뜨정부의 해체와 인민혁명정부의 수립 ㉤ 유격대의 인민혁명군으로의 개편 등을 지시한 것이었습니다.

이 지시에 따라 각처의 쏘비에뜨를 대체한 인민혁명정부는 지주의 토지를 몰수하던 정책을 바꾸어 2·8소작제 원칙을 고수함으로써 반일 지주와의 대립을 완화했습니다.

또 통일전선 강화노선에 따라 반일부대들끼리의 연합작전이 추진되었습니다. 훈춘·왕청현 유격대원과 구국군 부대원이 연합하여 동녕현성을 공격한 전투(1933. 9) 등이 그 좋은 예라 할 수 있습니다.

2. 동북항일연군과 조국광복회가 조직되었습니다

동북항일연군내 조선인부대의 활동이 컸습니다

동북인민혁명군 조직을 통해 간도지방의 조선사람이 중국사람과 연합하여 적극적인 항일투쟁을 벌이자, 일본은 이에 대응하여 간도지방 조선사람의 자치를 표방하며 박석윤(朴錫胤)을 단장으로 하는 친일반공단체 민생단(民生團)을 만들었습니다(1932. 2).

민생단 자체는 별 성과 없이 해산되었습니다만 중국 공산주의운동 내부의 민족배타주의적 경향과 좌경모험주의적 방침 등이 겹쳐 인민혁명군 내의 많은 조선사람이 민생단원이란 혐의로 희생되었습니다. 이른바 '반민생단투쟁'이 바로 그것입니다.

4년 동안이나 계속된 이 '반민생단투쟁'을 통해 약 560명이 체포되었고 그중 간부급 40여명을 포함한 약 430명의 조선사람이 처형되었습니다. 불행한 일이었습니다.

그러나 코민테른 쪽의 지시에 의해 '반민생단투쟁'이 중단되면서 (1936. 2) 동북인민혁명군, 특히 조선사람이 많았던 제2군의 군세는 급속히 확대되어갔습니다.

이 시기에도 제2군 군사간부의 60%, 정치간부의 70%, 대원의 50~60%가 조선사람이었으며, 그 4개 단(團) 중 2개 단에서는 대원의 80%가 조선사람이었습니다.

코민테른 제7차대회(1935) 이후 반일 민족통일전선의 강화를 위해 항일 통일전선정부와 동북항일연군의 건설이 지시되었습니다. 이에 따라 「동북항일연군 군대편제를 통일할 데 관한 선언」이 발표되었습니다(1936. 2).

그 결과 동북인민혁명군, 동북반일연합군, 동북혁명군, 각종 유격대 등 무장조직의 통일전선체인 동북항일연군이 제1군에서 제11군까지 편성되었습니다(1936~37).

조선사람 중심의 간도지방 4개 유격대를 근간으로 조직된 동북인민혁명군 제2군의 경우, 동북항일연군 제2군으로 개편될 때(1936. 3) 그 산하의 대원은 3개 사(師)와 교도대(敎導隊)를 합쳐 2000여명이었습니다. 그중 50%가량이 조선사람이었고, 특히 김일성(金日成)이 사장인 제3사는 병력의 대부분이 조선사람이었습니다.

동북항일연군 제1군과 제2군을 합친 6000여명으로 중국인 양정우(楊靖宇)를 총사령으로 하는 동북항일연군 제1로군이 편성되었고(1936. 7), 이때 제2군 1·2·3사는 각각 제1로군 4·5·6사로 되었습니다.

김일성이 사장인 제6사는 역시 대원 중 조선사람이 많았던 제4사와 함께 유격전을 벌이면서 백두산지역으로 들어가 유격구를 건설하기로 했습니다.

이 무렵 중국공산당은 동북항일연군 제1·2군을 위주로 하고 기타 각 군에 있는 조선사람을 집결하여 조선인민혁명군을 조직하기 위한 준비를 했다고 합니다.

그러나 당시의 상황에 따라 조선인민혁명군을 따로 편성하지는 않았습니다. 제1로군이 편성된 후 이 부대가 특히 조선 쪽으로 작전을 추진할 때는 조선인민혁명군이라는 명칭을 썼다고 합니다. 이후부터 백두산지역은 조선인 항일투쟁의 중심지가 되었습니다.

항일연군 제1로군 제6사는 백두산지구 유격구를 건설하고, 다음에 강의할 조국광복회의 국내 조직을 넓히기 위해, 압록강을 건너 조선의 갑산군 보천보(普天堡)를 공격하여(1937. 6) 큰 성과를 올렸습니다. 김일성의 투쟁상이 국내에 널리 알려진 것도 이때부터였습니다.

보천보전투 1937년 6월 4일 동북항일연군 제1로군 제6사가 면소재지이자 군사요충지인 보천보를 공격한 전투. 군사시설·경찰서·통신기관을 파괴하고 다량의 군수품을 빼앗은 후 '조국광복회 10대강령' '일본군대에 복무하는 조선인 형제에게 고함' 등의 격문을 살포하고 철수했다. 일제는 군·경찰 등을 동원해 추격했으나, 이들 역시 6월 5일 대패했다.

이후 동북항일연군 제1로군은 작전상 경위려(警衛旅)와 3개 방면군(方面軍)으로 개편되었습니다(1936). 제4사와 제5사가 합쳐진 제3방면군은 그 성원의 60%가 조선사람이었습니다. 역시 조선사람이 대부분이었던 종래의 제6사는 김일성이 지휘를 맡은 제2방면군으로 개편되어 다시 백두산지구로 진출했습니다.

제2방면군은 이후 최현(崔賢)이 제3단장이었던 제3방면군과 연합작전을 펴 일·만군(日滿軍) 100여명을 사살한 안도현 대사하전투(1939. 8)와, 일본군 마에다(前田)부대 120여명을 사살한 화룡현 홍기하전투(1940. 3) 등을 통해 적에게 타격을 가했습니다. 그러나 총사령 양정우가 전사하는 등 항일연군 쪽의 피해도 컸습니다.

이후 '만주'지방에서 조직적인 대규모 군사활동을 계속하기 어렵게 된 동북항일연군은, 제1차 하바로프스끄회의(1940. 1) 이후 대부대 활동을 중지하고, 소·만 국경을 넘어 소련 땅으로 옮겨갔습니다(1940. 10).

제1로군의 제2·제3방면군과 제2로군 산하 제5군의 일부 병력은 블라지보스또끄 근처에 남야영(南野營, B營)을 세우고, 제2로군 대부분과 제3로군 병력은 하바로프스끄 근처에 북야영(北野營, A營)을 세웠습니다. 얼마 뒤 두 야영이 합쳐져 중국인 주보중(周保中)을 여장(旅長)으로 하는 동북항일연군 교도려(敎導旅)로 개편되었습니다(1942. 7). 여기에는 소련에 거주하는 조선인과 소수민족 출신의 소련군인 등이 일부 포함되어 국제홍군 제88여단으로도 불렸습니다.

교도려에서는 조선사람 최용건(崔庸健, 崔石泉)이 부참모장이었고 김일성·허형식(許亨植, 만주에서 전사)·강신태(姜信泰) 등이 영장(營長)이었습니다.

남북 두 야영이 세워질 때(1942) 전체 대원은 약 1700명이었는데, 1944년경에는 1000명 정도가 있었다고 합니다. 그중 조선사람은 100~200명이었던 것으로 추산되고 있습니다.

동북항일연군은 소련 땅으로 들어간 후에도 '만주'지방에 소부대를 파견하여 적정을 정찰하고 철도와 간선도로 등 수송로를 파괴하는 '소조활동'을 계속했습니다.

유럽에서 독일이 항복한 후, 제88여단에서는 소련의 대일본전 참전에 대비하여 '조선공작위원회'가 먼저 성립되었습니다(1945. 7). 소련이 대일본전에 참전하자 88여단의 조선인 중 일부는 작전에 참가하여 조선으로 진격하는 한편, 김일성이 인솔하는 조선인 본대는 원산으로 귀국하여(1945. 9. 19) 이후 북한정권 건설의 핵심세력이 되었습니다.

조국광복회가 성립해 활동했습니다

조선공산당이 해소된 후, 1국 1당 원칙에 따라 중국공산당에 가입해서 활동하던 조선인 공산주의자들은 그 일환으로 동북인민혁명군과 동북항일연군에서도 활동했습니다.

그러나 조선인 공산주의자들의 궁극적 목적은 역시 조선의 완전한 독립을 달성하는 데 있었기 때문에, 코민테른과 중국공산당도 코민테른 제7차대회를 전후하여 중국 내 소수민족 정책에 변화를 보이기 시작했습니다.

코민테른은 제7차대회의 방침에 따라 조선사람이 '만주'에서 '조국광복회'를 조직할 것과 동북인민혁명군 안에 조선인민혁명군을 따로 조직할 것을 결정했습니다.

중국공산당도 코민테른 기관지를 통해 '동북인민 반일통일전선'을 주장하면서 간도지방 조선인의 항일 통일전선정당으로 '민족혁명당'을 조직할 것을 제안하기도 했습니다(1935. 11).

그러나 중국공산당은 동북인민혁명군 조선인부대의 단독 활동이 전략상 유리하지 않다는 판단에 따라, 군사조직상에서는 조선인부대를 완전히 분리하지 않고 중국군과 연합 형식을 취하도록 하여 '항일연군'이라 불렀던 것입니다.

한편 정치적으로는 조선사람 중심의 단체를 조직하기로 하고, 항일연군 제2군 고급간부회의인 동강회의(東崗會議, 1936)의 결정에 따라, 오성륜(吳成崙, 全光)·이상준(李相俊, 李東光)·엄수명(嚴洙明, 장익수?) 등 세 사람의 발기로 '재만한인(在滿韓人) 조국광복회'가 조직되었습니다.

그리고 "전민족의 계급·성별·직위·당파·연령·종교 등의 차별을 불문하고, 백의동포는 반드시 일치단결 궐기하여 구적(仇敵) 왜놈들과 싸워 조국을 광복시킬 것"을 선언한 다음과 같은 '10대강령'을 발표했습니다.

㉠광범위한 반일 민족통일전선을 실현하여 진정한 한인의 독립적 인민정부를 수립할 것 ㉡한인의 진정한 독립을 위해 싸우는 군대를 조직할 것 ㉢일본과 매국적 친일분자의 재산·토지를 몰수하여 독립운동 경비로 할 것 ㉣민족적 공·농·상업을 발전시킬 것 ㉤언론·출판·집회·결사의 자유를 전취하고 모든 정치범을 석방할 것 ㉥남녀·민족·종교적 평등과 부녀의 사회적 지위를 제고할 것 ㉦의무 면비(免費) 교육을 실시할 것 ㉧노동조건을 개선하고 노동재해보험법을 실시할 것 ㉨우리 민족해방운동에 대해 선의와 중립을 표시하는 국가·민족과 친선을 유지할 것.

조국광복회의 활동은 주로 김일성이 지휘한 동북항일연군 제2군 제3사(1936년 7월 이후에는 제1로군 제6사)에 의해 추진되었다고 생각되고 있으나, 제1군과 제4군 등에 의해서도 추진된 자료가 보입니다.

조국광복회는 만주의 장백현 일대와 국내의 주로 함경북도 북부 일원 및 평안북도 북부, 그리고 흥남·함흥·원산 등지에 그 조직망을 구축해나갔습니다.

그 최하 조직단위인 분회(分會)는 회원 3인 이상으로 조직되었고, 분회 3개 이상인 곳에 구회(區會), 구회 3개 이상인 곳에 시회(市會)와 현회(縣會), 현회 3개 이상인 곳에 성회(省會)를 두었습니다.

조국광복회는 또 민족통일전선을 실현하기 위해 장백현 일원과 갑

혜산사건 보천보전투에 대한 일제측의 탄압 사건. 1937년 9월부터 11월 중순까지 국내에서 162명, 만주 장백현에서 59명이 검거되는 등 체포자 총수가 739명에 달했으며, 188명이 기소되었다. 1941년 8월 그중 4명이 사형, 4명이 무기징역을 선고받았다.

산·삼수·풍산 등 3개 군의 천도교 종리원(宗理院)을 관할하는 도정(道正) 박인진(朴寅鎭)과 접촉하여 그를 가입시켰습니다.

나아가서 천도교 중앙에도 손을 뻗어 이미 대표적 친일파가 되어버린 최린(崔麟)에게까지 접촉을 기도했지만 실현되지는 않았습니다. 그러나 풍산군 일대의 교도들은 동북항일연군의 조선인부대에 입대하고 생산유격대의 조직에 참가했습니다.

하지만 김일성부대의 보천보전투에 이어 '혜산(惠山)사건'(1937~38)으로 불린 대규모 조국광복회 검거사건이 일어나 권영벽(權永壁)·이제순(李悌淳)·박달(朴達)·박금철(朴金喆) 등 739명의 관련자가 체포됨으로써 그 조직의 대부분이 무너지고 말았습니다.

동북항일연군의 조선인부대가 소련으로 들어간 후 소련이나 국내에서 조국광복회 조직이 얼마나 유지되었고, 활동이 얼마나 계속되었는가는 아직 제대로 밝혀지지 않고 있습니다.

11 강의

중경임시정부가
좌우익 통일전선정부로 되었습니다

　　1940년대로 들어서면서 중경에 피란해 있던 대한민국 임시정부가 여러가지 제약성을 가지면서도 좌우익 통일전선정부로 되었다는 사실은 종래에는 별로 주목받지 못했습니다. 그러나 이것은 우리 민족해방운동사에서 대단히 중요한 일입니다. 통일전선운동은 좌익뿐 아니라 우익세력 중심의 임시정부 쪽에서도 시도했으며, 특히 1940년대 이후 중국 관내지역의 통일전선운동은 임시정부를 중심으로 추진된 것입니다.

　　이처럼 3·1운동 이후 우리 민족해방운동이 좌우익 통일전선운동으로 추진된 이유는 무엇인지, 왜 일제의 패망이 가까워질수록 더욱더 그러한 방향으로 나아가면서 임시정부를 그 중심체로 삼으려 했는지를 아는 것이 중요합니다. 그리고 이 같은 통일전선운동이 해방 후 국토와 민족이 분단될 위험에 빠졌을 때 통일민족국가를 수립하려는 운동으로 연결된 이유와, 오늘날 일제시대의 민족해방운동을 통일전선운동의 연속과정으로 보려는 우리의 역사인식은 무엇을 의미하는지를 아는 일 역시 중요합니다.

1. 중국 관내의 운동이 통일전선을 이루어갔습니다

먼저 한국대일전선통일동맹이 성립했습니다

앞의 8강의에서 일제강점 시대의 우리 민족해방운동이 좌우익 통일
전선운동이 되지 않을 수 없었던 이유를 잠깐 설명했습니다. 그리고
3·1운동 후 성립한 상해임시정부가 제한적이긴 하지만 좌우익 통일전
선정부였다고 할 수 있으며, 그 통일전선체적 형태가 깨지자 다시 이
를 회복하기 위해 국민대표회가 소집되었다고 했습니다.

국민대표회 역시 실패하자 1920년대 후반기 들어 국외에서는 민족
유일당운동이, 국내에서는 신간회운동이 좌우익 통일전선운동의 일환
으로 추진되었습니다. 국외 운동은 끝내 성공하지 못했으나 국내 운동
은 성공하여 이 시기 좌우익 통일전선운동을 대표했습니다.

1930년대로 들어서면서 객관적 정세의 변화와 좌익의 노선 변경에
따라 신간회가 해소되었음도 이미 설명했습니다. 그렇지만 이후 민족
해방운동이 독립운동정당 중심으로, 그리고 좌우익 통일전선운동 중
심으로 추진되어야 할 역사적·현실적 조건 자체가 없어진 것은 아니
었습니다.

여기서 우리 민족이 민족해방운동을 추진하는 과정에서 좌우익 통

일전선운동이 불가피했던 근본적인 요인을 생각해볼 필요가 있습니다. 1강의에서도 말했지만, 대한제국이 시민혁명으로가 아니라 일본의 침략으로 멸망한 것은 유럽식 개념으로 보자면 민족부르주아 계급의 성장이 미약했기 때문입니다.

민족부르주아지의 성장이 미약했다는 사실은 식민지시대의 민족해방운동을 부르주아계급이 주동적으로 지도할 수 없다는 말이 됩니다. 그리고 민족부르주아지의 성장이 미약했다는 것은 한반도에서 자본주의의 발달이 그만큼 부진했음을 뜻합니다.

자본주의 발달이 부진했다는 것은 또 유럽식 개념의 프롤레타리아트의 성장이 미약할 수밖에 없음을 말하기 때문에, 민족해방운동을 프롤레타리아계급이 독자적으로 지도할 수도 없었음을 뜻합니다.

민족부르주아지의 성장이 미약하고 따라서 프롤레타리아트의 성장도 미약한 민족사회가 식민지로 전락했을 경우, 그 민족해방운동은 결국 민족부르주아지와 프롤레타리아트의 연합전선에 의해 추진될 수밖에 없을 것입니다.

우리 민족사회의 경우 그것은 좌우익 통일전선운동으로 추진되었다고 하겠습니다. 일제시대 우리 사회에는 유럽 쪽 좌익의 통일전선 대상이었던 사회민주주의 세력은 아직 없었고, 그 때문에 좌익전선의 통일전선 대상은 중국처럼 민족부르주아지가 될 수밖에 없었습니다.

일본이 만주를 침략한 후에는 중국에서도 일본에 대한 경계심이 높아졌고, 그 때문에 우리 민족해방운동전선도 활기를 띠어갔습니다. 그리고 그것이 좌우익 통일전선운동의 활성화를 자극하기도 했습니다.

다만 1930년대 이후의 우리 통일전선운동은 일본제국주의의 파쇼체제가 자리잡아가던 국내가 아니라 '만주사변' 이후 반일의식이 고조되어가던 중국 관내지역으로 그 무대를 옮겨 계속되었습니다.

이를 얘기하기 전에 먼저 민족유일당운동이 실패한 1920년대 후반기 이후 해외전선의 움직임을 살펴볼 필요가 있습니다. 민족유일당운동은 실패했으나 우리 민족해방운동전선 전체는 그후 정강과 정책을 가진 정당들을 조직하여 운동을 추진하는 방향으로 발전해갔습니다.

종래 개인적 테러활동 중심의 독립운동단체로 알려졌던 조선의열단(義烈團)은 제3차 전국대표자대회선언을 발표하면서(1928. 10) 20개조의 정강·정책을 내세우고 정당의 성격을 갖추어갔습니다.

"봉건제도 및 일체 반혁명세력을 삭제하고 진정한 민주국을 건설함" "대지주의 재산을 몰수함" "대규모의 생산기관 및 독점성 기업은 국가에서 경영함" 등의 정강으로 볼 때 사회주의 정당의 성격을 띠었다고 하겠습니다.

한편, 중국 관내지역의 민족주의운동 세력도 "종래의 지방적 파벌투쟁을 청산하여 민족주의 운동전선을 통일하고 임시정부의 기초적 정당을 조직"하기 위해 당의(黨義)와 당강(黨綱)을 갖춘 한국독립당을 결성했습니다(1930).

이같이 중국 관내에서 민족해방운동을 전개하던 우리의 좌우익 정당들이 함께 일본제국주의의 '만주' 침략에 대응하기 위해 통일전선을 형성하기에 이르렀습니다. 한국대일전선통일동맹의 성립(1932. 11)이 그것입니다.

한국독립당과 조선의열단·조선혁명당·한국광복동지회 등의 대표들이 모여 "우리는 혁명의 방법으로써 한국의 독립을 완성코자 한다" "우리는 혁명역량의 집중과 지도의 통일로써 대일전선의 확대 강화를 기한다" 등의 강령을 내세웠습니다.

민족주의 세력을 대표하던 한국독립당과 사회주의 성격의 정당으로 발전한 대표적 단체인 조선의열단이 통일전선을 형성한 것입니다. 남북을 막론하고 분단시대의 역사학은 대부분 이같은 사실을 쓰지도 가르치지도 않고 있습니다. 그러나 이것은 우리 민족해방운동사에 큰 의미를 가지는 엄연한 역사적 사실입니다.

국내에서 신간회가 해소되고 '만주'지방의 민족유일당운동이 실패한 후, 전체

조선의열단 1919년 11월 9일 일제에 대한 직접 공격을 목표로 결성된 항일단체. 이종암·김원봉 등 13인이 모여 조직했으며, 독립운동 방법으로 일제의 주요 건물 파괴나 요인 살해 등 테러활동을 중심에 놓았다. 조선 독립과 세계 평등을 위해 목숨을 희생한다는 등의 내용을 담은 공약 10조를 내걸고, 조선총독 이하 고관, 군부 수뇌, 대만총독, 친일과 등을 암살대상으로 삼았다.

조선혁명당 1929년 9월 중국 길림성에서 현익철·현정경·고이허·최동오 등이 결성한 독립운동단체. 8강의 참조.

간도지방에서 조선인 중심의 유격대가 조직되어 싸우던 바로 그 시점에, 비록 독립운동단체 중심이긴 하지만 중국 관내지역에서 좌우익 통일전선이 이루어진 사실은, 이 시기 우리 민족해방운동의 흐름이 통일전선운동의 연속 그것이었음을 말해준다고 하겠습니다.

통일전선정당인 조선민족혁명당이 발족했습니다

한국대일전선통일동맹은 통일전선 조직방법론으로 보면 개인 중심이 아니라 단체 중심이었으므로 '혁명단체간의 제휴' 즉 독립운동단체의 연합체 형태에 불과했습니다.

따라서 각 운동세력들은 연합체적 성격을 넘어서 '가장 완전한 대동단결체'를 이루어 통일전선을 더욱 강화하게 되었으니 조선민족혁명당의 성립(1935. 7)이 그것입니다.

중국 관내지역 우리 민족해방운동 세력의 좌우익 통일전선정당으로서 임시정부 해체를 주장하며 성립한 이 조선민족혁명당에 김구(金九)를 중심으로 하는 이른바 '임정고수파'(臨政固守派)는 합류하지 않았습니다.

그러나 김원봉(金元鳳)을 중심으로 하는 조선의열단 세력 전체와 한국독립당의 조소앙(趙素昂)·김두봉(金枓奉), 조선혁명당의 최동오(崔東旿)·김학규(金學奎), 신한독립당의 윤기섭(尹琦燮)·지청천(池青天, 중국 망명 당시에는 이청천이란 이름을 썼다)·신익희(申翼熙), 재미국국민총회 위임대표 김규식(金奎植) 등이 각 정당의 재산과 당원을 모두 합쳐 조선민족혁명당을 창당했습니다.

당시 중국 관내지역에서 활동하던 좌우익세력 대부분이 참가한 통일전선정당이 발족한 것입니다. 여기에 참가하지 않은 김구가 『백범일지』에서 조선민족혁명당이 발족한 직후에는 임시정부의 국무회의가 성원이 되지 않을 정도였다고 했을 만큼 중국 관내지역 민족해방운동세력의 대부분이 이 통일전선정당에 참가했습니다.

한편, 조선민족혁명당의 이론가들은 지난날의 전체 민족해방운동 전선의 활동상을 비판하면서 스스로의 새로운 통일전선 노선을 명시했습니다.

그 비판에 의하면 지난날 민족해방운동전선의 우익은 심한 배타주의와 지방색에 빠졌고, 좌익은 극심한 파벌주의와 좌익소아병에 걸렸으며, 국민대표회와 민족유일당운동 같은 과거의 통일전선운동도 방법론적 미숙과 역량 부족 때문에 실패했다는 것입니다.

이에 비해 조선민족혁명당은 ㉠과학적 이론으로 무장한 강력한 중심적 지도당(指導黨)이 될 것이며 ㉡세계 대세의 발전 추이와 조선민족의 특수 지위를 명확히 분석하여 민족적 생존노선을 부단히 제시하며 ㉢군중을 혁명으로부터 멀어지게 하는 우익의 공허한 애국주의와 좌익의 기계적 공식주의를 청산할 것이라 했습니다.

그러나 조선민족혁명당은 성립 직후부터 주도권을 둘러싼 분쟁이 계속되다가, 1차로 조소앙 중심세력이 이탈해서 한국독립당을 재건하고, 2차로 지청천 중심세력이 이탈해 조선혁명당을 조직함으로써, 통일전선정당의 의미를 잃었습니다.

한편 조선민족혁명당이 중국 관내지역 우리 민족해방운동전선의 통일전선정당으로 발족했으나, 그것이 코민테른 제7차대회(1935)의 인민전선 노선과 연결된 것이냐는 데는 의문이 있습니다.

이보다 앞서 사회주의 단체가 된 조선의열단의 핵심 인물 김원봉이 국내에서 공산주의운동을 하다가 망명한 안광천(安光泉)과 함께 조선공산당 재건동맹을 조직하고, 그 교육기관으로 '레닌주의정치학교'를 설립하여(1930) 졸업생을 배출했습니다.

그리고 다시 '조선혁명간부학교'를 설립하여(1932) 그 졸업생을 공산당 재건운동에 투입했습니다. 코민테른과도 일정한 관계를 가진 것으로 보이는 자료가 있기는 하지만, 조선민족혁명당의 발족이 코민테른 제7차대회 노선과 연관되었는가를 확인하기는 아직은 어렵습니다.

2. 임시정부 중심의 통일전선이 성립되어갔습니다

중국 관내의 통일전선이 성립되어갔습니다

이동녕(李東寧)·김구 등 조선민족혁명당에 참가하지 않은 '임정고수파' 중심의 우익세력은 정치·경제·교육 균등의 삼균주의(三均主義)를 표방하고 "토지와 대생산기관의 국유화" "국민생활의 평등화" 등을 강령으로 하는 한국국민당을 조직했습니다(1935. 11).

중국 관내지역 우리 민족해방운동전선에서 가장 우익 쪽이라 할 임시정부의 김구 중심세력이 정당을 조직하면서 그 강령에서 토지와 대생산기관의 국유화를 내세운 점이 주목됩니다.

중일전쟁 발발 후 민족해방운동전선을 통일할 필요성이 절실해지면서 이 한국국민당이 중심이 되어 먼저 중국 관내지역 우익전선의 통일운동을 펴나갔습니다.

한국국민당은 앞서 조선민족혁명당에 참가했다가 이탈한 조소앙 중심세력이 조직한 한국독립당, 지청천 중심세력이 조직한 조선혁명당 등과 연합하여 '한국광복운동단체연합회'를 발족시켰습니다(1937. 8). 중국 관내 우파세력의 통일전선이 성립된 것입니다.

한편 조소앙 중심세력과 지청천 중심세력이 이탈함으로써 통일전선정당의 성격이 약화된 조선민족혁명당도 뒤이어 중국 관내지역 좌파세력의 통일전선 형성에 성공했습니다. 즉 김규광(金奎光, 金星淑) 등이 중심인 조선민족해방운동자동맹과 최창익(崔昌益) 등이 중심인 조선청년전위동맹, 그리고 무정부주의자 유자명(柳子明) 등이 중심인 조선혁명자연맹 등과 함께 한구(漢口)에서 '조선민족전선연맹'을 결성했습니다(1937. 12).

조선민족전선연맹은 좌파세력이면서도 중국 장개석정부의 도움을 받아 그 군사력인 조선의용대를 조직하고(1938. 10) 중국군 부대에 배속

1940년 5월 8일 창당된 한국독립당 중앙감찰위원들의 기념 사진.

시켜, 일본군을 상대로 한 정보수집·반전선전·투항권고·포로심문·후방교란 등의 활동을 폈습니다.

한국광복운동단체연합회와 조선민족전선연맹의 성립으로 중국 관내 우리 민족해방운동전선에 좌우파 각각의 통일전선이 형성된 후, 이 두 단체를 다시 통일해서 하나의 전선으로 완성하려는 노력이 민족해방운동전선 자체와 장개석정부 쪽에서 일어났습니다.

그 결과 우파의 한국광복운동단체연합회와 좌파의 조선민족전선연맹이 합쳐진 전국연합진선협회(全國聯合陣線協會)가 발족했습니다 (1939. 7). 또 이를 계기로 '단체연합회'의 대표 김구와 '전선연맹' 대표 김원봉이 함께 「동지 동포 제군에게 보내는 공개통신」을 발표하고, 여기서 통일전선체인 '진선협회'의 정치강령도 밝혔습니다.

그 주요 내용은 "봉건세력 및 일체의 반혁명세력을 숙청하고 민주공화제를 건설한다" "국내에 있는 일본제국주의자의 공사(公私) 재산 및 매국적 친일파의 일체 재산을 몰수한다" 등이었습니다.

그러나 역시 좌우파의 대립 때문에 '진선협회'가 그대로 통일전선체로 정착하지는 못했습니다. 그 때문에 다시 '전선연맹'에 참가한 4개

단체와 '단체연합회'에 참가한 3개 단체가 모여 '한국혁명운동 통일 7단체회의'를 개최했지만(1939. 8), 임시정부 존부 문제, 조선의용대 지휘권 문제 등으로 의견이 갈려 회의가 결렬되고 말았습니다.

한편 '단체연합회'에 참가했던 한국국민당·한국독립당·조선혁명당 등 3당이 합당하여 새로운 한국독립당이 성립되었습니다(1940. 5). 우파 통일전선체인 한국광복운동단체연합회가 정당으로 발전한 것입니다.

새로 발족한 한국독립당은 삼균주의 원칙에 따라 보통선거제에 의한 정치균등, 토지와 대기업 국유화를 통한 경제균등, 국비의무교육제에 의한 교육균등을 정강정책으로 채택했습니다.

민족해방운동전선의 대표적 우익정당인 한국독립당이 해방 후 건설할 민족국가의 경제정책으로 토지와 대기업의 국유화를 내세운 것인데, 이같은 경제정책 표방으로 이후 좌익세력과의 통일전선이 가능해졌다고 할 수 있습니다.

또한 한국독립당 중심으로 구성되어 있던 임시정부는 일본제국주의의 패망에 대비하면서 장개석정부의 도움으로 한국광복군을 조직하고(1940) 「건국강령」을 발표했습니다(1941).

이 강령에서도 대생산기관을 국유로 하고 토지·어업·광업·은행·전신·교통기관 등도 역시 국유로 하며, 토지의 상속·매매를 금지하고 "두레농장, 국영공장, 생산·소비와 무역의 합작기구를 조직 확대하여 농공대중(農工大衆)의 물질과 정신상 생활정도와 문화수준을 제고한다"고 했습니다.

임시정부의 이같은 경제정책 노선이야말로 이후 일본제국주의의 패망이 가까워지는 상황에서 중국 관내지역 민족해방운동전선이 임시정부 중심의 통일전선을 이루는 데 합의해가는 근거가 되었습니다.

임시정부 중심의 통일전선이 일부 성립하였습니다

태평양전쟁이 막바지로 접어들면서 일본제국주의의 패망이 확실해지자, 중국 관내지역의 우리 민족해방운동전선은 그에 대비하여 전선을 통일하는 일이 시급해졌습니다.

일본제국주의가 패망하기 전에 우리 민족해방운동전선의 군사력이 정식으로 연합군의 일원이 되어야 하고, 그러려면 민족해방운동단체가 연합국의 승인을 받아야 하며, 그러기 위해서는 좌우익을 막론한 민족해방운동단체 전체가 통일되어야 했던 것입니다.

민족해방운동단체들은 통일을 이루는 방법으로, 임시정부를 없애고 새로운 조직체를 구성하기보다 기존의 임시정부를 중심으로 통일전선을 형성하는 방식을 택했습니다.

사격 훈련을 하고 있는 광복군 대원들.

그간의 임시정부는 우파 통일전선정당인 한국독립당 중심이었지만, 여기에 조선민족혁명당원이나 무정부주의자들이 참가하여 임시정부를 명실공히 통일전선정부로 바꾸어가기 시작한 것입니다.

먼저 중국공산군 지역으로 옮겨가고 남은 조선의용대 병력이 한국광복군에 편입되어 그 제1지대가 되고, 김원봉이 지대장이 되었습니다(1942. 5).

정치부문에서도 통일이 이루어져 좌파인 조선민족전선연맹 쪽의 김원봉을 비롯한 왕통(王通)·유자명·김상덕(金尙德) 등이 임시의정원 의원으로 선출되었습니다(1942. 10).

또 '전선연맹' 쪽의 김규식이 임시정부 부주석이 되고 김원봉·장건상·유림(柳林)·김성숙 등이 국무위원이 됨으로써(1944. 4) 마침내 임시정부는 통일전선정부로 확대 강화되었습니다.

이같이 중국 국민당정부 지역의 우리 민족해방운동전선을 통일한 임시정부는 곧 중국공산군 지역의 우리 민족해방운동세력과의 통일운동에 나섰습니다.

중국공산군이 연안(延安)에 정착했을 때 그곳에는 김무정(金武亭)처럼 '중공군'의 대장정(1934)에 참가한 조선사람이 있었고, 그후 최창익·한빈(韓斌) 등과 같이 국민당정부 지역에서 활동하다가 그곳으로 옮겨간 사람도 있었습니다.

이들은 장개석정부 지역에서 중공군 지역인 화북(華北)지방으로 이동해 오는 조선의용대 대원들을 받아들이면서 화북조선청년연합회를 조직했습니다(1941. 1).

화북조선청년연합회는 강령에서 "일본제국주의 아래 있는 조선통치를 전복하여 독립되고 자유로운 조선민족의 공화국을 건설할 것"을 내세우고, "중국에 거주하는 조선동포로서 통일전선을 결성하여 조선민족해방운동의 선진대오가 되게 할 것"을 선언했습니다.

또한 "대한민국임시정부, 동북청년의용군, 한국독립당, 조선민족혁명당, 조선민족해방투쟁동맹, 재미국(在美國) 조선 각 혁명단체 등의 영웅적 분투에 대하여 무한한 경의를 표한다"고 했습니다.

그리고 "특히 열망하고 희구하는 일은 각 단체가 서로 영도하여 조선 전체 민족의 단합과 통일을 촉진하지 않으면 안된다는 사실이다"고 하여, 민족해방운동전선 전체에 걸쳐 통일전선을 구축할 것을 적극 주장했습니다.

화북조선청년연합회가 성립된 후에도 김두봉을 비롯해서 박효삼(朴孝三)·이춘암(李春岩) 등 조선의용대의 지휘부와 대원들이 국민당정부 지역에서 대거 연안으로 이동해 왔습니다.

이에 따라 화북조선청년연합회는 발전적으로 해체되고, 본격적 민족해방운동단체로서 김두봉을 주석으로 하는 조선독립동맹이 결성되었습니다(1942. 8).

당초 약 300명으로 발족한 이 동맹은 강령에서 "일본제국주의의 조선에서의 지배를 전복하여 독립 자유의 조선민주공화국을 건설할 것을 목적으로 한다"고 하고, 다음과 같은 정책을 내세웠습니다.

㉠전국 국민의 보통선거에 의한 민주정권의 건립 ㉡일본제국주의

의 조선에서의 일체의 재산 및 토지 몰수와 일본제국주의와 밀접한 관계에 있는 대기업의 국영화 및 토지분배의 실행 등입니다.

조선독립동맹은 중국 관내의 산서성·하북성·하남성·호북성 등지에 지부를 두고 일본군 점령지역과 '만주'지방에도 공작원을 파견하는 한편, 국제적·민족적 통일전선운동을 펴나갔습니다.

연안에서 개최되고(1941) 조선독립동맹도 참가한 '동방 각 민족 반파쇼대표대회'에서는 임시정부 주석 김구가 대회의 명예주석단에 들었고, '독립동맹'의 분맹(分盟) 성립대회에서도 손문(孫文)·모택동(毛澤東) 등과 함께 김구의 초상화가 걸렸습니다.

조선독립동맹은 또 이극(李克) 등을 국내에 밀파하여 이영(李英)·여운형 등과 접촉하고 조선공산당 재건문제와 '만주'지방에서의 무장투쟁 가능성 등을 탐색하게 했습니다.

조선독립동맹의 국내공작은 여운형 중심의 조선건국동맹과 연결되어 1945년 국치일(國恥日, 8. 29)에 중국 연안에서 '전조선민족대회'를 개최하기로 합의했으나, 일제의 패망으로 실현되지 못했습니다.

임시정부 쪽에서는 국무위원 장건상을 연안의 조선독립동맹 측에 파견하여 이미 통일전선정부로 된 임시정부와 '독립동맹'이 통일전선을 이루는 데 합의하고, 이를 위해 김두봉이 중경(重慶)으로 가기로 했으나 역시 일본제국주의의 패망으로 실현되지 못했습니다.

한편 조선독립동맹의 군사력 조선의용군은 중국공산군 팔로군(八路軍)과의 합동작전으로 대일전투에 참가하여 호가장(胡家庄)전투 등에서 전과를 올렸습니다.

임시정부 광복군의 제1지대는 인도에 주인연락대(駐印連絡隊)를 파견하여 영국군과 공동작전을 폈으며, 제2지대와 제3지대는 중국 주둔 미국 전략첩보기구 OSS와 합작으로 국내침투요원을 훈련하여 국내정진군(國內挺進軍)을 편성했습니다.

이같이 일본제국주의의 패망이 가까워지면서 민족해방운동군은 좌우익을 막

팔로군 중국의 항일전쟁중 화북지역에 있던 중국공산당의 군대로, 1937년 8월 제2차 국공합작 후의 명칭. 화중·화남지역의 신사군(新四軍)과 함께 항일전의 주력으로 활약하다가, 중일전쟁 후 인민해방군으로 개칭되었다.

론하고 일본군과 실제로 전투를 할 수 있는 길을 찾았습니다. 또 정치세력은 국내외를 막론하고 대체로 임시정부를 중심으로 통일전선을 형성하는 길로 나아갔습니다. 그러나 좌우익 군사력이 통합된 민족해방운동군이 되어 연합군의 일원이 되기 전에, 그리고 전체 민족해방운동세력이 좌우익 통일전선을 이루어 연합국의 승인을 받기 전에, 일본제국주의가 패망함으로써 해방 후 민족의 진로는 매우 불투명해졌습니다.

OSS훈련을 격려하기 위해 서안(西安)에 갔다가 그곳에서 일본제국주의의 항복 소식을 들은 김구도 이 점을 염려했음이 『백범일지』에 나타나 있습니다.

일제의 파쇼체제 아래서도
민족해방운동은 계속됐습니다

　　1930년대 들어 일본제국주의자들은 침략전쟁을 벌이면서 파쇼체제화했고 그 지배 아래 있던 우리 민족은 갖은 고초를 겪었습니다. 그러나 강압적 파쇼체제라고 해서 우리 민족해방운동이 숨을 죽인 것은 아니었습니다.

　　일제의 강압정책이 절정에 다다랐던 1930년대 이후 국내의 노동운동은 어떻게 전개되었으며, 1928년 코민테른의 「12월테제」로 조선공산당이 해소된 뒤 이루어진 1930년대 이후의 당재건운동은 어떤 과정으로 추진되었는가 하는 문제들을 제대로 이해해야 합니다.

　　한편 1935년의 코민테른 제7차대회에서 인민전선노선이 채택되고 그것이 아시아지역에서는 민족통일전선노선이 되는데, 우리 민족해방운동은 이같은 정세변화에 어떻게 대응해갔을까요. 특히 국내의 좌익운동인 적색 노동조합운동이나 농민조합운동, 그리고 공산당 재건운동이 같은 시기의 해외전선에서 보이듯 민족통일전선노선을 추구했는가 하는 문제가 있는데, 여운형 중심의 건국동맹이 실제로 국내에서 좌우익 통일전선체로 조직되고 해외전선과의 통일전선을 시도했음을 확인할 수 있습니다. 일본제국주의의 패망을 앞둔 시기 국내외의 민족해방운동전선은 모두 좌우익 통일전선을 지향하고 있었던 것이지요.

1. 1930년대에는 노동자·농민운동이 변했습니다

적색 노동조합운동이 추진되었습니다

앞의 5강의에서도 잠깐 언급했지만, 일제강점기로 들어서면서 조선
에서는 철도·도로·항만 등 식민지 경영의 기초시설 건설을 위한 토목
공사장의 일고(日雇)노동자 수가 급증했습니다. 그러나 일본자본주의
의 후진성 때문에 식민지 조선의 공장노동자 수는 그다지 많지 않았습
니다. 일본이 강점할 무렵 약 2500명이었던 조선의 공장노동자 수는
1919년에 약 4만 2000명이었고, 1928년에는 약 8만 8000명이었을 뿐
입니다. 일본제국주의의 대륙침략이 본격화한 후인 1936년에야 약 19
만 명으로 증가했지요.

날품팔이 노동자에 비해 공장노동자 수가 많지 않았다는 것은 노
동자들이 조직되기 어려웠음을 말합니다. 그럼에도 열악한 노동조건
과 민족적 저항심 때문에 노동운동은 일찍부터 활발하게 전개되었습
니다. 이미 1890년대부터 개항장의 부두노동조합 등이 생겨나서 1919
년에는 노동자조직이 전국에 30여개나 되었고, 이를 바탕으로 회원 1만
5000명의 전국적 규모의 조선노동공제회가 성립했으나(1920) 지도부
의 노선 대립과 일부의 개량주의화가 원인이 되어 곧 해체되었습니다.

이후 계급적 목표를 비교적 선명히 내세운, 전국에 약 2만명의 회원을 가진 조선노동연맹회가 조직되었다가(1922) 다시 "노동자·농민계급을 해방하여 완전한 신사회의 건설을 기한다" 등의 강령을 표방한 조선노농총동맹이 결성되었습니다(1924).

이때까지도 노동운동과 농민운동은 미분리 상태였으나 1920년대 후반 사회운동과 노동자·농민운동이 활성화하면서 곧 분리되어 이낙영(李樂永)을 중앙집행위원장으로 하는 조선노동총동맹이 성립하여(1927) 원산총파업(1929)을 비롯한 여러 파업에 영향을 미쳤습니다.

이 시기 노동운동은 대체로 사회주의 운동가들에 의해 지도되었습니다. 일본제국주의자들이 대륙침략에 나서면서 파쇼체제화하는 1930년대로 들어서면 노농운동은 합법적 대중단체를 해소하고, 직접 노동자·농민 등 계급 속으로 들어가거나 도시의 학생·인텔리·소부르주아를 결집하는 활동을 전개했습니다.

통일전선의 방법에 대해서도 신간회와 같은 '위로부터의 통일전선'을 부정하고, 노동자·농민·학생층을 기초로 한 '아래로부터의 통일전선'을 지향했습니다.

이에 따라 1930년대 이후에는 적색 노·농조합이나 반제동맹을 조직하는 활동이 지속적으로 전개되었고, 이를 토대로 조선공산당 재건운동이 전개되었습니다.

적색 노동조합운동은 기존의 공업중심지역과 1930년대 이후 일본의 병참기지화 정책에 따라 새로 발달한 공업지대를 중심으로 추진되었습니다. 1931년에서 35년까지 5년간만 해도 적색 노동조합운동 관련 사건은 70건으로, 1759명이 이에 연루되었습니다.

그중에서도 함흥에 본부를 두고 청진·원산·서울·평양·광주·부산 등 공업도시를 주요 대상으로 했던 '조선좌익노동조합 전국평의회'(1931)의 활동을 비롯해서, 김호반(金鎬盤) 등의 활동으로 4차에 걸쳐 추진된 '태평양노동조합사건'(1930~35) 등이 두드러졌습니다.

원산총파업 1929년 1~4월 원산의 전노동자가 파업을 단행한, 1920년대 노동운동사상 최대 규모의 투쟁. 원산에서는 일찍부터 노동운동이 발달해 1925년 원산노동연합회가 결성되었는데, 영국계 석유회사의 일본인 감독관이 조선인 노동자를 구타한 데서 비롯된 사건을 노동연합회가 지도함으로써 그 산하 노동조합의 총파업으로 발전했다. 일본인 감독 파면, 최저임금제 확립, 해고수당 제정 등의 요구가 관철되지 않고 파업이 장기화하자, 원산 시내 전체 노동자의 동조파업이 잇따르고 각계의 지원이 답지했지만, 지도부가 대부분 검거됨으로써 실패로 돌아갔다.

반제동맹 1930년대 사회주의자들의 통일전선운동의 일환으로 각지에서 조직되었는데, 1927년 2월 창설된 국제반제동맹의 조선지부를 설치하려는 운동이기도 했다. 주로 학생층의 반제투쟁을 지도해 노동자·농민의 반제투쟁과 연결시키는 것이 임무였으나, 점차 학생운동 지도기관의 성격을 띠었다. 1931년 9월에 있었던 경성제대 반제동맹사건이 유명하다.

이밖에도 계경순(桂瓊淳) 등의 '신의주 비합법공장노동조합사건', 김태석(金台錫) 등의 '평양적색노동조합사건', 주영하(朱寧河) 등의 '겸이포제철소 적색노조사건', 김용환(金龍煥) 등의 '여수 적색노조사건', 장규경(張奎景)·이승엽(李承燁) 등의 '마산 적색노조사건' 등이 있었습니다.

이같이 1930년대에는 각처에서 적색노조운동이 상당히 활성화되었으며, 드러난 것 외에 각 지역의 공산당 재건운동 그룹과 연관된 활동도 많았습니다. 그 대표적 사례로 서울의 경우만 들어봅니다.

1932년에서 36년경까지 이재유(李載裕) 그룹 등이 중심이 되어 철도국공장·용산공작주식회사 등 금속공업 부문과, 대륙고무·경성고무 등 화학공업 부문, 동성제사·소화제사 등 섬유산업 부문, 경성전기회사 등 전기산업 부문, 그리고 조선인쇄공장·전매국공장·화신상회 등 약 30개 이상의 공장과 각종 사업장에서 '공장반'을 조직하고 파업을 지도하는 등 활발한 활동을 폈습니다.

또한 이들은 여주·양평 등지에서 적색 농민조합운동을 지도하고,

서울의 각급 학교와 경성제국대학 등을 중심으로 학생층을 조직했습니다. 그리고 이를 기초로 조선공산당 재건운동을 전개했습니다.

적색 농민조합운동도 추진되었습니다

일본은 조선에서 1910년대의 '토지조사사업'과 1920년대의 '산미증식계획'을 통해 식민지 지주제를 확립한 후, 그것을 통해 형성된 약 5000명의 대지주를 매개로 조선의 농업개발을 추진하고 농촌사회를 지배했습니다.

이 과정을 거치면서 ㉠농민의 토지 상실과 소작인화 ㉡소작료 고액화 ㉢소작권의 불안정 ㉣마름(舍音) 횡포 등의 문제가 급속도로 심화되었습니다.

여기에 총독부의 각종 정책에 대한 반발과 일본인 지주에 대한 민족적 저항심 등이 겹쳐 특히 3·1운동 후에는 소작쟁의가 전국적으로 확대되었습니다.

소작쟁의 발생건수도 해마다 증가했습니다. 조선총독부 측의 통계만으로도 1920년에 15건에 불과했던 소작쟁의가 1925년에는 204건, 1930년에 726건, 1935년에 2만 5834건, 1937년에 3만 1799건으로 불어났습니다.

이 쟁의가 모두 단체행동으로 발전한 것은 아니고, 수치 역시 소작인과 지주의 어느 한쪽이 상대편 요구에 불응하여 일어난 분쟁까지 포함된 것이긴 하겠지만, 1920년대와 30년대에 지주·소작관계의 모순이 첨예화하고 지주에 대한 소작농민들의 저항의식이 고조되었음을 알 수 있습니다.

소작조건이 계속 악화하는 상황에서, 농민들의 자위수단인 소작쟁의가 빈번해진 것은 당연하며, 쟁의 중심의 농민운동이 점차 조직화된 것도 자연스러운 일이었지요.

농민조직은 처음에는 자연발생적이고 분산적인 면(面) 단위 소작인조합과 같은 농민단체에서 시작되었습니다. 이같은 대중적 성격의 농민단체는 1922년경에 이미 30여개가 조직되었고, 이후 계속 증가하여 1933년에는 1301개나 되었습니다.

분산적으로 조직되어가던 소작인조합 등의 농민단체는 조선노동공제회에 의해서 처음으로 전국적 조직과 연결되었습니다. 노동공제회는 물론 노동운동단체였지만, 농민부와 소작인부를 두어 농민을 조직하고 또 소작인대회를 개최하여 일정하게 소작쟁의를 지도했습니다.

노동공제회가 해체되고 다시 조직된 조선노농총동맹도 계속해서 소작인조합과 같은 농민조직의 확대를 지원하고 소작쟁의도 지도했습니다.

조선노농총동맹이 조선노동총동맹과 조선농민총동맹으로 나뉘면서 인동철(印東哲)을 위원장으로 하여 조직된 농민총동맹은 32개의 산하단체와 2만 4000여명의 회원을 가진 전국 농민운동의 총본산이 되었습니다(1927).

그러나 1930년대 들어서 소작쟁의가 활성화되었음에도 농민총동맹은 총독부의 탄압 때문에 활동이 극도로 제약되었습니다. 더욱이 간부들이 조선공산당사건에 연루되어 검거된데다 내부의 분파투쟁과 개량주의적 요소로 인해 영향력 있는 투쟁을 벌일 수 없었습니다.

한편, 천도교 신파 쪽에서는 김기전(金起田)·이돈화(李敦化) 등을 중심으로 조선농민사가 결성되어(1925) 기관지 『조선농민』을 발행하면서 개량주의적 농민운동을 폈습니다. 1933년에는 1069개 산하단체에 약 5만명의 회원을 가진 큰 단체로 발전했지요.

1920년대의 농민운동은 일반적으로 지주나 부농 출신의 지식청년들이 주도하면서 교양·계몽주의 중심으로 운영되어 대중적 기반이 취약했습니다. 게다가 경제투쟁과 정치투쟁의 결합을 성공적으로 추진하지 못하고, 합법운동으로 일관하여 개량주의화를 막지 못했습니다.

그러나 1930년대로 들어서면서 농민운동도 1920년대까지의 합법운동에 한정되지 않고, 노동운동의 변화와 함께 광범위한 혁명적 운동으로 발전해갔습니다. 그리하여 1930년대에는 전국 220개 군·도(郡·島) 중 80여 곳에서 혁명적 농민조합운동, 즉 적색 농민조합운동이 전개되었습니다.

함경남도의 경우 도내 군·도의 81%에서 이 운동이 일어나서 그 비율이 제일 높았고, 다음은 함경북도로 46%였습니다. 또 이 시기에 혁명적 농민운동에 연루되어 검거된 농민은 1만 5000명 내지 2만명에 이르렀고, 검사국에 송치된 사람이 약 6200명, 공판에 회부된 사람이 약 1770명이었습니다.

이 시기 적색 노동조합운동과 농민조합운동을 주도한 사람들은 ㉠1920년대의 공산주의 운동가들 중 전향하지 않은 사람과 ㉡코민테른과의 연계하에 국내로 들어온 사람들 ㉢개량화되지 않고 사회운동의 비합법운동으로의 방향전환에 영향을 받은 각 지방의 사회운동가들이었습니다.

그리고 ㉣기존의 합법적 노·농조합운동 주역들의 일부 ㉤광주학생운동 이후 직접 노·농 현장으로 투신한 학생운동 출신들 ㉥1920년대 말기부터 1930년대 전반기에 걸쳐 배출되고 성장한 선진적 노동자·농민들이었습니다.

2. 조선공산당 재건운동과 건국동맹의 활동이 두드러집니다

조선공산당 재건운동이 치열했습니다

코민테른은 「12월테제」(1928)를 통해 그 조선지부인 조선공산당을 해소하고 재조직을 지령하면서, 조선혁명의 성격을 일본제국주의와 조선의 봉건제도에 반대하는 '부르주아민주주의혁명'이라 규정했습니다.

토지문제의 혁명적 해결과, 쏘비에뜨 형태를 통한 프롤레타리아트

침략전쟁에 광분하며 파쇼체제
화한 일제는 식민지 말기에 여
고생들에게까지 목검술 훈련을
시켰다.

와 농민의 민주주의 독재권력 확립을 강조한 것입니다. 당재건운동에
서는 파벌투쟁을 단호히 배격하고, 소수 지식인층이나 학생층이 아닌
노동자·농민이 운동의 기반이 되어야 한다고 지시했습니다.

이에 따라 당을 재건하려는 운동이 곧 일어났습니다. 초기 당재건
운동자들은 1920년대 역량을 바탕으로 짧은 시간 안에 통일된 당을 재
건할 수 있다고 내다보았습니다. 당재건운동자들은 저마다 당재건의
고리를 만들려고 예비 그룹을 만들었습니다.

그들은 혁명적 노동조합운동, 혁명적 농민조합운동을 함께 벌이면
서 선진 노동자 농민과 결합하고 그것을 밑바탕으로 삼아 공산당을 재
건하려 했습니다.

당재건운동자들이 아직 파벌을 다 떨쳐버리지는 못했지만, 다른 그
룹 성원을 포괄하는 일도 있었고, 무엇보다 대중과 결합하려는 의지를
보였다는 것이 중요합니다.

서울·상해파의 김철수·윤자영(尹滋英) 등이 만주 길림에서 조직한

'조선공산당재건준비위원회'(1929. 2)는 기관지 『볼셰비키』를 간행하고, 국내의 평양·함흥·흥남·서울·광주·진주 등 주요 도시에 정치공작원을 파견하여 당과 공산청년회, 적색 노동조합 등의 세포를 조직하려 했습니다.

ML파도 역시 길림에서 한빈(韓彬)·한위건(韓偉建) 등을 중앙간부로 하여 '조선공산당재조직중앙간부회'를 결성하고(1929. 5) 기관지 『계급투쟁』을 발행하면서 국내의 각 도·군에 조직을 확대해나갔습니다.

화요회파도 서울에서 비밀리에 '조선공산당조직준비위원회'를 결성하고(1929. 11) 김단야(金丹冶)·박민영(朴珉英) 등이 중앙위원이 되었습니다.

이들은 기관지 『콤뮤니스트』를 간행하는 한편, 모스끄바공산대학 졸업생들을 전국 주요 도시와 공장지대에 배치하여 노동자와 농민 속에서 새로운 세포조직을 만들려 했습니다.

이같이 초기의 당재건운동은 전국 단위의 당재건준비위원회가 결성되고, 그 지도로 산업중심지와 농촌지역에 세포조직을 건설하는 방식으로 진행되었습니다.

그러나 1932년경부터 당재건운동 관계자들은 농촌지역에는 적색 농민조합을, 도시지역에는 적색 노동조합을 조직하고, 나아가 이를 전국적 노·농조합위원회로 발전시키는 것을 우선 과제로 삼았습니다. 이 과정에서 조직구성원 가운데 정예분자를 골라 지역적으로 '공산주의자그룹'을 만들고 이들 '그룹'의 대표들로 조선공산당을 재조직하려는 방식을 취한 것이지요.

이에 따라 서울·상해파는 '당재건준비위원회'를 해체하고 '좌익노동조합전국평의회 준비위원회'를 조직했으며, ML파에 속한 운동가들도 공산당과 공산청년회를 먼저 결성하려던 방침에서 적색 노·농조합운동을 집중적으로 추진하는 방침으로 전환했습니다.

코민테른에서도 지역 단위의 공산주의자그룹을 새로 구성할 정치공작원으로 모스끄바공산대학 출신들을 국내에 파견했습니다.

그러나 코민테른 제7차대회(1935)는 전술을 바꾸어 반파쇼 인민전선전술을 채택하고, 식민지 피지배민족의 혁명운동에서 반제국주의적 부르주아 민족주의자와 민족통일전선을 형성할 것을 표방했습니다.

따라서 조선에서도 반일 부르주아지를 민족혁명전선에 끌어들일 필요성이 강조되는 한편, 코민테른은 이같이 바뀐 전술을 원조하기 위해 정치공작원을 파견했습니다. 경북 왜관지역 운동을 지도하고자 했던 박창순(朴昌順)과 함북 청진에서 활동한 이순(李淳) 등이 그들이라 생각되고 있습니다.

코민테른의 전술이 바뀌었다 하더라도 조선공산당 재건운동에서 대체권력을 노농독재로 볼 것인가 인민권력으로 볼 것인가 하는 데까지 문제가 확대되지는 않은 것 같습니다.

그러나 통일전선전술의 불가피성을 인정하면서 적색 노동조합과 농민조합을 해소하고 광범위한 반일 대중조직을 결성하려는 방향으로 나아가는 경우는 있었습니다.

한편으로 적색 노동조합과 반일 대중조직의 병행 발전을 꾀한 경우도 있었습니다. 박헌영·이관술(李觀述) 등이 결성한 '경성콤그룹'(1939~41)의 조직에 인민전선부가 있었던 것 등이 그 단편적 증거라 하겠습니다.

태평양전쟁기에 들어서도 당재건운동은 계속되었습니다. 서울에는 서중석(徐重錫)·이정윤(李廷允)·김태준(金台俊) 등이 결성한 공산주의자협의회(1944. 11)가 있었고, 함남 장진군 일대에서는 '임충석(林忠錫)그룹'이, 경남 부산 및 거제도 일대에서는 '윤일(尹一)그룹'이 활동하고 있었습니다.

지리산에서는 징용·징병 기피자 70여명이 하준수(河準洙, 훗날의 南道富)의 지휘 아래 항일유격대로 보광당(普光黨)을 결성해 활약했습니다.

파쇼체제 아래서도 이같이 공산당 재건운동이 전국 각지에서 지속적으로 전개되었지만, 결국 조선공산당이 재건되지 못한 상태에서 8·15 민족해방이 오게 된 것입니다. 그만큼 일본제국주의의 탄압이 혹심했던 것이지요.

코민테른 제7차대회에서 채택된 인민전선노선이 국내의 사회주의 운동에 얼마나 강도있게 전달되고 채택되었는지, 아직은 연구가 많이 진행되지 못했습니다.

그러나 다음의 15강의에서 상세히 얘기하겠지만, 해방이 되면서 바로 통일전선 형태의 건국준비위원회(건준) 지부, 나아가서 인민위원회가 전국적으로 조직되어 미군정이 성립된 후에도 상당한 기간까지 실제로 지방행정을 담당하게 됩니다.

해방 전에 일부 도입된 통일전선노선과 해방 후 빠른 시일 안에 전국적으로 조직된 지방 인민위원회의 연결고리가 무엇인가, 또 곧바로 다루겠지만 조선건국동맹 조직과는 연결되지 않았는가 하는 문제 등이 규명되어야 이 시기의 우리 역사가 한층 더 분명해질 것입니다.

건국동맹이 비밀리에 조직되어 활동했습니다

상해임시정부에서 활동하다가 일본 경찰에 체포되어 국내로 압송된 후 형을 살고 그대로 국내에 머물고 있던 여운형은, 그를 장개석정부의 화평사절로 보내려는 일본정부 쪽의 초청으로 토오쬬오에 갔습니다(1940).

화평사절 문제가 성사되지는 않았으나 그는 일본의 지도급 인사들과 접촉하면서 힘겨운 침략전쟁을 치르고 있던 일본의 실정을 파악할 수 있었습니다.

한편 중국의 연안·북경·만주 등지에 나가 있던 그의 동지들, 이영선(李永善)·최근우(崔謹愚)·박승환(朴承煥) 등을 통해서도 일본제국주의의 패망을 어느정도 예상할 수 있었습니다.

다시 구속되어 형무소에 있으면서(1942. 12~43. 6) 민족의 해방에 대비하여 '조선민족해방연맹'을 조직할 것을 구상한 여운형은, 석방된 후 이기석(李基錫, 李傑笑)·김태준 등과 인민전선노선 문제를 논의했습니다.

또 그는 이승엽 등의 '자유와 독립' 그룹 및 김일수(金一洙)·김태준 등의 '공산주의자협의회' 그룹 등에 민족해방연맹이나 인민전선 혹은 인민위원회의 조직을 제의했습니다. 일본의 패망에 대비하여 국내 통일전선을 형성하려 했던 것입니다.

그러면서 이같은 대비의 일환으로 비밀리에 조직한 것이 ㉠조선민족의 자유와 독립의 회복 ㉡국제적 대일 연합전선의 형성 ㉢민주주의의 원칙과 노동대중의 해방에 치중한 국가건설 등을 강령으로 하는 조선건국동맹이었습니다(1944. 8).

여운형을 위원장으로 하고 조동호(趙東祜)·현우현(玄又玄)·이만규(李萬珪)·이상백(李相佰) 등 좌우익 구분 없이 국내의 민족운동세력이 고루 참가한 건국동맹은 조선총독부의 물샐틈없는 감시 아래서도 전국 10개 도의 책임자를 임명하여 지방조직을 갖추어갔습니다.

또 징용·징병과 전쟁물자 수송을 방해하기 위한 농민동맹과, 후방교란과 철도 파괴, 무장봉기 등을 목적으로 하는 군사위원회를 조직하고, 노농군(勞農軍)을 편성할 계획을 세웠습니다.

그리고 만주군관학교 출신 박승환을 중심으로 만주군(滿州軍) 내 조선인 군인들을 포섭하여 중국 태항산전선에 있던 조선의용군의 국내 진공을 유도하려 했습니다.

한편 건국동맹은 중국 중경의 임시정부 및 연안의 조선독립동맹과 통일전선을 이루기 위해 최근우·이영선·이상백·박승환 등을 연락원으로 '만주' 등 중국 지역에 파견했고, 먼저 연안의 독립동맹과 연결이 되었습니다.

연안 독립동맹과의 통일전선 계획에는 ㉠군대편제 ㉡유격대 조직과 국내 침공을 위한 조선의용군 사령관 김무정(金武丁)과 연락 ㉢유격대 침공 때의 은신처 및 식량 제공 등이 들어 있었습니다.

이같은 건국동맹의 좌우익 통일전선운동은, 15강의에서 나오겠지만, 8·15 이후 민족분단의 위험이 높아졌을 때, 귀국한 임시정부와 건국동맹의 후신으로 성립된 '인민공화국'의 합작운동으로, 다시 이후의 좌우합작운동 및 1948년 남북협상 등 통일민족국가 수립운동으로 연결되었습니다.

해방은 어떻게 왔으며,
38선은 왜 그어졌을까요

해방을 오게 한 것은 우리 민족해방운동전선의 투쟁과 연합국의 승리였습니다. 그렇다면 우선 민족해방운동전선은 어떤 해방을 추구했고, 실제로 민족해방은 어떻게 왔으며, 그 당시 우리 민족해방운동전선은 어떤 상태였는지를 정확하게 알아야겠지요.

또 연합국들은 한반도를 어떻게 해방시키려 했으며 일본이 항복한 후 어떻게 처리하려 했는지, 일본은 미국과 소련 등 연합군이 어디서 무엇을 하고 있을 때 항복했으며 패전 후 한반도지역을 어떻게 하기를 바랐는지, 전쟁이 끝날 당시 연합국들은 한반도 점령정책을 어떻게 실시했으며 한반도를 어떤 경로를 밟아 독립시키려 했는지 등을 정확하게 알아야 합니다.

특히 연합국들은 처음부터 한반도를 분단시키려 했는지, 38도선은 누구에 의해 왜 그어졌는지, 또 처음부터 영구분단선으로 그어졌는지, 그렇지 않다면 그것이 분단선으로 되어간 경위는 무엇인지, 신탁통치안은 왜 나왔는지, 그것에 대해 우리 민족사회는 어떻게 대처하려 했는지 하는 문제를 제대로 알지 못하면 우리 현대사를 올바르게 이해할 수 없습니다.

1. 우리의 민족해방은 어떤 상황에서 이루어졌을까요

8·15 당시 민족해방운동전선은 어떤 상태였을까요

우리 민족은 근대사회로 들어서는 길목에서 ㉠일본제국주의자들의
군사적 강압과 ㉡대한제국 지배층의 무능과 부패 ㉢그런 왕조를 스스
로 뒤엎지 못한 국민적 역량의 한계 등이 원인이 되어 일본의 식민지
배를 받는 처지로 전락했습니다.

식민지 피압박민족사회가 당면한 절대 과제는 당연히 민족의 해방
과 독립이었지요. 그러나 해방을 이루는 방법과 해방 후 독립국가를
건설하는 방법, 즉 민족국가를 다시 수립하는 방법에는 여러가지가 있
을 수 있었습니다.

먼저 해방의 방법부터 생각해봅시다. 우리 민족의 경우 무력적 강
압에 의해 빼앗긴 나라를 되찾는 최선의 방법은 우리 민족 스스로 무
장독립군을 양성해서 한반도를 점령하고 있는 침략자 일본군과 싸워
그들로부터 항복을 받아냄으로써 해방을 쟁취하는 길이었습니다. 이
런 경우라면 당연히 해방 후 신탁통치나 국토분단 등의 불행한 일을
겪을 리 없지요.

예를 들면 넓은 국토를 가진 중국 같은 곳은 쉽게 완전 식민지가 될

수 없고, 같은 때 장개석정부나 모택동정부나 왕정위정부 등이 있을 수도 있었지만, 한반도의 경우는 그렇지 못했습니다.

우리 민족사회의 경우 국토가 좁아서 완전식민지로 되기 쉬웠고 따라서 독립군을 양성할 '해방구'를 가질 수 없었습니다. 그 때문에 한때 '만주'지방을 '해방구'로 삼아 무관학교를 세우고 군대를 양성해서 1920년대 청산리전투·봉오동전투 등을 치르기도 했죠.

1930년대에는 많은 조선사람이 중국공산당이 지도한 동북인민혁명군·동북항일연군 등에서 지휘관으로 혹은 전사로 활동했습니다. 그러나 일본이 '만주'지방을 완전히 장악하여 지배하게 된 1940년대 들어서는 더 못 견디고 소련 땅으로 들어갔습니다.

중국국부군지역에 있던 한국광복군은 국내침공 훈련 도중 일본이 패망했고, 중국공산군지역에 있던 조선의용군은 직접 일본군과 싸웠지만, 단독으로 국내에 침공해서 독자적으로 일본군의 항복을 받을 상황은 아니었습니다.

우리 민족이 양성한 독립군이 독자적으로 일본군과 싸워 이기지 못할 조건이라면, 차선의 방법으로 민족해방운동전선의 좌우익을 막론하고, 소규모의 군대나마 유지해서 일본을 패망시킬 연합군의 일원으로 참전하는 길이 있었습니다.

유럽의 자유프랑스군처럼 연합군과 함께 서울에 입성하고, 일본의 항복조인에 우리 대표가 참가하여 전승국의 일원이 되는 길이지요. 그것이 가능했다면 해방 후 신탁통치나 분단은 피할 수 있었을 겁니다.

최선의 방법에 의해 해방을 이루기가 거의 불가능한 상태에서도 민족해방운동은 꾸준히 계속되었습니다. 대한민국 임시정부나 조선독립동맹, 그리고 조국광복회 등과, 그들의 군사력인 한국광복군, 조선의용군, 동북항일연군 속의 조선인민혁명군 등이 활동한 궁극적 목적은 바로 이 차선의 방법을 통해 해방을 성취하는 데 있었다고 하겠습니다.

그러나 앞에서도 잠깐 말했지만, 이들 민족해방운동군이 연합군의 일원이 되기 위해서는 그 군사력의 모체인 대한민국 임시정부나 조선독립동맹, 혹은 소련으로 옮긴 후에도 실존했다면 재만한인조국광복회 등 민족해방운동의 주요 '정치단체'가 연합국의 승인을 받는 일이 중요했습니다.

이 때문에, 특히 중경으로 옮겨간 임시정부는 좌우익 민족해방운동 전선의 통일을 지향하면서 연합국의 승인을 받기 위해 노력을 다했습니다. 그러나 연합국측은 한민족의 민족해방운동단체가 통일되어 있지 않다는 이유를 주로 내세워 승인하지 않았습니다.

물론 대한민국임시정부를 승인하지 않은 이유가 그것만은 아니었습니다. 대한민국임시정부를 승인할 경우 전쟁이 끝난 후 미국·영국·프랑스 등 연합국들이 가진 식민지를 바로 해방시키지 않으면 안 되는 문제도 있었던 것입니다.

앞의 11·12강의에서 보았듯이, 일본제국주의의 패망이 가까워질수록 우리 민족해방운동전선은 좌우익 통일전선을 이루기 위해 적극 노력했습니다.

그래야만 연합국의 승인을 받는 데 유리하기 때문이었죠. 그러나 연합국이 끝내 좌우익의 어느 단체도 승인하지 않은 상태에서 일본제국주의가 패망했습니다.

다음은 해방 후에 독립국가를 이룩하는 방법, 즉 민족국가를 수립하는 방법 문제를 생각해봅시다. 일본에 강점당할 때 대한제국은 입헌군주제에도 못 미치는 전제군주제였습니다.

그러나 다행히도 일제강점 시대의 민족해방운동은, 특히 3·1운동을 계기로 복벽주의(復辟主義)를 청산하고 공화주의운동으로 전환되었습니다.

3·1운동 후 곧 사회주의사상이 들어오고 그 계통의 민족해방운동전선이 형성됨으로써 민족해방운동은 해방 후에 우익계 자산계급 중심의 민족국가를 건설할 것인가 아니면 좌익계 노·농계급 중심의 국가를 건설할 것인가 하는 문제로 대립하게 되었습니다.

그러나 민족해방운동과정에서는 해방 후 남북이 분단되고 자본주의국가와 사회주의국가가 따로따로 세워지리라고는 꿈에도 생각하지 않았기 때문에, 일본제국주의의 패망이 가깝게 전망될수록 민족해방운동전선을 통일해야 할 필요성이 높아져갔습니다.

민족해방운동의 좌우익전선을 통일해야 할 필요성이 높아짐에 따라 통일전선운동도 활발해져갔습니다. 민족해방운동단체들끼리 통합하거나 연합할 뿐 아니라 그 정강·정책도 어느정도 통일된 면모를 갖춰갔습니다.

특히 경제 분야에서는, 일제강점기 동안 국내 토지와 대기업의 대부분이 일본의 공공기관과 개인, 아니면 해방 후 반민족행위자로 처벌받아야 할 친일 조선인 기업가나 지주의 소유가 되었기 때문에, 앞의 11강의에서 본 것과 같이 민족해방운동세력은 좌우익을 막론하고 해방 후의 국가건설 과정에서 이들의 토지를 몰수

국유화하여 농민에게 분배하고, 대기업을 국유화하는 데 합의했던 것입니다.

한편 중국 관내지역의 민족해방운동전선에서는 어느정도 좌우익 통일전선체가 형성되어가고 있었는데, 그 과정에서 이 통일전선체의 정치체제와 헤게모니 문제를 포함하여 권력구조를 어떻게 할 것인가 하는 문제가 남아 있었습니다.

당시 장개석정부 지역의 임시정부는 김구 중심의 세력과 김원봉 중심의 세력 사이에 통일전선이 형성되어 이미 좌우합작 정부가 된 상태였습니다.

따라서 위와 같은 문제들은 ㉠임시정부와 중국공산군 지역인 연안에 있던 조선독립동맹과의 통일전선 교섭이나 ㉡국내의 건국동맹 및 국외의 임시정부와 조선독립동맹의 통일전선이 완성되면서 결정될 사안이었습니다.

그러나 이같은 국내외 민족해방운동전선 사이의 통일전선이 완성되기 전에 일본제국주의가 패망한 것이지요. 그 때문에, 김구가 탄식했듯이 민족해방운동전선은 해방의 기쁨을 만끽하기보다 오히려 해방 후의 민족사회 문제를 염려하지 않을 수 없었습니다.

연합국의 전쟁 후 한반도정책을 알아야 합니다

진주만 공격으로 일본과 전쟁을 하게 된 미국은, 전쟁 초기부터 당시 일본의 식민지인 한반도문제에 관심을 갖고 있었습니다. 일본이 패전하면 그 식민지 중 대만과 요동반도는 전승국이 될 중국에 반환되고, 북위 50도 이남의 사할린은 혁명을 통해 러시아제국을 계승한 전승국 소련에 반환될 것이었습니다.

한반도의 경우, 그 주민들이 3·1운동 이후 계속해서 민족해방운동을 추진한 사실을 연합국들도 익히 알고 있었기 때문에, 전쟁이 끝난 뒤까지 패전국 일본 영토의 일부로 그냥 남겨둘 수는 없다는 점에 인식을 같이했습니다.

그렇다 해도 종전 후 한반도를 바로 독립시킬 것인가 그렇지 않을 것인가, 만약 바로 독립시키지 않는다면 어떻게 할 것인가 하는 문제가 있었던 것입니다.

미국정부는 전쟁을 시작하면서 바로 중국주재 미국대사관에 대한 민국임시정부에 관해 조사·보고할 것을 지시했고(1941. 12), 또 주중대사로 하여금 한국임시정부 쪽과 접촉하게 했습니다(1942. 2). 이때 한국임시정부 쪽에서는 미국이 임정을 승인하고 군사 및 경제 원조를 해줄 것을 요청했습니다.

그러나 미국정부는 영국정부와 절충을 거쳐 ㉠조선의 민족해방운동세력이 통일되어 있지 않고 ㉡이후 다른 아시아지역 식민지의 독립과 연결되는 문제이며 ㉢임정을 승인할 경우 시베리아에 있는 조선인부대를 중심으로 소련이 또다른 정부를 만들 우려가 있다는 이유 등을 들어 승인하지 않기로 결정했습니다.

중국의 장개석정부도 같은 이유로 한국임정 승인을 유보했습니다. 다만 미국은 해외에 있는 조선인들로 비정규군 부대를 조직하여 일본과의 전투에 투입할 가능성은 남겨두었습니다.

이것이 나중에 한국광복군에 대한 OSS훈련과 국내 투입계획으로 나타나지만, 어쨌든 시베리아에 약 2개 사단의 조선인부대가 있다는 미국의 정보는 사실과 다른 것이었습니다.

그 수가 정확하지는 않지만 1930년대 후반기까지 시베리아지역에 약 2개 연대 규모의 조선인부대가 있었던 것은 사실입니다. 그러나 1937년을 전후한 스딸린의 숙청 과정에서 모두 해체되었습니다.

연합국들 사이에 한국임정의 승인 문제가 거론된 1940년대에는 실재하지 않았던 것입니다. 정보가 잘못된 것인지 조선인부대가 없어진 줄 알면서도 연합국이 한국임정을 승인하지 않는 구실로 삼은 것인지는 아직 확실하지 않습니다.

미국정부는 1942년경에 이미, 일본이 패전한 뒤 한반도를 분리하여 독립시키되, 그전에 일정기간 연합국의 공동관리로 신탁통치할 것을 구상했습니다.

자치능력이 없다고 인정되는 패전국의 식민지를 국제연맹의 위임통치지역으로 설정했던, 1차대전 후의 독일 식민지 처리방안을 모방한 것이라 하겠지요.

이후 연합국은 우리가 잘 알다시피 카이로선언(1943. 11)에서 "일정한 절차를 밟아 조선을 자유 및 독립 국가로 할 결의를 가진다"고 했습니다.

해방 직후 우리 민족사회 전체가 그것이 가진 함의의 중요성을 잠깐 잊어버렸거나 등한히 했던, 카이로선언 속의 "일정한 절차를 밟아"라는 구절에는 상당한 유래가 있었습니다.

미국 쪽 실무관리가 작성한 당초의 카이로선언문 초안에는 "가능한 한 빠른 시기"(at the earliest possible moment)라고 되어 있었다고 합니다.

그것을 전쟁이 끝난 뒤 국제세력들이 한반도를 40년간 신탁통치해야 한다는 생각을 가지고 있던 미국 대통령 로우즈벨트가 "적당한 시기"(at the proper moment)로 고쳤고, 그것을 또 영국 수상 처칠이 문장을 유려하게 하기 위해 "일정한 절차를 밟아서"(in due course)로 다시 고쳤다는 것입니다.

이후 얄따회담(1945. 2)에서 로우즈벨트는 한반도에 대한 신탁통치 기간을 20~30년으로 말했고, 스딸린은 그 기간이 짧을수록 좋다는 의견을 제시했습니다.

로우즈벨트가 죽은 후 열린 포츠담회담에서는 미·영·중·소 4개국에 의한 5년 내지 10년간의 한반도 신탁통치가 확인되었습니다.

그러나 얄따회담에서 한 약속에 따라 소련이 유럽전쟁이 끝난(1945. 5. 8) 뒤 3개월 이내에 대일본전에 참전함으로써(1945. 8. 8) 상황은 달라졌습니다. 미군보다 앞서 소련군이 한반도를 점령하게 된 것이지요.

소련군의 참전에 당황한 일본은 8월 10일 새벽에 "천황의 국가통치대권 변경이 포함되지 않은 것으로 간주한다"는 전제 아래, 연합국에 포츠담선언을 수락하겠다는 항복의사를 통고했습니다.

1945년 2월 14일 열린 얄따회담의 주역들. 왼쪽부터 소련의 스딸린, 미국의 로우즈벨트, 영국의 처칠.

오끼나와 상륙작전에서 참가 병력 35%를 잃고, 그해 11월 초에나 일본 큐우슈우(九洲)에 상륙할 전망이던 미국은 소련의 참전과 한반도 진격과 점령에 대응해야 할 어려움에 처했습니다.

8월 10일 밤과 11일 새벽 사이에 워싱턴의 통합계획참모들 사이에서 '일반명령 제1호'가 기초되었고, 다음날 국무·육군·해군 3성조정위원회(SWNCC)의 논의를 거쳐 대통령 트루먼에 의해 승인되었습니다(8. 15).

그것은 ㉠만주와 북위 38도선 이북의 조선, 사할린 및 쿠릴열도에 있는 일본군은 소련 극동최고사령관에게 항복하고 ㉡일본국 대본영과 일본국 본토 및 이에 인접한 섬들, 38도선 이남의 조선과 류우뀨우열도 및 필리핀에 있는 일본군은 미국의 태평양육군부대 최고사령관에게 항복하라는 내용이었습니다.

'일반명령 제1호'를 통고받은 소련에서는 이에 덧붙여 자신들이 쿠

3성조정위원회 미국에서 1944년 11월 독일의 항복과 점령의 과업을 수행하고 그에 따른 정치·군사문제의 처리를 조정하기 위하여 설립된 기구. 군부와 민간행정부 요원 간의 협의를 위해 국무부 주도로 조직되었던 것이, 1947년 9월 공군부가 새로 추가되면서 4성조정위원회로 전환했다. 당시 미국의 대외정책을 입안하고 조정을 담당했던 핵심조직의 하나로, 한반도에 관한 다수의 주요 정책들도 주로 이 기구에서 논의되었다.

릴열도 전부와 홋까이도오(北海島)의 북반부를 점령하겠다고 요구했습니다(1945. 8. 16). 이에 대해 미국은 소련이 쿠릴열도 전체를 점령하는 데는 동의했으나 홋까이도오의 북반부 점령은 거부했습니다(8. 18).

소련은 한반도 쪽으로 더 진격해 올 수 있었음에도, 38도선 이북의 조선 영토에서만 일본군의 항복을 받는 데는 이의를 제기하지 않았습니다.

역사를 가정해서는 안되지만, 만약 히로시마에 원자탄이 투하된 후 소련이 참전하기 전에 일본이 항복했다면, 한반도 전지역의 일본군은 미군에게 항복하게 되었을 것입니다.

반대로 일본의 항복결정이 더 늦었다면 소련군은 한반도 전체뿐만 아니라, 일본 홋까이도오의 일부까지 점령했을 가능성이 큽니다. 전쟁 후 동북아시아에서의 미·소 두 전승국 사이의 세력판도가 크게 달라졌겠지요.

2차대전 후 미·소 양군이 38도선을 경계로 한반도를 분할 점령하게 된 근본적인 원인은 물론 일본이 한반도를 강점한 데 있습니다. 한반도가 일본에게 강점되지 않았다면, 미·소 양군이 일본군과 전쟁을 했다 해도 한반도를 점령할 이유가 없는 것이죠.

한반도 분단에 대한 일본의 책임은 그뿐만이 아닙니다. 아직까지 고의적이었다는 증거는 없지만, 일본이 항복한 시점과 38도선이 획정된 사실 사이에도 깊은 연관성이 있음을 알 수 있습니다.

2. 38도선이 왜 민족분단선이 되었을까요

지정학적 위치에 대한 바른 이해가 필요합니다

1강의에서도 잠깐 말했지만, 역사학에서 지정학적 위치를 중요한 문제로 거론하다간, 잘못하면 숙명론적 역사인식에 빠질 위험이 있다고들 말합니다. 하지만 어느 한 민족사회의 국토 위치가 그 민족의 역사 전개에 큰 영향을 미친다는 것을 부인할 수는 없습니다.

그렇다고 해서 지정학적 위치라는 것이 언제나 불리하게만 작용하거나 또 유리하게만 작용하지는 않습니다. 시대의 변천에 따라, 민족 구성원들의 노력과 역사인식의 변화에 따라 불리한 위치가 유리하게 작용할 수도 있고 또 그 반대일 수도 있지요.

한반도의 경우도 결코 예외일 수 없음은 더 말할 나위가 없습니다. 20세기에는 한반도의 지정학적 위치가 식민지가 되고 또 분단되는 데 중요한 원인의 하나로 작용했던 것이 사실입니다.

그러나 21세기에는 세계사적으로 제국주의 침략이 완화되거나 청산되고 민족사적으로 평화통일이 이루어진 후에는, 그 위치가 가지는 의의가 크게 달라질 것이라 전망할 수 있습니다.

전체 강의를 마치는 부분에서 더 상세히 이야기하겠지만, 통일된 한반도지역은 중국대륙과 일본과의 대립 및 대치를 중화시키면서, 동아시아의 평화를 담보하는 지렛대가 될 수 있을 것입니다. 이때 한반도의 지정학적 위치는 20세기와는 달리 여러가지 면에서 대단히 유리하게 작용할 것입니다.

한반도는 중국대륙과 일본열도 사이에 위치해 예로부터 대륙문명이 일본으로 전파되는 통로 역할을 했습니다. 한편으로는 중국대륙에서 한족(漢族)사회와 새외(塞外) 민족사회 사이에 패권다툼이 일어날 때마다, 또 일본에 성립된 정치세력이 중국대륙을 침략하고자 할 때마다 그 영향을 크게 받지 않을 수 없었습니다.

지정학적으로 그런 어려운 위치에 놓여 있으면서도 한반도지역은 역사시대 이래 계속 그 정치적·문화적·민족적 독자성을 유지해왔습니다. 한편으로 역사적 시련이 어느 민족사회보다 가혹했음도 사실입니다.

근대 이전의 국제질서 아래서 한반도지역은 병자호란 때의 패배 이래, 중국대륙 쪽 청나라와 종속관계에 있었습니다. 근대로 오면서 일본이 한걸음 앞서 자본주의화하고, 한발 늦은 한반도를 그 상품시장 및 원료공급지로 삼으려 했지요. 그 때문에 조선의 종주국이었던 대륙 쪽 청나라와 충돌하지 않을 수 없었습니다.

이때도 이미 한반도를 한강 선에서 분할하여 그 남과 북을 각각 일본과 청나라의 세력권 속에 둠으로써 청일전쟁을 피할 수 있다는 의견이 일부에서 제시되기도 했습니다.

그러나 청나라보다 산업화에 한걸음 앞선 일본이, 한반도의 이권을 독점하려 한 일본이 청일전쟁을 도발하여 이기게 되자, 한반도에서 일본세력이 독점적으로 확장될 상황이 되었습니다.

한편 태평양으로 진출하기 위해 이른바 부동항을 구하던 또 다른 대륙세력이며 당시 세계 최강의 육군을 가진 제정러시아가, 반일적인 조선정권과 결탁하여 한반도에 깊이 침투하여 일본을 견제했습니다.

1강의에서 말한 것과 같이, 이때도 궁지에 몰린 일본 쪽에서 러일전쟁을 피하기 위해 38도선을 경계로 그 남과 북을 각각 일본과 러시아의 세력권 안에 두자는 의견이 나오기도 했습니다.

그러나 일본이 같은 해양세력인 영국과 미국의 도움을 받아 러시아에 전쟁을 도발하고, 일본이 유리한 상태에서 역시 미국과 영국의 도움으로 전쟁이 끝나자, 한반도는 결국 일본의 강점 아래 들어가고 말았습니다.

이같이 복잡하고 어려운 지정학적 위치에서 정치·경제·군사·외교적으로 주변 국가들보다 강하거나 앞서지 못한 한반도지역이 국가적·민족적 독립을 유지하고, 동아시아의 평화가 유지되려면, 이 지역이 영세국외중립지대가 되어야 한다는 국내외의 견해가 있었습니다.

실제로 러일전쟁을 앞둔 시점에서 대한제국정부가 중립을 선언했으나 일본의 한반도 침략욕 때문에 무위로 돌아갔다는 것도 1강의에서 언급했습니다.

35년간이나 한반도를 강점했던 일본제국주의자들이 태평양전쟁에서 패배할 무렵, 상황은 다시 전승국인 해양세력 미국과 대륙세력 소련 중 어느 쪽도 한반도를 독점적으로 점령할 수 없는 상황이 되었고, 따라서 한반도는 미·소 양군이 분할 점령했습니다.

2차대전의 양대 전승국인 미국과 소련은 전쟁이 끝나갈 무렵, 한반도 전체를 제각기 독점적 세력권 속에 둠으로써 동아시아에서 유리한 형세를 유지하고 싶었겠지요.

소련이 한반도를 독점했다면 미국이 세력권에 두고 싶은 일본이 위협받을 것이고, 반대로 미국이 한반도를 독점했다면 소련이 세력권에 두고 싶은 '만주'가 위협받을 가능성이 높았겠지요.

그렇다고 해서 2차대전이 끝나는 시점에서 미국과 소련 등 두 전승국이 한반도를 각기 독점적으로 세력권에 넣기 위해 전쟁을 벌일 상황은 아니었습니다.

미·소 양국은 동아시아에서 평화적이건 냉전적이건 세력균형을 이루어야 할 필요가 있었습니다. 이를 위해 분할 점령하고 있던 한반도 지역을 그대로 분단하여 그 남과 북을 각기 제 세력권 안에 두었던 것입니다.

2차대전이 끝났을 당시 한민족사회는 시야를 넓혀서 전승국간의 세력균형의 필요성 때문에 국토가 분단될 위험이 있음을 제대로 인식하고, 분단방지책을 시급히 마련해야 했습니다. 국토분단으로 빚어질 민족분단을 막는 일이, 당시의 한민족사회가 당면한 최대 과제였던 것입니다.

그러나 식민지배에서 막 벗어나 근대민족국가 경영의 경험을 축적하지 못한 상태였던 한민족사회는 국제세력 사이의 분단책동을 스스로 극복할 만한 능력을 갖지 못했던 것입니다. 뿐만 아니라 외세의 분단책동에 동조하는 세력, 즉 분단책동세력이 민족 내부에 형성되기도 했지요.

게다가 11·12강의에서 말했듯이 해방 전 민족해방운동전선의 통일전선운동은 주로 중국 관내지역에서 일어난 반면, 해방 후 한반도를 분할 점령한 연합국은 미국과 소련이었습니다.

1945년 9월 2일 미 극동함대 미 주리호 선상에서 연합군 사령관 매카서가 지켜보는 가운데 항복 문서에 서명하는 일본 대표.

해방 직전 1940년대의 좌우익 통일전선운동은 중국 관내지역에서 일어났지만, 해방 후 남북의 집권세력은 모두 중국 관내지역에서 추진된 좌우익 통일전선운동이 미치지 않은 국내와 미국, 그리고 시베리아에 있었던 것이지요.

38선과 3상회의 결정의 관계를 알아야 합니다

앞에서 보았듯이 38도선이 당초부터 민족분단선으로 그어진 것은 아니었습니다. 전승국 미·소 양군이 각기 일본군의 항복을 받고 무장해제할 지역을 구분한 선으로 미국이 일방적으로 긋고, 소련이 동의한 하나의 경계선이었습니다.

전쟁중 연합국들은 전쟁이 끝난 뒤 한반도를 신탁통치할 것에는 합의했으나, 한반도를 독일처럼 몇 개 지역으로 분할해서 신탁통치하겠다는 것은 전혀 아니었습니다.

따라서 미·소 양군의 한반도 분할점령이 이후 한반도 분단의 한 가지 전제조건이 된 것은 사실이지만, 38선 획정과 분할점령 자체가 곧 한반도의 장기적 분단을 의미하는 것은 아니었습니다.

얄따회담(1945. 2)에서 한반도 신탁통치에 합의할 때도 그랬지만 그후의 포츠담회담(1945. 7) 때까지도, 연합국들은 일본의 항복과 더불어 미·소 양군이 한반도를 분할 점령한다는 계획을 구체적으로 가지고 있지는 않았습니다. 다만 포츠담회담 때의 군사회담에서 동해안의 해상작전 분계선으로 38도선이 거론된 바는 있었다고 하지만.

38도선은 오끼나와 상륙작선에서 크게 타격받은 미군의 최전방부대가 빠른 시일 안에 한반도에 상륙할 수 없는데도 소련군이 대거 한반도로 진격하고, 소련군의 홋까이도오 상륙을 막기 위해 일본이 재빨리 항복한 상황에서, 미국에 의해 급히 그어진 것입니다.

전쟁중 얄따회담에서 최종적으로 한반도 신탁통치안에 합의했던 미·영·소 등 연합국은 그후에 일어난 한반도 상황, 즉 38선이 그어지고 미·소 양군이 분할점령한 상황에서, 한반도문제를 포함한 세계대전 후의 제반문제 해결을 위해 모스끄바 3상회의를 열었습니다(1945. 12. 16~26).

이 회의에서 얄따회담에서 이미 결정된 한반도에 대한 신탁통치를 실시하기 위한 구체적인 안이 제시되었는데, 미국안과 소련안이 서로 달랐습니다.

먼저 미국안을 보면 ㉠1인의 고등판무관과 미·영·중·소 4개 신탁통치국 대표로 구성되는 집행위원회가 ㉡조선인을 행정관·상담역·고문 등에 임용하여 ㉢조선이 독립할 때까지 행정·입법·사법적 통치권을 행사한다는 내용이었습니다. 그리고 ㉣신탁통치 기간은 5년으로 하고 필요하면 5년을 더 연장한다는 것이었죠.

이에 비해 소련안은 ㉠장차 조선독립국가를 재건하기 위한 민주적 조선임시정부를 수립하되 ㉡이를 위해 미·소 양군 대표로 공동위원회를 구성하며 ㉢그 공동위원회가 조선의 민주적 정당·사회단체들과 협의해서 임시정부를 만든다는 것이었습니다. 그리고 ㉣이 임시정부가 5년간 4개 연합국의 감독을 받으면서 한반도 전체를 다스린다는 안이었습니다.

미국안은 연합국 대표로 구성되는 집행위원회가 통치권을 가지는 데 비해, 소련안은 조선사람으로 구성되는 임시정부를 수립하고, 그 정부가 미·영·중·소 등 4개 연합국의 감독 혹은 후견을 받으면서, 5년간 한반도를 통치하는 것이었습니다.

3상회의에서는 결국 조선인이 임시정부를 구성하여 신탁통치를 받게 하는 소련안이 채택되었지만, 모스크바 3상회의 결정 어디에도 38도선을 그대로 둔다는 결정은 없었습니다.

즉 3상회의 결정에 따라 성립될 미소공동위원회가 조선의 민주적 정당·사회단체들과 협의하여 조선임시정부를 발족시키면 그날로 38도선은 없어지는 것이었습니다.

그리고 그 조선임시정부가 38도선이 없어진 남북한 전체를 5년간 통치한 다음 총선거를 실시하고, 여기서 가장 많이 득표한 정치세력을 중심으로 정식 독립정부를 수립하는 것이었습니다. 문제는 신탁통치 5년에 있었습니다.

일제강점 시대 35년간 꾸준히 투쟁해온 민족해방운동세력은 처음에는 좌우익을 막론하고 해방과 함께 즉시 독립하기를 원했습니다. 이는 카이로선언에서 "일정한 절차를 밟아서" 독립시킨다고 한 사실을 간과했거나, 아니면 모른 척한 것이라 할 수 있을지 모르겠습니다.

해방 전부터 연합국, 특히 미국의 한반도 국제공동관리론에 반대해온 중경임시정부 세력이 신탁통치안을 적극 반대했습니다. 이에 반해 재건된 조선공산당을 중심으로 하는 좌익 쪽은 곧 "3상회의 결정의 총체적 지지"라는 입장을 취하면서 신탁통치에 찬성했습니다.

당초 미·소 양군이 일본군의 항복을 받기 위해 경계선으로 그은 38도선이 장차 남북 두 분단국가 사이의 대결선과 국경선으로, 나아가서 민족분단선으로 고착되어갈 조건은, 연합국이 38도선을 그었다는 사실 그것에만 있지는 않았습니다.

　38도선이 설령 미·소 양국에 의해 일본군의 항복을 받는 경계선으로 그어졌다 해도, 곧 민족분단선으로 고착될 위험이 있음을 간파하고 이를 조속히 철폐하는 길을 찾으려는 민족사회 자체의 노력이 절실했던 것입니다. 다음 강의에서 말하겠지만, 그런 노력은 모두 실패하고 민족사는 결국 남북 두 분단 국가가 성립되는 길로 가고 말았습니다.

통일민족국가 수립에
실패한 과정을 알아야 합니다

일본제국주의를 패망시키고 한반도를 해방시킨 연합국들 특히 미국과 소련이 합의하여 38도선이 그어졌으나, 처음부터 한반도에 두개의 국가를 수립하려 한 것은 아니었습니다.

그들은 당초 하나의 국가를 세우려 했고, 그 구체적 방법이 신탁통치안이라 할 수 있습니다. 그런데 결과적으로 두개의 분단국가가 세워지고 말았으며, 그 때문에 6·25전쟁이 발발하고 그후 반세기가 넘도록 민족분단 상태가 고착되었습니다. 연합국들의 당초 계획이 어떻게 잘못되어 결국 두개의 분단국가가 세워지게 되었는지, 그 경위를 정확하게 아는 일이 중요합니다.

연합국들은 한반도에 하나의 국가를 수립하는 수순으로 미소공동위원회를 통해 남북 전체의 임시정부를 수립하고 신탁통치를 시행하는 과정을 제시했지만, 민족사회 내부의 좌익은 신탁통치를 찬성하고 우익은 그것을 반대함으로써 합의를 이루지 못하고, 결국 두개의 분단국가가 세워졌습니다. 신탁통치를 우익은 왜 반대하고 좌익은 왜 찬성했을까요. 그 정확한 이유를 알아야 통일민족국가가 수립되지 못한 원인을 알 수 있습니다.

1. 찬탁론과 반탁론이 극렬히 대립했습니다

신탁통치안 전달과정부터 잘못됐습니다

일본제국주의 패망 후 미·소 두 전승국의 한반도문제 처리과정에서 모스끄바 3상회의 결정은, 사실상 최고 권위의 결정이었습니다. 그러한 회의에 좌우익을 막론하고 우리 민족의 어느 한 사람도, 대표는 고사하고 참관인 자격으로도 참석하지 못한 상태에서, 연합국들이 일방적으로 결정을 내려버린 것입니다.

우리 민족은 35년간 줄기차게 민족해방운동을 계속했으면서도, 해방 후 자신의 진로를 결정하는 최고 권위의 국제회의에 민족구성원 중 한 사람도 참가하지 못했으며, 때문에 그 내용조차 정확하게 전달받지 못했습니다. 이 과정에서 이미 민족적 비극이 싹텄다고 할 수 있지요.

모스끄바 3상회의 결정이 국내에 처음 전해진 것은 그해 12월 27일이었습니다. 28일자 『동아일보』는 모스끄바 3상회의에서 미국은 카이로선언에 따라 조선을 즉시 독립시키고, 그 정부형태를 국민투표로 결정하자고 한 데 반해, 소련은 남북 두 지역을 통틀어서 한 나라가 신탁통치할 것을 주장했다고 보도했습니다.

13강의에서 살펴본 것처럼, 전쟁이 끝난 뒤 조선에 신탁통치를 실시하자고 먼저 주장한 쪽은 미국이었고 영국과 소련이 이에 따랐습니다. 그리고 신탁통치 기간을 길게 잡은 쪽도 미국이었지요.

그런데 모스끄바 3상회의 결정을 국내에 처음 전달한 신문은, 한반도에 대한 신탁통치를 소련이 주장하고 미국이 반대한 것처럼 보도한 것입니다.

왜 이렇게 보도했는가는 좀더 규명되어야 하겠지만, 다음해(1946) 1월 하순, 신탁통치를 먼저 제안하고 그 기간을 길게 잡은 것이 미국이었음을 소련이 해명했고, 그것이 국내에 전해지기는 했습니다.

그러나 『동아일보』의 당초 '오보'는 모스끄바 3상회의 결정이 가진 두가지 초점 중 하나만 강조하는 결과가 되었습니다. 즉 남북 전체를 통치할 임시정부를 수립하면 민족분단선이 될 가능성이 있는 38선이 없어진다는 점은 뒷전으로 밀려나고, 5년간이나 연합국의 신탁통치를 받아야 한다는 점만이 일반 국민들에게 부각된 것이지요.

모스끄바 3상회의 결정은, 첫째 한반도에 남북을 통일한 임시정부를 수립하여 38도선과 미·소 양군의 분할점령 상태를 해소하고, 둘째 수립되는 남북통일 임시정부가 미·영·중·소 등 연합국의 감독과 원조 내지 후견을 받으면서, 5년간 한반도 전체 지역을 통치하는 것입니다.

셋째 신탁통치 5년 후 이 임시정부 관리로 총선거를 실시하여 국민의 지지를 가장 많이 받은 정치세력에게 정권을 넘겨줌으로써, 한반도에 완전한 독립국가를 수립되게 한다는 것이었습니다.

그런데 이 '오보'는 소련이 주도적으로 한반도 전체를 신탁통치하려는 것처럼 국민들이 인식하게 하여, 반소·반공 분위기가 높아지는 데 큰 영향을 끼쳤습니다.

이 '오보' 때문에 3상회의 결정이 전해지자마자, 미·소 양군의 분할점령을 극복하고 남북 전체를 포괄하는 임시정부를 수립하여 38선을 철폐하는 문제보다, 즉시 독립이 아니고 5년간 신탁통치를 받아야 하는 점이 더 크게 부각되고 강조되어, 반탁운동이 크게 일어나게 된 것이지요.

신탁통치 반대 분위기에 부딪힌 미군정의 하지 사령관은 기자회견을 하고 한국민주당(한민당)·국민당·공산당·인민당 등 좌우익 정당 지도자들을 초청하여(12. 29), 신탁통치가 원조와 협력을 의미하며, 38도선을 철폐하고 남북통일정부를 세우는 최선의 방법임을 설명했습니다.

그리고 신탁통치 기간에도 통치권은 조선임시정부가 가진다는 사실을 강조하면서, 신탁통치라는 용어 대신 원조·지원·자문이라는 용어가 타당하다고 했습니다.

또 미본국정부도 남한의 미군정 당국에게 신탁통치의 참뜻을 조선인에게 설득하는 방안을 지시했습니다(12. 30). 미본국정부가 말하는 신탁통치란 이런 것이었습니다.

㉠신탁통치가 남북 두 지역을 즉시 통합하는 조치라는 점 ㉡미소공동위원회가 조선의 민주주의 단체들과 협의를 통해 민주주의 임시정부를 조속히 수립하는 방안이라는 점 ㉢신탁통치 조건은 미소공동위원회가 앞으로 수립될 조선임시정부와 협의하여 결정한다는 점 ㉣신탁통치 기간은 길어도 5년이라는 점 등이었습니다.

미본국정부와 미군정 양쪽이 모두 처음에는 3상회의 결정이 남북 전체를 포괄하는 임시정부를 수립하고 38도선을 철폐하는 데 더 큰 의미가 있다는 것을 강조했다는 사실은 주목할 만합니다.

38도선도 없애고 5년간 신탁통치도 안 받을 수 있는 길이 있는가, 38도선을 없애기 위해 5년간 신탁통치를 받는 것이 옳은 일인가, 5년간의 신탁통치를 안 받으려다가 38도선이 그대로 민족분단선이 되게 할 것인가 등 몇가지의 엄중한 선택이 이 시기의 우리 민족사회 앞에 놓였었다고 할 수 있지요.

찬·반탁 노선의 대립이 극심해졌습니다

미군정 쪽의 이같은 해명에도 불구하고, 특히 중국에서 돌아온 김구 세력 중심 임시정부 쪽의 반대운동은 강력했습니다. 이들은 미군정에

한국민주당 8·15 직후 일제하의 지주와 미국식 교육을 받은 보수 우익세력 중심으로 조직된 정당. 조선인민공화국 타도와 중경 임시정부 절대지지 노선을 내걸었다. 1차 미소공동위원회 결렬 후 이승만의 단독정부 수립 입장에 동조하여 임정과 정치노선을 달리했다. 농지개혁 과정에서 유상매입·유상분배 원칙을 고수했고, 반민족행위처벌법 처리과정에서도 미온적인 태도를 보였다.

대해 중국에서 돌아온 임정을 즉시 승인하라고 요구했습니다.

그러면서 전국 미군정청 조선인 관리의 총사직, 38도선 이북의 조선인 행정·사법 담당자 총이탈, 전국민 총파업, 신탁통치 배격운동 불참자에 대한 민족반역자 규정, 전체 정당의 즉시 해체 등을 내용으로 하는 12개 실행방법을 채택했습니다.

또 '국자(國字) 1호'를 발표하여 "현재의 전국 행정기관에 속한 조선인 직원은 전원 임정 지휘하에 들어오라"고 촉구하고, 중국에서 돌아온 임정의 행정권 행사를 주장하면서 전국 총파업을 지시했습니다 (12. 31).

미군정이 이같은 임정 쪽의 조치를 쿠데타로 간주한다고 발표하고, 그 요원들의 중국 추방을 통고하자, 임정 쪽은 파업지시를 철회했습니다.

한편 송진우(宋鎭禹)가 수석총무이던 한국민주당에서도 신탁통치반대 국민운동을 전개할 것을 선언하고, 안재홍(安在鴻)이 당수이던 국민당에서도 신탁통치안은 국제공약 위반이며 국제적 식민지화라면서 독립 전취를 선언했습니다.

그러나 즉시 독립보다 정치훈련기간, 즉 훈정기(訓政期)의 필요성을 주장했다는 송진우는 신탁통치반대 국민총동원위원회 조직회의에 참석하고 돌아와서 바로 암살되었습니다.

중국에서 돌아온 임정이나 우익정당뿐만 아니라 신문기자회·미술협회·변호사회·의사회·학술문화단체 등 사회단체도 대거 신탁통치 반대운동에 참가했습니다.

모스끄바 3상회의 결정이 미군정 쪽의 설명과 같이 남북통일 임시정부를 수립하고 38도선을 없애는 길이라는 점은 뒷전이 되었지요. 신탁통치 실시 부분만 부각·강조됨으로써, 반탁은 애국이며 즉시 독립의 길이요, 찬탁은 매국이며 식민지화라는 등식이 성립되어갔습니다.

3상회의 결정이 신탁통치안 중심으로 국내에 알려지게 되자 처음에는 조선공산당의 정태식(鄭泰植)도 사견임을 전제로 하여 5년 아니라 5개월의 신탁통치도 반대한다고 했습니다.

건국준비위원회가 선포한 조선인민공화국도 신탁통치반대투쟁위원회를 조직했고(12. 28), 건국동맹의 후신인 여운형 중심의 인민당도 신탁통치는 단호히 반대한다 했습니다.

한편 조선공산당 중앙위원회와 당수 박헌영(朴憲永)은 1946년 신년담화에서 신탁통치 문제는 민족통일전선으로 해결해야 한다고 했습니다. 그러다가 조선공산당과 그 북부조선 분국은 1946년 1월 2일부터, 인민당은 1월 5일부터 "3상회의 결정을 총체적으로 지지한다"고 발표하고, 남북통일 임시정부 수립 문제를 강조했습니다.

그리고 모스끄바 결정은 세계 민주주의의 발전을 향한 일보 진전이며, 조선을 독립국가로 부흥시키고 민주주의의 기초 위에서 국가가 발전할 조건을 만드는 것이고, 오늘의 조선을 위해 가장 정당한 결정이

조선공산당 박헌영 등은 8·15 해방 후인 1945년 9월 11일 일제하에서 파괴된 조선공산당을 재건했다. 당면 주장으로 ①조선의 노동자·농민·도시빈민·인텔리겐찌야 등 일반 근로인민의 이익을 옹호하고 급진적인 개혁을 위한 투쟁, ②조선민족의 완전한 해방과 봉건잔재의 일소, ③혁명적·민주주의적 인민정부 수립 등을 내걸었다. 미군정의 공산당간부 체포령으로 당원 다수가 월북했으며, 남조선노동당과 북조선노동당이 성립, 두 당이 양립하게 되었다. 그후 남조선노동당 조직원은 남과 북에서 모두 체포되거나 숙청되었다.

조선인민당(인민당) 여운형의
건국동맹을 주축으로 고려국
민동맹·인민동지회·일오회
등 군소 정파가 통합해 결성
한 중도좌파의 정치단체. 진
정한 민주주의 국가 건설, 계
획경제제도 확립, 진보적 민
족문화 건설을 지향했다.
1946년 남조선신민당·조선
공산당·조선인민당의 3당합
당운동 때 여운형을 중심으로
한 세력이 따로 사회노동당을
조직함으로써 창당 1년 만에
해체되었다. 이후 여운형 등
은 사회노동당을 해체하고 조
선인민당재건위원회를 구성
했다가 동조세력을 모아 1947
년 5월 24일 근로인민당을 결
성했다. 강령·정책 등은 조선
인민당과 유사했다.

라고 했습니다.

조선공산당은 또 김구 등의 신탁통치 반대운동은 조선에 극히 위험
한 결과를 가져올 것이 필연적이라고 비판했습니다. 서울시 인민위원
회 주최로 개최될 예정이었던 신탁통치반대 시민대회가 모스끄바 결
정 지지대회(1. 3)로 급변하기도 했습니다.

인민당 당수 여운형은 3상회의 결정은 지지하되 신탁통치 문제는
자주적으로 해결해야 한다는 담화를 발표했습니다(1. 14). 이때까지는
인민당과 같은 좌익정당이라 해도 바로 찬탁론을 펼 상황이 못 되었음
을 말해주는 것이지요.

반탁론과 찬탁론의 대립을 계기로 이후의 정치정세는 급격히 좌우
대립 방향으로 나아갔습니다. 우익계열은 반탁노선을 중심으로 통일
전선을 형성하고, 좌익계열은 찬탁노선을 중심으로 통일전선을 형성
한 것이지요.

반탁론과 찬탁론이 가진 의미는 무엇일까요

1차대전 후 패전국의 식민지는 대체로 전승국의 위임통치 지역이
되었는데, 2차대전 후 연합국은 패전국의 식민지를 신탁통치 지역으
로 하려 했습니다.

그러자 반탁노선에서는 그것이 식민지배의 연장이며 따라서 반탁
운동은 독립운동의 연장이라 보았습니다. 신탁통치 기간이 확정되어
있다는 점에서 이를 식민지배의 연장이라 할 수는 없겠지만, 그러나
즉시 독립이 아닌 것도 사실이었지요.

한반도 신탁통치와 관련해서 먼저 미국의 처지를 봅시다. 미국은
우선 소련이 참전하자 급히 38도선 경계를 제안했고 소련이 이를 수락
함으로써, 전쟁중에 결정한 한반도 신탁통치가 일단 가능하게 되었습
니다.

또 미국으로서는 소련과의 합의에 의해 실시되는 5년간의 신탁통치

가 끝난 후, 한반도 전체가 미국 자본주의 세계시장 구도 속에 포함되게 하는 것이 최선의 길이었습니다.

그것이 불가능할 경우 차선책으로 미국에 적대적이지 않은 정권이 한반도에 성립되게 하는 일이 중요했습니다. 그것도 어려울 경우 한반도의 절반만이라도 그 세력권 속에 두어, 대륙의 공산주의 세력으로부터 일본을 방어하는 전초기지가 되게 하는 길을 택해야 했겠지요.

다음은 소련의 처지를 봅시다. 한반도를 신탁통치하는 국가 중 자본주의국가는 미국·영국·중국 3개국인 데 비해, 사회주의국가는 소련뿐이어서 한반도 신탁통치는 소련에게 불리한 조건이기도 했습니다.

그러나 해방 직전 좌익세력의 항일운동이 우익세력의 그것보다 상대적으로 활발하고 조직적이었으며, 그 영향이 해방 후에까지 미치고 있었으므로, 소련은 신탁통치가 끝난 뒤 전체 한반도에서 자국에 유리한 방향으로 권력이 형성되리라 기대했을 수 있습니다.

따라서 소련은 해방 후 한반도가 즉시 독립하거나 그렇지 않을 경우 신탁통치 기간이 짧을수록 유리하다고 보았겠지요. 또 미국과 달리 지리적으로 한반도와 연결되어 있는데다가, 소련 국내에 훈련된 조선인 사회주의자가 상당수 있어서 이들이 귀국할 경우, 조선 내의 사회주의 세력이 더 강화될 수 있다는 점 등을 고려할 수 있었습니다.

이 때문에 미국이 외국인 고등판무관 중심의 집행위원회가 통치하는 신탁통치안을 제의한 데 반해, 소련은 조선인으로 구성된 임시정부가 통치하는 신탁통치안을 제의했고, 이 안이 그대로 결정되었지요.

조선 정계 전체를 통틀어 사회주의 세력이 상대적으로 강하다고 본 소련으로서는 자국안이 결정된 것이 유리하게 작용하리라 생각했을 것입니다. 그리고 명분상으로도 외국인 고등판무관 중심 임시정부안보다 조선인 중심 임시정부안이 한반도 주민을 설득하기 쉬울 것으로 보았을 것입니다.

다음 국내 좌익세력의 입장을 봅시다. 조선공산당은 신탁통치를 찬

조선신민당(신민당) 1946년 2월 16일 조선독립동맹 계열을 주축으로 북쪽 지역에서 조직된 정당. 같은 해 8월 29일 북조선공산당과 합당했다. 남쪽에서는 백남운 주도의 경성특별위원회를 중심으로 본격적인 활동을 전개하다가, 같은 해 6월 30일 남조선신민당 중앙위원회로 개칭했으며, 3당합당 시기에 일부는 남로당에 통합되었다.

성하면서 그것이 미·영·소 등 국제민주주의 세력의 조선독립 원조 방안이라 주장하고, 친일파와 민족반역자를 제외한 민족통일전선안을 제시했습니다.

인민당은 신탁통치가 즉시 독립은 아니지만, 자주독립국가와 건전한 민주독립국가를 건설하기 위한 국제적 원조라고 주장했습니다. 중국공산군 지역에서 활동한 조선독립동맹의 후신 신민당(新民黨)은, 민주주의 조선을 건설하는 데는 미·소의 타협이 필요하며, 신탁통치 문제는 역시 통일전선으로 해결해야 한다 했습니다.

좌익세력의 주장을 전체적으로 보면 국내에 있던 우익세력의 상당수는 친일경력의 소유자여서 새 국가 건설과정에서 제외되어야 하고, 해외전선에서 투쟁한 임시정부 중심의 우익세력은 해방 전에 이미 민족통일전선노선에 참여한 경험이 있기 때문에, 해방 후의 정권 수립 역시 민족해방운동전선에서의 통일전선노선의 연장선상에서 이루어질 수 있다는 것이었습니다.

그 바탕에는 ㉠국내 우익세력의 상당수는 친일파·민족반역자로서 남북통일 임시정부 수립과정에서 제외하고 ㉡반일적 우익세력과 통일전선을 이루어 신탁통치를 실시할 임시정부를 수립할 경우 ㉢좌익전선의 처지가 유리하다는 전망이 깔려 있었다고 볼 수 있습니다.

한편 중국에서 돌아온 임시정부의 처지를 봅시다. 임시정부는 귀국 당시에는 좌우익 통일전선정부를 이루었지만, 귀국 후 김구 중심의 우파가 강력한 반탁노선으로 나아가자, 김원봉 등 좌파가 임정에서 탈퇴했습니다(1946. 1. 24).

임정 우파가 신탁통치 반대노선으로 치닫게 된 데는 그만한 이유가 있었습니다. 임정은 해방 전 미국을 비롯한 연합국들로부터 승인을 못 받고, 미국 등의 한반도 국제공동관리론을 극복하지 못한 채, 그 구성원들이 개인 자격으로 귀국할 수밖에 없었습니다. 그런데 이제 그 국제공동관리론이 신탁통치론으로 나타난 것입니다.

그 때문에 중국에서 귀국한 임정이 해방정국을 주도하여 장차 총선거를 담당할 실질적 임시정부가 될 길은 막히고, 한낱 '망명정부'로 남을 상황이었습니다. 미소공동위원회에 의해 새로운 임시정부가 성립될 경우 말입니다.

또 국내에 정치적 기반이 거의 없는 임정 우파가 좌익진영의 통일전선론에 호응해서 신탁통치를 위한 남북통일 임시정부 수립에 함께 참여할 경우, 새로 성립될 임시정부를 주도할 수 있느냐 하는 문제가 있었습니다. 그리고 5년의 신탁통치 후 실시될 총선거를 통해 집권할 전망이 있는지도 문제였지요.

중국에서 귀국한 임정의 우파로서는 미군정과 소련군정에게 다시 요구하여 임시정부로서 승인받고 총선거를 담당함으로써 즉시 독립을 이루어내는 것이 최상의 길이었습니다.

해방 전 중경시절 연합국들에게 승인을 요구하면서 국제공동관리론을 반대했던 연장선상에서, 신탁통치를 적극 반대하는 길밖에 없었다고 하겠지요.

그러나 해방 후 신탁통치가 거론되던 당시는 해방 전 국제공동관리론을 반대하던 때와는 상황이 달랐습니다. 38도선이 그어지고 그 남과 북을 미·소 양군이 분할 점령해 국토분단, 민족분단의 위험이 커져 있었던 것이지요.

마지막으로 국내 우익세력의 처지를 봅시다. 국내 우익세력의 가장 큰 집결체였던 한국민주당의 경우, 현실적으로 38도선 이남을 점령·통치하고 있는 미군정에서 여당적 위치를 확보하고 있었습니다.

그러나 일본제국주의와 적극적으로 투쟁한 업적이 없고, 그 구성원 중에는 친일경력자가 많아서 명분상 취약할 뿐만 아니라, 신탁통치를 위해 남북통일 임시정부를 수립하기 전에 먼저 친일파 숙청부터 하면, 크게 타격을 받을 상황이었습니다.

신탁통치가 실시되고 남북을 통틀어 다스리는 임시정부가 수립되는 경우, 한민당같이 식민지배 아래서의 투쟁 실적이 취약한 지주 중심의 정치세력이, 상대적으로 투쟁 실적과 조직력이 강하고 민중적 지지와 명분까지 갖춘 좌익세력과 겨루어서, 그 정치적 위치를 보전하기는 어려웠겠지요.

이 점에서 한민당은 국내의 정치적 기반이 거의 없고, 남북의 좌익세력과 함께 단일 임시정부를 수립할 경우 정치적 주도권을 확보하기가 쉽지 않을 임정 우파 및 이승만과 이해관계를 같이했다고 하겠습니다.

이 때문에 중국에서 귀국한 임정 우파 및 이승만세력과 한민당이 연합한, 비교적 광범위한 신탁통치 반대전선이 형성될 수 있었던 것이라 하겠지요.

그러나 이후 남한만의 단독정부 수립과정에서는, 해방 전 중국에서 좌우익 통일전선에 참가한 경험이 있는 김구·김규식 등 임정 우파와, 그렇지 못한 이승만·한민당 연합세력은 노선을 달리하게 됩니다.

2. '미소공위'가 통일임시정부 수립에 실패했습니다

제1차 미소공위의 결렬 과정은 이렇습니다

전체 한반도에 신탁통치를 실시하기 위한 남북통일 임시정부를 수립하고자 개최된 제1차 미소공동위원회(1946. 3. 20)는 '공동성명 제5호'를 발표했습니다(4. 18).

남북단일 임시정부 수립에 참가할 정당·단체는 모스끄바 3상회의 결정을 수락한다는 선언서에 서명하는 정당·단체에 한정한다는 내용이었습니다. 미소공동위원회는 5년간의 신탁통치를 수락하는 정당·단체하고만 임시정부 수립 문제를 협의하겠다는 것이었지요.

좌익세력은 3상회의 결정을 총체적으로 지지한다 했으니까 문제될 것이 없었으나, 신탁통치를 반대한 우익세력들이 문제였습니다. 남북 단일 임시정부 수립에 참가한다 해도 거기서 주도권을 쥘 수 있을지가 문제였지만, 신탁통치를 수락하지 않는 한 미소공동위원회의 협의대상에도 들지 못하게 된 것입니다. 협의대상이 못 되면 임시정부에 참가할 길이 막히는 것이죠.

'공동성명 제5호'에 대한 우익세력의 대응을 세분해서 보면 이렇습니다. 중국에서 귀국한 임정 우파 중심의 한국독립당은 선언서에 서명하는 일 자체가 신탁통치를 수락하는 것이라면서 서명을 거절한다고 발표했습니다.

이에 비해 한민당은 임시정부에 참가한 후 신탁통치를 반대한다는 방법을 택했고, 이승만은 찬·반탁을 막론하고 공동위원회의 협의대상이 되어야 한다고 주장했습니다. 조선민족혁명당계이면서도 임정에 남아 있던 김규식은 '공동성명 제5호'를 지지한다고 했습니다.

우익 쪽의 대응이 이렇게 나타나자 소련은 반탁운동단체를 임시정부 수립문제 협의를 위한 공동위원회에 초청하는 것을 거부했습니다. 미국은 반탁운동도 자유로운 의사표시의 한 방법인 만큼 참가를 봉쇄하는 것은 부당하다고 주장했습니다.

소련은 또 반탁단체를 미소공동위원회에 초청하는 문제뿐만 아니라, 미국이 미소공동위원회에의 초청대상으로 제출한 남쪽의 20개 단체에도 문제가 있음을 지적했습니다.

남쪽 좌익단체의 연합체인 민주주의민족전선 소속 정당·단체는 3개뿐인 반면, 우익단체 연합체인 '대한국민대표 민주의원' 소속 정당·단체는 17개나 되는데, 이들은 모두 3상회의 결정을 반대하는 정당·단체라는 점을 소련이 지적한 것입니다.

또 60만명의 회원을 가진 조선노동조합전국평의회, 30만명의 회원이 있는 조선부녀총동맹, 65만명의 회원을 가진 조선민주청년동맹, 회원 3백만명의 전국농민조합총연맹과 같은 단체들이 빠졌다는 점도 지

한국독립당 일제하에서 조직된 한국독립당 당원들은 1945년 11월 임시정부 인사들과 함께 귀국한 후 '반탁운동'을 계기로 본격적인 활동을 전개했다. 1946년 4월 18일 조선국민당·신한민족당과 합당하여 조직을 확대했으며, 반탁, 남북협상, 단독정부 수립 반대 노선을 견지했다. 1949년 6월 24일 김구가 암살되고 6·25전쟁으로 당의 중진이 남북됨으로써 영향력이 대폭 축소되었다. 6·25 이후 일부 인사들에 의해 조직이 복구되어 활동하다가 1970년 신민당에 흡수 통합되었다.

민주주의민족전선 1946년 2월 15일 결성된 좌익 통일전선. 약칭 민전. 공산당·인민당·신민당·민족혁명당 등 좌익계 정당과 조선노동조합전국평의회·전국농민조합총연맹 등의 사회단체 및 각종 문화단체가 참가했으며, 여운형·박헌영·허헌·김원봉·백남운 등이 공동의장이 되었다. 49년 북쪽의 민전과 통합, 조국통일민주주의전선으로 흡수되었다.

대한국민대표 민주의원 1946년 2월 14일 설치된 미군정 자문기관. 약칭 민주의원. 비상국민회의를 주최하면서 반탁운동을 벌여나가던 임정 계열과 대한독립촉성국민회를 중심으로 활동하던 이승만 계열이 미소공동위원회에 대한 대비책으로 구성하였다. 의장에는 이승만, 부의장에는 김구·김규식이 선출되었는데, 1946년 12월 남조선과도입법의원이 발족하면서 기능을 상실했다가 제헌국회 성립 후인 1948년 5월 29일 정식 해산했다.

적했습니다.

　이에 대해 미국은 소련이 제출한 북쪽의 정당·단체에 우익단체가 포함되지 않았다고 대응했습니다. 그리고 소련이 빠졌다고 지적한 남쪽의 단체는 공산주의 극렬분자가 실제 회원수를 과장해서 주장하는 파괴적 폭력단체일 뿐이라고 맞섰습니다.

　미국은 합의를 이루기 어려운 임시정부 수립 문제에 앞서 38도선 철폐 문제와 남북의 경제적 통일문제를 논의하자고 제의했습니다. 이에 대해 소련이 38도선 문제는 장차 수립될 임시정부에서 다룰 문제이며, 경제문제는 3상회의의 결정사항이 아니라고 맞섬으로써, 결국 제1차 미소공동위원회는 결렬되고 말았습니다(1946. 5. 6).

제2차 미소공위도 결렬되고 말았습니다

　제1차 미소공동위원회가 결렬된 후 이승만을 중심으로 하는 우익세력 일부가 남한 단독정부 수립운동을 펴나갔습니다. 미·소 양국이 제2차 미소공동위원회를 열기 위한 교섭을 벌이자, 우익진영은 다시 공동위원회 참가를 거부하면서 대대적인 반탁운동을 벌였습니다.

　그런 중에도 제2차 미소공동위원회가 개최되어(1947. 5. 21) 서울과 평양을 오가면서 어느정도 진전을 보이는 듯했습니다. 그러나 소련이 공동위원회 참가단체로 등록된 남쪽 425개 단체를 118개로 줄일 것을 요구하면서 다시 난관에 부딪혔습니다.

　공동위원회 참가를 신청한 정당·단체는 남쪽이 425개, 북쪽이 36개였는데, 이들 정당·단체에 등록된 회원총수가 약 7천만명이었습니다. 당시 남북 전체 인구의 두 배가 넘는 터무니없는 숫자였지요.

　소련이 반탁운동 정당·단체와 회원 1만명 이하의 군소단체는 협의 대상에서 제외할 것을 주장한 데 대해, 미국은 반탁운동 역시 '의사표지의 자유'라면서 소련의 제안에 반대했습니다.

　제2차 미소공동위원회가 이같이 난관에 부딪힌 한편, 38도선 이남에서는 '정판사(精版社)위조지폐사건'(1946. 5. 15) 등이 일어나 공산당 기관지 『해방일보』가 강제 정간되고(5. 18), 박헌영 등 공산당 간부에 대한 검거령이 내려졌습니다.

이후 조선공산당을 중심으로 하는 좌익세력은 미군정을 합법정부로 인정하던 지금까지의 '협조노선'을 버리고, '신전술'을 발표하여(7. 26) 투쟁노선으로 선회했습니다. 또한 좌우합작 문제와 좌익 3당 합당 문제를 두고 내부에서 갈등이 빚어지기도 했습니다.

격심한 물가고와 식량난으로 인한 노동자들의 불만을 배경으로 하여 '9월총파업'이 일어났습니다. 뒤이어 3백여만명이 참가하여 300여명이 죽고, 3600여명이 행방불명되고, 2만 6000여명이 부상하고, 1만 5000여명이 체포된, 대구·경북지역 중심의 '10월민중항쟁'이 일어났습니다(1946. 10). 이 '민중항쟁'을 계기로 하여 미군정과 좌익세력 사이, 그리고 좌익세력과 우익세력 사이의 대립과 마찰이 극심해졌습니다.

미국은 정돈(停頓)상태에 빠진 미소공동위원회를 진전시키기 위한 방안으로 미·영·중·소 4개국 회의를 요구하면서 보통선거에 의한 남북 각각의 입법기관 설치를 제의했습니다.

그리고 그 대표들로 구성되는 통일임시정부가 미·소 양군 철수 문제와 완전한 독립국가 수립 문제를 4개 연합국과 협의하게 하자는 제안을 내놓았습니다.

이에 대해 소련은 미소공동위원회가 임시정부 수립 문제를 4개국 회의로 가져가는 것은 부당하며, 남북 별개의 입법기관을 구성하는 것은 남북의 분열을 조장하는 일이라 하여 거부했습니다.

이렇게 되자 미국은 소련의 반대를 무릅쓰고 한반도문제를 자국 추종세력이 절대 우세한 유엔으로 이관했습니다. 이로써 제2차 미소공동위원회도 결렬되고 말았습니다(1947. 10. 21).

제2차 세계대전 후의 한반도문제를 다룰 권위를 가진 모스끄바 3상

정판사위조지폐사건 조선공산당이 당비를 조달할 목적으로 1300만원의 위조지폐를 만들어 시중에 유통시켰다는 죄목으로 기소된 사건. 조선공산당은 성명을 발표하여 이 사건과 무관함을 주장했으나, 이를 계기로 미군정은 공산당에 대해 강경책을 펴게 되었다.
9월총파업 미군정의 탄압으로 이른바 '신전술'을 채택한 좌익이 그 일환으로 벌인 총파업. 조선노동조합전국평의회 주도로 9월 24일 조선철도노동조합이 총파업에 들어간 것을 시작으로 해서 전평 산하 각 산별노조원이 파업에 합류했다. 미군정의 진압으로 총파업은 일단락되었으나, 곧이어 10월민중항쟁으로 발전했다. 19강의 참조.
10월민중항쟁 1946년 10월 2일 대구에서 발생한 경찰과 시민들 간의 유혈충돌 사건. 10월 1일 파업에 대한 군·경 등의 폭행에 항의하는 군중집회에 경찰이 발포하여 사망자가 발생하자, 다음날 노동자·시민·학생 등이 경찰관서를 습격함으로써 시작되었다. 9월총파업과 10월민중항쟁의 결과 공산당은 커다란 타격을 입었으며, 각 지방의 인민위원회도 철저히 파괴되었다.

회의는 남북통일 임시정부를 수립하여 5년간 신탁통치하고 그후에 독립시킬 것을 결정했습니다. 그리고 남북 전체를 통치하는 임시정부를 수립하기 위한 미소공동위원회가 조직되었습니다.

　그러나 2차에 걸친 미소공동위원회가 실패하면서 모스끄바 3상회의 결정에 의한 남북통일 임시정부 수립 방안은 실패하고 말았습니다. 미소공동위원회의 실패는 곧 남북 통일임시정부 수립의 실패였던 것이지요.

'해방공간'에서도
통일민족국가 수립운동은 추진됐습니다

일제강점 시대 우리 민족해방운동전선의 투쟁 목적은 해방 후 하나의 민족국가를 건설하는 일이었습니다. 통일전선운동이 추진된 것도 그 때문이지요. 그러나 해방과 함께 연합국에 의해 38도선이 그어지고 미·소 양군이 남북을 분할 점령했으며, 그에 따라 좌익은 극좌화하고 우익은 극우화해갔습니다.

민족분단의 위험이 높아져간 것이지요. 일제시대의 민족해방운동전선에서 추진되었던 좌우익 통일전선운동의 연장선상에서 '해방공간'의 민족분단 위험 아래서도 민족해방운동세력을 중심으로 한 통일민족국가 수립운동이 일어났습니다.

분단체제적 역사학 및 역사교육에서는 거의 주목하지 않았지만, 민족의 평화통일을 지향해가는 지금 '해방공간'에서 이루어진 통일민족국가 수립운동의 역사적 의미는 큽니다. 이 시기에 어떤 정치세력이 어떤 형태의 통일민족국가 수립운동을 벌였는지, 그에 대한 지지도는 어떠했으며 왜 실패했는지, '해방공간'의 좌우합작운동과 남북협상의 역사적 의미는 무엇인지, 우리 역사학에서는 왜 그것들이 거의 무시되었는지 하는 문제들을 알아야 합니다.

1. 귀국한 임정과 '인공'의 합작 노력이 있었습니다

먼저 조선인민공화국 선포 경위를 알아야 합니다

1910년 8월 강압과 협잡으로 이루어진 '합방' 조약으로 대한제국의 통치권이 완전히 일본에게 넘어가면서, 한민족의 주권은 없어졌습니다. 그 때문에 일본제국주의자들이 패전으로 물러가게 되자, 한반도에는 새로운 정권이 창출되어야 했습니다. 따라서 어떤 방법으로 정권을 창출할 것인가가 중요한 문제로 등장했습니다.

일본제국주의를 패망시킨 연합국측에서는, 앞의 13강의에서 말한 대로, 전쟁이 끝나기 전에 이미 한반도를 신탁통치하기로 결정했습니다. 국내에서는 그 사실을 잘 모르고 있었지만, 설령 알았다 해도 그대로 받아들일 상황은 아니었습니다.

그렇다면 '해방정국'의 좌우익 정치세력은 처음부터 신탁통치를 받는 대신 38도선을 경계로 좌우익이 각각 따로 두 개의 국가를 세우려 했던 것일까요. 물론 그렇지는 않았습니다.

실현되지는 않았지만, 일본제국주의자들로부터 장개석정부와의 휴전교섭 사절로 중국행을 제의받은 바 있는 여운형은, 그 때문에 국내에서는 누구보다도 먼저 일본의 패전에 대비하는 정치지도자가 될 수

있었습니다.

12강의에서 본 바와 같이, 비밀리에 건국동맹을 조직하여 일본의 패전에 대비했던 여운형은, 일본의 패전과 동시에 조선총독부로부터 치안권을 인수하고, 그것을 기반으로 건국준비위원회(약칭 건준)를 조직했습니다.

건준은 당초 여운형을 위원장, 안재홍을 부위원장으로 하는 좌우익 통일전선체로 조직되었고, 처음부터 치안유지 기구의 성격을 넘어 국가건설 준비기관으로 성립했습니다.

32명의 중앙위원과 총무부·재무부·조직부 등 12부 1국의 부서를 둔 중앙정부적 조직을 갖추었고, 지방에도 145개 지부를 두어(1945년 8월 말 현재) 해방정국을 주도했습니다.

그러나 애초에 건준에 참여했던 안재홍 등의 우익세력이 이탈하는 한편, 처음부터 이에 참가하지 않았던 우익의 한민당 등이 건준 해체를 요구하고 나섰습니다.

건준은 이에 대응하는 한편, 미군이 진주하기 전에 정부를 선포하여 그들로부터 승인을 받아야 미군정의 통치를 모면할 수 있다는 생각을 가지고 있었던 것 같습니다.

여운형 등이 중경에 있는 대한민국임시정부가 연합국의 승인을 받지 못한 사실을 미리 알고 있었는지는 의문이지만, 해방 전 건국동맹 때부터 연안에 있는 조선독립동맹과도 연결이 있었습니다.

이 때문에 국내 일부 우익세력의 주장처럼, '중경임정'만을 중심으로 하는 국가 건설을 고집하는 것은 부당하다고 생각한 것이 아닌가 합니다. 어쨌든 건준은 급히 전국인민대표자대회를 열어 조선인민공화국(약칭 인공)을 선포했습니다(1945. 9. 6).

인공은 상해임정의 초대 대통령이었고 태평양전쟁 말기 미국에서 국내에 대해 반일방송을 함으로써 국내에도 상당히 알려져 있던 이승만을 주석, 여운형을 부주석으로 지명했습니다.

그리고 중경임정, 조선독립동맹, 조국광복회, 국내 우익세력 및 공산당재건파 등을 총망라한 20명의 중앙인민위원, 55명의 인민위원, 20명의 후보위원, 12명의 고문 명단을 발표했습니다. 그러나 이들 중 이승만·김구 등은 아직 해외에 있었고, 국내 인사의 경우에도 본인들의 수락을 다 받은 것은 아니었습니다.

인공은 그 정강으로 ㉠정치적·경제적 자유독립국가 건설 ㉡식민지적·봉건적 잔재세력 일소 ㉢노동자·농민 등 대중생활의 급진적 향상 ㉣세계평화의 확보 등을 내세웠습니다.

그리고 일본제국주의 법률제도를 즉시 파기하고 일본제국주의자와 민족반역자의 토지를 몰수하여 농민에게 무상분배하는 등 27개 항목의 시정방침도 발표했습니다.

한편 조선총독부는 소련군이 한반도 전체를 점령할 것으로 판단하고 건준에 치안유지를 위임하여 조선에 있는 일본인의 안전한 귀국을 보장받으려 했습니다.

그러나 소련군이 38도선 이북만 점령하고 그 이남은 미군이 점령할 것이 확실해지자, 조선총독부는 일본군인 3000명으로 특별경찰대를 조직하고 건준이 접수한 경찰서·방송국 등을 다시 빼앗았습니다(8. 20). 이 과정에서 사상자가 나오기도 했지요.

그리고 미군이 진주할 때까지 38선 이남 지역의 통치권을 그대로 행사하면서, 오끼나와에서 남한 진주 준비를 하고 있던 하지 사령관과 무선교신을 통해, 진주미군의 조선에 대한 인식을 나쁘게 하려 했습니다. 이에 대해서는 다음 강의에서 좀더 상세히 살펴보겠습니다.

'인공'은 이승만 및 중경임정과 합작을 기도했습니다

이승만을 주석으로 지명한 인공은 그가 귀국하자(10. 16) "위대한 지도자에게 충심의 감사와 만강의 환영을 바친다"는 담화를 발표했습니다.

이승만도 "나는 공산당에 대해 호감을 가진 사람이다. 그 주의에 대해서도 찬성하므로 우리나라의 경제대책을 세울 때 공산주의를 채용할 점이 많이 있다"고 방송하여 인공과 이승만 사이에 교섭이 이루어졌습니다.

이후 이승만과 여운형 및 박헌영의 면담이 이루어지고, 좌우익이 함께 독립촉성(促成)중앙협의회(약칭 독촉)를 결성하기로 합의했습니다(10. 23). 독촉 결성 대표자회의에서, 분단 반대, 신탁통치 반대, 조선에 대한 점령국 대우 반대 등을 내용으로 하는 「4대 연합국에 보내는 선언서」를 이승만이 기초하여 채택했습니다.

그러나 박헌영은 "친일파 제거에 의한 민족통일 원칙"을 포함시킬 것을 주장했고, 그렇지 않을 경우 조선공산당은 독촉에서 탈퇴하겠다고 했습니다. 이후 우익 쪽의 '좌우익 통합 후 친일파 제거론'과 좌익 쪽의 '친일파 제거 후 좌우익 통합론'이 맞섰습니다.

그런 가운데 좌익계의 전국청년대표자대회는 "만약 이박사가 인민공화국 주석을 거부한다면 지도자로 지지할 수 없을 뿐만 아니라 민족 통일전선 분열의 최고책임자로 규정한다"는 결의문을 발표하기에 이르렀습니다(11. 6).

이승만은 '중경임정'의 한 사람으로서 임정과의 타협 없이는 아무데도 관계할 수 없다 했고(11. 7), 뒤이어 조선공산당이 독촉과의 결별을 선언함으로써(12. 5) 인공 쪽과 이승만의 합작 교섭은 일단 결렬된 채 끝났습니다.

일정한 명성은 있지만 국내에 지지기반이 없던 이승만과, 그의 명성을 어느정도 인정했던 조선공산당 중심의 인공 사이에 한때 합작이 이루어질 듯했습니다.

그러나 광범위한 세력을 포섭하여 지지기반을 넓혀가려 했던 이승만과, 명분상으로나 현실적으로나 친일파 숙청이 선결조건이었던 좌익세력 사이에 이해관계가 대립하여 합작이 실패한 것입니다.

한편 끝내 연합국의 승인을 받지 못한 채 중경에서 돌아온 임정 요인들은 연합국의 요구에 의해 개인자격으로 귀국해야 했습니다(1진은 11. 23, 2진은 12. 2).

중경에서 귀국한 임정은 "국내에 과도정권이 성립되기 전에는 국내 일체 질서와 대외 일체 관계를 본 정부가 책임지고 유지할 것"이라 발표했습니다. 앞으로 총선거를 담당할 새로운 임시정부가 수립될 때까지라도 '중경임정'이 통치권을 행사하겠다는 의도였지요.

해방된 한반도에서는 조선총독부 권력이 무너지면서 38도선 남쪽에는 조선인민공화국이 선포되었고, 남북을 막론하고 각 지방에서는 인민위원회가 성립되어 실제로 행정권을 행사하고 있었습니다.

그러나 실질적인 통치권은 38도선을 경계로 하여 그 남북에서 일본군의 항복을 받은 미군과 소련군이 가지고 있었지요. 참고로 해방 후 한반도에서 실제로 미·소의 통치권력이 성립한 시기를 알아봅시다.

38도선 이남에서는 9월 20일에 미군정이 정식으로 수립되었습니다. 이북에서는 각도 인민위원회가 성립되어 있는 상태에서 9월 20일에 스딸린지령 1945년 9월 20일 소련군 당국이 시달한 점령방침으로, 북조선 영토 안에 비 쏘비에뜨정권과 반일적 민주 정당 연합에 의한 부르주아민 주주의정권 수립을 목표로 한 다는 것 등을 내용으로 한다. 16강의 참조.

소련의 점령방침인 '스딸린지령'이 시달되었습니다. 그리고 소련군의 민정부(民政部)가 발족한 것은 10월 3일이었습니다.

미군정의 인정 여부와는 상관없이 '해방정국'의 38도선 이남에는 국내에서 성립된 인공과 중국에서 귀국한 임정의 두개 정부가 있게 된 셈이었죠. 인공은 중국에서 임정 요인들이 귀국하자 김구·김규식 등에게 중앙위원직 수락을 교섭했으나 거부당했습니다.

'인공' 구성의 주요 세력이던 조선공산당은 중국에서 귀국한 임정에 대해, 친일파·민족반역자·국수주의자 등을 제외하고 좌우익에서 각기 절반씩 참여하는, 임정과 인공 두 정부의 통일원칙을 제의했습니다.

그러나 중국에서 귀국한 임정은 이를 거부하고 임정의 법통을 시인할 것과 임정의 부서와 그 요직을 그대로 승인하고 따로 몇개의 부서를 늘려 좌익 쪽이 참가할 것을 제의했습니다.

이후 신탁통치안이 발표되자 다시 인공의 제의로 중국에서 귀국한 임정의 대표 최동오·성주식(成周寔)·장건상(張建相) 등과 인공 대표 홍남표(洪南杓)·홍증식(洪增植)·이강국(李康國) 등의 회합이 이루어졌습니다(12. 31).

여기서 인공 쪽은 중국에서 귀국한 임정에 대해 두 정부가 통일위원회를 구성하여 통일정부 수립에 관한 구체적 안건을 토의·결정하되, 미소공동위원회가 개최되기 이전에 합의하자고 제의했습니다(1946. 1. 1). 이 좌우익 합작정부가 미·소 군정부 대신 실제로 정부 역할을 하게 하려는 생각이었다고 할 수 있겠지요.

그러나 중국에서 귀국한 임정 쪽에서는 "서식상의 이유로 접수하기 곤란하다"는 이유를 내세워 이 제의를 거부했습니다. 귀국한 임정은 자신의 법통성을 주장하고 있었기 때문에 인공과 동등한 자격으로 통합하는 것에 반대한 것이며, 더욱이 신탁통치 문제를 두고 인공 쪽과 입장을 달리하고 있었던 것입니다.

이같이 중국에서 귀국한 임정과 인공의 정부 차원의 통합 교섭이 실패하자, 이번에는 정당 차원의 통일운동이 진행되었습니다. 여운형이 중심이었던 인민당의 발의로 다시 우익의 한국민주당·국민당과 좌익의 조선공산당·인민당 등 대표가 모여 '4당 성명'을 발표했지요(1. 7).

그 내용은 ㉠모스끄바 3상회의의 결정에 대해, 조선의 자주독립을 보장하고 민주주의적 발전을 원조한다는 정신과 의도는 전면적으로 지지한다. ㉡'신탁'은 장래 수립될 우리 정부로 하여금 자주독립의 정신에 기하여 해결하게 한다는 것이었습니다.

우선 민족분단선이 될 가능성이 있는 38도선을 없애기 위해, 모스끄바 3상회의 결정을 받아들여 남북 전체를 통치하는 임시정부를 수립하고, 신탁통치 문제는 그후에 해결한다는 방안이었습니다. 그러나 우익의 한민당·국민당과 좌익의 공산당·인민당의 의견이 갈려서 결국 유회되고 말았습니다.

3상회의의 결정을 총체적으로 지지한다는 좌익노선과 우익의 신탁통치 반대노선이 대립하는 가운데, 좌우익 통일운동을 주도한 인민당 당수 여운형은 다시 3상회의의 결정은 지지하되 신탁통치 문제는 자주적으로 해결한다는 일종의 절충안을 내놓게 됩니다. 그러나 이것 역시 실패하고 말았습니다.

이같은 통일민족국가 수립을 위한 노력은, 일제시대 말기 국내에서 좌우익 통일전선단체인 건국동맹을 조직한 경험이 있고 해외의 조선독립동맹과 통일전선을 구축하는 데도 일부 성공한 바 있던 여운형과, 중국 관내에서 통일전선정당인 조선민족혁명당을 조직하고 임시정부를 통일전선정부로 만들었던 김규식이 중심이 된 좌우합작운동으로 연결되었습니다.

2. 좌우합작운동과 남북협상은 통일민족국가 수립운동이었습니다

좌우합작위원회가 합작조건을 제시했습니다

미군정은 '찬탁'과 '반탁' 노선이 대립하는 상황에서도 상당한 기간 모스끄바 3상회의의 결정에 따라 한반도문제를 해결한다는 방침을 유지하고 있었습니다.

미군정은 좌우익 정치인들이 중국에서 귀국한 임정과 인공의 합작과 민족통일전선 결성의 필요성을 주장하는 것을 보고, 한때 조선사람들은 미국식 민주주의도 소련식 공산주의도 아닌 절충식을 선호한다고 보기도 했습니다.

또 미군정은 비공산주의자로 인정되며 귀국한 임정계와 함께 활동할 수 있는 인물이라 평가한 여운형과, 민족주의자이면서 공산주의자와도 함께 활동할 수 있는 인물이라 평가한 김규식에 주목했습니다.

그리고 미군정은 한때 한반도에 통일정부를 수립하려는 정책을 유지하면서 극좌세력과 극우세력을 배제하고 중도파 세력을 활용하는 방침을 세우기도 했습니다.

미소공동위원회 미국 쪽 대표단의 정치고문단 가운데도 중도파에 정권을 맡겨 일정 수준의 개혁정치를 실시하려는 사람들이 있어서, 1차 미소공동위원회가 휴회된 후 여운형·김규식 중심의 중도파를 적극 부각시켰습니다.

한편 소련도 한때 여운형을 수상, 김규식을 부수상으로 한 전조선 임시정부 수립을 구상했습니다. 이런 상황 속에서 여운형·김규식 등은 민족통일전선을 결성하여 통일민족국가를 수립하기 위해 좌우합작운동을 주도하게 됩니다.

그러나 미군정이 좌우합작위원회 활동을 후원한 주된 목적은 조선

미군정 정치고문단 주한미군 사령부는 국무부의 정책지시를 받았고 군사적으로는 토오꾜오의 매카서 사령부의 지시를 받았다. 미 점령군은 초기부터 남한 내 민간 시정과 정치적 문제, 소련 교섭 문제에 관해 자문할 수 있는 고위 정치고문을 임명해줄 것을 국무부 측에 요구하였고, 이에 따라 국무부측에서도 현지에서 국무부의 의도를 원만히 반영·집행할 수 있는 대변인 역할을 할 정치고문의 임명에 신중을 기했다. 그리하여 임명된 정치고문으로는, 1930년대에 서울 주재 미국총영사를 지낸 랭던(W. R. Langdon)과 일제하 YMCA의 농촌부흥정책에 관계하면서 함경도 등에서 6년간 일했던 번스(A. C. Bunce) 등이 대표적이다.

사람 자체의 통일전선 형성을 저지하는 한편, 중도좌파를 좌익진영에서 분리하는 데 있었다는 관점도 있습니다.

그리고 중도우파 중심의 우익진영을 강화하면서 좌익세력 일부를 끌어들여 대중의 지지를 확보하고, 미군정 자체의 기반을 강화하려는 입장이었으며, 또 중도파 중심으로 남조선과도입법의원을 성립시키려는 데 목적이 있었다는 관점도 있습니다.

중도파 쪽에서 좌우합작운동을 본격적으로 추진하게 된 것은 우익 통일전선체인 '대한국민대표민주의원'과 좌익통일전선체인 '민주주의민족전선' 간의 대립이 심해졌기 때문입니다.

그리고 제1차 '미소공위'가 사실상 결렬되었으며, 정판사위폐사건으로 좌우익의 대립 및 좌익과 미군정의 대립이 심해진데다, 이승만이 정읍(井邑)발언(6.3)을 통해 단독정부 수립을 주장했기 때문이기도 합니다.

이같이 여운형·김규식 등의 의도와 미군정의 정책 목적이 다를 수 있는 상황에서, 우익 대표 김규식·원세훈·안재홍·최동오·김붕준(金朋濬) 등과 좌익 대표 여운형·성주식·정노식(鄭魯湜)·이강국 등으로 구성된 좌우합작위원회가 발족되어 제1차 회의가 열렸습니다(7.25).

조선공산당을 중심으로 하는 좌익이 먼저 '좌우합작 5원칙'을 제시했습니다(7.26). 그 내용은 ㉠모스끄바 3상회의 결정 지지 ㉡미소공동위원회 속개에 의한 임시정부 수립 ㉢무상몰수 무상분배에 의한 토지개혁 ㉣중요산업 국유화 ㉤친일파·민족반역자 제거 ㉥남한정권의 인민위원회로의 이양 등이었습니다.

이에 대해 한민당을 중심으로 하는 우익에서는 '좌우합작 8원칙'을 제시했습니다. 그 주요 내용은 ㉠신탁통치 문제는 임시정부 수립 후에 해결할 것 ㉡정치·경제·교육과 모든 제도·법령은 균등사회 건설을 목표로 하며, 임시정부 수립 후 구성될 국민대표회의에서 결정할 것 ㉢친일파·민족반역자를 다스리되 임시정부 수립 후 특별법정을

남조선과도입법의원 미군정 법령 118호로 1946년 12월 12일 개원된 임시입법기관. 민선의원 45명, 관선의원 45명 총 90명으로 구성되었으며, 의장에는 김규식, 부의장에는 최동오·윤기섭이 선임되었다. 미국의 정책이 단독정부 수립 지지로 바뀌고 좌우합작운동이 성과를 거두지 못함에 따라 그 기능을 제대로 발휘하지 못하다가 1948년 5월 해산했다.

정읍발언 이승만이 전라도 정읍에서 남쪽만의 단독정부 수립을 공식적으로 주장한 일. 제1차 미소공위 결렬 직후 이승만은 정읍에서 "무기휴회된 공위가 재개될 기색도 보이지 않으며 통일정부를 고대하나 여의치 않으니, 남쪽만이라도 임시정부 혹은 위원회 같은 것을 조직하여 38선 이북에서 소련이 철퇴하도록 세계공론에 호소하여야 할 것"이라고 발언한 후, 본격적으로 단독정부 수립에 나섰다.

구성하여 처리할 것 등이었습니다.

좌우익이 제시한 합작조건의 차이점은 역시 신탁통치 문제와 토지 및 중요산업체 처리 방법과 친일파 처리 문제 등이었습니다.

이후 좌익 3당의 합당문제가 불거지고, 대구·경북지역의 '10월민중항쟁' 등이 일어나서 한동안 합작운동에 진전이 없었습니다. 그러다가 좌우합작위원회에서 양측이 제시한 합작안을 참조하여 '좌우합작 7원칙'을 내놓았습니다(10. 7).

그 주요 내용은 ㉠임시정부 수립 후 신탁통치 문제 해결 ㉡중요 산업의 국유화와 토지의 체감매상(遞減買上) 무상분배 ㉢입법기관을 통한 친일파·민족반역자 문제의 처리 등이었습니다. 대체로 좌익의 '5원칙'과 우익의 '8원칙'을 절충한 것이었습니다.

미·소 양군이 분할 점령하고 민족 내적으로 좌우익 정치세력이 대립하던 이 시기의 한반도에 평화적으로 남북 통일민족국가를 수립하는 방법은 ㉠좌우익 연립정권을 수립하는 방법과 ㉡극좌도 극우도 아닌 중도세력 정권을 수립하는 길이 있었다고 할 수 있습니다.

좌우합작위원회는 좌우익 연립정권 수립을 지향했다기보다, 좌익의 우파와 우익의 좌파를 중심으로 하는 중도세력 정권을 수립하려는 방향으로 나아갔다고 할 수 있을 것입니다.

좌우합작운동은 실패하고 말았습니다

좌우합작위원회의 '7원칙'에 대해, 해방 전 중국에서 통일전선운동에 참가한 바 있던 한국독립당은 찬성했습니다. 그러나 그런 경험이 없던 이승만은 신탁통치와 토지문제가 불만이라 했습니다.

국내 지주세력을 대표하는 한국민주당도 토지개혁이 유상매상(有償買上) 유상분배가 되어야 한다면서 반대했습니다. 이 때문에 원세훈·김병로·김약수(金若水) 등을 중심으로 하는 진보적 당원 270명이 탈당했습니다.

한편 조선공산당의 박헌영은 중간노선의 존재를 인정할 수 없다면서, 좌우합작위원회가 제시한 '7원칙'에 반대했습니다. 그 이유를 들어보면 다음과 같습니다.

㉠합작위원회의 '7원칙'이 3상회의 결정을 총체적으로 지지하고 있지 않다는 점 ㉡토지의 유상매상은 지주의 이익을 위해 인민경제를 희생시키는 일이라는 점 ㉢정권을 인민위원회에 넘긴다는 조항이 없다는 점 ㉣입법기구의 결정이 미군정의 거부권을 넘어설 수 없다는 점 등이었습니다.

우익의 핵심 세력인 이승만과 한민당, 그리고 좌익세력의 핵심인 조선공산당이 합작위원회의 '7원칙'에 반대했지만, 이를 지지하는 세력도 적지 않았습니다.

여운형·김규식을 비롯해서 홍명희·안재홍·원세훈·오하영(吳夏英)·최동오·김붕준·윤기섭·이극로(李克魯) 등 각계 지도자급 100여 명이 시국대책협의회를 결성하여(1947. 7. 3) 합작운동을 적극 지지했습니다.

민족자주연맹을 비롯해서 민중동맹·신진당·사회민주당·천도교보국당·근로대중당·조선공화당·민주통일당·신한국민당 등 극우·극좌 노선을 취하지 않은 많은 정당·단체들이 합작운동을 지지했습니다.

또 그 전체 수치 자체에는 문제가 있었지만, 미소공동위원회에 보고된 좌우합작운동파, 즉 중도파 정당·단체의 당원·회원 수가 우익이나 좌익의 그것에 못지않았습니다.

그뿐만이 아닙니다. 미군정청 여론국이 실시한 여론조사에서는 순수 자본주의 지향 세력이 17%, 공산주의 지향 세력이 13%로 나타났고, 사회주의 지향 세력이 70%로 나타났다는 자료도 있습니다.

공산주의와 사회주의를 구분해서 설문했다는 점도 흥미롭지만, 만약 여기에서의 사회주의 지향을 극우나 극좌가 아닌 중도정치노선 지향으로 볼 수 있다면, '해방공간'에서 이루어진 좌우합작운동의 기반은 상당히 넓게 형성되었다고 할 수 있을 것입니다.

합작운동을 주도한 여운형·김규식 세력은, 궁극적으로는 민족통일을 추진하는 데 목적을 두었습니다. 즉 남한에서 좌우합작을 이루어 남조선과도입법의원을 장악하고, 그것을 북쪽과의 협상기구로 삼아 남북합작을 추진함으로써 통일민족국가를 수립하려 했던 것입니다.

그러나 좌우합작운동을 후원한 미군정의 의도는 달랐습니다. 남북통일 임시정부 수립을 통한 남북통일보다는, 남쪽에서 미군정의 기반을 다지기 위해 과도입법의원을 성립시키는 데 더 큰 무게를 두었던 것이지요.

한편 '10월민중항쟁' 직후 실시된 과도입법의원 선거에서는, 하지 미군사령관의 말과 같이, 민선의원 45명 중 2명을 제외하고는 모두 친일파, 부유한 지주, 부패한 정치인들이 당선되고 말았습니다.

좌우합작위원회는 '10월민중항쟁'의 가장 큰 원인이었던 경찰 내 친일파의 온존과 그 횡포를 들어 조병옥·장택상(張澤相) 등 경찰 수뇌의 해임을 요구했습니다. 그러나 미군정측은 받아들이지 않았습니다.

이렇게 되자 여운형은 정계은퇴를 내세워 좌우합작위원회를 떠나버리고(12. 4), 한민당과 이승만계가 다수를 차지한 상태에서 개원된 입법의원에서는 오히려 신탁통치 반대를 결의하고 말았습니다(1947. 1. 20).

이후 안재홍을 군정장관으로 하는 남조선과도정부가 출범했고(2. 5) 여운형은 암살되었으며(7. 19), 제2차 미소공동위원회도 결렬되고 말았습니다(10. 21).

그러자 미국은 소련의 반대를 무릅쓰고 한반도문제를 추종세력이 절대 우세한 유엔으로 이관해버렸습니다(10. 28). 이후 일련의 사태는 단독선거 실시, 단독정부 수립으로 치달아갔습니다.

국토가 38도선으로 분단되어 남은 자본주의국가 미국군이, 북은 공산주의국가 소련군이 점령하고 있으며, 민족 내부에도 우익정치세력과 좌익정치세력이 대립한 상황에서 좌익이건 우익이건 한반도 전체를 단독으로 지배하는 통일국가를 세우기는 실제로 어려운 일이었습니다.

한반도에 하나의 민족국가를 세우기 위해서는 좌우익 정치세력이 타협하여 좌우익 연립국가를 세우거나, 아니면 극좌세력과 극우세력을 배제한 온건좌익과 온건우익이 중심이 되어 건국하는 길밖에 없었지만, 당시 한반도 주민들의 정치훈련 정도가 그것에 이르지는 못했다고 하겠습니다.

그 결과 우익정치세력은 38선 이남에 친미 자본주의국가를, 좌익정치세력은 그 이북에 친소 공산주의국가를 세웠다가 처절한 민족상잔을 겪고 반세기가 더 지나도록 '해방공간'의 역사적 민족적 과제였던 통일민족국가 수립을 이루지 못하고 있는 것입니다.

좌우합작운동은 그 추진세력인 중도파와 후원자였던 미군정 간의 목적의 차이와, 민족 내부의 일부 세력 및 외세의 분단책동 등을 극복하지 못하고 실패했습니다.

그러나 이 운동은 일제강점 시대의 통일전선운동을 계승한 통일민족국가 수립운동이었습니다. 또한 이 운동은 이후 분단시대 내내 전개될 평화통일운동의 하나의 출발점이었다고 할 수 있습니다.

패전국 일본에게 병합되었던 한반도처럼 패전국 독일에게 병합되었던 유럽의 오스트리아는 2차대전 후 미·영·불·소 등 4개국에 의해 분할 점령되고, 이들 4개국 대표로 구성된 '연합국평의회'에 의해 관리되었습니다.

그러나 소련점령지역에서 온건사회주의자 렌너(Karl Renner) 중심의 국민당·사회당·공산당 등 3당합작 임시정부가 성립되었다가 곧 '연합국평의회'에 의해 전체 오스트리아를 관할하는 임시정부로 승인되었습니다(1945. 10).

이 임시정부가 10년간 '연합국평의회'의 관리를 견딘 후 영세중립 통일독립국이 되었습니다(1955). 좌우합작에 실패하여 남북을 통한 임시정부를 수립하지 못하고 결국 분단되고 만 한반도 경우와는 대조가 되지요.

지금은 남북을 막론한 전체 민족사회에 평화통일론이 정착된 지 오래되었습니다. 따라서 좌우합작운동은 실패는 했지만, 역사적으로 평화적 통일민족국가 수립운동으로서의 정당한 위치를 차지해야 합니다.

1948년 남북협상 역시 평화통일운동이었습니다

모스끄바 3상회의 결정에 어긋난다는 소련의 반대에도 불구하고 한반도문제는 당시 미국 지지세력이 절대 우세했던 유엔으로 이관되었습니다.

그리하여 유엔에서는 ㉠유엔한국위원단의 감시 아래 남북한 총선거를 실시해서 정부를 수립하고 ㉡미·소 양군이 철수할 것을 결정했습니다(1947. 11. 14).

그 결정에 따라 유엔한국위원단이 입국했으나(1948. 1. 7) 한반도문제의 유엔 이관 자체를 반대했던 소련은, 위원단이 38도선 이북으로 들어가는 것을 거부했습니다.

이 때문에 유엔 감시하에 남북한 총선거를 실시할 수 없게 되자 유엔 소총회는 가능한 지역, 즉 남한만의 선거를 결의했습니다(2. 26). 결국 남한 단독선거에 의한 단독정부 수립의 길, 즉 분단국가 성립의 길이 열린 것입니다.

이승만은 '정읍발언' 이후 남한만의 선거를 통해 정부를 수립하자고 주장해왔고, 한민당도 이에 동조했습니다. 그러나 좌익세력은 물론 김구·김규식을 중심으로 하는 중국에서 귀국한 임정 우파도 단독정부 수립에 반대하고 나섰습니다.

좌우합작운동을 벌였던 김규식은 여운형이 암살된 후 홍명희·안재홍·원세훈 등과 함께 중도파세력을 규합하여 '민족자주연맹'을 결성하고(1947. 12. 20) 계속 남북 통일정부 수립운동을 펼쳤습니다.

이승만·한민당과 함께 신탁통치 반대운동을 폈던 김구세력은, 이승만 등이 결국 단독정부 수립노선으로 가게 되자, 이들과 결별하고 김규식 등 좌우합작운동을 폈던 중도파세력과 연합하여 통일정부 수립노선에 서게 됩니다.

중경에 있을 때 이미 연안의 독립동맹과 통일전선을 형성하는 데 합의한 바 있던 김구·김규식 세력은, 중국 연안의 독립동맹 주석이었다가 해방 후 북쪽으로 돌아온 김두봉에게 서신을 보내 남북요인회담을 제의했습니다.

남쪽 양김(兩金)의 서신을 받은 김일성·김두봉 등 북쪽 양김은 남북회의를 제의하는 답신을 보냈습니다. 한편 북조선노동당 등은 남쪽의 한국독립당 등 정당·사회단체들에게 '전조선정당사회단체대표자 연석회의' 개최를 제의했습니다(1948. 3. 30).

미군정과 우익 청년·학생단체 및 기독교단체와 북쪽에서 월남한 사람들의 단체 등은 남쪽 양김의 남북협상을 위한 북행(北行)을 반대하며 강력히 저지했습니다.

그러나 지도급 문화인 108명이 연서하여 남북회담을 지지하는 성명을 발표한(4. 14) 것을 비롯해서 중도파 정당과 법조회(法曹會) 등 많은 단체들은 남북회담을 지지했습니다.

우익세력의 저지를 겨우 뚫고 떠난 남쪽의 양김 등이 평양에 도착했을 때, '전조선정당사회단체대표자 연석회의'(4. 19~26)는 이미 시작되어 있었고, 여기서는 미·소 양군의 즉시 철수를 요구하고 단독정부 수립을 반대하는 격문이 채택되었습니다.

이 회의 이후 김구·김규식·박헌영·백남운 등 남쪽 대표 11명과 김일성·김두봉·최용건·주영하(朱寧河) 등 북쪽 대표 4명이 참가하여 열린 '남북조선 제정당사회단체 지도자협의회' 즉 '15인회의'(4. 27~30)는 대단히 중요한 의의를 가집니다.

여기서는 ㉠외국군 즉시 철수 ㉡외국군 철수 후의 내전(內戰) 발생

부인 ⓒ전조선 정치회의 구성과 그 주도에 의한 남북한 총선거 실시와 정부 수립 ⓔ남한 단독선거 반대 등 4개항이 합의되었습니다.

이밖에 김구·김규식·김일성·김두봉 등의 이른바 '4김회담'이 있었고, 여기서는 ⓐ남쪽에 대한 북쪽의 송전(送電) 계속 ⓑ연백(延白) 수리조합 개방 ⓒ신탁통치 반대로 억류되어 있는 조선민주당 당수 조만식(曺晩植)의 월남 등이 약속되었습니다.

남북협상의 '15인회의' 결정사항을 실천하기 위해 남북대표가 남과 북에 주둔하고 있는 미군과 소련군 사령부에 가서 우선 양군 철수를 요구했습니다.

소련군사령관은 미군과 함께 철수하겠다고 답했고, 미군사령관은 유엔의 결정에 따라 정부 수립 후 철수하겠다고 답했습니다. 결국 남북 '15인회의' 결정은 무위가 되고 말았습니다.

서울로 돌아온 남쪽 양김은 5·10 단독선거에 참가하지 않고, 단독정부 수립 반대세력을 집결하여 "통일독립운동자의 총역량 집결" "민족문제의 자주적 해결"을 목표로 '통일독립촉진회'를 결성했습니다(1948. 7. 21).

이들은 남북 두 분단국가의 정당성을 모두 부인하며 통일민족국가 수립노선을 계속 고수했습니다. 그후 유엔에 분단국가 수립의 부당성을 계속 항의하던 김구는 결국 암살되었고(1949. 6. 26), 김규식은 6·25 전쟁 때 납북되어 사망했습니다.

1948년의 이 남북협상은 해방 전 민족해방운동에 참가했던 임정계·독립동맹계·건국동맹계·조국광복회계 등 모든 세력이 참가한 통일민족국가 수립운동이었습니다. 내외의 분단책동이 이미 강화된 후에 너무 늦게 추진되어 실효를 거둘 수 없었으나, 이 협상운동 역시 평화적 통일민족국가 수립운동의 일환이었던 것입니다.

남북협상의 남쪽 주역이었던 김구는 지금 남산에 거대한 동상이 서 있을 만큼, 개인적으로는 정당한 역사적 위치를 이미 확보했습니다.

그런데도 '해방공간'의 평화적 통일민족국가 수립운동의 일환이었던 남북협상 자체는, 평화통일론이 정착된 지금에도 그 정당한 역사적 위치를 확보하지 못하고 있는 실정입니다.

불행하게도 남북
두 분단정권이 성립했습니다

'해방공간'의 통일민족국가 수립운동이 모두 실패하고 결국 남북에 두 분단국가가 성립했습니다. 두 분단국가는 이후 서로 정통성을 가졌다고 주장하면서 분단 책임을 상대방에게 떠넘겼습니다.

객관적이고 공정해야 할 역사학 자체도 분단되어 이 정통성 다툼에 봉사했습니다. 그러나 현재는 특히 '남북합의서'를 교환함으로써, 그리고 유엔에 동시 가입함으로써, 또 6·15남북공동선언이 채택됨으로써 남과 북 모두 무력통일이나 흡수통일을 부인하고 상대방의 존재를 인정하면서 대등한 위치에서 평화통일을 지향하고 있습니다. 분단국가들 사이의 정통성 다툼도 일단 수그러들었다고 할 수 있겠지요.

이런 시점에서는 '해방공간'에서 우리 역사가 어떤 과정을 밟았기에 통일민족국가 수립에 실패하고 분단국가들이 성립되고 말았는가 하는 문제를 객관적이고도 정확하게 이해하는 일이 중요합니다. 이에 대한 객관적 이해는, 앞으로 평화통일을 올바른 방식으로 이루어가기 위해서도 대단히 중요합니다.

역사를 제대로 배우는 잇점이 바로 그런 데 있는 것이지요.

1. 이승만정권의 성립과정은 이렇습니다

먼저 미국의 남한 점령정책을 알아봅시다

미국은 카이로회담과 얄따회담을 통해 한반도 신탁통치안을 확정하고서도 만주와 한반도에 있던 일본군의 소탕은 소련군이 담당하기를 바랐습니다.

그러나 한편으로는 한반도와 육지로 연결되어 있는 소련이, 2개 사단이나 된다고 알려져 있던 조선인부대와 함께 한반도를 점령한 상태에서 태평양전쟁이 끝나, 한반도 전체에 친소련 정권이 들어서는 것을 가장 염려했습니다.

한반도 전체가 어느 하나의 국제세력에 의해 점령되는 것을 막고 국제공동관리 신탁통치를 실시하려 한 것도, 또 소련 참전과 동시에 일본이 항복을 통고해오자 바로 38도선을 획정하고 그것을 소련 쪽에 제의한 것도, 모두 그 때문이었다고 하겠습니다.

그러나 미국도 38도선을 계속 극동지역의 세력분계선으로 유지하려 한 것은 아니었고, 가능하면 한반도 전체를 자국이 주도권을 갖는 국제공동관리 지역으로 만들기를 희망했습니다.

13강의에서 살펴봤지만 모스끄바 3상회의에 제출된 미국의 신탁통치안이 이 점을 보여주고 있습니다.

매카서(D. MacArthur) 사령부는 전쟁이 끝나기 전에(1945. 7. 16) 1단계로 서울·인천 지구를, 2단계로 부산 지구를, 3단계로 전북 군산 지구를 점령하고, 점령군 사령관이 입법·사법·행정권을 가지는 한반도 점령계획을 세우고, 점령부대는 제10군사령관 소속의 제24군단으로 결정했습니다.

그러나 일본이 항복하면서 매카서가 연합군 최고사령관으로 임명되고(8. 15) 태평양사령부의 부대 편성에 따라 제10군 소속의 제24군단이 태평양사령부에 직속되었습니다. 제24군단은 1944년에 조직되어 오끼나와 상륙작전을 치렀고, 그 사령관 하지 중장이 38도선 이남 한반도지역의 점령군 사령관이 되었습니다.

그리고 하지 사령관은 오끼나와에 있을 때 서울에 있던 일본의 조선군사령관 코오즈끼 요시오(上月良夫)와 80통의 전보문을 교환했습니다(1945. 8. 31~9. 8).

그 전보문에서 일본군은 조선인 공산주의자와 독립운동가들이 치안 문란을 기도한다고 보고하는 한편, 인천의 항만노동자 300명을 동원하여 미군의 상륙을 도우려 하나 노동자들이 적색 노동조합의 선동으로 파업중이라 했습니다.

그리고는 패전한 일본의 경찰과 군대가 무장한 채 미군이 점령할 38선 이남 지역의 치안을 유지할 수 있게 해달라고 요구하여 하지 사령관의 승인을 받았습니다.

하지 사령관은 「남조선 주민에게 고함」이라는 포고문을 살포하여 (9. 4) 일본군 및 미군에 대한 반란행위와 재산 파괴를 금한다고 엄중 경고했습니다.

미군의 이같은 포고문 살포는 한반도에 진주하기 전에 일본군 쪽으로부터 전보문을 통해 조선사람들에 대한 나쁜 인식을 미리 주입받은 결과였습니다.

약 30명의 미군 선발대가 조선에 와서(9. 6) 조선총독부 쪽과 회담했을 때, 일본인들은 많은 공산주의자들이 38도선 이북에서 잠입해 들어와 총독부 및 미군과의 충돌을 책동한다고 보고했습니다.

이에 따라 앞으로 미군사령관은 행정의 대강을 일본인 조선총독에게 지령하고, 구체적인 사안은 총독에게 결재권을 주자고 논의할 정도였습니다.

미군이 인천에 상륙하여 진주해 오면서(9. 8) 환영 군중에게 발포하여 사상자가 발생하고, 서울·인천 지역에 통행금지령이 내려진 것은, 이같은 미군과 일본군 사이의 사전 전보문 교환과 미군 선발대에 대한 일본 쪽의 악의적 보고의 결과였습니다.

조선에 진주한 미군은 '매카서 포고 제1호'를 발표하여(9. 7) ㉠38도선 이남지역 일체의 행정권 실시 ㉡정부·공공단체의 일본인 직원 유임 ㉢모든 주민에 대한 명령복종 요구 ㉣점령군에 대한 적대행위 엄벌 ㉤군정기간 중 영어의 공용어화 등을 공포했습니다.

그러나 미본국정부는 이와 달리 매카서 사령관에게 조선총독을 비롯한 일본인 행정·경찰 간부와 일본의 조선통치에 협력한 조선인을 즉시 해임할 것을 명령했습니다(9. 10).

이에 따라 조선총독 아베(阿部信行)가 해임되고 미군의 아놀드(A. L. Arnold)가 군정장관에 임명되었습니다(9. 12). 이후 조선총독부의 일본인 국장들이 해임된 자리에 대신 미군장교들이 임명되고 미군정부가 정식으로 발족했습니다(9. 20).

미군정은 남한에 성격이 다른 두개의 정치집단이 있다고 파악했습니다. 그 하나는 보수적 집단으로서 미국계 기독교 전도기관의 교육을 받은 사람들인데, 정치적으로는 서구식 민주주의를 지향하며, 이 세력을 대표하는 대규모 단체는 한민당이라 보았습니다.

다른 하나의 정치집단은 급진파 혹은 공산주의자 그룹으로 중도좌파에서 급진좌파에 이르는 다양한 사상적 경향이 있다고 보았습니다.

미군정고문단 주한미군 사령부는 군정기구와 군사기구로 이원화되었는데, 군정은 점령지의 일반행정을 관할하는 비군사적 성격의 기구였다. 초대 군정장관을 맡은 아놀드는 남쪽의 실태를 파악하기 위해 김성수 등 11명의 한국인으로 구성된 고문단을 조직했다.

그들은 건준이 '인공'을 선포하여 조선의 완전독립과 진정한 민주주의 정부의 수립을 지향하고 있으며, 여기에 권력획득욕이 강한 공산주의자들이 참가하고 있다고 파악했습니다.

초기의 미군정은 평화와 질서가 유지되는 한 불간섭주의를 견지하겠지만, 급진세력에 반대하고 보수세력을 지지할 것이라고 했습니다.

미군정은 조병옥·이묘묵(李卯默)·오천석(吳天錫) 등 미국유학생 출신 약 50명을 군정협력자로 발탁하고, 곧 11명으로 된 군정고문단을 구성했습니다(10. 5). 이 고문단은 의장 김성수(金性洙)를 비롯해서 송진우 등 대부분이 한민당 소속의 사람들이었습니다.

한민당원이 아닌 사람은 조만식과 여운형 두 사람뿐이었으나, 조만식은 38도선 이북에 있었고 여운형은 고문직을 사퇴했습니다. 특히 경찰 수뇌인 군정청 경무부장에 한민당이 추천한 조병옥이 임명되고, 수도경찰청장에도 같은 경로로 장택상이 임명되었습니다.

미군정 고문직을 고사한 여운형은 '인공' 주관 아래 총선거를 실시하여(1946. 3. 1.) 정식 정부를 세우겠다고 발표했습니다. 이에 대해 미군정은 미군정부가 38도선 이남의 유일한 합법정부라 발표했고, '인공'은 38도선 이남에 한정되는 정부는 부당하며, 남북 전체 조선의 정부라야 한다고 반박했습니다.

15강의에서 본 것과 같이, 이후 미군정은 한때 모스끄바 3상회의 결정에 따라 중도우파를 중심으로 하는 남북통일 임시정부를 수립할 계획으로 중도파를 원조하기도 했지만, 방안을 바꾸어 안재홍을 군정장관으로 하는 남조선과도정부를 선포하게 됩니다.

그러나 38도선 이남지역의 통치권력은 이승만정권이 성립될 때까지 미군정이 쥐고 있었습니다. 그러다가 미국은 한반도문제를 유엔으로 이관했고, 이후 통치권이 38도선 이남에만 한정되는 분단국가를 만들고 그 통치권을 이승만에게 물려주었습니다.

이승만정권의 성립과정을 알아봅시다

미국은 1946년까지는 중국에서 국공합작 정책을 고수했고, 한반도에서도 모스끄바 3상회의 결정에 의한 소련과의 협력정책에 따라 남북통일 임시정부 수립노선을 견지했습니다. 그러나 1947년 들어 트루먼독트린을 발표하면서(3. 12) 소련과의 협력노선을 포기하고 봉쇄정책으로 전환했습니다. 이에 따라 미국의 동아시아정책도 종래의 중국 중심에서 일본 중심으로 바뀌었고, 남한만의 단독정부를 수립하는 방향으로 확정되어갔습니다.

미국정부는 한때 남한 단독정부가 위기에 처한 중국 장개석정부의 전철을 밟지 않게 하기 위해, 중도파정권을 수립해 개혁정책을 실시하게 하려 했습니다. 그러나 남한의 미군정부는 남북 좌익세력과 대결하기 위해서는 극우파정권이 바람직하다는 주장을 폈습니다.

앞에서도 말했지만, 신탁통치 문제와 임시정부 수립문제로 미소공동위원회가 난항을 거듭했을 때, 미국은 미·소·영·중 4개국 회의를 제의하기도 했고, 남북 각각의 임시입법기관 설치를 제의하기도 했습니다. 그러나 소련은 4개국 회의의 부당성을 주장했고, 남북 각각의 임시입법기관 설치도 남북분열을 조장할 우려가 있다 하여 반대했습니다.

그러자 미국은 "한반도문제가 유엔총회에 상정됨에 따라 신탁통치를 거치지 않고 조선을 독립시키는 수단이 강구되길 바란다"고 하면서, 한반도문제를 정식으로 유엔총회에 제의했습니다(9. 18).

이미 여러번 말했지만, 이때의 유엔은 미국 지지세력이 절대 우세해서 대체로 미국의 의도대로 움직이고 있었습니다. 그 때문에 소련은 "한반도문제를 유엔에 상정하는 것은 미·소 간의 협정을 직접적으로 위반하는 것"이라면서 적극 반대했습니다.

그러나 유엔총회 운영위원회는 한반도문제에 관한 미국의 제안을 토의사항으로 넣자는 결의안을 12대 2로 가결했습니다(9. 21).

트루먼독트린 미국 대통령 트루먼이 의회에서 그리스·터키 양 국가에 대한 원조를 요청했을 때 선언한 대외정책의 새로운 원칙. 공산주의 세력의 확대를 저지하기 위해 노력하며 이를 위해 군사적·경제적 원조를 제공한다는 내용으로, 공산주의의 위험에 힘으로 대항할 의사를 명백히하였다. 이 원칙은 마셜플랜과 북대서양조약기구로 구체화되었다.

소련은 미·소 양군이 한반도에서 철수하고 한반도 주민 스스로 그 장래 문제를 해결하는 것이 최선의 방책이라고 유엔에서 주장했습니다.

그러나 유엔총회는 한반도의 선거를 감시할 위원단을 설치하고, 정부 수립 후 외국군을 철수시키자는 미국안을 43대 0으로 가결했습니다(11. 14).

유엔한국위원단은 오스트레일리아·프랑스·시리아·인도·엘쌀바도르·우끄라이나·중국·필리핀·캐나다 등 9개국 대표로 구성될 예정이었으나, 소련안에 찬동한 우끄라이나가 거부하여 8개국 대표로 이루어졌습니다. 한국위원단은 곧 선거를 준비하기 위해 내한했습니다(1948. 1. 6). 소련은 유엔에 한국위원단의 입북(入北)을 거절할 것이라 통보했습니다(1. 25).

이렇게 되자 김구·김규식계의 민족자주연맹은 남북 정치요인회담을 열어 남북 전역에서 총선거를 실시할 것을 주장했습니다. 그러나 이승만과 한민당은 우선 가능한 지역에서 총선거를 시행하고 독립정부를 수립한 뒤 점진적으로 통일을 이루자는 주장을 내세웠습니다.

유엔한국위원단은 유엔 소총회 보고에서 ㉠남한만의 선거를 실시하여 정부를 세우거나 ㉡유엔한국위원단의 업무 수행이 불가능한 것을 인정하여 모든 것을 유엔총회에서 처리할 것 등 두개의 방안을 제의했습니다.

유엔한국위원단의 인도 대표 메논 의장은 처음에는 남한 단독정부안을 꺼리고 인도의 중립노선과 관련해 남북통일을 추구하는 김규식의 중도노선에 관심을 보였습니다.

그러나 조병옥·장택상 등과 특히 모윤숙(毛允淑)의 활동으로 그는 이승만 지지로 돌아섰고, 메논의 보고를 받은 유엔소총회에서 미국 대표가 남한만의 총선거 실시를 주장했습니다.

그러나 캐나다 대표는 "소련점령지구가 참가하지 않는 한 유엔은 선거를 실시할 권한이 없다" 하여 미국안에 반대했습니다. 공산권이

기권하고 캐나다와 오스트레일리아가 반대하여, '가능한 지역에서만의 총선거안'이 찬성 32, 반대 2, 기권 11로 통과되었습니다(2. 26).

이에 대해 이승만은 기대한 바가 이루어진 것이라 하여 크게 환영했고, 김구는 남한만의 단독선거를 실시하려는 것은 민주주의의 파산을 세계적으로 선고한 것이라고 비판했습니다.

38도선 이남만의 단독선거가 결정되자 좌익세력을 중심으로 전국적으로 반대운동과 폭동이 거세게 일어났습니다.

유엔에서 단독선거안이 통과된 그날부터 강원도·전라도 일대의 전신·전화선이 절단되었고, 전라북도 5개군에서는 폭동이 일어나서 경찰서 26개소와 면사무소 2개소가 습격당했으며, 시위대와 경찰관 등 25명이 사망했습니다(2. 28).

이후 단독선거반대운동은 점점 확대되어갔습니다. 4월에는 제주도 전역에서 폭동이 일어나서 '4·3항쟁'이 시작되었습니다. 3일부터 7일 사이에만 사망자 22명, 중상자 30명, 경상자 20명, 행방불명자 12명, 가옥 파괴 17건, 방화가 7건이나 발생했습니다.

단독선거반대운동이 치열해지는 가운데서도 미군정부는 선거법을 공포하고(3. 23) 선거를 실시했습니다(5. 10). 전체 200개 선거구 중 폭동으로 인해 제주도 2개 선거구에서 선거가 실시되지 못했고, 서울 마포 투표소에는 수류탄이 투척되기도 했습니다.

좌익은 물론 김구·김규식 중심의 중국에서 귀국한 임정 우파도 거부한 상태에서 실시된 이 선거에서 35만 3000여명이 기권하고 748만 7000여명이 투표한 결과, 이승만계의 독촉국민회가 55명, 한민당이 29명, 대동청년단이 12명, 민족청년단이 6명, 무소속이 85명 당선되었습니다.

한민당의 제안대로 내각책임제로 기초되었던 헌법이 이승만의 요구로 대통령중심제로 바뀌어 공포되고(7. 17), 국회에서 간접선거로 실시된 대통령선거에서 '독촉'계와 한민당의 단합에 의해 이승만이 압도

4·3항쟁 남한만의 단독정부 수립에 반대하여 제주도에서 일어난 무장봉기. 미군정 초기부터 인민위원회 및 대중과 경찰·우익단체 간의 갈등이 계속된 상태에서, 단독선거 반대투쟁에 나선 제주도민에 대해 경찰 및 서북청년단 등 우익단체가 무차별적인 테러를 가함으로써 폭발했다. 한라산을 근거로 하는 유격전으로 발전해 49년까지 계속되었지만, 토벌대의 초토화작전으로 49년 중반 무렵에는 유격대가 거의 소멸하였다. 토벌대측의 발표로도, 사살 8000명, 포로 7000명, 민간사상자 3만명 등의 희생자가 발생했다. 이 사건과 관련해, 4·3항쟁 토벌을 위해 파견될 예정이던 군부대가 토벌을 거부하고 반란을 일으킨 '여순군란'이 일어났다. 18강의 참조.

1948년 대한민국 정부 수립 선
포식.

적 다수표로 당선되었습니다.

부통령에는 중국에서 귀국한 임정계의 이시영(李始榮)이 당선되었
습니다. 이렇게 하여 이승만의 남한 단독정권이 성립된 것입니다(1948.
8. 15).

'해방공간'의 상황이 우익세력에 의한 남한만의 단독정부가 수립될 수밖에 없
었다 해도, 그 정부의 상층부는 중국에서 귀국한 임정 요인과 광복군 출신들로 구
성되어야 했습니다.

그리하여 조선총독부 시절 행정·사법·경찰·교육계에서 일본제국주의에 협력
한 친일 조선인 상층부를 철저히 몰아내고, 하층 관료들은 재교육시켜 썼더라면,

남한 단독정부의 역사적 정통성을 어느정도 확보할 수 있었을 것입니다.

2. 김일성정권의 성립과정은 이렇습니다

소련군의 점령과 함께 자치조직들이 성립되었습니다

얄따회담에서 소련은 유럽에서 전쟁이 끝난 3개월 이내에 극동전쟁 즉 대일본전에 참가하기로 약속하면서, 미국으로부터 전쟁 후에 러일전쟁(1904) 때 극동지역에서 상실한 권리를 회복시켜주겠다는 약속을 받아냈습니다.

그 구체적인 내용은 ㉠외몽골의 현상 유지 ㉡북위 50도선 이남 사할린과 그 부속도서의 소련 반환 ㉢쿠릴열도의 소련 소유 ㉣'만주' 여순항(旅順港)의 소련군항화 ㉤대련항(大連港)의 자유항화와 소련 우선권 인정 등이었습니다. 한반도의 부분적 점령 같은 것은 들어 있지 않았지요.

그러나 소련이 일본에 선전포고하고(1945. 8. 8) '만주'지방으로 진격할 때, '만주'와 조선의 국경선을 폐쇄하여 '만주'의 일본군이 본국으로 귀환하는 퇴로를 차단하기 위해 그 제1극동방면군 산하 제25군이 북조선의 주요 항구를 점령한다는 계획이 있었습니다.

소련의 태평양함대도 '만주'와 북조선지역 및 일본을 연결하는 해상교통로를 차단하기 위해 25군보다 먼저 북조선의 몇몇 주요 항구에 상륙했습니다(8. 10).

38도선을 미·소 양군의 점령경계선으로 정한 미국의 '일반명령 제1호'를 접수한(8. 16) 후, 소련군은 계속 웅기(雄基)·나진(羅津)·청진(淸津)을 점령하고 또 원산을 점령했으며(8. 21), 9월 초에는 한때 38도선 이남까지 진격했다가 미군이 진주하기 이전에 물러갔습니다.

8월 15일에 일본의 항복 발표가 있은 후에도 소련군 참모본부는 전투정지명령을 내리지 않았습니다. 따라서 소련군과 일본군의 전투행위는 계속되었습니다.

8월 20일에야 소련 극동군 총사령관이 일본의 관동군 사령관에게 전투행위 중지와 투항을 명령하고, 제25군 사령관 치스짜꼬프(I. Chistiakov)에게 북조선지역 점령 임무를 부여했고(8. 25), 치스짜꼬프는 다음과 같은 포고문을 발표했습니다.

㉠소련군의 목적이 조선 영토의 획득에 있지 않고 ㉡북조선의 사유물 및 공공 소유물은 소련군정의 보호하에 들어가며 ㉢소련군 사령부는 북조선지역에서 일본 식민통치의 유물을 일소하고, 민주주의와 시민적 자유 원칙 강화를 목적하는 반일민주당(反日民主黨)의 설립과 활동을 보장한다.

소련군이 점령하지 않은 지역에서는 민족주의자와 사회주의자의 협력에 의해 조선인 자치조직이 만들어지기 시작했습니다. 평안남도에서는 조만식을 위원장으로 하는 건국준비위원회의 평안남도위원회가 조직되었습니다.

조만식과 치스짜꼬프의 회담이 있은 후 조선공산당원 현준혁(玄俊赫)이 평남 '건준'의 부위원장이 되고, 그 12명의 부장도 건준계 6명, 공산계 6명으로 구성되었습니다.

그 명칭도 건준 쪽은 '정치위원회'를 주장하고 공산당 쪽은 '인민위원회'를 주장했는데, 절충해서 평안남도 '인민정치위원회'로 바꾸었습니다(8. 29).

그 상임위원회에서 조만식 등은 소작료를 잠정적으로 3:7제로 할 것을 주장하고, 공산주의자 쪽은 수확량 전부를 소작인이 소유할 것과 지주 토지의 무상몰수를 주장했습니다. 소련 당국의 개입으로 공산당 쪽이 주장을 철회했습니다.

평안북도에서도 이유필(李裕弼)을 위원장으로 하는 자치위원회가 성립했습니다. 이 자치위원회는 소련군의 요구로 '임시인민위원회'로 개칭되었습니다(8. 30).

소련군이 일부 점령한 함경남도의 경우 함경남도공산주의자협의회와 건준함경남도위원회가 각각 도내의 행정권을 이양받았다가, 두 기구가 합동하여 도용호(都容浩)를 위원장으로 하는 조선민족 함경남도 집행위원회가 성립했습니다.

이 위원회는 명칭을 함경남도인민위원회로 바꾸고, 18세 이상 남녀에게 선거권을 부여하며, 조선국가의 주권은 조선인에게 있고, 일본인 및 친일파 소유 재산을 몰수해 국유화한다는 내용의 선언문을 발표했습니다(8. 30).

한편 소련군 당국은 '스딸린지령'을 시달하여(9. 20) 점령방침을 밝혔는데 그 내용은 다음과 같았습니다.

㉠북조선 영토 안에 비(非)쏘비에뜨정권과 반(反)일적 민주정당 연합에 의한 부르주아민주주의정권 수립을 목표로 하며, 이를 위해 북조선에 반일적 민주정당을 결성한다.

㉡북조선의 사유재산 및 공적 재산은 소련 당국의 보호하에 두며 ㉢북조선 주둔 소련군은 규율을 엄수하고 ㉣북조선 민간행정 지휘는 연해주군관구 군사평의회가 수행한다.

곧 소련군 민정부(民政部)가 발족했습니다(10. 3). 이 민정부는 연해주군관구 군사회의위원 스찌꼬프 대장의 주도 아래 민정장관 로마넨꼬(A. A. Romanenko)를 비롯하여 각 부문의 전문가로 구성되었습니다. 각 지방에는 점령업무를 담당할 위수사령부가 설치되었습니다.

그럼에도 실질적인 행정은 조선사람들이 구성한 각 지방인민위원회가 담당했습니다. 이 점이 미군 진주에 앞서 각 지방에 인민위원회가 성립되어 행정권을 행사했으나 미군정이 이를 접수해간 38도선 이남과 다른 점이었습니다.

김일성정권의 성립과정을 알아봅시다

해방 직후 38도선 이북의 공산주의자들은 건준에 참가하는 한편, 조선공산당 평안남도지구 확대위원회를 결성하고 「정치노선에 대하여」를 발표했습니다(9. 15). 그 내용은 다음과 같습니다.

㉠미국·영국 등은 소련과 공동전선을 형성해 파시즘전선을 격파하고 피압박민족을 해방시켰으므로 이들 연합국은 우리 편이다. ㉡현단계 조선혁명은 부르주아민주주의혁명 단계이며, 반일적 각 당파와 계급을 망라하여 민족통일전선을 결성한다. ㉢비친일파의 사유재산과 사적 토지소유는 승인한다.

동북항일연군 제2방면군을 지휘하다가 소련으로 들어가서(1940. 10) 소련 제88특별저격여단의 제1영장(營長)이 된 김일성은, 전쟁 종결을 전망한 소련군에 의해 조선공작단위원회의 정치·군사담당 책임자가 되었습니다(1945. 7). 소련이 일본에 선전포고한 후에는, 일행 약 60명과 함께 소련을 떠나 원산에 상륙하여(9. 19) 평양으로 갔습니다(9. 22).

38도선이 획정된 상황에서 북쪽의 공산주의자들은 ㉠공산당 중앙을 평양으로 옮기는 방법 ㉡북조선 중앙당을 새로 조직하는 방법 ㉢조선공산당 북부조선분국을 설치하는 방법 등을 논의했습니다.

그러다가 서울 중앙당 책임비서 박헌영의 양해 아래 '서북5도 당책임자 및 열성자연합대회'를 열어(10. 10) ㉠조선공산당 북부조선분국을 설치하고 ㉡민족통일전선 노선과 인민정권 수립 노선을 채택하기로 결정했습니다.

조선공산당 북부조선분국 제3차 확대집행위원회에서(12. 17) 책임자로 선출된 김일성은 당권을 장악하고 민주주의 정당·사회단체와의 통일전선, 북조선의 통일적 민주독립국가 건설을 위한 정치·경제·문화적 민주기지화를 표방했습니다.

한편 75명의 각도 인민위원회 대표와 소련군 수뇌부가 함께 북조선5도인민위원회 연합회의를 열고(10. 8), 5도 행정의 통괄적 수행을 목적으로 10국제의 '북조선 5도행정국'을 설치했습니다(11. 19).

10국 전체를 통괄하는 조직은 없었고, 그 개개 국은 소련군사령부에 속해 있었으나 북조선임시인민위원회가 조직되면서 이 임시위원회의 통제를 받았습니다.

이후 북조선 각 정당·사회단체, 각 행정국 및 각 도·시·군 인민위원회 대표 확대협의회에서 만장일치로 북조선임시인민위원회가 성립되어(1946. 2. 8) 북조선 최초의 중앙행정기관이자 중앙주권기관이 되었습니다. '임시'라는 한정어가 붙은 것은 남북통일정부가 수립될 때를 생각해서였습니다. 23명의 위원으로 구성되고 위원장에는 김일성, 부위원장에는 김두봉이 선출되었으며, 임시인민위원회 밑에 10국 3부를 두었습니다.

한편, 도·시·군 인민위원회는 조선민주주의 임시정부가 수립될 때까지 인민정권의 최고기관인 인민회의를 창립할 것을 결정했습니다.

그후 선거를 통해 김일성을 위원장으로 하는 북조선인민회의가 성립함으로써 임시인민위원회는 해소되었습니다(1947. 2. 17). 곧이어 김일성을 위원장으로 하는 북조선인민위원회가 성립되었습니다(2. 22).

북조선 인민정권의 최고기관인 인민회의 특별회의에서 조선민주주의인민공화국 임시헌법 초안이 통과되고(4. 29) 최고인민회의 대의원 선거가 실시되었습니다(8. 25).

전체 유권자의 99.97%가 참가하고, 민주주의민족통일전선에서 추천한 공동입후보자에 대해 전체 선거참가자의 98.49%가 찬성투표하여, 212명의 최고인민회의 대의원이 선출되었습니다.

해주(海州)에서 열린 '남조선인민대표자대회'에서는 38도선 이남에서 '비밀선거'로 뽑힌 1002명의 대표가 참가하여, 인구 5만명당 1명 비율의 간접선거에 의해 360명의 대의원이 선출되었습니다.

남북 인민이 함께 참가했다는 명분을 세운 선거를 통해 당선된 대의원들로서 최고인민회의 제1회 회의가 개최되고(9. 2~9) 김일성을 수상

으로 하고 박헌영·홍명회·김책(金策) 등을 부수상으로 하는 내각이
구성됨으로써 김일성정권이 정식으로 성립되었습니다(9. 9).

남한의 농지개혁과 적산불하는
어떻게 되었을까요

분단국가들이 성립된 후라도 적어도 역사교육만은 남북을 합친 객관적이고 공정한 교육이 실시되는 것이 바람직했지만, 아직도 우리 역사학은 그럴 수 있을 만큼의 학문적 자유와 교육을 누리지 못하고 있습니다. 따라서 이 강의부터는 남쪽만의 역사를 강의하는 데 그칠 수밖에 없는 점 이해해주기 바랍니다.

해방 후에는 무엇보다 일본제국주의의 잔재를 청산하는 일이 시급했습니다. 구체적으로는 일본인과 조선인 지주들이 소작경영하던 토지와 조선총독부와 일본인 및 친일조선인이 가졌던 산업체를 처리하는 문제였지요. 민족해방운동 과정에서 좌익전선은 물론 우익전선도 토지는 무상몰수하여 농민에게 무상분배하고, 대기업체는 국유화하며 중소기업체는 민영으로 한다는 데 대체적인 합의를 봤습니다. 그러나 남한의 경우 미군정과 이승만정권에 의해 이같은 합의와는 다르게 농지개혁이 이루어지고 귀속재산이 처분되었습니다.

일제시대 유제의 청산 문제는 정권의 정통성과도 연관되는 것입니다. 미군정은 말할 것 없고 이승만정권의 농지개혁과 귀속재산 처리는 친일파 처분과 함께 그 정권이 가진 역사적 성격이 잘 드러나는 부분입니다.

1. 식민지 유제 청산의 일환으로 토지개혁을 해야 했습니다

먼저 민족해방운동전선의 토지정책을 알 필요가 있습니다

하나의 민족사회가 농업경영이나 농지소유 면에서 중세를 극복하고 근대사회로 옳게 나아간다는 것은, 일반적으로 중세적 지주·전호제(地主佃戶制)가 완전히 청산되고 농민적 토지소유제로 나아가는 것을 의미합니다.

우리 민족사의 경우도 조선왕조 후기부터 양반지주제가 조금씩 무너지면서 서민지주가 나타나기 시작했고, 문호개방 후에는 미약하게나마 농민적 토지소유제가 발달해갈 조짐이 일부 나타났습니다.

그러나 일제강점 시대를 거치면서 조선을 식량공급지로 확보하려는 식민정책 때문에 오히려 지주·소작제가 강화되었고, 당연히 농민적 토지소유는 후퇴했습니다.

1920년대 말의 농업공황 이후 일본제국주의 체제로서도 지주의 존재가 부담스러워졌고, 농민들의 희생이 너무 커진 것이 사실이었습니다. 따라서 일본제국주의자들은 식민지 조선에서도 이른바 자작농창정(自作農創定) 정책이란 것을 펴는 척했지만, 거의 실효를 거두지 못한 채 패전을 맞게 되었습니다.

한편 일제강점기의 민족해방운동전선에서 좌익전선은 1920년대부터 계속해서 해방 후에는 토지와 대기업을 국유화해야 한다고 주장했습니다. 우익전선의 경우도 대체로 1930년대로 들어오면서 역시 토지와 대기업의 몰수 및 국유화를 주장했습니다.

11강의에서 말했듯이, 1935년에 창당된 좌우익 통일전선정당인 조선민족혁명당의 정강에서도 "토지는 국유로 하고 농민에게 분급한다" "대규모 생산기관 및 독점적 기업을 국영으로 한다"고 했습니다.

같은 해 성립한 김구 중심의 우익정당 한국국민당도 그 당의(黨義)에서 "토지와 대생산기관을 국유화로 하여 국민의 생활권을 평등하게 할 것"이라 했으며, 임시정부의 「건국강령」(1941)에 나타난 경제정책도 마찬가지였습니다.

민족해방운동전선에 참가한 우익세력의 경우, 설령 양반·지주 출신이었다 해도, 35년간 민족해방운동에 투신한 동안 그들의 지주적 경제기반은 모두 무너졌습니다. 뿐만 아니라, 그들은 해외의 민족해방운동 참가과정에서 진보적 사상에 어느정도 접할 수 있었습니다. 이 때문에 해방 후에는 토지와 대기업을 국유화해야 한다는 데 대체로 합의할 수 있었고, 따라서 좌익전선과의 통일전선운동도 추진될 수 있었다고 하겠습니다.

그러므로 해외에서 투쟁하다가 귀국한 민족해방운동세력의 우익전선은 해방 후 국내에서도 대체로 토지와 대기업의 몰수·국유화 및 재분배 정책을 고수했습니다. 그러나 국내의 지주세력을 중심으로 성립한 한국민주당은 특히 토지정책에서 이들과는 큰 차이를 나타냈습니다.

좌익세력이나 해외에서 돌아온 우익세력은 말할 것 없고, 한민당을 중심으로 하는 국내 우익세력도, '해방공간'의 분위기 속에서 지주소작제를 청산하고 토지를 농민에게 돌려주어야 한다는 데는 반대할 수 없었습니다.

그러나 그 방법론에 있어, 좌익전선은 지주 토지의 무상몰수와 농민에의 무상분배를 주장했고, 한민당 중심의 우익세력은 지주의 처지를 대변하여 토지의 유상매상(有償買上)과 농민에의 유상분배를 주장했습니다.

해외에서 돌아온 우익세력인 한국독립당의 경우 이전에 표방했던 정강·정책을 구체적으로 수정하지는 않았으나, 여운형·김규식을 중심으로 하는 좌우합작파, 이른바 중도파는 토지의 유상매상과 무상분배를 주장했습니다.

해방 전 좌우익을 막론한 민족해방운동전선이 지향한 토지정책이 해방 후 남한의 농지개혁 과정에서 실제로 어떻게 적용되었는가, 혹은 어떻게 빗나갔는가, 빗나갔다면 그 원인이 무엇인가를 정확하게 이해하는 것이 우리 현대사를 올바르게 이해하는 하나의 열쇠가 된다 할 것입니다.

미군정이 일본인 토지를 처분했습니다

해외에서 돌아온 우익세력과 국내 우익세력이 토지정책에 관해 의견을 달리한 상황에서, 남한의 미군정은 국공유재산과 일본인의 재산을 접수·관리한다는 군정법령 제2호를 발표했습니다(1945. 9. 25).

일본제국주의의 패전과 함께 성립한 각 지방의 인민위원회가 일본인 소유지와 동양척식회사 소유지 등을 접수·장악하는 것을 방지하려는 정책이었습니다.

뒤이어 미군정청은 법령 제9호 '최고소작료 결정의 건'을 발표하여 (10. 5) ㉠소작료가 총수확물의 3분의 1을 초과할 수 없고 ㉡현존 소작권의 유효기간에 대하여 지주의 일방적인 소작계약 해제는 무효이며 ㉢소작료가 총수확물의 3분의 1을 초과하는 신규 소작계약은 불법으로 할 것 등을 규정했습니다.

그런 다음 일제강점 시대의 동양척식회사 소유 재산과 일본의 법인 재산 등은 미군정청 소유로 하고, 이를 관리하기 위해 신한공사(新韓公

社)를 설립했습니다(1946. 2).

미군정 당국은 토지문제에 관해 이 이상의 개혁안을 가지고 있지 않았습니다. 그러나 해방 당시 자작농가는 약 13.8%에 지나지 않은 데 비해, 자소작농이 34.6%, 소작농이 48.9%나 되었으므로, 토지개혁을 통해 농민적 토지소유제를 실현하지 않을 수 없는 상황이었습니다.

미군정은 38도선 이북의 소련군정과 일종의 경쟁관계에 있었는데, 북쪽에서 1946년 초에 무상몰수 무상분배 방식의 토지개혁을 실시함으로써 남쪽 농민들의 토지개혁에 대한 요구는 한층 더 높아졌습니다.

이에 미군정은 '남조선과도입법의원'의 창설을 공포하면서 입법의원이 개원되면 토지개혁 문제를 결정할 것이라 발표했습니다.

대구·경북지역의 민중항쟁을 겪고 1947년에 들어서면서, 전국적 통일조직을 가졌던 전국농민조합총연맹(1945. 12. 8. 결성)은 강령에서, 일본제국주의 및 민족반역자의 토지를 몰수하여 빈농에게 분배할 것을 요구하고, 스스로 토지개혁법 초안을 작성하여 미군정 당국에 제출했습니다(1947. 2. 21).

상황이 이렇게 전개되자 미군정 당국은 토지개혁 문제에 적극성을 띠지 않을 수 없었습니다. 그러나 이승만과 한민당 세력이 입법의원의 다수 의석을 차지함에 따라, 토지개혁안은 상정 자체가 지연되고 말았습니다.

겨우 '농지개혁법안'이 상정되었지만, 한반도문제의 유엔 이관과 남한 단독정부 수립을 획책하고 있던 우익 쪽 의원들이 출석을 거부함으로써, 농지개혁법안은 성원 미달로 심의도 되지 못했습니다.

미군정 쪽도 '농지개혁법안'을 제출하기는 했으나, 실제로는 농지개혁을 남한 단독정부 수립 후로 미루었습니다. 미군정기간에는 신한공사가 경영하던 옛 일본인 소유 토지, 즉 귀속농지(歸屬農地)를 처분하는 계획을 세우는 데 그친 것입니다.

입법의원에서 '농지개혁법안' 심의가 사실상 불가능해지자, 미군정

전국농민조합총연맹 1945년 12월 농민운동의 지도를 위해 전국적 단위로 조직되었다. 1946년 당시 한반도 전역에서 3백만명 정도의 조직원을 확보했다. 빈농을 중심으로 한 계급적 단체를 지향했으며, 소작료 3·7제, 미곡공출 반대, 철저한 토지개혁 등을 주장했다. 지역에서는 지방 인민위원회와 함께 활동을 전개했는데, 미군정의 탄압으로 좌익세력이 약화되면서 유명무실화되었다.

은 남조선과도정부법령 제173호를 공포하여(1948. 3. 10) 신한공사를 해체한 뒤, '중앙토지행정처'를 설치하여(3. 22) 귀속농지를 매각했는데, 그 조건은 다음과 같았습니다.

㉠소작지 또는 소유지가 2정보 이하인 경우를 대상으로 하되 매각되는 토지의 소작인에게 우선권을 주며, 다음에는 그 외의 농민·농업노동자와 북한에서 이주한 재민(災民)과 농민, 해외에서 온 귀국농민 등의 순으로 한다. ㉡농지의 가격은 당해 토지의 주생산물 연간 생산고의 3배로 하되 지불은 20%씩 15년간 현물 납입하게 하며 ㉢분배된 농지의 매매, 임대차, 저당권 설정 등은 금지한다.

신한공사가 관리한 옛 일본인 소유 토지는 경작지가 27만여정보였고, 택지·산림 등을 합해 총 32만여정보였습니다. 그러나 매각은 이 가운데 논과 밭에 한정되었습니다. 이승만정권이 성립될 때까지 약 85%가 매각되었는데, 대부분은 원래의 소작농민에게 매각되었습니다.

미군정 당국이 비록 옛 일본인 소유 토지만이라도 매각을 서두른 데는, 남한 단독정부 수립 방안이 확정되어 실시되는 5·10선거를 앞두고, 좌익의 정치공세를 둔화시켜 선거를 유리한 방향으로 유도하려는 정책적 목적이 있었습니다. 그러나 옛 일본인 소유 토지를 농민에게 유상으로 분배한 것은, 이후 이승만정권이 한국인 지주의 농지를 유상 매각하는 전례가 되었습니다.

이승만정권도 농지개혁을 했습니다

민족해방운동 당시는 좌우익 세력 모두가 일본인 소유의 사유지 및 공유지는 물론 조선인 지주 소유 토지까지도 국유화해서 농민에게 분배하기로 했으나, 미군정하의 남한에서는 그러한 정책이 그대로 실시되지 못했지요.

앞에서 보았듯이, 일본인 소유의 토지만이 소작인을 중심으로 한 농민들에게 연간 생산고 3배의 값으로 매각되었습니다. 그리고 조선인 지주 소유지의 처리 문제는 이승만정권으로 넘겨졌습니다.

이승만정권이 성립하면서 그 헌법 제86조에는 "농토는 농민에게 분배하며 그 분배방법, 소유의 한도, 소유권의 내용과 한계는 법률로 정한다"고 명시되어 있었습니다. 이에 따라 이승만정부는 농지개혁안을 작성하여 국회로 넘겼는데(1949. 2. 5). 그 내용은 다음과 같습니다.

㉠소작지와 3정보 이상의 자작지 등을 정부가 매수하여 소작인, 농업노동자, 영농능력이 있는 선열 유가족, 해외에서 귀환한 동포 순으로 3정보 이내의 범위에서 유상분배한다. ㉡농지의 매수가격을 연평균 생산량의 2배로 하고 정부가 3년 거치 10년 균등으로 지주에게 보상하며 ㉢농지를 분배받은 농민은 연평균 생산량의 2배인 지가(地價)를 10년간 균등 분할상환한다.

이에 대해 제헌국회에서도 독자적인 농지개혁안을 작성했습니다. 대체로 정부안과 비슷했지만, 지가 보상액과 상환액이 평년작의 3배여서 정부안보다 오히려 농민에게 불리했습니다.

또 연간 생산량의 3배를 매년 20%씩 15년간 상환하게 한 미군정의 귀속농지 매각조건에 비해서도, 제헌국회안은 상환기간이 10년으로 단축되어 역시 농민에게 불리하고 지주에게 유리한 것이었습니다.

중국에서 귀국한 임정의 우익세력마저 대부분 참가하지 않고, 이승만 지지세력과 한민당세력 중심으로 시행된 남한 단독선거를 통해 성립된 제헌국회에는 지주 출신 의원이 많았습니다. 제헌국회가 작성한 농지개혁안에서 그 성격이 잘 드러난 것입니다.

농지개혁법 심의과정에서 정부안과 국회안이 대립되어 논란이 거듭되었습니다. 그러다가 결국 지주에 대한 보상액을 평년작 1.5배로 하고 농민의 상환액을 1.25배로 하며, 상환기간을 5년으로 단축한 농지개혁법을 국회가 통과시켜(1949. 4. 28) 정부로 보냈습니다.

국회 통과 과정에서 보상 지가가 국회안인 평년작의 3배는 물론이고 정부안인 2배보다도 감액되어 1.5배로 된 것은, 농민에게 유리한 개혁이 되어야 한다는 국민여론의 결과였습니다.

지주에 대한 보상액이 농민의 상환액보다 많아진 것은 그 차액만큼 정부가 부담하도록 한 것이지만, 이 점에서도 역시 제헌국회 구성상의 성격이 드러나고 있었습니다.

정부는 재정 사정으로 정부 부담이 큰 농지개혁법을 시행하기가 불가능하다 하여, 국회에 보상액과 상환액을 같게 해줄 것을 요구했습니다. 그러나 국회는 이를 거부하고 그대로 공포했습니다(6. 21).

정부가 재정부담을 이유로 농지개혁을 실시하지 않았고, 이를 비난하는 국민여론이 높아지자, 국회는 정부 요구대로 보상액과 상환액을 같게 한 개정법을 통과시켜 공포했습니다(1950. 3. 10).

개정법은 보상액과 상환액을 같게 하면서 지주에 대한 보상액을 낮춰 1.25배로 하지 않고, 농민의 상환액을 높여 평년작의 1.5배로 한 것입니다.

정부의 재정부담을 없애는 대신 그 부담을 농민에게 떠넘긴 것이지요. 게다가 상환기간은 그대로 5년이었기 때문에, 농민들은 결국 1년에 평년작의 30%를 지가로 상환해야 했습니다.

이승만정권의 농지개혁은 무상분배가 아닐 뿐만 아니라, 이렇게 농민에게 불리한 개혁이었다는 점 외에도, 많은 문제점이 있었습니다.

우선 8·15 후 5년 만에 실시됨으로써 8·15 당시 소작지 논밭의 38%만이 농지개혁 대상이 되었습니다. 그 나머지는 개혁 이전에 이미 사사로이 매각된 것입니다.

농지개혁의 목적은 물론 지주제를 없애고 자작농제를 창출하는 데 있었습니다. 그러나 농지개혁 후 곧 6·25전쟁이 발발하여 농민들의 농지대금 상환 부담이 더욱 커진데다가 분배된 농지의 매매가 금지되지 않아서, 상환 이전에 토지가 전매된 경우가 많았습니다.

농지개혁으로 지주에게 보상되는 농지대금을 산업자본으로 전환시켜 지주를 산업자본가로 전환시키려던 목적도 6·25전쟁의 발발과 정책적 뒷받침의 부족 등으로 실패로 돌아가고 말았습니다.

앞에서도 말했지만, 해방 후 남한 정계에서 토지개혁론은 무상몰수 무상분배론과 유상매상 유상분배론 그리고 유상매상 무상분배론으로 삼분되어 있었습니다. 미군정의 농지개혁은 무상몰수 유상분배였고, 이승만정권의 그것은 유상매상 유상분배였습니다. 어느 경우건 우익을 포함한 민족해방운동전선의 토지개혁론과는 달리 농민에게 불리한 개혁이 되고 말았습니다.

해방 후 가장 중요한 식민지유제 청산과제는 친일반민족행위자 숙청과 토지개혁 이 두가지였습니다. 이승만정권은 이 두가지를 모두 미온적으로 처리함으로써 식민지배에서 벗어난 민족사회에 최초로 성립된 정권으로서의 역사적 정통성이 약해지고 말았습니다.

좌우익을 막론하고 민족해방운동전선은 해방 후의 국가건설 과정에서 반민족행위자의 모든 재산을 몰수·국유화한다고 했습니다. 그러나 이승만정권의 농지개혁에서는 그것이 전혀 실현되지 않은 것이지요.

더구나 농지를 제외한 과수원·임야 등은 개혁 대상에서 제외되었습니다. 이 때문에 일반 지주 소유지는 물론이고, 이완용·송병준 같은 친일반민족행위자의 토지도 소유권이 그대로 인정되어 후손들에게 고스란히 상속되었습니다.

2. 적산(敵産) 즉 '귀속재산'은 어떻게 처리되었을까요

먼저 미군정의 '귀속재산' 처리를 알아봅시다

민족해방운동전선의 좌익전선은 말할 것 없고 임시정부의 「건국강령」에서도, 대규모 생산기관과 운수사업·은행·전신·교통기관 등의 경우, 일본인의 공사(公私) 재산은 물론 조선인 소유까지도 국유화할 것을 결정했습니다. 대기업에 대해서는 조선인 소유라 해도 친일자본 혹은 예속자본으로 간주한 것이라 할 수 있습니다.

그러나 해방 후 38도선 이남을 지배한 미군정은 조선인 소유의 기업

1930년 무렵 서울 충무로의 일본인 상가. 해방 후 이러한 일본인들의 재산은 이른바 '적산'으로 취급되어 미군정에 접수되었다.

체는 대소를 막론하고 모두 불문에 부쳤습니다. 그리고 군정법령 제2호 '패전국 소속 재산의 동결 및 제한의 건'을 발표하여(1945. 9. 25) 조선에 있는 일본의 국·공유 재산을 동결했습니다.

그 뒤 군정법령 제33호인 '재(在)조선 일본인 재산의 권리귀속에 관한 건'을 공포하여(12. 12) 일본인의 사유재산까지도 이른바 귀속재산으로 하여 접수·관리했습니다.

8·15 직후 미군이 진주하고 미군정이 성립해 지방에까지 실제로 그 통치권이 행사되기 이전까지는, 조선에 있던 일본의 국·공유 기업체는 물론 개인소유 공장들의 상당수도 조선 노동자들에 의해 자주관리되고 있었습니다.

특히 일본인 개인 재산을 '귀속재산'화한 군정법령 제33호가 공포된 1945년 12월 중순경의 남한에는, 그 소유주인 일본인은 이미 대부분 귀국하여 이전 인구의 약 10분의 1 정도밖에 남아 있지 않았습니다.

즉 대부분의 일본인 개인 재산은 여전히 유통되고 있던 일제시대 화폐 조선은행권에 의해 조선인 개인에게 이미 매각된 것입니다. 생산공장들은 일본인이 지명한 특정 개인이 위임 관리하거나 아니면 노동자들의 자치위원회가 관리하고 있었습니다.

따라서 군정법령 제33호의 공포는 현실적으로 일본인이 소유하고 있던 재산을 미군정청 소유로 귀속시키기 위한 것이었다기보다, 조선인 개인이 일본인으로부터 이미 매입했거나 그 관리를 위임받은 재산과, 특히 조선 노동자들이 자주관리하고 있던 재산을 미군정 당국에 귀속시키기 위한 것이었다고 할 수 있습니다.

실제로 군정법령 제33호가 공포된 것을 계기로 하여 적산(敵産)기업체의 노동자 자주관리운동이 쇠퇴했습니다.

당시의 전체 기업체 중 적산귀속업체가 차지한 비율은 21.6%였고, 종업원 비율은 48.3%였습니다. 기업체 비율보다 종업원 비율이 높은 것은 귀속업체의 규모가 비교적 컸음을 말해줍니다. 미군정은 관리인을 파견하여 이들 적산귀속업체를 관리했습니다.

이들 관리인의 지위는 국영기업체 관리자와 비슷했는데, 대체로 일제강점 시대부터 그 업체의 직원이었거나 주주였던 사람, 그 사업체와 관련이 있던 거래상인, 8·15 이후 노동자 자주관리조직의 초빙을 받아 관리책임을 맡았던 사람 등이 관리인이 되었습니다.

미군정 당국은 1947년 3월부터 귀속재산의 일부를 불하하기 시작했습니다. 기업체 513건, 부동산 839건, 기타 916건으로 한정된데다가, 그중 귀속기업체는 전체의 10~20% 정도에 불과했습니다.

그나마 소규모 업체뿐이었고, 광산·은행 등 대규모 업체를 중심으로 한 불하는 이승만정권 성립 이후로 미루어졌습니다. 기업체를 주로 관리인·임차인에게 매도하는 식의 불하방법도 그대로 이승만정권에 이어졌습니다. 따라서 귀속재산 불하의 대체적 방법은 미군정 때 이미 결정되었다고 할 수 있습니다.

일본인 소유였던 귀속농지의 경우는, 비록 유상분배이기는 했지만 지주소작제를 청산하고 농민적 토지소유제를 실현한다는 명분을 전제로 하여, 일본인 지주에게 수탈당했던 소작농민에게 우선적으로 분배되었지요.

이에 비해 기업체를 비롯한 여타 귀속재산의 경우, 미군정 당국은 일부 성립해 있던 노동자 자주관리체제를 거부하고, 일제강점 시대부터의 연고자, 즉 일본인 소유자와 밀착되어 그들로부터 직접 관리권을 위임받은 사람들에게 주로 불하했습니다. 이로써 이들이 해방 후 남한 자본주의경제의 담당자로 재생하는 길이 마련된 것입니다.

이승만정권의 '귀속재산' 처리를 봅시다

이승만정권 성립 직후 체결된 '한·미 재정 및 재산에 관한 협정'(1948. 9. 11)의 제5조에는 "대한민국은 재조선 미군정청 법령 제33호에 의하여 귀속된 일본인 공유 또는 사유 재산에 대하여 재조선 미군정청이 이미 행한 처분을 승인 및 비준함"이라 했습니다.

미군정의 귀속재산 불하 사실과 그 방법을 인정한 것입니다. 이후 이승만정권은 재정안정책으로 총 33만여건의 귀속재산을 불하했습니다. 그 내용을 보면 다음과 같습니다.

㉠중요한 자연자원, 임야 및 역사적 가치가 있는 토지·건물·문화재 등 공공성이 있거나 영구 보존할 필요가 있는 것 ㉡정부·공공단체에서 공공용으로 사용하기 위하여 필요한 것 ㉢국방상 또는 국민생활상 요긴한 기업체와 중요 광산·제철소·기계공장, 기타 공공성을 가진 기업체 등은 국영 또는 공영으로 하고, 그 나머지는 모두 개인이나 법인에게 매각했습니다.

민간에 불하하는 귀속재산은 기업체와 부동산·동산·주식 및 지분

(持分)으로 나누어 ㉠연고자·종업원·국가유공자 및 그 유족에게 우선권을 주고 ㉡다음에는 지명공매·일반공매 등으로 매각했습니다.

부동산의 경우 대금상환 방법을 15년 기한의 분할상환제로 했습니다. 그러나 곧 6·25전쟁이 발발하고 귀속기업체의 67%가 파괴되어 재정안정책으로서 적산불하의 효과는 격감했습니다.

그러면서도 ㉠귀속기업체의 민간 경영화를 통한 전쟁물자 생산의 강화 ㉡물자공급 증대로 인한 인플레이션 억제 ㉢농지개혁에 따른 지주자본의 전환 ㉣전시의 적자재정 보충 등을 위해, 전체의 43%가 6·25전쟁중에 불하되었습니다.

격심한 인플레이션으로 그 대금은 감가되었고, 생산시설 미비로 생산성이 감퇴되어 불하대금의 체납도 심했습니다. 따라서 귀속재산 매각이 정부재정에 준 효과도 대단히 낮을 수밖에 없었습니다.

1949년에서 1955년까지 귀속재산을 매각한 수입 중에서 일반재정세입에 실제로 전입된 금액은 연평균 1.5%에 지나지 않았습니다. 1957년 이후에도 약간의 귀속재산 처리금이 주택자금·중소기업자금·농업자금으로 투입되기는 했으나 대단히 미미했습니다.

결국 일반재정세입의 불과 1.5%를 7년간 보충하기 위해 일제강점시대 35년 동안 일본인들이 수탈한 재산을 그 연고자 중심으로 매각한 셈입니다.

민족해방운동전선이 국유화를 지향했던 적산(敵産)기업은, 미군정과 이승만정권에 의해 대부분 사유재산이 되었습니다. 더구나 불하과정에서 미군정 당국의 관리인 지명에 의해 대부분 과거 일본인 소유자와 밀착됐던 관리자들의 소유로 되었습니다.

또 이승만정권의 우선권 부여제와 지명공매제 중심의 불하로 대부분 일제강점시대 연고자의 소유가 되었고, 이들이 8·15 후 남한 자본주의경제의 핵심세력이 되었습니다.

농지개혁에 이은 또 하나의 식민지 유산 처리로서의 적산기업 처분은, 대부분 일본인 소유자의 연고자 및 친일세력에게 헐값으로 매각되는 방식으로 이루어진 것입니다.

그것은 미군정과 이승만정권이 북한과의 대결을 위한 반공체제를 확립하기 위한 방편으로 자본주의 경제담당층을 육성하려는 목적을 우선시했기 때문이라 하겠습니다.

6·25전쟁은 왜 일어났으며,
어떤 전쟁이었을까요

　　20세기 우리 민족사는 일제강점의 결과가 민족분단으로 이어지고 민족분단이 곧 민족상잔으로 이어졌습니다. 이렇게 보면 6·25전쟁은 20세기 우리 전반기 역사의 결과요, 또 20세기 후반기 역사의 출발점이라 하겠습니다.

　　분단시대적 역사인식에 갇힌 눈으로 보면 6·25전쟁은 침략전쟁이었습니다. 그래서 누가 먼저 침략했는가를 따지고, '전쟁원흉' 운운하면서 침략과 동족상잔의 죄상을 추궁하는 일이 중요했습니다.

　　그러나 민족분단 상태를 평화적으로 해결하려는 역사인식에서 보면 6·25전쟁은 단순한 침략전쟁이 아닙니다. 처음에는 북쪽에서 이룰 뻔했고 다음에는 남쪽에서 이룰 뻔했던 통일전쟁일 수 있는 것이지요.

　　이 전쟁을 통일전쟁으로 보면, 전쟁을 하고도 왜 통일이 이루어지지 않았는가 하는 점에 생각이 미치게 됩니다. 북쪽이 이룰 뻔했던 전쟁통일은 유엔군의 참전으로, 남쪽이 이룰 뻔했던 전쟁통일은 중국군의 참전으로 무산되었습니다.

　　이처럼 세계 열강의 힘이 부딪히는 한반도라는 지정학적 위치 때문에, 전쟁을 통한 통일은 불가능함을 6·25전쟁이 역설적으로 보여준 셈입니다. 결국 우리는 평화통일을 추구하는 역사인식이 중요함을 깨달아야 합니다.

1. 그 처참한 전쟁이 왜 일어났을까요

왜 6·25전쟁이며, 무엇을 위한 전쟁이었을까요

먼저 이 강의에서는 왜 이 전쟁을 6·25전쟁이라 부르는가에 대한 설명이 필요할 것 같습니다. 이 전쟁은 남한에서는 전에 '6·25동란' 혹은 '6·25사변'이라 불리다가 최근에는 '한국전쟁'으로 많이 불리고 있습니다. 이는 다른 나라에서 통용되는, 영어의 'Korean War'를 번역한 용어입니다.

북쪽에서는 이 전쟁이 '조국해방전쟁'으로 불립니다. 이 명칭이 객관성과 보편성에 논란의 여지가 있는 것처럼, '동란'이니 '사변'이니 하는 명칭 역시 그 의미에 문제가 있으며, 외국어로 번역할 경우를 생각해보면 보편성에도 문제가 있습니다. 최근 '한국전쟁'이라 부르는 경우가 많아진 것도 그 때문이라 하겠습니다.

그러나 'Korean War'라 했을 때의 'Korea'는 한반도 전체를 가리키는 것이므로 문제가 없지만, 우리말로 번역해서 '한국전쟁'이라 할 경우 '한국'은 공식적으로 38도선 혹은 휴전선 이남의 대한민국만을 가리킵니다.

따라서 '한국전쟁'이란 명칭은 대한민국이 어느 나라와 싸운 전쟁인지 분명히 나타내지 못하며, 어쩌면 대한민국 안에서만 일어난 전쟁을 말하는 것처럼 될 수도 있습니다.

일본에서는 대체로 '조선전쟁'이라 하는데, 이 경우의 '조선'은 '북조선'을 가리키는 것이 아니라 한반도 전체를 지칭하는 것입니다.

영어의 'Korean War'라는 명칭은 설사 가능하다 해도, 미국의 남북전쟁을 'American War'라 하지 않는 것처럼, 'Korean War'라는 명칭도 적당하지 않다고 생각하지만, 우리말로 '한국전쟁'이라 하는 것은 더욱 문제가 있다고 생각합니다.

이 강의에서는 궁여지책으로 '6·25전쟁'이라 부르겠습니다. 그러나 이 명칭도 꼭 적합한 것은 아니라고 생각합니다. 통일된 후 우리 역사학계가 적당한 명칭을 찾아내겠지요.

6·25전쟁을 얘기할 때 지금까지는 흔히 이 전쟁을 누가 먼저 일으켰는가 하는 문제가 초점이 되었습니다. 이 문제를 두고 학계에서는 흔히 전통주의적 관점이니 수정주의적 관점이니 하는 용어를 사용해 그에 대한 입장을 나누곤 하지요.

쉽게 말해서 전통주의적 관점이란 소련의 공산주의 세력 확대정책과 김일성정권의 적화통일정책이 전쟁의 원인이라 보고, 북쪽 인민군의 남침이 전쟁의 발단이라 주장하는 것입니다.

수정주의적 관점이란 이같은 전통주의적 관점을 수정한 것으로서, 미국에 의한 남쪽의 단독정부 수립 자체가 혁명적 민족주의운동 및 통일민족국가 수립운동을 방해한 것이며, 미국이 북쪽 정권을 붕괴시키기 위해 전쟁을 유도했다고 보는 것입니다.

지난날 세계의 공산주의 세력권은 주로 북침설을 주장했고, 자본주의 세력권에서는 대체로 전통주의적 관점이 우세했지요. 그러다가 미국인 학자 브루스 커밍스 등의 연구가 발표되면서 자본주의권에서도 수정주의적 관점이 강하게 대두했습니다.

그러나 요즈음에는 미국 및 소련 쪽 비밀문서들이 일부 공개되면서,

종래의 전통주의적 관점에 실증성이 강화된 '신전통주의'적 관점이 우세해지고 있다고 할 수 있습니다. 자료가 좀더 공개되어야 그 진실이 더 많이 밝혀질 것입니다.

지금까지 6·25전쟁사 연구는 대체로 이 전쟁을 침략전쟁이라 규정하고, 남침이냐 북침이냐를 밝히는 문제에 치중해왔다고 할 수 있습니다. 그러나 이 전쟁은 남과 북 어느 쪽 처지에서 봐도 단순한 침략전쟁이라기보다 민족통일전쟁이었다고 봐야 할 것입니다.

통일을 위한 전쟁이 아니었다면 가령 남쪽의 북침이었다 해도, 북쪽은 그 '북침군'을 38도선 남쪽으로 격퇴했으면 됐지, 그 이남으로 쳐내려갈 이유는 없었던 것입니다. 북쪽 인민군이 부산까지, 나아가서 제주도까지 남진하려 한 것은 이 전쟁을 통일전쟁으로 삼으려 했기 때문입니다.

반대로 북쪽의 남침이었다 해도, 남쪽의 국군이나 이들을 도운 유엔군 역시 그 '남침군'을 38도선 북쪽으로 물리쳤으면 됐지, 압록강까지, 백두산까지 하며 더 올라갈 이유는 없었던 것입니다. "백두산 상상봉에 태극기 휘날리려" 한 것은 역시 이 전쟁을 통일전쟁으로 삼으려 했기 때문입니다.

6·25전쟁에는 남북을 막론하고 분단된 민족을 무력으로라도 통일하려 한 1950년대식 통일의도가 담겨 있습니다. 평화통일이 아닌 무력통일을 위한 전쟁을 어느 쪽이 먼저 시작했는가를 밝히는 일도 물론 중요합니다. 그러나 남과 북 모두 3년간의 치열한 전쟁과 그로 인한 엄청난 희생을 겪고도, 또 미군을 중심으로 한 유엔군과 중국군까지 참전하고도 그 무력통일 의도가 왜 실현되지 않았는가 하는 문제를 아는 일이 한층 더 중요하다고 하겠습니다.

이 문제는 이 강의의 마지막 부분에서 생각해보기로 합시다.

전쟁은 어떤 상황에서 일어났을까요

남북 양측의 입장에서 볼 때 6·25전쟁이 민족통일전쟁이었다면, 그것이 왜 일어났는가 하는 물음에 대한 답은 비교적 쉽게 찾을 수 있을 것입니다.

수천년간 유지되어온 단일민족사회가 분열될 위험에 빠졌던 '해방공간'을 통해 통일민족국가를 수립하지 못하고 두개의 분단국가가 성립되었기 때문에, 무력으로라도 통일민족국가를 성립시키기 위해 분단국가 사이에 일어난 전쟁이라 할 수 있겠습니다.

'해방공간'에서 왜 통일민족국가가 수립되지 못했는가에 대해서는 앞 강의들에서도 이미 충분히 말했지만, 다시 한번 정리해보면 이렇게 말할 수 있을 것입니다.

㉠일본이 한반도를 식민지배한 것이 근본적인 원인이라 할 수 있으며 ㉡게다가 민족해방운동 과정에서 좌익전선과 우익전선의 분립이 있었고 ㉢이들 양자가 통일전선을 완성하기 전에 연합국에 의해 해방이 이루어졌기 때문이라 하겠습니다.

그뿐만이 아닙니다. ㉣미·소 양군이 꼭 한반도를 분할 점령할 만한 시점에서 일본제국주의자들이 항복했으며 ㉤한반도의 지정학적 위치 역시 나쁜 영향을 끼쳤기 때문이라고도 할 수 있을 것입니다.

미·소 양군이 분할 점령하는 상황으로 해방을 맞은 한반도 주민들이 통일민족국가 수립 문제와 관련하여 택할 수 있었던 길은 크게 두가지였다고 하겠습니다.

그 하나는 연합국들이 획정해놓은 38도선을 경계로 하여, 우익은 미군이 점령한 남쪽에 친미 자본주의국가를 수립하고, 좌익은 소련이 점령한 북쪽에 친소 사회주의국가를 수립하는 길이었습니다. 현실적으로 쉬운 길이기는 했지만 그것은 민족이 분단되는 길이었습니다.

이와 달리, 38도선이 그어져 미·소 양군이 분할 점령하고 있는 현실적 조건에서 38도선을 없애고 한반도 전체에 걸치는 통일민족국가를 수립하기 위해서는 다음과 같은 길이 있을 수 있었겠지요.

대외적으로는 친미 자본주의국가도 아니고 친소 사회주의국가도 아니며, 대내적으로는 순수 자본주의국가도 아니고 순수 사회주의국가도 아닌 중도적 노선의 중립국가를 수립하는 길이 있었습니다. 어렵지만 이것이 민족분단을 막는 최선의 길이었겠지요.

그러나 35년간 무단적·전제주의적 식민통치를 받다가 해방되어 근대정치의 경험이나 훈련이 거의 없는 상태였던 당시의 한반도 주민들로서는, 미·소 양군이 38도선을 경계로 분할 점령한 상태를 극복하고 통일민족국가를 수립하기는 역부족이었다고 할 수 있을까요.

평화적으로 통일민족국가를 수립하는 데 실패하고 분단국가들이 성립된 후, 1950년대에는 남북을 막론하고 외국군까지 가담해서 각각 한 차례씩 무력통일을 기도했지만, 38도선이 휴전선으로 바뀌었을 뿐 무력통일은 되지 않은 것입니다.

이승만정권은 좌익세력은 말할 것도 없고, 김구·김규식 등 민족해방운동 우익전선의 지지도 받지 못한 채, 국내 지주세력과 손잡고 미군정에서 물려받은 조선총독부 때의 친일관료들을 기반으로 성립되었습니다. 그 때문에 앞에서도 말했지만, 식민지배에서 해방된 민족사회에 처음으로 성립한 정권으로서는 역사적 정통성이 매우 취약한 것이 사실이었습니다.

제주도 '4·3항쟁'을 비롯한 광범한 단선·단정 반대운동을 무력으로 탄압하고 성립하더니, 일제강점 시대의 반민족세력을 처단하기 위해 국회가 설치한 반민족행위특별조사위원회를 경찰력을 동원해서 강제 해체하고, 친일반민족행위자들을 모두 풀어준 사실에서도 이 정권의 성격은 잘 드러났습니다.

따라서 이승만정권은 불안한 출발을 할 수밖에 없었습니다. 김구·김규식 등 단선·단정을 반대한 우익세력은 통일독립촉진회를 결성하여 계속 도전했고, '4·3항쟁'세력이 유격투쟁으로 전환한 데 이어, '4·3항쟁' 토벌에 파견될 군부대가 '여순군란'(1948. 10. 20)을 일으켰습니다.

반민족행위처벌특별조사위원회 반민족행위처벌법을 집행하기 위해 1948년 9월 29일 제헌국회에 설치된 특별기관. 국민들의 열렬한 지지 속에서 화신재벌 총수 박흥식을 비롯하여 최린·노덕술·김연수·최남선·이광수·배정자 등을 체포했지만, 친일세력의 방해로 실질적인 성과는 미미해서 체포된 이들 중 체형을 받은 사람은 7명에 불과했다. 1949년 8월 22일 국회에서 폐지안이 통과됨으로써 정식으로 폐지되었다.

282

군란에 참가한 군인 700여명은 민간인 가담자 1300여명과 함께 지리산을 중심으로 유격전을 벌였고, 경상북도 대구지역에서도 1차 (1948. 11. 2)에서 3차(1949. 1. 30)에 걸쳐 제6연대 군인의 반란이 일어났습니다.

이밖에도 좌익세력을 중심으로 오대산유격전구·호남유격지구·태백산유격전구·영남유격전구 등이 성립되어 활약할 정도로 이승만정권을 위협하는 물결이 거세게 일어났습니다.

정치적으로도 제헌국회의 임기가 끝날 무렵, 다음 총선거에서 승산이 희박해지고, 의회 간접선거로 제2대 대통령으로 재선될 가망이 없게 되자, 이승만정권은 선거 연기를 기도했으나 미국의 압력으로 실패하고 맙니다.

제2대 국회의원 선거(1950. 5. 30)에서 이승만 지지세력은 전체 의석수 210석 중 30여 석밖에 되지 못한 반면 무소속이 126석이나 당선되었습니다. 그중에는 남북관계에 있어 중도파들이 많아서 이승만정권의 앞날을 불안케 했습니다.

경제적으로도 정권 성립 2년째인 1949년의 경우 정부세출의 60%가 적자세출이었고, 통화량이 미군정 말기보다 2배나 팽창하여 물가도 2배가 올랐습니다. 반면 공업생산량은 일제강점 시대 말기(1944)의 18.6%에 지나지 않았습니다.

미국의 한반도정책도 이승만정권의 불안정성을 부채질했습니다. 이승만정권 성립 후 유엔결정에 따라 전투부대를 철수한(1949. 6. 30) 미국은, 연간 약 1천만 달러의 군사원조를 제공할 계획을 세우고 한미상호방위원조협정을 체결했습니다(1950. 1. 26).

그러나 이승만정권이 경제정책에서 실패하고 또 정치적 혼란이 거듭되자, 미국무장관 애치슨(D. G. Acheson)은 태평양지역의 방위선에서 한반도를 제외한다고 발표했습니다(1950. 1. 12).

그런가 하면 미국무성 고문 덜레스(J. F. Dulles)는 한국 국회에서

한미상호방위원조협정 미국의 상호방위원조법에 근거하여 1950년 체결되었으며, 이에 따라 한국에 대한 미국의 군사원조가 제공되었다. 이후 6·25전쟁 발발로 1951년 미국의 상호안전보장법이 제정되면서 한미상호방위원조협정도 이 법에 의거하여 실시되었다. 전쟁중의 이러한 잠정조치는 휴전 후 한미상호방위조약을 체결하는 데서도 근거로 작용했다.
애치슨라인 애치슨이 발표한 미국의 태평양지역 방위선. 알류샨열도 - 일본 - 오끼나와 - 필리핀을 잇는 것으로, 결과적으로 한반도와 대만이 제외되었다.

"한국이 공산주의자들과 싸우게 되었을 때, 미국은 필요한 일체의 도덕적·물질적 원조를 기꺼이 제공할 것"이라 약속하기도 하여(1950. 6. 19) 미국의 한반도정책의 불확실성을 드러냈습니다.

남쪽 이승만정권에 불안 요인이 많았던 것과는 달리 북쪽 김일성정권은 비교적 빨리 안정을 이루어갔습니다.

남한에서는 이승만정권이 성립할 때까지 정권과 행정권을 실제로 미군정이 장악하고 있었지만, 북쪽에서는 김일성이 일찍 조선공산당 북부조선분국을 장악하고(1945. 12) 북조선임시인민위원회 위원장이 됨으로써(1946. 2. 8) 실제로 행정권을 행사했습니다.

북쪽은 또 경제력이 급격히 향상되었습니다. 1949년에는 해방 이전(1944)과 비교해 공업생산력이 20%나 향상되고 농업생산도 1.4배가 증가하여, 국민총생산은 해방 전보다 2배나 확대되었다고 할 정도였습니다.

이같은 경제적 안정을 바탕으로 남과 북의 민주주의민족전선을 합쳐 조국통일민주주의전선을 결성했고(1949. 6. 25), '남북선거의 동시 실시'를 선언하면서 유엔 사무총장에게 「평화통일선언서」를 보내기도 했습니다(7. 2).

김일성정권은 그러면서도 한편으로는 38도선 이남의 유격투쟁을 조직적으로 전개하기 위해, 오대산지구를 인민유격대 제1병단으로, 지리산지구를 제2병단으로, 태백산지구를 제3병단으로 편성했습니다. 이호제(李昊濟) 부대로 불렸던 제1병단은 강동정치학원 출신 약 300명으로 구성되었고, 김달삼(金達三)이 사령관이며 남도부(南道富, 河準洙)가 부사령관이던 제2병단 병력은 360여명이었으며, 이현상(李鉉相)이 사령관이던 제3병단은 4개 연대로 편성되었습니다.

이승만정권은 지리산지구 전투사령부와 호남지구 전투사령부를 두어(1949. 3) 대대적인 토벌작전을 폈습니다. 그 결과 1950년 들어 대규모 유격대는 거의 전멸상태에 빠졌으나, 산발적이고 부분적인 유격전은 계속되었습니다.

김일성정권은 소련과 경제·문화협정을 맺고(1949. 3. 17) 6개 보병사단과 3개 기계화부대의 편성, 비행기 150대의 원조를 내용으로 하는 군사비밀협정을 체결했습니다.

또 중국공산군과 군사비밀협정을 맺어(1949. 3. 18) 약 5만명에 이르던 중국공산군 소속의 조선인 군인을 인민군에 편입시켜 군사력을 급격히 강화했습니다.

중국 내전에서 공산군이 승리하고 중화인민공화국이 성립하자(1949. 10. 10) 김일성정권은 크게 고무되었습니다. 게다가 현재까지 공개된 자료로 볼 때, 소련과 중국은 북쪽의 통일전쟁 개전에 동의하고 있었습니다.

6·25전쟁이 발발하기 전 이승만정권과 김일성정권 사이에는 이같은 정치적·경제적·군사적 정세 및 형세의 차이가 있었습니다. 이 차이가 바로 1950년대 한반도의 분단민족사회에서 민족통일전쟁이 일어난 원인이라 할 수 있습니다.

2. 전쟁은 어떻게 진행되고 또 끝났을까요

전쟁의 전개과정을 알아봅시다

남북에 분단국가들이 성립되고 나서 38도선에서는 6·25전쟁 이전에도 크고 작은 전투가 끊이지 않았습니다. 그러다가 1950년 6월 25일 새벽 이승만정권의 군대가 북침하여 이에 응전한다면서, 김일성정권의 군대가 전면전을 시작했습니다. 이후 3년 1개월 동안 계속된 6·25전쟁은 그 전개과정을 대체로 4단계로 나누어볼 수 있습니다.

전쟁의 제1단계는 북의 인민군이 총공격하여 개전 4일 만에 서울을 점령하고(6. 28), 계속 남진하여 8월에서 9월 사이에 경주·영천·대구·

창녕·마산을 연결하는 경상도 일부만을 제외한 전 국토를 점령한 시기입니다.

그러나 경상북도로 남진해온 북의 인민군 제2군단이 대구·영천·경주선을 넘지 못하고, 전라도 쪽으로 진격한 제1군단이 창녕·마산 선에서 막히게 되자, 이후 미국군을 중심으로 한 유엔군이 전열을 정비하여 반격을 시작했습니다.

6·25전쟁 때의 피란 행렬.

제1단계에서는 전쟁의 성격을 민족내전에서 국제전으로 변화시킨 유엔군의 참전 결정이 큰 고비였습니다.

이 무렵 소련은 중국 공산당정부와 국민당정부 간의 유엔의석 교체 문제로 안전보장이사회의 참석을 거부하고 있었습니다. 이 때문에 안보이사회에서 유엔군 파견을 결정할 때 소련은 거부권을 행사할 수 없었고, 미국의 유엔군 파견안이 통과될 수 있었습니다.

그 결과 미국군 중심의 16개국 군대로 이루어진 유엔군이 참전하여 전세가 뒤집혔을 뿐만 아니라, 전쟁의 성격 자체가 민족내전에서 국제전으로 바뀐 것입니다. 뒷날 중국공산군까지 참전함으로써 국제전의 성격은 한층 더 확대되었습니다.

전쟁의 제2단계는 반격하던 유엔군이 인천 상륙(1950. 9. 15)으로 전세를 일시에 뒤집어 서울을 탈환한(9. 28) 후, 38도선을 넘어(10. 1) 평양을 점령하고(10. 19) 정주·운산·희천·신흥·이원을 잇는 선까지 나아가는

(10. 25) 한편, 그 일부가 압록강변의 초산까지 진격하는(10. 26) 기간입니다.

제2단계에서는 유엔군과 한국군이 38도선을 넘는 것이 고비였습니다. 중국 쪽에서는 유엔군이 38도선을 넘을 경우 전쟁에 개입할 것이라 경고했습니다.

앞에서도 말했지만, 이 전쟁이 통일을 목적으로 한 전쟁이 아니었다면, 한국군이나 유엔군은 인민군을 38도선 이북으로 격퇴하기만 했을 것입니다.

그러나 이승만정권은 서울 수복 때 이미 38도선 이북으로의 진격을 주장했고, 유엔군 사령관 매카서는 중국군의 개입이 없을 것이라 전망하여 역시 38도선 이북으로의 진격을 계획했습니다.

게다가 중간선거를 앞둔 미국의 민주당정부도 6·25전쟁의 군사적 승리를 정치적으로 이용할 필요가 있었습니다.

전쟁의 제3단계는 중국공산군의 개입으로(1950. 10. 25) 전세가 다시 뒤집혀서 한국군과 유엔군이 전체 전선에서 총퇴각했다가, 휴전 교섭으로 들어가기까지입니다.

중국군이 참전한 뒤 한국군과 유엔군이 평양(12. 4)·흥남(12. 24)·서울(1951. 1. 4)에서 차례로 철수하고, 경기도 오산 근처까지 후퇴했다가, 다시 반격에 나서 서울을 재차 수복하고(3. 14) 38도선을 넘어(3. 24) 철원·금화 등을 점령했을 때(6. 11) 소련은 유엔을 통해 휴전을 제의했습니다(6. 23).

제3단계에서의 최대 쟁점은 유엔군 사령부와 미국정부 사이의 전쟁확대론과 반대론의 대립이었습니다.

자신의 판단과는 달리 중국군의 개입으로 전쟁이 새로운 국면으로 접어들자, 유엔군 사령관 매카서는 '만주'지방을 폭격하고, 대만의 장개석군을 한반도전쟁에 투입하는 한편 중국 남부지방에도 상륙시켜, 제2전선을 열 것을 주장했습니다.

중국군 참전 유엔군의 북진으로 전세가 역전되자, 자국의 안전에 중대한 위협을 받은 중국은 10월 16일 '의용군'이란 명칭으로 3개 사단 이상의 병력을 조선에 투입했다. 중국은 11월 4일 참전 사실을 공식적으로 발표하였고, '항미원조보가위국(抗米援朝保家衛國)'을 표어로 내걸었다. 11월 21일 한국군이 혜산에 이르고 유엔군이 대담한 북진정책을 취하자, 중국은 11월 25, 26일 18개 사단에 이르는 막대한 병력을 투입해 서부전선을 공격했다.

이같은 주장은 영국 등의 강력한 반대에 부딪혔습니다. 미국정부도 전쟁을 확대할 경우 소련의 개입으로 세계대전이 될 것을 우려하여, 매카서를 해임하고(1951. 4. 11) 휴전 교섭을 본격화했습니다.

전쟁의 제4단계는 휴전회담의 진행과 휴전협정 성립과정입니다. 소련의 휴전제의를 미국이 즉각 수용함으로써 개성에서 휴전회담이 시작되었습니다(1951. 7. 10).

휴전회담의 초점은 ㉠비무장지대 설치를 위한 군사경계선 설정 문제와 ㉡휴전감시기관 설치 문제 ㉢포로교환 문제 등이었습니다.

이승만정권은 학생들을 동원하여 격렬한 휴전반대운동을 펴는 한편, 채택될 리 없는 휴전조건들을 제시했습니다. 그것은 중국군의 철수, 인민군의 무장해제, 유엔 감시하의 총선거 등이었습니다.

휴전선 문제는 중국군을 포함한 공산군 쪽이 38도선을 주장한 데 반해, 그보다 다소 북진해 있던 유엔군 쪽이 양군의 대치선을 주장하여 맞서다가 결국 대치선으로 타결되었습니다.

휴전감시기관 문제도 유엔군 쪽이 추천한 스웨덴·스위스와 공산군 쪽이 추천한 폴란드·체코슬로바키아 등 4개국으로 구성된 중립국감시위원회를 설치하는 데 합의했습니다.

휴전회담의 최대 난관은 포로교환 문제였습니다. 유엔군 쪽이 제출한 인민군 및 중국군 등 공산군 포로는 13만 2474명이었고, 공산군 쪽이 제출한 한국군 및 유엔군 포로는 1만 1559명이었습니다.

그러나 인민군 포로 중에는 인민군이 점령한 38도선 이남지역에서 의용군 등으로 동원된 사람들이 섞여 있어, 송환을 원하지 않는 사람들이 많았습니다.

이 때문에 유엔군 쪽은 포로 개개인의 자유의사에 따라 남쪽과 북쪽 그리고 중국과 대만으로 갈 수 있도록 하자는 주장을 했고, 공산군 쪽은 모든 포로가 그 본국으로 돌아가야 한다고 맞서서 회담이 난항에 빠졌습니다.

미국에서 정권이 교체되고, 소련에서 스딸린이 사망한(1953. 3. 5) 뒤, 상병(傷病) 포로교환이 이루어지면서 휴전회담이 재개되어 포로송환 협정이 조인되었습니다.

이에 반발한 이승만이 '반공포로' 2만 5000명을 일방적으로 석방해 버리자 회담은 또 한번 위기를 맞기도 했습니다. 그러나 미국의 적극적 자세와 공산군 쪽의 동의로 시작된 지 만 2년 만에 휴전협정이 체결되었습니다(1953. 7. 27).

이보다 앞서 미국은 ㉠한미상호안전보장조약의 체결 ㉡장기간의 경제원조 ㉢한국군의 증강 등을 조건으로 이승만의 휴전 동의를 얻어 냈지요.

한편, 전쟁의 제2단계 이후 유엔군의 인천 상륙으로 퇴로가 끊긴 인민군 잔여부대와, 그 점령지역에서 재조직된 조선노동당의 각 도당·군당 요원과 그 가족들, 그리고 6·25전쟁 이전부터 활약한 유격대의 잔여세력 등이 다시 각 도당별로 유격부대를 조직했습니다.

이 유격대는 이현상 사령관의 '남부군'을 중심으로 지리산 등지에서 유격활동을 벌였으나, 휴전이 성립될 무렵에는 한국군의 대규모 토벌로 거의 전멸했습니다. 휴전협정 과정에서 이 유격대의 존재에 대해서는 전혀 거론되지 않았습니다.

전쟁의 역사적 의의를 알아야 합니다

남과 북에서 각기 한 차례씩 분단된 민족을 무력으로 통일하려 했던 6·25전쟁은 3년 1개월 동안 계속되어 쌍방에서 약 150만명의 사망자와 360만명의 부상자를 내면서 한반도 전체를 초토화했지만, 결국 분단국가 사이의 경계선인 38도선을 휴전선으로 대체시키기만 한 채 휴전되고 말았습니다.

또 이 전쟁은 안으로는 민족분단을 더욱 고착시키고, 이승만정권과 김일성정권이 이후 독재체제로 나아가는 계기가 되었으며, 밖으로는 동서 양 진영의 냉전을 격화시키는 큰 계기가 되었습니다.

　평화적으로 통일민족국가를 건설하려 했던 '해방공간'의 노력들이 무위로 돌아간 후, 남북 분단국가들이 무력통일을 기도한 이 전쟁에 대해, 지금까지처럼 어느 쪽이 먼저 전쟁을 일으켰는가를 밝히는 일도 중요합니다.

　그러면서도 3년간의 치열한 전쟁과 엄청난 희생에도 불구하고 남북이 한 차례씩 기도했던 무력통일 의도가 왜 실현되지 않았는가를 해명하는 일이, 전체 민족사의 평화로운 앞날을 위해 한층 더 중요하다는 생각입니다.

　대륙세력과 해양세력이 상충하는 반도라는 지정학적 위치와 남북의 이데올로기적 대립이 원인이 되어 분단된 한반도 지역에서, 적어도 1950년대의 상황에서는 — 그후도 마찬가지지만 — 분단국가의 어느 한쪽이 한반도 전체를 무력으로 통일할 수는 없다는 사실을 증명한 것이 바로 6·25전쟁이었다고 할 수 있습니다.

　민족내전이 국제전으로 확대된 사실처럼, 한반도의 지정학적 위치와 통일문제가 깊이 연관되어 있음이 6·25전쟁을 통해 여실히 증명된 것이지요. 그러한 연관성은 지금도 유효하게 작동하고 있습니다.

　전쟁의 제1단계에서 한반도 전체가 공산주의 인민군에 의해 점령당할 상태가 되자, 미국은 유엔을 움직여 즉각 개입했습니다. 중국에서 공산주의혁명이 성공한 상황에서 미국으로선 무슨 일이 있어도 일본만은 제 영향권 안에 두어 태평양의 방위벽으로 삼아야 했습니다.

　제국주의적 발상이겠지만, 6·25전쟁의 결과로 한반도 전체가 공산주의권에 포함될 경우 이는 곧 "일본의 심장부를 겨누는 칼"이 되므로, 일본의 안전, 나아가 미국 주도 태평양세력권의 안전은 보장되기 어려웠습니다.

　미국이 한반도의 남쪽만이라도 그 영향권 안에 두어야 했던 중요한 이유 중의 하나는, 대륙에서 소련이 강대국으로 등장한데다가 중국의 사회주의혁명마저 성공한 상황에서, 한반도의 남반부가 일본의 안전을 지키는 전초기지 내지 보호벽의 역할을 하는 데 있었습니다.

전쟁의 제2단계에서 미군을 중심으로 하는 유엔군에 의해 한반도 전체가 점령될 상황이 되었을 때, 국내 혁명에 성공한 지 1년밖에 안된 중국군이 바로 참전했습니다.

한반도 전체가 해양세력, 미국 중심의 자본주의세력에 점령당할 경우 중국의 혁명사업과 안전이 위협받지 않을 수 없다고 보았겠지요.

지난날 한일 '합방'으로 한반도를 점령한 해양세력 일본이 그것을 발판으로 중국의 '만주'지방을 식민지화하고 나아가서 중원지방까지 침략했던 역사를 잘 알고 있는 중국으로서는 한반도 전체가 강력한 해양세력 미국의 영향권에 들어가는 것을 좌시할 수 없었겠지요.

소련은 전쟁이 3차대전으로 확대되는 것을 피하기 위해 직접 참전하지는 않았지만, 중국군의 참전만으로 한반도 북부지역이 보전되지 않았을 경우에도 참전하지 않았을지는 의문입니다.

인민군과 중국군이 한국군과 유엔군에게 다시 밀려 기어이 자국 군대가 참전해야 할 상황이 되자, 소련은 3차대전을 예방하기 위해 유엔을 통해 휴전을 제의했고, 그것을 알고 있는 미국이 휴전 제의를 즉각 수락했다고 생각할 수도 있습니다.

6·25전쟁을 계기로 미국은 일본의 재무장을 적극 추진했습니다. 전쟁이 한창일 때 미국은 단독 강화조약을 체결하여 전범국 일본을 '자유진영'의 일원으로 만드는 한편, 6·25전쟁으로 13억달러 이상의 전쟁특수를 누리게 하여 패전국 일본이 경제부흥의 기틀을 잡게 했습니다.

미국으로서는 6·25전쟁에서 직간접으로 한 차례 겨뤄본 바 있는 대륙 쪽 소련과 중국의 연합세력에 대응하기 위해, 자신의 영향권 안에 있는 해양세력 일본의 재군비와 경제부흥을 서두를 필요가 절실했다고 할 수 있겠지요.

이후 이른바 경제대국이 된 일본이 군사대국화를 기도하여, 2차대전 때 침략한 바 있는 아시아 여러 나라에 다시 위협을 주게 되는 것도, 그 출발점은 6·25전쟁을 통한 경제부흥에 있다고 하겠습니다.

독재화한 이승만정권은
무너질 수밖에 없었습니다

　　타민족의 강제지배에서 해방된 민족사회의 첫 정권은 대체로 민족해방운동세력이 집권하게 마련이며, 그래야 그 정권의 역사적 정통성이 서는 것입니다.

　　그러나 이승만정권은 민족해방운동전선의 좌익은 물론이고 김구·김규식 등 우익의 지지도 받지 못한 채 친일세력을 기반으로 반공주의를 표방하면서 성립했습니다.

　　그리고 1차 임기로 끝날 수밖에 없는 정권이었음에도, 6·25전쟁과 그후의 남북대결을 빌미로 장기집권을 꾀했습니다. 역사적 정통성이 취약한 정권이 억지로 정권을 연장하려 하니 자연히 독재체제로 갈 수밖에 없었지요. 그러나 역사의식이 높은 민중세계가 이를 허용할 리 없었습니다. 4·19가 그 정확한 증거입니다.

　　역사적·정치적 정통성을 갖지 못한 정권은 사회·경제적으로 안정되기 어렵기 마련입니다. 동북아지역에 '반공보루'를 구축하기 위한 필요성 때문에 미국은 이승만정권에 경제원조를 하고, 일제시대의 경제 주도세력을 중심으로 재벌경제체제를 세웠습니다. 그러나 정치적 독재체제가 한계점에 다다르자 그 경제체제도 취약성을 더하게 되었고 결국 4·19라는 저항을 맞고 말았습니다.

1. 독재체제가 성립되고 무너진 과정을 알아봅시다

직선제와 3선개헌을 통해 독재화했습니다

이승만은 당초 한민당세력 등이 내각책임제로 기초했던 헌법을 억지로 대통령중심제로 바꾸고, 국회에서 간접선거를 통해 초대 대통령에 당선되었습니다.

제헌국회가 2년 임기로 끝나고 6·25전쟁 발발 직전에 제2대 국회의원 선거가 실시되었는데, 앞 강의에서도 말한 바와 같이 이승만 지지세력은 전체 의석수 210석 중 30여석만 차지했을 뿐이지요.

특히 무소속 당선자 126명 중에는 제헌의회 선거에는 참가하지 않았던 중도파세력이 많았는데, 이들은 반이승만세력이라 할 수밖에 없었습니다.

이같은 제2대 국회의원 선거 결과는 2년 후로 예정된 제2대 대통령 선거가 헌법에 따라 국회에서 간접선거로 실시될 경우, 이승만이 재선될 가능성이 거의 없음을 뜻했습니다.

6·25전쟁이 발발하자 이승만은 서울을 사수한다고 방송했지만, 자신은 몰래 피란한데다가 방송도 녹음이었음이 밝혀져 국민들의 원성

거창사건 공비 토벌을 위해 창
설된 육군 제11사단의 9연대
병력이 경남 거창군 신원면
주민들을 국민학교에 수용한
후 군·경·지방유지 가족을
제외한 나머지 500여명을 집
단학살하고 불태운 사건. 거
창 출신 국회의원의 폭로로
조사가 시작되어 우여곡절 끝
에 관련자들에게 유죄가 선고
되었으나, 1년 만에 관련자들
이 모두 석방됨으로써 많은
의혹을 남겼다.

국민방위군사건 6·25전쟁중인
1950년 12월 21일 공포된 국
민방위군설치법에 따라 제2
국민병에 해당하는 17~40세
의 남자들이 이에 편입되었는
데, 전선이 후퇴하게 되자 방
위군도 후방으로 집단 이송되
었다. 한데 이 과정에서 방위
군 간부들이 막대한 물자를
착복함으로써, 많은 이들이
보급 부족으로 고통을 겪었으
며, 1000명이 훨씬 넘는 이들
이 목숨을 잃었다.

을 샀습니다.

그러면서도 전쟁 상황에 힘입어 철저한 반공주의를 표방하고, 친일파는 숙청하지 않으면서 겉으로만 반일주의를 내세우는 한편, 경찰 및 군부와 청년단체 그리고 사조직과 마찬가지였던 자유당 등을 실질적인 기반으로 하여 정권을 유지했습니다.

6·25전쟁중에도 이승만정권은 양민 500여명을 공산게릴라라는 혐의로 학살한 거창사건(1951. 2. 11), 1백만명의 제2국민병을 굶주림과 질병으로 몰아넣은 국민방위군사건(1951. 3) 등을 일으키는 실정(失政)을 거듭했습니다.

특히 국민방위군사건에서는 전쟁인력의 희생으로 그 간부들이 23억원과 5만섬 이상의 양곡을 착복한 것이 드러나 세상의 분노를 샀고, 지도부 4명은 사형에 처해지고 말았습니다.

실정을 거듭함으로써 1차 임기가 끝났을 무렵의 이승만정권은 지지기반이 더욱 약해져서, 국회의 간접선거로는 재당선되지 못할 것이 확실해졌습니다.

그는 정권연장책으로 전쟁중의 임시수도 부산에서 대통령직선제 개헌을 위한 '정치파동'(1952. 5)을 일으켰습니다. 야당이 내각책임제 개헌안을 국회에 상정한(1952. 5. 1) 데 맞서 대통령직선제 개헌안을 내놓은(5. 14) 이승만정부는, 부산을 중심으로 하는 일원에 계엄령을 선포했습니다.

'백골단' '땃벌대' 등 폭력조직을 만들어 국회해산을 요구하면서, 야당 국회의원 50여명을 국제공산당의 자금을 받았다는 혐의로 헌병대로 연행했습니다.

이런 '파동' 끝에 국회는 대통령직선제를 골자로 하는 '발췌개헌안'을, 경찰의 삼엄한 포위 속에서 기립표결로 통과시켰습니다(7. 4). 이 개헌으로 이승만은 제2대 대통령에 당선되어 정권을 유지할 수 있었습니다.

그러고는 곧 종신집권을 위한 공작을 펴기 시작했습니다. 이승만의 집권연장을 위한 두번째 정치적 폭행은 소위 '4사5입' 3선개헌으로 이어졌습니다. '발췌개헌'만으로는 종신집권이 불가능했으므로 대통령 3선 금지조항을 없애기 위한 또 한번의 헌법개정이 필요했습니다.

이를 위해서는 제3대 국회의원 선거(1954)에서 지지세력을 개헌선인 2/3 이상 당선시켜야만 했으나, 선거 결과 여당인 자유당 의원은 2/3에 훨씬 못 미치는 114명만이 당선되었을 뿐이었습니다.

이승만과 자유당은 무소속 의원을 포섭해서 개헌안을 표결에 부쳤으나 찬성표는 가결선에서 1표가 부족한 135표가 나오고 말았습니다.

궁지에 몰린 이승만과 자유당은 저명한 수학자의 해석까지 동원해서, '4사5입'을 근거로 2/3 선이 135표라고 억지를 부리고, 일단 부결된 것으로 선포된 개헌안을 통과된 것으로 번복 선포하게 했습니다 (1954. 11. 29).

이렇게 개헌된 헌법에 의해 이승만은 3대 대통령에 당선되어(1956. 5. 15) 또다시 정권을 장악했습니다.

3·15부정선거 후 민중항쟁으로 무너졌습니다

3선개헌으로 가까스로 유지된 이승만독재정권은 이후 그 추종자들의 과잉충성이 더해지면서 한층 더 타락해갔습니다. 그와 함께 부통령으로 당선된 야당의 장면(張勉)은 피격당했고(1956. 9. 28), 대통령선거에서 이승만과 맞서 사실상 승리했다고 말해지던 진보당 당수 조봉암(曺奉岩)은 간첩혐의로 처형되었습니다(1959. 7. 30).

야당의 반대를 경찰력으로 저지하고 신국가보안법을 강제로 통과시키는가 하면, 폭력단을 중심으로 반공청년단을 조직하여 정치적으로 이용하고, 가톨릭교회가 경영하던 『경향신문』을 폐간시켰습니다 (1959. 4. 30).

이승만정권이 멸망을 자초한 마지막 정치적 폭거는 제4대 정·부통

진보당사건 1958년 1월 진보당 위원장 조봉암을 비롯한 전간부가 북한의 간첩과 내통하고, 북한의 통일방안인 평화통일론을 주장했다는 혐의로 구속기소된 사건. 여타의 간부들은 무죄를 선고받았으나 조봉암은 사형을 선고받고 처형되었다. 20강의 참조.

령 선거, 즉 1960년의 3·15부정선거였습니다.

제3대 정·부통령 선거에서 자유당 부통령후보 이기붕(李起鵬)이 낙선하고 야당후보 장면이 당선되자, 고령인 이승만 사후의 정권유지에 위협을 느낀 자유당은, 제4대 정·부통령 선거에서 이기붕을 부통령으로 당선시키기 위해 수단과 방법을 가리지 않았습니다.

자유당이 전체 투표의 85%를 확보하기 위해 내무부장관 최인규(崔仁圭)는 사전투표에서 먼저 40%를 확보하고, 정식 투표에서도 유권자를 3인조·9인조로 만들어 조장 감시 아래 투표하게 하여 다시 40%를 확보하도록 각 행정기관에 비밀 지령했습니다.

그리고 이 계획이 실패할 경우 투표소 안에서 환표(換票) 및 투표함을 교환해 목적을 달성하도록 지시했습니다.

야당후보 조병옥(趙炳玉)의 죽음으로 독주한 이승만은 이같은 부정선거 결과 92%의 표를 얻어 제4대 대통령으로 당선되었습니다. 자유당의 부통령 후보 이기붕도 72%의 표를 얻어 민주당의 장면을 누르고 당선되었습니다.

그러나 투표 당일 마산에서부터 시작된 부정선거 규탄 시위는 마침내 4·19'혁명'으로 확대되었습니다.

민중항쟁이 거세지자 이기붕은 부통령 취임을 포기하겠다고 발표한(1960. 4. 24) 후 피신해 있던 대통령관저 경무대 안에서 일가와 함께 의문의 몰사를 했습니다.

이승만은 마산의 부정선거 규탄 시위에 공산당이 개입한 혐의가 있다고 발표하는가 하면, 모든 책임을 자유당에 전가하고 그 총재직을 사임함으로써 정권을 유지하려 했습니다.

그러나 대학교수단의 시위에 이어 민중시위가 재발하고 하야 요구가 거세지면서 결국 정권을 내놓지 않을 수 없었습니다(1960. 4. 26).

역사적 정당성과 지지기반이 취약했던 이승만정권은 애초부터 재집권할 가능성이 없는 정권이었습니다. 늘 그렇지만 정통성이 약한 정권이 억지로 장기집권하려면 부득이 독재화할 수밖에 없습니다.

정권연장을 위해 헌법을 개정하느라 정치적 폭거를 감행해야 했고, 그럴 때마다 기만적이고 강압적인 방법으로 정권을 유지할 수밖에 없었던 것입니다.

이승만정권은 위기를 맞을 때마다 반공주의를 내세우며 국회프락치사건(1949), 국제공산당사건(1952), 신익희·조소앙 인도 뉴델리 밀회사건(1954) 등을 터뜨려 고비를 넘기면서 억지로 권력을 유지했습니다. 그러나 결국 민중의 전면적인 저항에 부딪혀 집권 12년 만에 그 독재체제가 무너지고 만 것입니다.

2. 이승만정권기의 사회경제 상황을 알아봅시다

원조경제체제가 수립되었습니다

미군정은 남한을 통치한 3년 동안에, 점령지역행정구호(GARIOA) 원조의 일환으로 총 4억 1천만 달러의 경제원조를 했는데, 그중 식료품이 41.6%였습니다. 이후 이승만정권이 성립하면서 미국의 원조는 경제적 안정을 돕기 위한 ECA 원조로 바뀌었습니다.

또 6·25전쟁 발발 후에는 전쟁 후의 복구를 위한 유엔 명의의 UNKRA 원조 등에 이어 미국의 FOA 원조, ICA 원조, PL480호 원조 등이 제공되었습니다.

증가추세에 있던 원조는 1957년을 정점으로 미국의 국제수지 악화로 점차 줄어들어 차차 유상차관 방식으로 바뀌어갔습니다. 이승만정권시기의 경제를 한마디로 말하면 원조경제체제였다고 할 수 있습니다.

1945년부터 박정희정권의 제1차 경제개발 5개년계획이 시작되기 전해인 1961년까지 미국의 한국에 대한 총 원조액은 약 31억달러였습니다.

국회프락치사건 1949년 4월 이른바 남로당 프락치로 제헌국회에 침투, 공작을 펼친 혐의로 김약수 등 13명의 의원이 체포된 사건. 당시 국회 부의장이던 김약수와 진보적인 소장파 의원들이 '평화통일방안 7원칙'을 제시하자, 이승만정권은 이들을 남로당 공작원과 접촉했다는 혐의로 검거하였다.

뉴델리 밀회사건 1954년 자유당정권이 보수야당인 민국당 위원장 신익희가 1953년 6월 영국 여왕 대관식에 참석한 후 귀국길에 인도 뉴델리공항에서 6·25 때 납북된 조소앙과 만나 남북협상과 한국의 중립화를 획책했다고 유포한 사건. 이는 민국당을 용공으로 몰아 개헌반대운동을 잠재우기 위한 것으로, 국회에서 밀회 여부가 논란이 되었으나 사실무근인 것으로 매듭지어졌다.

점령지역행정구호(GARIOA, Government and Relief in Occupied Area) 원조 2차대전 직후 미국의 점령지역정책의 일환으로 주둔국에 의해 점령되었던 국가 중 빈곤한 국가에 공여된 민생구호용 긴급원조. **ECA 원조** 이른바 마셜플랜, 즉 유럽부흥계획을 지원하기 위해 1948년 제정된 경제협력법에 근거하여 유럽에 제공된 원조인데, 한국은 비유럽국가이면서도 1948년 12월 한미원조협정을 계기로 이 원조를 받았다. 통상 ECA 원조라 하는 것은 그 관리기구인 경제협력국(Economic Co-operation Administra-tion)의 명칭에 따른 것이다.

UNKRA 원조 1950년 12월 제5차 UN총회 결의(제410호)에 따라 설치된 국제연합 한국부흥기관(United Nations Korean Recon-struction Agency)이 주관한 원조. 휴전과 함께 1954년 체결된 '한국경제 원조계획에 관한 대한민국과 국제연합 한국부흥기관의 협약'에 의해 본격적으로 개시되었다.

FOA, ICA 원조 1951년 10월에 제정된 미국의 상호안전보장법에 따라 제공된 원조. 이 법에 의해 이전의 원조관리기구였던 경제협력국(ECA)은 상호안전보장본부(Mutual Security Agency)로 개편되었고, 이후 아이젠하워의 공화당 집권을 계기로 1953년에 대외활동본부(FOA, Foreign Operations Administra-tion)로 개편되었다가 1955년에 다시 국무성 내의 반독립적 기관인 국제협력국(ICA, International Cooperation Adminstra-tion)으로 개편되었다.

PL(미공법)480호 원조 미국 잉여농산물 원조로, 잉여농산물 재고 처리와 그것을 통한 대외 군수물자 판매를 주목적으로 제정된 미국의 농업교역개발원조법에 의거해 상품신용공사를 통해 제공되었다.

이 원조는 이승만정권이 지탱되고 남한의 자본주의 경제체제가 어느정도 안정되어나가는 데 도움이 되었습니다. 그러나 그것은 식량 중심 원조여서 자립적인 농업 발전을 정체시켰고, 이후 한국은 만성적인 식량수입국이 되었습니다.

미국의 원조는 또 당시 남한 경제가 당면했던 과제인 식민지 유제 청산 및 자립적 경제구조의 수립과 민주적이며 생산적인 경제개발 주체의 형성에는 부정적인 역할을 했습니다. 미국 잉여농산물 원조의 대종을 이룬 PL480호에 의한 원조의 경우를 예로 들어봅시다.

1956년에서 1961년까지는 모두 약 2억 3백만달러어치의 잉여농산물이 도입되었는데, 국내의 식량 부족분을 크게 넘어서는 양이었습니다. PL480호에 의한 원조가 시작된 1956년부터 그것이 끝난 1969년까지 13년간 평균적 수입량은 부족량의 220% 이상이었습니다.

이승만정권은 도입된 미국의 잉여농산물을 팔아서 한국화폐로 적립하여 그 대금의 10~20%를 미국 쪽에 지급하고, 나머지 80~90%는 국방비로 전입했습니다. 잉여농산물은 이처럼 이승만정권의 국방재정과 직결되었기 때문에 과잉도입될 수밖에 없었던 것이죠.

이승만정권기 원조경제체제 아래서의 공업은 첫째 소비재 생산 중심이었으며, 둘째 그 대외의존도가 대단히 높았다는 점을 주요 특징으로 들 수 있습니다.

구체적으로 보면, 1953년의 제조업 전체 생산에서 소비재 부분이 74.4%를 차지한 데 비해, 생산재 부분은 18.3%에 지나지 않았습니다. 이같은 파행적 구조는 원조경제 말기인 1961년에도 전혀 개선되지 않아서, 소비재 생산은 오히려 77.3%로 증가했고, 생산재 생산은 19.4%에 불과했습니다.

생산원료의 수입의존도 또한 매우 높았습니다. 예컨대 1962년 9월 이후 1년간의 경우 제조업에서 사용한 원료 총액 약 175억원 가운데 수입원료가 약 112억원으로 그 수입의존도는 63.7%나 되었습니다.

이 시기 국내 제조업 생산의 30%를 차지한 섬유산업의 경우 79%를 수입원료에 의존하고 있었습니다.

원조경제체제 아래 공업구조의 세번째 특징은 소비재 생산 공업이 일부 대기업에 의해 독점되어갔다는 점입니다.

6·25전쟁으로 국민경제 전반이 파괴되고 유통구조가 해체된 직후에는 국지적 분업에 기초를 둔 중소기업이 비교적 광범위하게 생겨났습니다. 이들은 일정 지역에서 생산되는 원자재를 기초로 국내시장을 상대로 하여 생산을 해나갔습니다.

그러나 본격적 원조경제체제로 들어가면서 이들 중소기업은 원조와 재정·금융·외환 등의 특혜권에서 소외되었습니다. 특정인에게 불하된 적산 대기업을 중심으로, 미국의 원조와 이승만정권의 특혜를 받으면서 소비재산업이 발달해간 것이지요.

1950년대 소비재산업의 경우를 보면 소수의 독점적 대기업에 의한 산업지배 현상이 얼마나 심했는지를 알 수 있습니다.

제당업의 경우 총 44개 업체 중 2개의 대기업이 총 출하액의 91%를, 비누제조업은 98개 업체 중 1개의 대기업이 총 출하액의 49%를, 고무신공업은 48개 업체 중 9개의 대기업이 출하 총액의 78%를 차지했습니다.

귀속재산 불하과정에서 이미 특권적으로 형성된 대기업들은, 이승만정권의 원조경제체제 아래서 선진자본주의 국가가 과잉생산의 해소책으로 제공하는 원료에 의존하고, 또 정권의 정책적 특혜에 힘입어 소비재산업을 독점하는 외세의존적·독점적 재벌기업으로 성장해간 것입니다.

이승만정권을 뒤엎은 4·19'혁명'은 ㉠소비재공업 중심의 대외의존적 독점기업이 발달하고 ㉡그 결과 농업·노동·중소기업 문제 등에 부조리가 쌓였으며 ㉢그 위에 정치적 부정부패가 누적되어 폭발한 것입니다.

따라서 4·19'혁명'의 결과로 성립된 장면정권은 민주적이고 자립적인 경제체제의 수립을 목적으로 하면서 부정축재자 처벌과 중소기업 육성 정책을 세우지 않을 수 없었던 것입니다.

그러나 곧 박정희 중심의 군부세력이 장면정권을 뒤엎고 군사정권을 세워 다시 독점적 재벌기업 중심 경제체제를 세워가게 됩니다. 4·19 후 얼마간 추진되었던 경제민주주의 움직임이 차단되고 만 것입니다.

미군정의 노동정책과 노동운동부터 알아봅시다

일본제국주의의 식민지배에서 벗어난 한반도지역은 침략전쟁 시기와 단순 비교할 수는 없다 해도, 해방 전에 비해 생산위축, 물가상승, 노동자의 실질임금 하락, 실업자 증가 등 심각한 사회·경제 문제에 부딪혔습니다.

공업생산력도 해방 전에 비해 크게 저하되었는데, 남한의 생산액만을 놓고 볼 때, 1939년에는 약 5억 3000만원이던 것이 1946년에는 약 1억 5000만원으로 떨어져 그 감소율이 71.2%나 되었습니다.

생산력은 저하되고 인구는 증가하니 당연히 실업률이 높아졌습니다. 구체적으로 1943년과 1947년을 비교해보면 사업장 수는 1만 65개소에서 4500개소로 55.3% 감소했고, 노동자 수도 같은 기간에 약 25만

5000명에서 약 13만 4000명으로 47.5% 줄어들었습니다.

게다가 38도선 이북에서의 월남민과 해외에서의 귀환동포가 증가하여 실업률은 더욱 높아졌습니다. 1946년 11월 현재 남한의 실업·무직자 총수는 110만 2000명으로 통계되었습니다. 그중 57.8%는 전재(戰災)로 인한 실업이었고, 42.2%가 기업의 도태와 조업단축 등으로 인한 실업이었습니다.

미군정은 노동의 권리를 보호하고 생활필수품의 폭리를 불법화한 '폭리에 관한 취체법규'(1945. 10. 30) '노동조정위원회법'(12. 8) '노동문제에 관한 공공정책 및 노동부 설치에 관한 법령'(1946. 7. 23) '아동노동법규'(9. 18) 등을 제정했습니다.

노동시간을 주당 48시간으로 정하되 최대한도라 해도 60시간을 초과할 수 없게 한 '최고노동시간에 관한 법령'(11. 7) 등을 제정하고, 중앙노동위원회와 각도 노동위원회를 두었습니다(1945. 12. 28).

'아동노동법규'는 다시 '미성년노동보호법'으로 개정 통과되었으나(1947. 4. 8) 미성년노동자의 열악한 노동조건 개선에 크게 도움이 되지는 못했습니다.

노동운동의 경우, 1945년 11월에는 이미 전국에 1000개 이상의 노동조합이 결성되어 있었던 것으로 추정됩니다. 전국 규모의 노동조합 연합회로는 13개 산업별 노동조합의 연합체로 그 산하에 1194개의 노동조합과 약 50만명의 회원을 둔 좌익계의 조선노동조합전국평의회('전평'全評)가 먼저 결성되었습니다(1945. 11. 5).

이에 대항하여 우익 쪽에서는 불교청년회·기독교청년회·국민당청년부 등의 연합체로 조직된(1945. 11. 21) 대한독립촉성전국청년총연맹이 노동부를 두고 일부 공장 등에 조직을 침투시켜갔습니다. 그러다가 반탁운동 과정에서 대한독립촉성노동총연맹(대한노총)이 결성되었습니다(1946. 3. 10).

이같이 미군정기의 노동운동 조직은 좌익계의 '전평'과 우익계의

'대한노총'으로 양분되어 1946년의 메이데이 기념행사부터 따로 개최하기에 이릅니다.

전평 산하의 조선철도노동조합이 '9월총파업'(1946)을 단행하자 미군정청은 경찰과 우익 청년단원 및 대한노총원을 투입해 1200명의 노동자를 검거하고 실력으로 이를 저지했습니다.

미군정청은 대한노총으로 하여금 전평이 제시한 요구조건을 그대로 제시하게 하고 그것을 수락함으로써 파업을 일단 수습했습니다. 이후 미군정은 전평을 불법화했고, 좌익계 사회단체에 대한 대량검거를 단행했습니다(1947. 8).

이승만정권의 노동정책과 노동운동을 알아봅시다

1948년 제정된 헌법 제17조에는 "모든 국민은 근로의 권리와 의무를" 가지며, "여자와 소년의 근로는 특별한 보호를 받는다"고 규정되어 있습니다. 또 그 제18조에서는 "근로자의 단결, 단체교섭과 단체행동의 자유는 법률의 범위 내에서 보장된다. 영리를 목적으로 하는 사기업에 있어서는 근로자는 법률의 정하는 바에 의하여 이익의 분배에 균점할 권리가 있다"고 규정했습니다.

이 헌법 조문에 의한 노동관계법은 6·25전쟁으로 제정되지 못하다가 1953년에 와서 "근로자의 자유로운 단결권, 단체교섭권과 단체행동권을 보장하며, 노동자의 노동조건을 유지함으로써 그 사회경제적 지위 향상과 국민경제 발전에 기여함"을 목적으로 하는 노동조합법이 제정되었습니다.

그리고 "국민경제 발전과 근로행정의 민주화를 기하기 위한" 노동위원회법과, "근로조건의 기준을 정함으로써 근로자의 기본적 생활을 보장시키며, 균형있는 국민경제의 발전을 기하기" 위한 근로기준법이 공포되었습니다. 이로써 노동쟁의조정법을 포함해 노동관계 기본 4법이 제정된 것입니다.

이승만정권은 '부산정치파동'을 계기로 정치적 반대파를 대한노총에서 쫓아내고, 이승만의 재선을 지지하는 세력에게 대한노총을 넘겨주어 자유당의 기간단체로 만듦으로써, 노동단체를 정치도구화했습니다. 이승만이 3선을 위한 '4사5입' 개헌을 강행한 후 짐짓 선거불출마설을 흘렸을 때(1956), 대한노총은 우마차를 동원하여 시가행진을 하면서 그의 재출마를 '염원'하기까지 했습니다.

대한노총의 상층부가 부패·어용화하고 파벌투쟁에 빠지자, 이를 비판하는 일부 노동조합 지도자들이 별도로 노동조합의 전국적 연합체를 만들려 시도했습니다. 그 결과 전국 37개 노동조합연합체 중 24개 연합회 대표 32명이 모여 가칭 '전국노동조합설립준비위원회'를 구성했습니다(1959. 8. 11).

이들 중 14개 노동조합연합체 대표 21명이 대한노총 쪽의 끈질긴 파괴공작을 이겨내고, 비밀리에 결성대회를 열어 활동했습니다. 그러다가 4·19를 맞아 노동운동은 새로운 국면으로 접어들었습니다.

이승만정권 아래서도 많은 노동쟁의가 일어났습니다. 특히 6·25전쟁중에도 부산 조선방직회사 쟁의와, 부산 부두노동자 파업 등 대규모 쟁의가 있었습니다.

부두노동자 파업이 일어날 당시, 부산에서는 몰려든 피난민의 상당수가 부두에서 군수물자 하역작업을 하여 연명하고 있었습니다.

쌀 20리터 1말의 가격이 11만 5000원인데, 부두 일고노동자의 월수입은 12만원에 불과했습니다. 이들은 미군측이 임금인상 요구를 무시하자 파업에 들어갔고(1952. 7), 당황한 미군은 일고노동임금 200%, 청부노임 100%를 인상했습니다.

6·25전쟁 직후에도 체불임금 청산을 요구하며 7000여명이 파업한 석탄공사 산하 노동자 파업(1954. 12), 임금인상과 한국 근로기준법 적용을 요구하며 1만 2000명이 파업한 부산 미군부대 한국인 종업원 파업(1954. 8) 등이 있었습니다.

그리고 역시 임금인상을 요구한 수입비료 하역노동자 1만 7000여명의 파업(1954. 8), 8시간노동제 확립과 단체협약 체결을 요구하여 성공한 서울 자동차노동조합의 파업(1954. 9) 등이 거의 같은 시기에 일어났습니다.

이후 이승만정권에 의해 대한노총이 어용화해갔음에도 불구하고 그 산하 노동자들의 쟁의와 파업은 꾸준히 계속되었습니다. 성공한 경우도 있지만 대한방직 쟁의처럼, 국회의 결의까지 무시하고 회사측이 경찰력을 동원하여 탄압함으로써 실패한 경우도 있었습니다.

이승만정권 말기인 1959년에는 전국섬유노조연맹 3만 6000여명이 참여한 노동시간 단축 요구 쟁의, 부산 부두노동조합 노동자 5000여명의 임금인상 요구 쟁의, 석탄광노조연합회 산하 노동자 8700명의 임금인상 요구 쟁의 등 정부 수립 후 가장 많은 건수의 쟁의가 일어났습니다. 그 참가인원도 어느 해보다 많아서 독재정권의 최후를 재촉했습니다.

4·19 '혁명'의 역사적 의의는 무엇일까요

4·19는 당초 '사태'로 불리다가 '혁명' '의거' 등으로 불렸는데, 역사학적으로는 어떻게 불러야 할지 생각해봐야 합니다. 4·19 주체세력이 이승만정권을 무너뜨린 후 정권을 쥐고 소기의 과업을 달성했다면 혁명이 될 수 있었겠지만, 이승만정권을 무너뜨리기만 하고 정권을 쥐지는 못했지요.

따라서 역사적 의미의 혁명으로 부르기에 다소 문제가 있긴 하지만, 그것이 위대한 역사적 사실임에는 틀림없습니다. 이는 4·19가 독재정권을 무너뜨렸기 때문만은 아닙니다. 오히려 4·19 후 정권은 비록 보수야당에 넘어갔지만, 그 주체세력은 평화통일운동을 적극적으로 추진해나간 점 때문이지요.

남북을 막론하고 평화통일론이 정착한 지금의 시점에서 보면, 6·25전쟁 후 이적론(利敵論)으로 간주되면서 뿌리뽑히다시피 한 평화통일론을 다시 살려내고 또 활성화시켰다는 점에서 4·19는 더욱 위대한 역사적 사실로 평가될 수 있습니다.

그러나 그 주체세력은 정권을 보수야당에 맡겨놓고 그 아래서 평화통일운동을 펼쳤습니다. 이 때문에 불안해진 군부 중심 무력통일세력의 반격을 받고 실패하게 된 것이지요.

이 점은 1960년대 우리 역사의 한계라 하겠지만, 그렇다고 해서 4·19의 역사적 위대성이 없어지는 것은 결코 아닙니다.

1. 4·19는 먼저 민주화운동으로 폭발했습니다

4·19는 '혁명'일까요

이 강의의 제목에서는 4·19를 혁명이라 하지 않고 '혁명'으로 표기했습니다. 1960년 4월 19일을 전후해서 일어나 결국 이승만정권을 무너뜨리게 된 일련의 움직임을 역사적으로 무엇이라 부를 것인가 하는 문제를 먼저 생각해봐야 하겠습니다.

4·19에 대한 명칭은 여러가지지요. 4·19의 주체세력들은 대체로 그것을 '혁명'으로 불렀으나, 박정희군사정권은 '의거'로 불렀고, 박정권을 뒤이은 전·노 군사정권들도 대체로 그렇게 불렀습니다. 그러나 군사정권시대가 끝나고는 대체로 다시 혁명이라 부르게 되었습니다.

역사적인 관점에서 볼 때도 1960년 4월 19일을 전후해서 일어난 일련의 사태를 혁명으로 부를 것인가 하는 문제가 있지만, 역사학계에서는 아직 그 명칭 문제에 대한 본격적인 학술적 논의가 없었다고 하겠습니다.

혹은 '혁명'으로 또는 '의거'로 불리고 있는 일 자체가, 이에 대한 역사적 평가가 덜 이루어졌다는 말이 되겠지요. 역사학계의 객관적이고도 진지한 논의가 요구됩니다.

　흔히 갑자기 일어난 정치적 변혁, 특히 기존정권을 무너뜨린 변혁을
혁명이라 부르기도 합니다. 그러나 역사학에서는 정치혁명뿐만 아니
라 사회혁명까지 이루어졌을 경우를 혁명이라 합니다.

　사회혁명이란 한마디로 말해서 피지배계급이 지배계급에게서 국가
권력을 탈취하여, 스스로 정권을 장악하고 새로운 경제체제를 수립해

가는 것을 말합니다.

역사적 의미의 혁명이란 지배권력 담당층이 다른 계급으로 바뀌는 것을 말하며, 이같은 사회혁명에는 당연히 정치혁명이 수반되기 마련입니다. 그러나 반대로 4·19와 같이 정치적 변혁이 있었다 해서 사회혁명이 반드시 수반되는 것은 아닙니다.

동양의 전근대사회에서 볼 수 있는 역성혁명(易姓革命)의 경우, 일반적으로 정치세력의 교체는 있었으나 지배계급의 교체는 없었습니다. 대체로 정치적 변혁에 한정되었고, 역사적 의미의 혁명, 다시 말하면 지배계급의 교체가 이루어지는 사회혁명을 수반하지는 않았습니다.

서양식 개념으로 말해서 귀족계급정권을 무너뜨리고 자산계급정권이 수립된 부르주아혁명이나 자산계급정권을 무너뜨리고 노·농계급정권을 수립한 프롤레타리아혁명과 같이 지배계급이 교체된 혁명은 아니었다는 말입니다.

4·19는 청년·학생층과 지식인층 그리고 도시빈민층 등이 중심이 되어 이승만정권의 독재와 부정선거에 항거한 것으로, 결국 정권을 무너뜨리는 데는 성공했습니다.

이승만정권을 무너뜨린 세력은 일반적으로 '민중'으로 불리는데, 그 역사적·사회적 성격에 대한 학술적 정의가 불충분한데다, 이들은 이승만정권을 무너뜨린 다음 스스로 정권을 쥐고 사회개혁을 단행하지는 못했습니다.

이승만정권이 무너진 후 그 정권이 임명한 허정(許政) 과도정권이 임시정부 역할을 하면서 총선거를 실시했고, 그 결과 보수야당인 민주당정권이 성립되었습니다.

4·19의 주체세력이라 할 수 있는 '민중'이 이승만정권을 무너뜨린 것은 사실이지만, 그들이 정권을 쥐지는 못했고, 따라서 정권 교체가 있었을 뿐 지배계급의 교체는 일어나지 않은 것입니다.

결국 4·19는, 정권은 교체되었으나 지배계급까지는 교체되지 않은 정치적 변혁이었을 뿐이며, 사회혁명을 수반한 역사적 의미의 혁명은 아니었다고 할 수밖에 없습니다.

따라서 역사학적으로 보면 4·19는 완전한 혁명이라기보다 흔히 말하는 미완의 혁명이었다고 볼 수밖에 없으며, 그러므로 역사학적 규명이 없는 상황의 역사책에서는 혁명이 아닌 '혁명'으로 표기할 수밖에 없다는 생각입니다.

이 '혁명'은 이승만정권을 무너뜨린 다음에는 바로 평화통일운동으로 전환되었습니다. 그러므로 4·19를 일으킨 주체세력은 정치·경제·사회·문화적 민주주의를 지향하고 평화통일운동을 일으킴으로써, 이 시기 우리 역사의 올바른 방향을 설정한 것입니다.

'해방공간'의 민족사적 요구였음에도 이승만정권은 이룰 수 없었던 친일파 숙청은 물론, 독재세력 일소라는 과업을, 4·19 이후의 주체세력이 정권을 쥐고 철저히 추진해나갔다면, 4·19를 혁명이라 할 수 있겠습니다.

그러나 4·19의 결과로 성립된 장면정권은 친일반민족행위자 숙청은 전혀 할 수 없었고, 독재세력 일소에도 철저하지 못했습니다. 민족해방운동 과정에서는 우익전선까지도 해방은 혁명이어야 한다 했지만, 실제로 해방은 혁명이지 못했습니다. 따라서 늦었지만 역사적으로 4·19는 기어이 혁명이어야 했습니다.

4·19 주체세력이 이승만독재정권을 무너뜨리긴 했지만, 직접 정권을 쥐고 그들의 정치적 이상을 실현하는 단계에는 나아가지 못함으로써 혁명이 아닌 '혁명'이 되고 말았다고 하겠습니다. 결국 4·19에 대해 그 역사적 성격에 알맞은 명칭을 정하는 문제 역시 우리 역사학계의 큰 과제의 하나로 남아 있다고 하겠습니다.

4·19 '혁명'의 전개과정은 이렇습니다

민족해방운동전선의 좌익전선은 말할 것 없고, 김구·김규식을 중심으로 하는 임시정부 계통 우익전선의 지지도 받지 못한 채 성립한 이승만정권은, 집권과정에서 한때 유착했던 한민당세력과도 곧 결별했습니다.

한민당마저 야당세력이 된 상황에서 무리하게 개헌을 거듭하면서까지 정권을 연장함으로써 정치적으로 고립되어간 이승만은, 병약한 이기붕을 후계자로 삼고 그 아들을 양자로 하는 등 3선개헌 후부터는 정상적인 판단력을 잃어갔습니다.

이 틈에 과잉충성배와 부랑배·깡패 등이 자유당을 좌지우지하게 되면서 정권의 도덕성은 땅에 떨어졌고, 그 결과가 전대미문의 3·15 부정선거로 나타난 것입니다.

제4대 정·부통령 선거(1960. 3. 15)에서 부통령 후보 이기붕을 당선시키기 위한 자유당의 선거부정은 절정에 달했습니다. 선거 당일 경남 마산에서는 부정선거를 규탄하는 민중시위가 일어나 시위대가 경찰서를 습격하는 과정에서 80명의 사상자가 발생했습니다.

이후 부정선거를 규탄하는 학생시위가 서울·부산 등지로 퍼져나가는 가운데, 피살된 시위학생 김주열(金朱烈)의 시체가 발견된 것을 계기로 마산에서 두번째 민중시위가 일어나면서 사태는 격화되었습니다. 이승만정권은 흔히 써오던 책략대로 마산민중폭동의 배후에 공산세력이 개입한 혐의가 있다고 조작하여 사태를 수습하려 했습니다.

그러나 서울에서 고려대학생의 시위가 일어난(4. 18) 데 이어, 4월 19일 마침내 2만명 이상의 서울지역 대학생과 시민들이 일제히 일어나, 정부기관지를 발행하는 서울신문사와 반공회관·경찰관서 등을 불지르고 부정선거를 규탄했습니다.

이 과정에서 경찰의 발포로 정부 쪽의 공식통계상으로도 186명이 목숨을 잃었습니다. 희생자는 노동자 61명, 고등학생 36명, 무직자 33명, 대학생 22명, 초등학생·중학생 19명, 회사원 10명, 기타 5명이었습니다.

312

당황한 이승만은 계엄령을 선포하는 한편 각료들을 경질하고, 부통령에 당선된 이기붕을 사퇴시키고, 자신은 자유당 총재 자리를 내놓는 등 일련의 조치를 취함으로써 사태를 수습하고 정권을 유지하려 했습니다.

그러나 대학교수단의 시위에 이어 다시 민중시위가 일어나고 하야(下野) 요구가 빗발치자 결국 정권을 내놓지 않을 수 없었습니다(4. 26). 이승만의 하야로 정권은 4·19 후 그에 의해 수석 국무위원인 외무부장관에 임명된 허정에게로 넘어갔습니다.

허정 과도정권은 '과도정부 5대시책'을 발표했습니다. 그 내용은 ㉠반공주의 정책을 한층 더 견실·착실하게 전진시키고 ㉡부정선거 처벌대상을 책임자와 잔학행위자에게만 국한하며 ㉢혁명적 정치개혁을 비혁명적 방법으로 단행한다는 것이었습니다.

그리고 ㉣4월'혁명'에서 미국의 역할을 내정간섭 운운하는 것은 이적행위로 간주하며 ㉤한일관계의 정상화를 위해 노력하고 일본인 기자의 입국을 허용한다 등이었습니다.

당시 미국은 동북아시아에서 한·미·일 3각 안보체제를 구축하기 위해 이승만정권에 대해 일본과의 국교 재개를 요구했습니다. 그러나 일본의 한반도지배에 대한 인식 차이 및 배상금문제 등으로 한·일 교섭은 답보상태에 있었습니다. 이 때문에 이승만정권과 미국 사이에는 마찰이 있었고, 따라서 이승만정권의 붕괴에 미국이 일정한 역할을 했다는 설도 있었습니다.

이 때문에 '과도정부 5대시책' 중에 "4월'혁명'에서 미국의 역할을 내정간섭 운운하는 것은 이적행위로 간주하며"라는 구절이 들어갔으며, "한일관계의 정상화를 위해 노력"한다고 한 것은, 허정 과도정부가 한·일 관계에 대한 미국 쪽의 요구를 수용하겠다는 뜻을 내포한 것이었습니다.

허정 과도정권은 부정선거의 원흉으로 지목된 이승만정권의 각료들과 자유당 간부들을 구속하고 부정축재자 자수기간을 정하는 등 얼마간 4·19'혁명'의 정신을 뒷받침하는 정책을 펴기도 했습니다.

그러나 허정 과도정권은 이승만을 하와이로 망명시킴으로써(5. 29) 그로 하여금 12년간의 비정(秕政)과 4·19'혁명' 당시의 살상에 대한 책임을 모면하게 했습니다.

장면정권이 성립되었으나 곧 무너졌습니다

이승만이 하야한 후 자유당 의원이 다수를 차지했던 국회에는 비상시국대책위원회가 구성되어 ㉠3·15 정·부통령선거는 무효로 하고 재선거를 실시할 것 ㉡과도내각 아래서 완전한 내각책임제 개헌을 단행할 것 ㉢개헌통과 후 민의원 총선거를 즉시 다시 실시할 것 등의 3개안이 의결되고(4. 26), 이에 따라 내각책임제 개헌안이 통과되었습니다(6. 15).

내각책임제 개헌과 함께 제4대 국회는 해산되고, 새 헌법에 의해 민의원과 참의원을 선출하는 7·29총선거가 실시되었습니다. 총선과정에서 자유당 후보의 당선을 막으려는 움직임으로 인해 창녕 등지에서 불상사가 일어나기도 했지요. 7·29총선 결과 민주당 후보가 압도적으로 많이 당선되었습니다.

조봉암의 처형과 진보당에 대한 이승만정권의 탄압으로 크게 위축되었던 혁신계 정치세력도 4·19 후 다시 정계의 표면에 등장했습니다. 그러나 구심점을 가지지 못한 상태에서 사회대중당 등 몇개의 세력으로 분산된 채 총선에 참가했다가 5명이 당선되는 데 그쳤습니다.

이승만정권의 독재와 장기집권에 대항하여 성립된 민주당은 한민당 후신인 민주국민당, 자유당 창당에 참가했다가 이탈한 무소속 계열, 홍사단 계통과 가톨릭세력, 일제시대의 관료출신 등 여러 정치세력이 결합하여 이루어진 보수정당이었습니다.

창당 초기부터 지주세력 중심인 민주국민당계의 구파와, 가톨릭계 및 일제시대 관료출신으로 이루어진 신파로 크게 양분되어 당내 파쟁이 계속되었습니다.

4·19'혁명'으로 집권가능성이 높아지자, 두 파의 대립은 격심해졌고, 7·29총선 후 집권이 확실해지자 두 파 사이에서는 본격적인 권력다툼이 벌어졌습니다.

국회에서의 투표 결과 대통령에는 구파의 윤보선(尹潽善)이 당선되고, 내각책임제 국무총리에는 신파의 장면이 당선됨으로써, 정권은 결국 신파에게 돌아갔습니다.

이렇게 되자 민주당 구파는 장면정권 성립 후 결국 분당하여(9. 22) 김도연(金度演)을 당수로 하는 신민당(新民黨)을 결성했습니다.

3·15부정선거 관련자 및 4·19 발포책임자 처벌 과정에서, 검거된 사람들 중 8명에게 무죄가 선고되고 3명에게는 재판이 기각되거나 면소되었으며, 나머지 피고에 대해서도 가벼운 형량이 선고되었습니다.

사법부는 다만 서울시경국장이었던 유충렬(柳忠烈)에게만 발포책임을 물어 사형을 선고하는 미온적 판결을 내렸습니다.

이같은 판결에 불만을 가진 4·19 부상학생들이 민의원 의정단상을 점거하는(10. 8) 사태가 벌어지자, 당황한 민의원에서는 소급법으로 '민주반역자처리법안'을 통과시키고, '부정선거처리법' '공민권제한법' 등을 공포했습니다(12. 31).

그러나 이 법들이 미처 적용되기도 전에 장면정권은 박정희(朴正熙) 등의 군사쿠데타로 무너지고 말았습니다. 4·19'혁명'의 뒤끝이 군사쿠데타로 연결되고 만 것입니다.

4·19'혁명' 주동세력인 민중세력이 요구한 부정축재자 처리 문제 역시 미온적으로 다뤄졌습니다. 미군정 및 이승만정권 시기 동안 이미 상당한 수준으로 성장하여 국가권력과 깊이 결탁한 독점자본을 장면정권으로서는 처리할 수가 없었던 것입니다.

반공체제 확립을 위해 한국에 독점자본 중심의 경제구조를 수립할 필요가 있었던 미국 쪽 요구를 거절할 수도 없었습니다. 때문에 '부정축재처리법안'이 국회에서 통과되었음에도, 장면정권은 그 적용범위를 3·15부정선거에 선거자금 3천만환을 제공하거나 조달한 경우로 한정할 수밖에 없었습니다.

이승만 독재정권 아래서 쌓였던 국민의 불만이 4·19'혁명'을 계기로 일시에 폭발한데다가 생소한 내각책임제 아래서 심한 정쟁이 발생함으로써 혼란을 거듭하던 장면정권도 1961년에 접어들면서 다소 안정되어갔습니다.

그러나 혁신계 정치세력과 청년·학생층이 앞장서서 벌인 민족통일운동에 대해서는, 적절한 대응책을 제시하지 못하고 반대로 '데모규제법'과 '반공법'을 제정하여 이를 억누르려 했습니다.

그것이 오히려 시위를 더 격화시키는 결과를 가져왔고, 그 틈을 타서 5·16군사쿠데타가 일어남으로써 장면정권은 불과 8개월 만에 무너졌습니다.

이승만정권은 해방 후 처음으로 성립된 정권이면서도, 민족해방운동세력 중심이 아닌 국내 지주세력과 친일반민족세력을 기반으로 성립되어 그 역사적 정통성이 취약했다고 말했지만, 장면정권도 역사적 정통성이 취약하기는 마찬가지였습니다.

장면정권은 4·19'혁명'의 결과로 성립된 정권이면서도, 독재세력 청산에 철저하지 못했습니다. 그리고 일제강점 시대의 친일반민족행위자 숙청작업을 전혀 기대할 수 없을 만큼 정권 내부에 장면을 비롯하여 친일반민족 경력을 가진 세력이 상당수 가담하고 있었습니다.

따라서 친일반민족세력 청산의 의지 자체를 갖지 못했을 뿐만 아니라, 4·19 주체세력의 평화적 민족통일 요구에도 적절히 대응하지 못하다가, 결국 일본군 장교 출신 중심의 군부세력에게 정권을 빼앗기고 말았습니다.

2. 4·19'혁명'은 민족통일운동으로 연결되었습니다

먼저 통일론의 변화과정을 알아야 하겠습니다

이승만정권은 성립 직후부터 김일성정권의 해체와 유엔 감시하의 북한지역만의 자유선거에 의한 통일을 주장하다가, 6·25전쟁 직전 무력통일론·북진통일론을 내세웠습니다.

6·25전쟁의 휴전협정에서는 협정 체결 3개월 이내에 한반도의 장래 문제를 논의하는 정치회의를 열도록 규정했고, 이에 따라 전쟁 후 제네바회담이 열렸습니다. 이 회담에서 유엔 쪽 참전국들은 한반도 통일방안으로 '유엔 감시 아래서의 남북한 총선거안'을 권유했습니다.

이승만정권은 이를 거부하고 "북한에서는 유엔 감시 아래 총선거를 실시하고, 남한에서는 대한민국 헌법절차에 따라 총선거를 실시할 것"을 주장했습니다. 그러다 제네바회담이 결렬된 후에는 다시 '북한만의 유엔 감시하 총선거안'으로 돌아갔습니다.

이후 조봉암 중심의 진보당이 '남북총선거에 의한 평화통일안'을 제기하자, 그것이 국시(國是)에 어긋난다는 이유로 진보당 자체를 불법화하고 조봉암을 간첩 혐의로 처형했습니다. 4·19'혁명'이 일어나기 불과 8개월 전 일이었지요.

4·19'혁명'으로 이승만정권이 무너지고 장면정권이 성립했으나 그 통일방안은 답보적이고 고식적이었습니다. 이승만정권 때의 북진통일론이나 '북한만의 유엔 감시하 총선거안'을 그대로 답습할 수 없는 상황임은 인식했지만, 4·19'혁명' 후 크게 변한 국민 일반의 적극적인 평화통일 의지를 수용하기에는 한계가 있었습니다.

장면정권은 고심 끝에 '유엔 감시하 남북한 총선거를 통한 평화적 자유민주통일안'을 일단 유엔총회에 제시했습니다. 즉 유엔 감시하 남북 총선거로 통일을 하되, 남한체제에 의한 통일이어야 한다는 것이었

제네바회담 한반도문제와 인도차이나문제를 토의하기 위해 1954년 4월 26일 스위스 제네바에서 열린 국제회담. 6·25전쟁 휴전협정에 따라 1953년 10월 정치회담 개최를 위한 예비회담이 열렸으나 결렬됨에 따라 다시 열린 회담으로, 한반도문제 토의에는 미국·영국·프랑스 등 유엔 참전국 16개국과 한국·북한·소련·중국이 참석했다.

습니다.

이 통일안은 일부 보수세력으로부터 "남북총선거는 대한민국과 북한을 동격에 놓는 것이며, 따라서 대한민국을 부인하는 것"이라는 비판을 받았습니다.

그런가 하면 일부 언론은 "민주당정부가 이번에 유엔총회에 제시한 유엔 감시하의 남북 총선거 주장이란 영원한 수평선상을 왕래할 뿐, 미·소 냉전의 선전무대에서 이니셔티브를 잡자는 것 이상 아무것도 아니다"고 논평하기도 했습니다.

혁신계 정치세력은 4·19 후 사회대중당·혁신동지총연맹 등으로 분립된 채 7·29총선에 참가했다가 참패했고, 그후에도 구진보당계의 사회대중당과 구근로인민당계의 사회당 및 혁신당, 그리고 구민주혁신당계 중심의 통일사회당 등으로 분립되었습니다.

그럼에도 혁신정치세력의 통일론은 대체로 통일되어 있었습니다. ㉠유엔과 강대국의 개입을 배제하는 민족자주통일론 ㉡남북간의 직접 협상을 통한 평화통일론 ㉢한반도의 국제적 중립화를 지향한 통일론으로 압축될 수 있습니다.

4·19'혁명' 공간에서 혁신세력이 제시한 통일안은 중립화 통일론만 빼고, 10년 후 박정희군사정권 때의 7·4남북공동성명에서 나타나는 평화통일론·자주통일론이 여기에서 이미 나타나고 있음은 주목할 만한 일입니다.

7·29총선 참패를 교훈으로 하여 혁신세력 자체의 통일운동이 모색되었습니다. 그 결과 혁신정당들과 민족건양회, 천도교, 유도회(儒道會), 교원노조 일부, 교수협회 등이 참가하여 민족자주통일중앙협의회(민자통)를 결성했습니다(1960. 8. 30).

'민자통'은 민족통일을 위한 국민운동의 실천방안으로 ㉠즉각적인 남북협상 ㉡남북 민족대표자에 의한 '민족통일건국최고위원회' 구성 ㉢외세 배격 ㉣통일협의를 위한 남북대표자회담 개최 등을 제의했습

민주혁신당 제1공화국 말기에 발족한 혁신정당의 하나. 1956년 5월 15일 정·부통령 선거 후 정계가 보수와 혁신의 대립 등으로 혼란스러워지자, 진보세력은 대동단결운동을 펼쳤다. 그 결과 1957년 10월 15일 서상일을 중심으로 당을 결성했으며, 1960년대까지 존립했다. 강령으로 공산독재, 관료압제, 자본전제, 기타 일체 부패세력의 배격, 내각책임제 실시, 민족자본의 육성을 통한 복지사회의 실현, 방위태세의 확립과 민주방식에 의한 조국통일의 완수, 호혜 원칙에 의한 우방과의 외교 강화 등을 내걸었다.

니다.

'민자통'은 또 구체적인 통일방안으로서 다음과 같은 3단계 안을 제시하는 한편, 장면정권이 체결한 '한·미 경제협정'(1961. 2. 8) 반대운동, 반공법·데모규제법 반대운동 등을 통일운동과 함께 추진했습니다.

통일방안의 제1단계는 민간단체의 교류와 서신왕래 및 경제·문화 교류, 제2단계는 남북 두 정권 사이의 통일적 견지에서의 경제발전계획 및 통일 후의 제반 예비사업 진행, 제3단계는 민주주의적 선거방법의 제정과 제반 자유의 보장 및 자유선거 등이었습니다.

평화통일운동이 적극적으로 추진되었습니다

장면정권과 국민, 특히 혁신세력의 통일론 사이에 이처럼 큰 차이가 나타난 상황에서, 4·19'혁명'의 주역이었던 대학생을 중심으로 하는 청년층의 통일운동은 오히려 가속화되어 급진적인 방향으로 나아갔습니다.

민족통일운동이 가장 활발히 전개된 1961년 상반기에 들어와서, 고려대학교 학생회는 남북간의 서신왕래와 인사교류 및 기술협력 등 구체적인 문제를 주장하기 시작했습니다.

서울대학교의 민족통일연맹도 남북간의 학술토론대회·체육대회·기자교류 등을 포함한 남북학도회담을 제안했습니다. 또 전국 17개 대학교 학생대표 50여명이 모여 '민족통일전국학생연맹'을 결성하고, 5월 이내에 판문점에서 남북학생회담을 개최할 것을 결의했습니다 (1961. 5. 5).

이같은 청년·학생층의 급진적인 통일운동에 비해 장면정권의 통일론은 계속해서 유엔 감시하의 남북한 총선거, 중립화 통일론 거부, 남북교류 시기상조론에 머물러 있었습니다.

그러나 민주당 구파가 분당해서 만든 보수정당 신민당 내의 일부 진보세력까지도 남북시찰단 교환과 서신교환 등을 찬성하는 데까지 나아갔습니다.

한편 '민자통' 등 혁신세력은 남북학생회담을 환영하고 통일촉진 궐기대회를 개최하여(5. 13) 지지기반을 넓혀갔습니다. 그러나 곧 5·16 군사쿠데타가 일어남으로써 일체의 통일운동이 불법화되었습니다.

4·19'혁명'은 당초 이승만정권의 독재정치에 대항하는 반독재 민주 주의운동으로 출발했습니다. 그러나 이승만정권이 무너지고 장면정 권이 성립되어 민주주의가 일정하게 진전된 후에는, 급속히 민족통일 운동으로 전환해갔습니다.

일제강점 시대의 민족해방운동 과정에서 항일운동과 민주주의운동이 함께 추 진되었던 것처럼 해방 후 분단시대의 민족운동은 민족통일운동과 민주주의운동 이 함께 추진되었다 하겠습니다.

지금까지 4·19'혁명'은 혁명이나 의거로 불리면서 그 반독재운동 측면만이 주목되었습니다. 그러나 4·19는 반독재운동인 동시에 바로 평화적 민족통일운 동으로 연결되었음이 중요합니다.

그것은 '해방공간'에서 이루어진 통일민족국가 수립운동으로서의 건국준비위 원회 활동, 좌우합작운동, 1948년 남북협상 등의 연장선상에 있는 민족운동이었 습니다.

5·16 군사쿠데타는 왜 '성공'했을까요

4·19'혁명'의 주체세력이 평화통일운동을 적극적으로 펼쳐나가자 국내외에서 불안해진 세력이 나타났습니다. 북쪽과 총부리를 겨눔으로써만 일차적 존립 의미가 있었던 군부의 일부가 평화통일론의 확산에 불안해졌고, 미군정과 이승만정권의 그늘에서 살아남아 활개친 친일세력이 평화통일 후 안전을 보장받기 어려워질까 두려워했으며, 소련 및 중국과 대치하던 미국도 동북아시아의 '반공보루'를 잃을까 불안해졌습니다.

그렇다 해도 4·19'혁명' 후 민중세력의 의기가 충천하던 때에 어떻게 5·16과 같은 군사쿠데타가 '성공'할 수 있었을까요. 장면정권의 엉성한 대응도 그 원인이겠지만, 박정희 등 일본군 장교 출신이 중심이 된 군부세력의 행동을 미국이 묵인함으로써 가능했던 것입니다. 5·16 군사쿠데타는 친일 군부세력과 미국의 합작품이었다 해도 과언이 아닙니다.

그리고 박정희를 정점으로 하는 쿠데타 핵심세력이 이른바 '혁명공약'에서 민간인에게 정권을 넘겨주겠다 해놓고 미국의 묵인 아래 군복을 벗고 '민정이양'하는 과정은, 20년 후 '광주학살'로 집권한 전두환을 중심으로 하는 군부쿠데타 세력에 의해 그대로 재연됩니다. 역사가 한번 길을 잘못 들어서면 그 결과가 얼마나 무서운지를 증명해주는 것이지요.

1. 군사쿠데타와 '민정이양' 과정을 알아봅시다

군사쿠데타는 왜 '성공'했을까요

미군정 아래서 국방경비대로 출발한 한국군의 지휘부는 대부분 일본제국주의 군대의 정규 육군사관학교 출신, 학도병·지원병 출신, 일본제국주의 군대의 일부나 다름없었던 괴뢰만주국군 장교 출신 등으로 이루어졌고, 거기에 극히 일부의 광복군 출신이 포함되었습니다.

한국군은 당초 미군정에 의해 창설된데다 6·25전쟁 과정에서 그 작전권이 미군에게 이양되고, 이후 지휘부의 대부분이 미군에 의해 훈련됨으로써, 실질적으로 친미 집단이 되지 않을 수 없었습니다.

따라서 미국의 한국에 대한 정책 시행은 대체로 한국 군부의 동향과 연계되기 마련이었지요.

'부산정치파동'을 일으키고(1952) 계엄령을 선포하여 전쟁중의 군대를 정치적 목적으로 이용하는 등 이승만정권이 미국의 한반도정책 노선에서 일부 벗어나게 되었을 때도, 박정희(朴正熙)를 포함한 일부 군부세력은 주한미군의 지원으로 이승만정권을 붕괴시키기 위한 쿠데타를 계획했습니다.

이때의 쿠데타 계획은 불발했지만, 이후 이승만이 휴전을 반대하고

국방경비대 미군정기에 창설되어 대한민국 국군의 모체가 된 군사조직. 국가 중요시설(항만·미군부대)의 경비와 좌익세력의 폭동 진압 임무를 수행했다. 1948년 4월 3일 제주도에서 4·3항쟁이 일어나자 제주도 주둔 제9연대가 투입되기도 했다. 그후 대한민국 정부가 수립됨에 따라 11월 30일 국군조직법에 의해 정식으로 대한민국 국군에 편입되었다.

부산정치파동 1952년 재집권을 위해 직선제 개헌안을 강제로 통과시키려 한 이승만정권이 일으킨 일련의 사태. 19강의 참조.

그 협상을 방해했을 때도, 미국의 대책 중에는 군부쿠데타로 이승만정권을 붕괴시키려는 안이 포함되어 있었습니다.

또한 이승만정권 말기 독재와 폭정 때문에 국민의 지지도가 급격히 떨어지는 한편, 청년·학생층 중심의 진보세력이 성장하여 이를 우려하는 보고서가 미국 정계에 제출되었을 때도, 다시 박정희를 중심으로 하는 한국 군부 일각에서 쿠데타를 계획했지요.

이 계획은 4·19 '혁명'이 폭발하여 이승만이 하야함으로써 일단 보류되었습니다. 그러다가 장면정권이 성립한 지 불과 8개월 만에, 그것도 장면정권이 안정을 찾아가는 시점에서 결국 박정희를 중심으로 하는 군사쿠데타가 일어난 것입니다.

미군정 때부터 한국군의 산파 역할을 했고, 5·16 당시는 주한미군 사령관 보좌관이었던 하우스만 미군 대위는 회고록에서 "1960년 3월 1일, 즉 실제 쿠데타가 있기 45일 전, 나는 한국군 내에 쿠데타 기도가 있음을 상부에 보고했다"고 했습니다.

그런데도 정작 5·16 군사쿠데타가 일어나자 그린 주한미국 대리대사나 맥그루더 주한미군 사령관은 박정희 쿠데타군을 타도하고 합법적으로 성립된 장면정권을 지지할 것이라 표방했습니다.

하지만 미국정부는 그 45일 이전에 이미 박정희 등의 쿠데타 가능성을 보고받고도 그냥 있었고, 5·16 직후(5. 18) 박정희와 하우스만은 비밀리에 만나 "광범위한 군사혁명 과업들을 얘기"했습니다.

민주적으로 성립된 장면정권을 하루아침에 무너뜨린 5·16 군사쿠데타는 바로 미국의 묵인과 협조가 있었기 때문에 '성공'할 수 있었던 것이지요.

㉠불과 7년 전까지 북쪽 군대와 전쟁을 했던 군부가, 장면정권 수립 후 급진전하는 민간의 평화통일운동에 불안을 느꼈고 ㉡군부의 이같은 불안을 정치적 야심을 가진 박정희를 중심으로 하는 일부 군부세력이 이용한데다 ㉢역시 한반도에서 평화통일운동이 활성화하는 데 불안해하던 미국이 이를 묵인함으로써, 군사쿠데타는 일어날 수 있었고 '성공'할 수 있었다고 하겠습니다.

육군소장 박정희를 중심으로 '혁명공약'이란 것을 내세워 군사쿠데타를 일으킨(1961. 5. 16) 군부의 일부는 계엄령을 선포하고 3권을 장악하며 6개조의 '혁명공약'을 발표했습니다.

그것은 ㉠반공을 국시로 하고 ㉡유엔헌장을 준수하고 미국 등 우방과의 유대를 강화하며 ㉢구악(舊惡)을 일소하여 민족정기를 바로잡고 ㉣민생고를 해결하며 ㉤통일을 위해 공산주의와 대결할 수 있는 실력을 배양하고 ㉥양심적인 정치세력에게 정권을 이양한다는 것이었습니다.

그리고 장면정권의 육군참모총장이던 장도영(張都暎)을 의장으로, 박정희를 부의장으로 하는 '국가혁명위원회'를 구성했다가 이를 '국가재건최고회의'로 개칭했습니다(5. 19). 쿠데타의 주모자는 물론 박정희였고, 장도영은 기회주의적으로 가담한 것이었습니다.

장면내각을 총사퇴시키고(5. 18) 유일하게 남은 헌법기관인 대통령 윤보선으로부터 계엄령을 추인받은 군사정권은 중앙정보부법, 농어촌고리채정리법, 재건국민운동에 관한 법률, 혁명재판부조직법, 반공법

농어촌고리채정리법 농어촌의 고리채 정리는 1961년 5월 농어촌고리채정리령과 6월 농어촌고리채정리법을 통해 추진되었다. 이 법은 농어민이 빌려 쓴 연리 25% 이상의 현금 및 현물을 고리채로 규정하고 농협중앙회에서 농업금융채권을 발행하여 부채를 채권자에게 대신 갚아주도록 했다. 그러나 농업자금 공급과 같은 후속조치가 제대로 취해지지 않아 농어촌 고리채 정리는 결국 실패했다.

혁명재판 박정희를 중심으로 한 군부세력이 군사쿠데타를 성공시킨 후, '국가재건비상조치법'에 의거하여 열렸던 재판. 반혁명세력과 부정축재자들에 대한 처리가 중심을 이루었다. 1961년 7월 3·15 부정선거와 4·19 민주화운동 탄압사건 관련자들에 대한 재판으로 시작하여 1962년 4월 최후공판까지 9개월 반 동안 진행되었다.

등을 잇따라 공포하면서 자리를 굳혀갔습니다.

그러다가 쿠데타세력 내부에 알력이 생겨, 박정희가 국가재건최고회의 의장에 취임함으로써 실질적인 박정희정권이 성립되더니(7. 2), 장도영 중심의 일부 세력이 '반혁명사건'에 연루되어 구속되는 파동이 일어났습니다(7. 9).

미국정부는 미리 알고 있었던 군사쿠데타가 일어나자, 주한 미군과 미대사관으로 하여금 "합법정부를 지지한다"는 성명을 발표하게 하여 장면정부를 계속 지지하는 것처럼 보이도록 했으나, 곧 박정희 군사정권을 지지하고 그를 미국으로 초청했습니다(1961. 11).

박정희 군사정권은 미국의 지지를 한층 더 확고히 하기 위해 일본과의 관계개선 의지를 보이고 경제개발계획을 세우는 한편, '정치활동법'을 공포하여(1962. 3. 16) '구정치인' 4374명의 정치활동을 금지했습니다.

군사쿠데타의 핵심인물 박정희는, 제국주의 일본이 조선사람의 '황민화(皇民化)'를 위한 기초교육을 담당할 교사를 양성하기 위해 만든 사범학교를 나온 후 괴뢰만주국 군관학교를 거쳐, 성적이 우수하고 충성심 높은 자만이 갈 수 있는 일본 육군사관학교를 졸업한 괴뢰만주군 장교 출신이었습니다.

해방 후에는 한국군 장교가 되어 군내 남로당 군사조직의 상당한 위치에 있었기 때문에, 여순군란 후의 '숙군'(肅軍) 과정에서 처형될 뻔했으나, 군내 좌익조직에 대한 정보를 제공하고 살아남아 군에 복귀했습니다. 이후 몇번의 군사쿠데타 계획에 관련되었다가 장면정권 아래서 기어이 '성공'한 것입니다.

5·16 군사쿠데타는 이같은 ㉠군부내 권력지향 세력의 끈질긴 책동과 ㉡4·19 후 평화통일운동이 급격히 확산되는 데 불안해진 미국 쪽의 묵인 내지 방조와 ㉢장면정권의 방어능력 부족 등이 원인이 되어 '성공'할 수 있었다고 하겠습니다. 그리하여 이후 30년간 군사정권이

유지된 것입니다.

'민정이양' 후 월남 파병, 한·일 수교 등을 했습니다

장면정권의 내각책임제를 무너뜨린 박정희 군사정권은, 대통령중심제 헌법을 국민투표로(1962. 12. 17) 제정하고, 1963년 4월 대통령선거와 5월 국회의원선거, 8월 민정이양 계획을 발표하면서, 박정희의 대통령 출마의사도 함께 표명했습니다(12. 27).

양심적인 정치세력에게 정권을 이양하겠다고 한 '혁명공약'의 허위성을 드러낸 것이지요. 박정희의 '민정' 참가계획에 대한 국내외의 반발이 심해지자 군사정권은 '2·18성명'(1963)을 통해 군인의 민정 불참을 선언하고, '정국수습 9개 방안'을 제시했습니다.

국방장관 박병권(朴炳權)이 '2·18성명'을 지지하고 군대의 중립화를 다짐했으며, 박정희의 대통령 불출마선언도 발표되었지요(2. 27). 그러나 군정 연장을 요구하는 군지휘관들의 '차량시위'와 수도경비사령부 소속 군인들의 시위가 있은 다음날, 박정희는 군정을 4년간 연장하는 문제를 국민투표에 부치겠다고 발표했습니다(3. 16).

재야 정치인과 미국 쪽의 반대가 강하게 나타나자, 박정희는 다시 군정 연장 국민투표 보류 성명을 발표했습니다. 쿠데타세력은 이같이 갈팡질팡하면서도 정치활동이 공식적으로 재개되기 전에 미리 민주공화당을 조직했고, 박정희를 대통령후보로 지명했습니다.

박정희는 스스로 육군대장으로 진급하여 예편하고, 대통령선거에 출마하여 야당의 윤보선을 15만표 차로 누르고 제5대 대통령에 취임함으로써(1963. 12. 17) '민정이양'을 했습니다.

박정희 군사정권은 '민정이양' 과정에서 공화당을 사전 조직하면서 그 자금 마련을 위해 이른바 '4대 의혹사건'을 저질렀습니다. 그 구체적 내용은 다음과 같습니다.

㉠유령회사를 설립하여 증권시장에 개입한 '증권파동' ㉡유엔군

병사들에게 휴가처를 제공한다는 명목으로 호화 유흥시설을 만든 '워커힐사건' ⓒ일본에서 면세 수입하여 큰 이익을 남기고 판매한 '빠찡꼬사건' ②일본 승용차를 수입하여 크게 이득을 남긴 '새나라자동차사건' 등이었습니다.

'민정이양' 과정에서 번복을 거듭하면서 큰 고비를 넘긴 박정희정권은, 미국과 한국군의 월남전 파견 협정을 맺었습니다(1964. 10. 31). 미국은 박정희 쿠데타정권의 취약한 정통성을 이용해서 압박했고, 그 결과의 하나가 한국군의 월남전 참전으로 나타난 것이지요. 처음에는 비전투부대를, 뒤에는 전투사단을 파견했습니다.

박정희 군사정권에 대한 미국의 또 하나의 압박은 이승만정권 이래 결실을 보지 못한 한일협정 체결의 독촉이었습니다. 박정권은 쿠데타 초기부터 미국측의 강력한 요구로 한일회담 타결을 결정하고, 이른바 '김종필(金鍾泌)·오오히라(大平) 메모'를 통해 청구권문제에 합의를 보고 한일회담을 서둘러 타결하려 했습니다.

그러나 야당과 종교·문화단체 대표 200여명이 '대일굴욕외교반대 범국민투쟁위원회'를 결성해 강력하게 반발하고, 대학생들의 반대시위도 치열하게 일어났습니다.

제국주의 일본군 장교 출신 박정희정권이 미국의 압력으로 졸속으로 감행하려 한 한일국교 재개 반대운동에 식민지 피지배 35년간의 역사가 깔려 있었음은 물론이지요.

박정권은 서울 일원에 비상계엄령을 선포하여(1964. 6. 3) 위기를 넘길 수 있었지만, 한일협정 비준안이 국회를 통과하는 과정에서 야당의원 61명이 의원직 사퇴서를 제출했고, 그 가운데 6명은 결국 의원직을 포기했습니다.

국민의 광범위한 반대운동 속에서 체결된 한일협정에는 일본이 35년간 한반도를 강제 점령하고 지배한 사실이 인정되지도 또 명기되지도 않았습니다. 따라서 한일협정은 배상조약이 되지도 못했습니다.

동아시아에서 한·미·일 3각 안보체제를 구축하려던 미국 쪽 요구에 쫓기고, 쿠데타로 집권한 군사정권으로서 정통성의 취약성을 감추기 위해 서둘러 시작한 경제개발 자금 조달에 쫓기던 박정권이, 35년간의 민족적 희생이 확인되지도 정당하게 보상되지도 못한 졸속 협정을 체결하고 만 것입니다.

북한과 일본과의 조약이 아직 맺어지지 않고 있지만, 일본제국주의가 한반도를 침략하고 강점한 역사적 사실이 명기되지 않았고, 따라서 배상조약이 되지 못한 한일협약은, 장차 조·일 조약이 체결될 경우 그 선례가 될 가능성마저 남기게 되었습니다.

그뿐만이 아닙니다. 한반도지역이 장차 통일되어 일본과의 조약이 단일화될 경우, 그 조약의 성격과도 연계될 문제를 남기게 된 것입니다.

2. '유신'체제가 강행되고 반대운동이 치열했습니다

'유신'체제란 무엇일까요

한일회담 반대운동의 위기를 넘기면서 제6대 대통령선거(1967. 5. 3)에 출마한 박정희는 야당의 윤보선 후보를 큰 차이로 누르고 재선되었습니다.

그러나 이승만 독재체제가 3선개헌을 고비로 파탄으로 치달은 것처럼, 박정희정권도 재선 후에 독재체제를 연장하기 위해 3선개헌을 강행함으로써 스스로 파탄의 길로 접어들었습니다.

박정희정권은 여당 내의 개헌 반대세력을 제거하고 야당과 학생들의 반대를 탄압하면서 국회 본회의장이 아닌 별관에서 야당의원 몰래 여당의원만으로 3선개헌안을 전격적으로 가결하고(1969. 9. 14), 국민투표를 통해 이를 확정했습니다.

야당 신민당은 김대중(金大中)을 대통령후보로 선출하여 본격적인

전태일 분신사건 1970년 11월 13일 서울 평화시장의 노동자 전태일이 근로조건 등에 항의하여 분신 자살한 사건. 그는 동료 재단사들과 '바보회'를 조직하여 평화시장의 노동조건 실태를 조사하고 그 개선을 요구했으나 노동청에서 이를 계속 무시함에 따라, "우리는 기계가 아니다"라고 적힌 피켓을 들고 동료들과 시위를 벌이다가 해산당하자 분신 자살했다. 이후 노동운동이 활성화되는 계기가 되었으며, 1970년대 노동운동의 지평을 연 사건으로 평가된다.

광주단지 주민폭동 광주대단지 주민 5만여명이 정부의 무계획적인 도시정책과 졸속행정에 반발하여 일으킨 폭동사건. 서울시내 무허가 판자집 정리사업의 일환으로 광주대단지를 조성하고 철거민을 집단이주시킨 뒤 당초의 약속과는 달리 비싼 땅값을 요구하는 등 일관성 없는 서울시의 조치에 대해 광주대단지 주민들의 불만이 폭발한 사건이었다.

선거전에 들어갔습니다. 재야인사들은 '민주수호국민위원회'를 결성하여(1970. 4. 19) 박정희 당선 저지운동을 거세게 벌였습니다.

야당후보 김대중은 박정희정권이 종신총통제를 획책하고 있기 때문에 공개적인 대통령선거는 마지막이 될 것이라면서 공세를 강화했고, 박정희는 앞으로 다시는 출마하지 않겠다고 호소하는 등 고전을 치른 끝에 제7대 대통령에 당선되었습니다(1971. 4. 27).

한편, 1970년대로 들어서면서 박정희정권은 심한 인플레이션과 지속적인 국제수지 악화, 경기침체 등에 시달리게 되었습니다.

이 때문에 서울 평화시장 재단사 전태일(全泰壹)의 분신으로(1970. 11. 13) 대표되는 노동자들의 저항운동이 일어나면서 노동운동이 격화했습니다. 또 경기도 광주단지(현재 성남시) 주민폭동(1971. 8)을 비롯한 도시빈민들의 생존투쟁도 치열해졌습니다.

제7대 대통령선거에서 김대중이 예상보다 훨씬 높은 43.6%의 득표율을 보인데다, 제8대 국회의원 선거에서는(1971. 5. 25) 야당 신민당의 의석이 종전의 44석에서 89석으로 두 배 이상 증가하여 박정희정권을 불안하게 했습니다.

㉠국내 정세가 이처럼 '4선개헌'을 통한 정권연장 같은 것은 엄두도 내지 못하게 되었고 ㉡미·소 화해와 미·중 화해 등 국제정세의 변화에 따라 ㉢종래와 같은 냉전논리를 기반으로 한 안보이데올로기로는 군사정권의 '정당성'을 유지하기가 어려워졌습니다.

㉣또한 적십자회담 이후 남북관계의 진전으로 박정권이 계속 주장해온 '선건설 후통일론'을 고수하기가 힘들어졌을 뿐만 아니라 ㉤정권유지 수단인 국가보안법이나 정보기관 등의 존속 이유가 희박해져, 군사정권은 위기의식에 빠지게 되었습니다.

이에 박정권은 북한과 적십자예비회담을 개최하는 한편 ㉠정부시책 중 국가안보를 최우선으로 하며 ㉡안보상 취약점이 될 일체의 사회불안을 불용하고 ㉢안보 위주의 새 가치관을 정비할 것 등을 골자로 하는 '국가비상사태'를 선언했습니다(1971. 12. 6).

그러고는 야당의 반대를 물리치고 '국가보위에 관한 특별조치법'을 변칙 통과시키고(12. 27), 옥외집회 및 시위 규제권, 출판 규제권, 단체 교섭 규제권, 예산변경권 등 광범위한 비상대권을 대통령에게 주는 '국가비상사태' 선언을 소급해서 합법화했습니다.

박정희정권은 남북적십자 제1차 본회담(1972. 8. 29)과 남북조절위원회 공동위원장 제1차 회의를 여는(10. 12) 한편, 갑자기 국회를 해산하고 전국에 계엄령을 선포하여 모든 대학을 휴교시키고 신문·통신에 대한 사전검열제를 실시하는 '10월유신'을 단행했습니다(10. 17).

뒤이어 '유신'헌법을 만들고 예의 국민투표를 통해 확정한 후 새로 급조한 '통일주체국민회의'의 간접선거에 의해 단독 출마한 박정희가 제8대 대통령에 당선되었습니다(12. 23).

'유신' 체제의 기본성격을 담은 '유신'헌법은, 노동 3권에 대한 제약을 제도화하고, 긴급조치권을 두었으며, 구속적부심제를 폐지하고, 자백만으로도 처벌을 할 수 있게 하여 기본권을 크게 제약했습니다.

입법부의 국정감사권을 없애고 연간 회기를 150일로 제한했을 뿐아니라, 국회의원 3분의 1을 대통령이 추천하여 통일주체국민회의가 간접 선출하게 했습니다. 사법부에 대해서는 법관 임명권을 대통령이 가지고 대법원의 위헌판결권을 헌법위원회에 귀속시켜 그 독립성을 박탈했습니다.

이처럼 대통령의 권한이 일방적으로 비대해져서 대통령은 3권을 거의 장악할 수 있게 된데다, 대통령의 선출 자체도 국민의 직선이 아닌 '통일주체국민회의'의 간접선거제로 했습니다.

그 임기도 6년으로 연장하고 중임제한 조항을 없앰으로써 실질적으로 영구집권이 가능하게 했습니다. 이같은 대통령 권한의 강화가 박정희의 독재와 영구집권을 뒷받침하기 위한 것임은 말할 나위가 없었습니다.

제국주의 일본군의 장교 출신 박정희를 수뇌로 한 군사정권이 친일반민족행위자를 숙청을 할 수 없었음은 물론이고, 정치·사회·문화적 민주주의도 전진시킬 수 없었습니다.

경제건설에 주력한다 했지만 민주적 경제체제가 아닌 심한 재벌 중심 경제체제를 수립했습니다. 7·4공동성명을 발표하여 평화적 통일을 추진하는 듯했으나 그것은 '유신'체제로 가기 위한 사전 준비에 지나지 않았습니다.

친일파 숙청을 할 수 없고, 정치·경제·사회·문화적 민주주의를 발전시킬 수 없으며, 옳은 의미의 평화통일을 추진할 수 없었던 박정희정권이 역사적 정통성을 가질 수 없었던 것은 당연합니다.

이승만정권도 마찬가지였지만, 역사적 정통성을 못 가진 정권을 유지하기 위해서는 독재체제를 구축할 수밖에 없습니다. '유신'은 그래서 단행된 정치적 폭거였습니다.

반'유신'투쟁이 치열했습니다

'유신'체제가 성립되면서 남북회담은 별 진전이 없다가, 일본에서 '유신'체제 반대운동을 벌이던 김대중이 국내로 납치된(1973. 8. 8~13) 사건을 계기로 북쪽이 회담 중단을 발표했습니다(8. 28).

이후 전국 대학생들의 '유신'체제 반대운동이 계속되었고, 광복군 출신 장준하(張俊河) 등을 중심으로 하는 지식인 30명이 '유신'헌법개정청원운동본부를 두고 100만인 서명운동을 펼쳤습니다(12. 24).

이에 박정희는 '유신'헌법을 부정·반대·비방하는 일체의 행위를 금지한 대통령 긴급조치 제1호와, 비상군법회의 설치를 규정한 제2호를 선포하여(1974. 1. 14) 장준하 등을 구속했습니다.

긴급조치 선포에도 불구하고 '유신'헌법 반대운동은 오히려 거세져 갔습니다. 박정희 '유신'정권은 이철(李哲) 등 7명의 대학생에게 사형을 선고한 '전국민주청년학생총연맹사건'(1974. 4)과 고려대학교에 대한 휴교령 등으로 긴급조치를 계속 발동할 수밖에 없었습니다.

전국민주청년학생총연맹 전국 각 대학의 운동세력을 조직하여 반유신투쟁을 벌인 조직적 운동단체. 유신헌법 개정을 위한 움직임이 확산되는 가운데 긴급조치 1호의 선포로 재야인사들의 투쟁이 어렵게 된 상황에서, 학생들은 선도적 투쟁을 전개하면서 종교계·재야세력·지식인 등과도 연계를 이루었다. 이에 정부가 대대적인 탄압을 가함으로써 발생한 민청학련사건 이후 대학 내의 조직적 운동은 상당 기간 제한되었으나, 민중·민족·민주의 투쟁노선은 80년대 이후의 학생운동에 계승되었다. 민청학련사건은 70년대 학생운동의 분수령을 이루는 사건으로 평가된다.

하지만 천주교 정의구현전국사제단을 중심으로 하는 종교계와 민주수호국민협의회 등 민간세력 및 대학생들의 반'유신'운동은 더욱 거세게 일어났습니다.

신문기자들의 자유언론실천선언(10. 24), 문인들의 '자유실천문인협의회 101인선언'(11. 18), 야당 정치인 및 지식인들의 '3·1구국선언'(1976) 등이 계속되었습니다.

'유신'헌법에 의해 임기 6년을 끝낸 박정희는 다시 통일주체국민회의에서 제9대 대통령으로 당선되어(1978. 12. 21) 종신집권체제를 굳혀가는 듯했습니다. 그러나 20년 가까운 박정희 군사정권의 경제개발을 내세운 독재정치는 이미 한계점에 다다라 있었지요.

㉠야당인 신민당사에서 농성중이던 여성노동자 170여명을 경찰이 강제 해산시키는 과정에서 사상자가 난 'YH사건'(1979. 8. 11)과 ㉡그에 대한 보복조치인 신민당수 김영삼(金泳三)의 국회의원직 박탈 파동에 이어 ㉢부산·마산 지방의 민중항쟁(10. 16) 등이 연달아 일어났습니다.

마침내 중앙정보부장 김재규(金載圭)가 '안전가옥' 술자리에서 권력투쟁에서 대립관계에 있던 대통령경호실장 차지철(車智澈)과 박정희를 살해한 '10·26사건'이 일어남으로써, 18년간 유지된 박정희 군사독재정권은 무너졌습니다.

이 사건에 대해서는 ㉠김재규의 박정희와 차지철 살해가 단순한 권력암투에서 빚어진 것인가 ㉡'YH사건'과 '부마항쟁'에 위기의식을 느낀 김재규의 계획적 단독사건인가 ㉢아니면 김재규가 암시했다는 것처럼, 그 배후에 박정희 '유신'정권의 핵무기 개발을 저지하려 한 미국의 작용이 있었는가 하는 문제들이 아직 잘 밝혀지지 않고 있습니다.

역사에서 가정은 있을 수 없지만, 역사책이라기보다 '강의'니까 잠깐 가정해봅시다. 김재규에 의해 박정희가 살해되지 않고 '유신'정권이 유지되었다면, 4·19 때와 같이 '부마항쟁'에 뒤이어 전국적 민중항쟁이 일어날 수 있었을 것입니다.

그렇게 해서 박정희정권이 무너졌을 경우, 그 후속 정권은 전두환 군사정권이

3·1구국선언 유신체제하인 1976년 3월 1일 재야정치인, 가톨릭 신부, 개신교 목사, 대학교수 등이 발표한 '민주구국선언'을 말한다. 이들은 선언을 통해 반정부를 표방하면서, 유신체제 철폐, 의회민주주의의 수립, 경제입국에 대한 구상 재검토, 민족통일 문제 등을 제기했다. 이 사건으로 김대중 외 11명이 긴급조치 9호 위반 혐의로 구속되었다.

부마항쟁 1979년 10월 16일부터 20일까지 부산과 마산의 학생·시민들이 전개한 반독재 민주화투쟁. 김영삼의 의원직 제명 파동으로 반독재의 분위기가 고조되던 부산에서 10월 16일 학생과 시민들이 격렬한 거리 시위를 벌인 것을 시작으로 마산으로 시위가 확산되자, 박정희정권은 18일에는 부산지역에 비상계엄을, 20일에는 마산·창원에 위수령을 선포하면서 강경 진압하였다.

되지는 않았을 수도 있었을 것입니다. 어떻든 김재규에 의한 박정희살해사건의 진실은, 올바른 역사 서술을 위해서도 좀더 밝혀져야 할 것입니다.

22 강의

7·4 남북공동성명은
큰 역사적 의미를 지닙니다

박정희 군사정권은 성립되자마자 '4·19 공간'에서 활성화된 평화통일운동을 '간접침략'으로 규정하고 그 추진세력에 철퇴를 가했습니다.

그리고 유엔 감시하의 남북한 총선거론을 내놓으면서 이른바 승공통일론으로 되돌아갔습니다. 그러나 역사는 변하기 마련이듯, 1970년대 들어 한반도를 둘러싼 국제정세가 크게 변했습니다. 우선 유엔에 제3세력이 대거 등장함으로써 박정희정권이나 미국이 종래처럼 한반도문제를 유엔에 맡겨놓고 안심할 수 없게 되었습니다.

또 미국의 월남전 패배와 닉슨독트린 발표 후, 그때까지 대립으로만 치닫던 미국과 소련 및 중국이 화해정책으로 나가게 되었습니다. 미·소와 미·중이 대립한 가운데서 서로 대치하면서 유지될 수 있었던 한반도의 남북 정권도 이제 미·소, 미·중 화해정책에 대응책을 마련할 수밖에 없게 된 것이지요.

이에 남북 두 정권은 적십자회담을 벌이더니 비밀회동을 통해 7·4 남북공동성명을 발표하고 남북조절위원회를 발족시켰습니다. 남북 민중은 통일이 바로 되는 듯이 들떴으나, 곧 남쪽은 '유신'을 하고 북쪽은 사회주의헌법을 제정함으로써 오히려 각기 체제를 굳히는 쪽으로 나아갔습니다. 결국 처음부터 목적이 달랐던 7·4 공동성명은 '휴지'가 되고 말았지만, 분단정권 성립 후 정부 차원에서 최초로 평화통일, 민족주체적 통일을 합의한 것이라는 점에서 커다란 역사적 의의를 지닙니다. 7·4 남북공동성명이 20년 후의 '남북합의서'와 30년 후의 '6·15 공동선언'으로 이어졌다고 할 수 있기 때문입니다.

1. 남북적십자회담이 실마리가 되었습니다만

1970년대의 정세변화에 대한 이해가 앞서야 합니다

4·19'혁명' 후 급진전한 평화통일운동은 5·16 군사쿠데타로 일체 불법화되었습니다. 박정희 군사정권은 그 '혁명공약'의 첫머리에서 "반공을 국시의 제일로 한다"고 명시하고, 평화통일운동을 '간접침략'으로 규정했습니다.

'포고령' 제18호를 발표하여(1961. 5. 19) "반국가단체를 조직하거나 그것에 가입하거나 또는 가입할 것을 권유한 자는 엄벌에 처한다"고 하고 이를 근거로 하여 4·19'혁명' 후 급격히 성장한 평화통일운동세력을 대거 검거했습니다.

박정희 군사정권은 모든 정당·사회단체를 해산하고(5. 22) '중앙정보부설치에 관한 법률'(6. 10) 반공법(9. 4) 등을 계속 발표하면서 4·19 후의 평화통일운동을 주도했던 민족자주통일중앙협의회를 비롯한 혁신정치세력과 학생들을 체포하여 '혁명재판'에 회부함으로써 평화통일론 일체를 탄압했습니다.

6·25전쟁을 치른 군부가 쿠데타로 잡은 정권이, 장면정권 성립 후 급진전한 평화통일 논의와 운동을 '간접침략' 혹은 이적(利敵) 행위로

간주해서 철퇴를 가한 것이지요.

한편 김일성정권은 북한지역을 '민주기지'로 하고 남한지역을 혁명적으로 통일하는 방법론을 견지하다가, 4·19'혁명'의 폭발로 남한지역의 '혁명역량'을 인정하고 남한 '지역혁명론'으로 전환했습니다.

그러면서 ㉠"당분간 남북 조선의 현재 정치제도를 그대로 두고 ㉡조선민주주의인민공화국 정부와 대한민국 정부의 활동을 보존하는" 것을 기본원칙으로 하여 ㉢두 정부의 대표로 구성되는 '최고민족위원회'를 조직하여 ㉣"남북조선의 경제·문화 발전을 통일적으로 조절"할 것 등을 핵심내용으로 하는 '남북연방제' 창설을 제의했습니다 (1960. 8. 15).

박정희정권은 '민정이양' 후 치러진 첫 대통령선거(1963)에서 여당 민주공화당의 통일정책으로서 "유엔 감시하의 자유민주주의 원칙에 입각한 남북한 총선거안"을 제시하고, "정치·경제·교육·문화 등 모든 분야에 걸쳐 승공(勝共)태세를 완비할 것"을 강조했습니다.

박정권은 "미군철수와 남북 서신·문화·경제 교류를 통한 평화통일의 성취"를 강령으로 했다는 '인민혁명당사건'(1964)과, "조국의 자주적 평화통일의 성취"를 강령으로 했다는 '통일혁명당사건'(1968) 등으로 혁신세력을 계속 탄압했지요. 이 당시 박정희정권의 통일론은 승공통일론·무력통일론이었다고 할 수 있겠습니다.

한편 1960년대 말에서 1970년대로 넘어올 무렵 미국의 월남전쟁 패배와 함께 세계정세가 급변했습니다. 미국은 '닉슨독트린'(1969)을 발표하여 그 동맹국들이 자국의 방위비를 더 많이 부담할 것을 요구하는 한편, 소련·중국을 비롯한 공산주의 국가들과의 평화공존정책으로 전환해간 것입니다.

1960년대까지 동서 대립구도의 세계정세 아래서 서로 적대적 대립관계를 유지함으로써 존립할 수 있었던 한반도지역의 남북 두 정권은, 미·소 화해 및 미·중 화해라는 정세변화에 대해 불안해하지 않을 수 없었습니다.

인민혁명당사건 1964년 8월 14일 중앙정보부가 도예종 등 41명의 혁신계 인사와 언론인·교수·학생이 인민혁명당을 결성해 국가 전복을 꾀했다고 발표한 사건. 수사를 맡은 검사들의 불기소방침에도 불구하고 검찰 고위층이 이를 묵살한 채 구속 기소하자, 담당검사들이 사표를 제출함으로써, 일명 검사항명사건이라고도 한다.

통일혁명당사건 1968년 8월 24일 중앙정보부가 발표한 지하당조직사건. 당시 중앙정보부장 김형욱의 발표에 의하면, 주모자인 김종태가 북한의 김일성과 면담하고 대남사업총국장으로부터 지령과 공작금을 받아 통일혁명당을 결성한 후, 반정부 소요를 유발하는 데 주력했다는 것이다. 158명이 검거되어 50명이 구속된 1960년대 최대의 공안사건이다.

이 무렵에는 유엔에서도 변화가 일어났습니다. 1960년대를 통해 아시아·아프리카 지역의 신생 회원국이 증가하여 이들 제3세계의 발언권과 영향력이 커진 반면, 유엔에서 미국의 영향력은 약해져가고 있었던 것입니다.

그 결과 1960년대 후반에는 그때까지 유엔이 고수해온, 대한민국을 한반도의 유일한 합법정부로 인정하면서 북한을 불법화한 원칙이 무너지고, 남북한 동시 초청안이 가결될 추세로 나아가고 있었습니다.

남한 쪽의 '전가(傳家)의 보도(寶刀)'였던 유엔 감시하 총선거 통일안이 반드시 유리하다는 보장이 없어지게 된 것이지요.

이같은 정세변화는 미국의 한반도정책이 '두개의 한국'을 고착화하고, '한·미·일 3각 안보체제'를 확실하게 구축하는 방향으로 나아가게 했습니다.

한·미·일 3각 안보체제 미국을 삼각형의 정점으로 하고 한미상호방위조약과 미일안보조약을 양변으로 하며 한일관계를 밑변으로 하는 군사동맹체제. 1960년대 이후 미국의 동북아시아지역 통합 전략.

남북적십자회담이 추진되었습니다

강대국들의 한반도에 대한 이같은 정책 변화는 분단을 고착시키는 정책이기도 했습니다. 따라서 한반도의 두 분단국가는 강대국들의 분단고착화 정책에 대한 대응으로, 남북을 아우르는 통일문제의 민족주의적 해결을 촉구하는 계기를 만들 수도 있었습니다.

박정희정권은 이같은 대외 정세변화와 함께 대내적으로도 대학생 교련반대운동의 확산, 범민주세력의 '민주수호국민협의회' 결성(1971. 4. 19) 등에 시달리고 있었습니다.

게다가 박정희 영구집권의 길을 열기 위한 '유신'체제 수립을 위해서는 어떤 구실과 돌파구가 요구되기도 했습니다.

한편 김일성정권도 미국과 소련, 미국과 중국의 화해 분위기에 자극받으면서, 남한의 집권여당인 민주공화당을 포함한 모든 정당과 협상할 용의가 있음을 천명했습니다(1971. 8. 6).

이에 따라 6·25전쟁 후 20여년간 완전히 단절되었던 남북 사이의 평화적 접촉이 양쪽 정부의 '허가'에 의해 시작되었습니다.

평화적 접촉의 단초는, 남쪽 적십자사가 북쪽 접십자사에 대해 '남북가족찾기회담'을 제의하고(8. 12) 북쪽 적십자사가 이에 즉각 응함으로써(8. 14) 열리기 시작했습니다.

남북간의 접촉은 일단 시작되자 의외로 급진전해서 남북 적십자사의 연락원들이 신임장을 교환하고, 곧 첫 예비회담이 판문점에서 개최되었습니다(9. 20).

예비회담이 계속되는 가운데 7·4 남북공동성명이 발표되었고, 그 영향으로 적십자회담도 급진전하여 쌍방의 왕래절차, 교통·통신 수단 보장, 상대방 인원에 대한 편의 제공 등에 합의하고, 제1차 남북적십자회담 본회의가 평양에서 열렸습니다(1972. 8. 29).

제1차 본회담에서는 ㉠남북으로 흩어진 가족과 친척의 주소와 생사를 알아내어 알리는 문제 ㉡이들과 친척들 사이의 자유로운 방문과 상봉 및 자유로운 서신왕래를 실시하는 문제 ㉢남북으로 흩어진 가족들의 자유의사에 의한 재결합 문제 등에 합의함으로써 큰 진전을 보았습니다.

제2차 본회담은 서울에서 열렸습니다(9. 12). 이 회담에서는 3개항에 합의하여 회담의 앞날을 더욱 밝게 했습니다. 의미있는 합의조항을 들어보면 다음과 같습니다.

①쌍방은 온 겨레의 의사와 염원을 반영하여 남북적십자회담의 의제로 설정된 모든 문제들의 해결에 있어 민주주의적 원칙과 자유로운 원칙, 남북공동성명의 정신과 동포애, 그리고 적십자 인도주의적 정신을 철저히 구현한다.

②쌍방은 제1차 및 제2차 남북적십자 본회담을 통하여 더욱 다져진 쌍방간의 신뢰와 신뢰 분위기를 바탕으로 제3차 회의부터는 의제에 관한 토의를 진행한다.

③제3차 남북적십자 본회담은 1972년 10월 24일 평양에서, 제4차 적십자회담은 1972년 11월 22일 서울에서 진행키로 한다.

구체적인 합의 내용을 너무 길게 든 것 같지만, 오랫동안 막혔던 남북 사이의 교섭이 한번 시작되자, 남북을 막론한 전체 민족의 염원을 담아 이렇게 순조롭고도 쉽게 이루어져갔음을 알 수 있습니다.

그러나 순조롭던 남북적십자회담도 그 진행과정에 시작된 정치회담으로서의 남북조절위원회 회담이 교착상태에 빠지자, 그 영향을 받아 서울에서 열린 제6차 회담을 끝으로 더 계속되지 못했습니다. 적십자회담은 사실상 정치회담의 길을 트는 역할밖에 하지 못한 것입니다.

2. 7·4 남북공동성명이 발표되었습니다

공동성명과 조절위원회 활동을 봅시다

적십자회담으로 협상의 길을 연 남북 당국은 정치회담을 위한 비밀 접촉을 추진했습니다. 그 결과 남쪽의 중앙정보부장 이후락(李厚洛)과 북쪽의 조선로동당 조직지도부장 김영주(金英柱)의 이름으로 서울과 평양에서 동시에 공동성명을 발표하기에 이르렀지요(1972. 7. 4).

민족분단 후 남북 정부가 합의 발표한 최초의 공동성명인 '7·4 남북공동성명'은 비록 쌍방 집권자들 간의 합의이긴 하지만, 통일문제의 원칙에 대한 최초의 합의라는 점에서, 민족통일운동사상 큰 의미를 가지는 것이었지요. 7·4 공동성명의 통일원칙은 세가지였습니다.

첫째, 통일은 외세에 의존하거나 외세의 간섭을 받음이 없이 자주적으로 해결하여야 한다.

둘째, 통일은 서로 상대방을 반대하는 무력행사에 의거하지 않고 평화적 방법으로 실현하여야 한다.

셋째, 사상과 이념·제도의 차이를 초월하여 우선 하나의 민족으로서 민족적 대단결을 도모하여야 한다.

공동성명은 외세 의존이나 그 개입에 의한 통일방안, 즉 남쪽에서 계속 주장해

북한의 김일성과 만나는 당시
중앙정보부장 이후락.

온 유엔 감시하 총선거 통일론을 극복했고, 적어도 표면상으로는 무력통일이나 혁명통일이 일단 부인되었으며, 표면적으로나마 상대방의 이념과 체제를 인정하는 통일이 일단 합의되었다는 점에서 중요한 의미를 가집니다.

공동성명은 이밖에도 ㉠쌍방간의 긴장상태 완화와 신뢰 분위기 조성을 위한 중상·비방의 중지와 크고 작은 무장도발 중지 ㉡민족적 연계와 이해를 증진하여 자주적 평화통일을 달성하기 위한 각 방면의 교류 ㉢남북적십자회담의 성공을 위한 적극적인 협조 등에 합의했습니다.

또 ㉣돌발적인 군사적 사고를 미연에 방지하고 남북 사이에 제기되는 문제들을 직접·신속·정확히 처리하기 위한 서울과 평양 사이의 상설 직통전화 설치 ㉤합의된 원칙에 기초하여 통일문제를 해결하기 위한 '남북조절위원회' 설치 등에 합의했습니다.

곧 남북조절위원회가 성립되어 그 제1차 공동위원장회의가 판문점 '자유의 집'에서 열렸습니다(10. 12).

그러나 박정희정권은 바로 계엄령을 선포하고 국회를 해산하여 '유신'을 선포했고(10. 17), 김일성정권은 '사회주의헌법'을 제정하여(10. 27) 사회주의체제를 한층 더 선명히 하고 1인통치체제를 더욱 강화했습니다.

남북공동성명 발표 후의 남북 정치정세는 공동성명에서 밝힌, "이념·사상·제도의 차이를 초월하여 우선 하나의 민족으로서 대단결을 도모"하는 방향이 아니라, 분단국가 성립 이후 이질화한 각자의 통치체제를 더욱 강화하는 방향으로 나아간 것이지요.

남쪽이 '유신'을 하고 북쪽이 '사회주의헌법'을 제정한 직후에도 제2차 공동위원장회의가 평양에서 열렸습니다(11. 2).

이 회의에서는 "하루빨리 남북관계를 개선하고 조국의 자주평화통일을 실현하자는 염원에서 진지한 민족애의 분위기 속에서 협의를 진행한 결과 서로 이해를 심화시키고 일련의 문제를 풀어나가는 데 전진을 이룩하였다"고 했습니다.

그리고 ㉠각 분야에서 힘을 합쳐 같이 사업하는 일 ㉡남북조절위원회를 구성하고 운영하는 일 ㉢대남·대북 비방 방송과 군사분계선상의 대남·대북 방송, 그리고 상대방 지역에 대한 비라 살포 등을 그만두는 일 등에 합의했습니다.

남북 정부가 각기 그 내부의 통치체제를 강화하기 위해 '유신'을 하고 '사회주의헌법'을 제정함으로써 남북간의 정치체제 및 경제구조가 한층 더 이질화하는 길로 접어든 중에도 남북조절위원회 공동위원장회의는 계속되었고, 제2차 회의에서는 또 '남북조절위원회 구성 및 운영에 관한 합의서'도 발표되었습니다.

'합의서'에 나타난 조절위원회의 기능은 다음과 같은 다섯가지였습니다. 그 내용만으로 보자면 그야말로 민족의 주체적·평화적 통일을 달성하기 위한 준비기관의 역할을 충분히 다할 만했습니다.

①합의된 조국통일 원칙에 기초하여 나라의 자주적 평화통일을 실

현하는 문제를 협의 결정하며 그의 실행을 보장한다.

②남북의 정당·사회단체 및 개별적 인사들 사이의 광범한 정치적 교류를 실현할 문제를 협의 결정하여 그의 실행을 보장한다.

③남북 사이의 경제·문화·사회적 교류와 힘을 합쳐 같이 사업하는 등의 문제를 협의 결정하며 그의 실행을 보장한다.

④남북 사이의 긴장상태를 완화하며 군사적 충돌을 방지하고 군사적 대치상태를 해소하는 문제를 협의 결정하며 그의 실행을 보장한다.

⑤대외활동에서 남북이 공동보조를 취하며 단일민족으로서 민족적 긍지를 선양하는 문제를 협의 결정하며 그의 실행을 보장한다.

이후 제3차 공동위원장회의가 서울에서 열렸고(1973. 6. 12), 뒤이어 박정희정권은 ㉠평화통일 노력 ㉡남북간 불간섭·불가침 ㉢유엔총회의 북한 초청 및 국제기구에 대한 남북한 동시가입 불반대 ㉣이념이 다른 국가에 대한 문호개방 등을 내용으로 하는 '평화통일 외교정책선언'(6·23선언)을 발표했습니다.

같은 날 김일성정권도 ㉠군사문제 우선 해결 ㉡정치·군사·외교·경제·문화 등 다방면의 합작 ㉢통일문제를 위한 대민족회의 소집 ㉣남북연방제 ㉤단일회원국 유엔가입 등을 내용으로 하는 '조국통일 5대 강령'을 발표했습니다.

이같이 남북 두 정부가 모두 평화통일을 지향하는 선언이나 강령을 발표했지만, 각기 내부 체제를 이질적인 방향으로 굳혀가는 이상, 그 통일정책은 각기의 체제 유지와 그것을 위한 분단고착화 정책일 가능성이 큰 것으로 보일 수도 있었습니다.

그 때문에 '6·23선언' 중의 국제기구에의 남북 동시가입안은 남쪽의 야당으로부터 "분단을 고착화시키는 선언이고 반민족행위"라는 비판을 받기도 했습니다. 아직은 쌍방의 체제를 유지하면서 국가연합이나 연방제로 가는 통일방안이 고려되기 전이었기 때문이라 할까요.

적십자회담으로 시작되어 7·4 남북공동성명까지 나왔던 1970년대의 남북교섭은, 이후 김대중 납치사건을 계기로 북쪽에서 회담 중단 성명을 발표함으로써(1973. 8. 28) 적십자 본회담 시작 꼭 1년 만에 완전히 중단되고, 남북은 다시 긴장된 대치상태로 돌아가고 말았습니다.

공동성명은 어떤 역사적 의의를 가질까요

남북 분단국가가 성립된 후 처음으로 두 정부 사이에 통일의 대원칙에 합의한 7·4 남북공동성명이 발표되었지만, 불과 1년여 만에 '휴지'가 되었다고 흔히들 말합니다. 그러나 그것이 가지는 역사적 의의마저 '휴지'화 한 것은 아니라고 생각합니다.

적십자회담과 공동성명을 계기로 급진전한 남북대화는, 앞에서도 말했지만, 당초 미·소 양국의 긴장완화 정책과 미·중 관계개선의 영향을 배경으로 이루어졌습니다.

강대국들의 긴장완화나 관계개선 정책이 한반도문제에 끼치는 영향은, 표면적으로는 남북 사이의 긴장완화 및 관계개선으로 연결되는 듯 보일 수도 있습니다.

다른 한편으로는 한반도를 분단한 강대국들 사이의 이해관계와 관련하여, 그들간의 긴장완화를 위해 또 한번 한반도의 분단상태를 고착시키고 '두개의 한국'을 정착시키는 정책일 수도 있었습니다.

따라서 진정한 의미의 남북대화는, 강대국들간의 긴장완화와 관계개선 정책을 이용하면서도 한반도의 분단고착화에 반대하고, 올바른 의미의 민족주체적·평화적 통일 노력에 의해 이루어져야 할 것이었습니다.

7·4 남북공동성명에서 자주적 통일원칙을 표명했음에도, 남북 두 당국은 강대국들의 '두개의 한국' 정책에 반발한 것이 아니라, 오히려 그에 편승하여 '유신'체제와 '사회주의헌법체제'를 통해 각자의 통치권력을 강화해갔다면, 공동성명 상황이 계속될 수 없었겠지요.

7·4 남북공동성명이 비록 평화적 통일원칙을 표방했다 해도, 쌍방

이 실제로 화해적·중화적·양보적·대등적 통일을 추구한 것이 아니고, 상대방을 일방적으로 통합하기 위한 준비기간 확보 정책이었다고 할 수도 있겠지요.

아니면 특히 남쪽의 경우, 고전중이던 미국의 월남전 패배에 대비하여 방위체제와 통치체제를 강화하기 위해 남북대화를 이용했다고 볼 수도 있겠지요.

그것은 통일문제가 쌍방의 집권세력 중심으로만 논의되고 교섭된 데서 빚어진, 어쩔 수 없는 한계였다고 하겠지요. 현실적으로 실재하고 있는 두개의 정권을, 그 정권 당국자들만의 접촉과 교섭을 통해 평화적으로 통일하는 길은, 적어도 1970년대 당시까지는 마련되기 어려웠던 것입니다.

그 때문에 7·4 공동성명이 발표되자 남쪽 재야세력의 집결체였던 민주수호국민회의는 남북 사이의 긴장완화를 위한 교류 개시 자체는 지지한다 하면서도, 다음과 같은 주장을 폈던 것입니다(7. 5).

즉 ㉠조국통일을 위해 민족의 실체인 민중의 참여가 보장되어야 하며 ㉡정권의 방편적 통일논의로 인한 민족분열의 영구화를 경계하고 ㉢국가보안법·반공법 및 기타 관계법령이 폐기되고 비상사태 선언이 철회되어야 한다고 했습니다.

이같이 여러가지 문제점을 안고 있었고, 또 1년여 만에 '휴지화'했음에도 불구하고, 7·4 공동성명은 상당한 역사적 의의를 가진다고 볼 수 있습니다.

4·19'혁명' 후 폭발적으로 활성화된 평화통일운동과 1970년대 세계정세의 변화 등을 배경으로 한 이 성명을 통해 평화통일론이 일단 정착된 사실은 중요하다고 하겠습니다.

남쪽의 경우 설령 '유신'을 하기 위한 '멍석깔기'였다 해도, 7·4 공동성명을 계기로 1950년대 이승만정권과 1960년대 박정희 군사정권 아래서 이적론(利敵論)으로 탄압받았던 평화통일론이, 같은 군사정권 아래서 겉으로나마 일단 정부 쪽의 통일방법론으로 정착되었다는 점이 중요합니다.

그 때문에 1980년대 들어 폭력적으로 성립된 전두환 군사정권도, 적어도 표면적으로는 무력통일론으로 되돌아가지 못했고, 평화통일론 그 자체를 이적론으로 탄압할 수는 없었던 것이라 할 수 있습니다.

7·4 공동성명 자체는 비록 계속적으로 유효화하지 못했다 해도, 평화적·주체적 통일을 표방한 이 성명의 정신과 남북조절위원회 공동위원장회의 등에서 합의된 사항들은 이후 민주정권 아래서의 평화통일론의 표본이 되었다고 하겠습니다.

그리하여 이보다 20년 후에 교환되는 '남북 사이의 화해와 불가침 및 교류·협력에 관한 합의서'(1991)의, 그리고 30년 후에 실현되는 '6·15 남북공동선언' 의 기초가 되었다는 점에서도 큰 의의를 지닙니다.

7·4 공동성명은 그 저의야 어떻든 표방된 내용 자체는 한쪽의 흡수통일이나 우위(優位) 통일이 아닌 남북의 대등(對等) 통일을 전제로 한 성명이었습니다.

20년 후의 '남북합의서'에도 그 정신은 이어져 남북 두 정부가 대등한 처지에서의 통일을 약속한 것이며, 30년 후의 6·15 남북공동선언을 통해 그 상당 부분이 현실화된 것이라 하겠습니다.

남북 사이의 화해와 불가침 및 교류·협력에 관한 합의서 1991년 12월 10~13일 서울에서 열린 제5차 남북고위급 본회담에서 채택된 합의서. 서문에서 남과 북의 관계를 통일을 지향하는 과정에서 잠정적으로 형성되는 특수관계로 규정하고, 상대방에 대해 국가로 승인하지는 않지만 국가적 실체는 인정하기로 합의했다. 25강의 참조.

박정희정권의 경제건설을
어떻게 봐야 할까요

'민정이양' '3선개헌' '유신' 등을 통해 약 18년간이나 지속된 박정희정권은 민주주의
발전을 극히 제한한 군사독재정권이었습니다. 그런데도 이 기간 동안 경제적으로는 큰 성
장을 이루었습니다.

그래서 흔히 박정희정권에 대해 민주주의를 후퇴시킨 과오는 있지만, 경제를 발전시켜
절대빈곤에서 벗어나게 한 공적은 있다고 평가합니다.

특히 김영삼 문민정권이 IMF체제 등으로 경제적 실정을 거듭하자 박정희 찬양론이 일
어나기도 했습니다. 과연 박정희정권 시기의 경제발전을 역사적으로는 어떻게 봐야 할까
요. 20세기 역사에서, 한 민족의 경제건설이 집권자 한 사람의 공으로 돌려져야 할까요.

일본제국주의의 지배에 대항하면서 길러진 민족적 결속력과 투쟁력, 해방 후 민족 분
단과 상잔을 겪으면서도 강화된 국민적인 사회발전 의지보다도 제국주의 일본군 장교 출
신 박정희가 정권을 쥐었다는 사실을 경제건설의 일차적 원인으로 봐야 할까요.

1997년 말 우리 경제는 결국 IMF관리체제로 들어가고 말았습니다. 김영삼정권의 경제
정책 실패가 직접적 원인이긴 하지만, 박정희정권 아래서 본격적으로 조성된 정경유착·관
치금융·재벌독점체제 등 비민주적인 경제체제가 그 근본적 원인임은 말할 나위가 없습니다.

역사적 안목으로 하나의 사실이나 사태를 볼 수 있어야 실패를 거듭하지 않을 것입니다.

1. 외자도입 중심의 공업화였습니다

외자도입의 실상을 알아봅시다

흔히 박정희 군사정권 18년 동안 가장 성공한 부분이 경제건설이라고 말합니다. 심지어는 정치·사회·문화 등 각 부문에 끼친 군사정권의 비민주적 독소도 경제건설의 성공으로 모두 상쇄되는 것처럼 말하는 경우가 있는가 하면, 한국의 산업자본주의는 박정희정권 때부터 본격적으로 발전한 것으로 보는 경우도 있습니다.

이승만정권 시기의 경제가 원조경제체제였다고 말했지만, 박정희정권의 경제건설은 모두 외국자본 도입으로 이루어진 외자경제체제였다고 할 수 있습니다. 따라서 박정희정권의 외자도입 경제건설이 어떻게 추진되었으며, 역사적으로 이를 어떻게 평가할 수 있는지를 정확하게 이해해야 합니다.

이승만정권 말기에 종래 무상원조 방식으로 도입되던 외국자본이 점차 차관으로 전환하기 시작했지요. 이승만정권 때까지의 원조경제체제가 박정권 때의 외자경제체제로 바뀐 것은, 1962년에 박정권의 제1차 경제개발 5개년계획이 시작되면서였습니다. 그리고 그것이 본격화한 것은 한일협정(1965) 체결 이후부터였습니다.

제1차 경제개발 5개년계획은 그 소요자본의 대부분을 외국자본에 의존했습니다. 따라서 재정차관은 물론 상업차관 도입과 외국인 투자, 유상 기술도입 등이 일제히 실시되었습니다.

그 초기에는 상업차관이나 외국인 직접투자가 그다지 활발하지 않아서 재정차관이 중점적으로 도입되다가, 한일협정이 체결되면서 상업차관과 외국인 직접투자 규모가 급격히 확대되었지요. 1964년에 9900만 달러이던 외채가 1966년에는 2억 6100만달러로 급증했습니다.

한일협정 체결은 외자경제체제 전개과정에서 하나의 전환점이 되었습니다. 이 협정의 결과 상업차관 등 일본자본이 적극적으로 도입된 것입니다. 과거 식민지배국이었던 일본의 자본이 일본제국주의가 패망한 지 20년 만에 다시 한반도에 침투할 수 있는 길이 열린 것이지요.

이 협정으로 문호가 개방된 상업차관은 1969년에 6억 2300만달러로 증가했는데, 이미 1970년에 상업차관업체 가운데 부실기업이 속출했습니다. 박정희정권은 부실기업에 대한 강제 정비조치를 취하고 기업의 재무구조 개선을 위해 '8·3 사채동결조치'(1972)를 단행했습니다.

박정희정권은 외국인 직접투자 우선정책으로 전환하여 마산·이리 등지에 수출자유지역을 설치하고 외국 기업체가 입주하도록 유도했습니다. 그러나 '오일쇼크'(1973)의 영향으로 직접투자가 줄어들자 국제금융기구로부터의 차입을 비롯한 재정차관이 증가해갔습니다.

이른바 개발도상국의 경우 경제개발을 위한 외자도입 수순은 대개 무상원조 단계에서 재정차관 단계로, 그리고 상업차관, 직접투자, 자유무역지구 설치의 순으로 옮겨가는 경우가 많은데, 한국의 경우도 예외가 아니었습니다.

방식을 바꾸어가면서 계속 도입된 외채는 박정권이 끝난 1979년 말 현재 채무확정 기준으로 237억달러에 이르렀습니다. 그 내용은 공공차관 88억 7000만달러, 상업차관 100억 8000만달러, 외국인 투자 10억 7000만달러 등이었습니다.

8·3 사채동결조치 1972년 8월 2일 밤 대통령 박정희가 기습적으로 발표한 '경제안정과 성장에 관한 긴급명령 제15호'의 세칭. 사채 동결과 금리 인하로 독점대기업의 재무구조를 개선하기 위한 것으로, 기업들은 3500억원 규모의 사채가 동결되고 막대한 자금을 대출받는 등 엄청난 특혜를 누린 반면, 사채를 빌려준 소자산가를 비롯해 중산층·서민들은 큰 피해를 입었다.

오일쇼크 석유파동. OAPEC (아랍석유수출국기구)와 OPEC(석유수출국기구)의 원유가격 인상과 원유생산 제한으로 인해 각국에서 야기된 경제적 혼란. 제1차 오일쇼크는 1973~74년에, 제2차 오일쇼크는 1979년에 일어났다.

국가별 구성을 보면 미국자본이 전체의 23.9%로 단위국가로는 가장 높았고, 상업차관 쪽에서는 22.4%의 영국과 12.7%의 일본, 그리고 국제금융기구의 순이었습니다. 직접투자의 경우 일본이 54.7%, 미국이 20.7%로 두 나라가 전체의 3분의 2 이상을 차지했고, 특히 일본의 투자비율이 높았습니다.

차관도입의 형태별·산업별 구성상의 특징을 보면, 대체로 공공차관은 사회간접자본·양곡도입·제조업 등에, 상업차관은 제조업·사회간접자본·수산업 등에, 그리고 외국인 직접투자는 제조업과 호텔관광업 등에 치중되었습니다.

외자도입 조건은, 1976년 6월 현재 재정차관은 거치기간 5년 이상, 상환기간 20년 이상, 이자율 연리 5% 이하가 전체의 절반 이상이었습니다. 상업차관은 거치기간이 대개 3년 이하이며 상환기간도 10년 이하가 전체의 53%를 차지했습니다.

이자율 역시 4~8%가 대부분이었고, 그 도입조건은 점점 나빠져갔습니다. 그리고 외국인이 직접 투자한 자본에 대해서는 일정 수준 이상의 연도별 이윤배당이 보장되었습니다.

박정희정권의 외자경제체제는 이같이 여러가지 문제점을 가지면서도 제1차 5개년 경제계획 후 19년간(1962~80) 연평균 40.7%의 높은 수출신장률과, 20%의 외자저축 증가율을 기록했고, 연평균 8.9%의 높은 경제성장을 이루었습니다.

1966년과 1970년 사이에 59개 개발도상국 중 경제성장률 1위, 수출신장률 1위, 제조업 고용증가율 2위를 차지하여 국제적으로 모범적인 성장국으로 인정받았습니다.

박정희정권 때부터 본격적으로 시작된 외자경제체제는 이후 한국을 만성적 무역적자국이자 외채과잉국가로 만들었습니다. 1980년대 한때 겨우 무역흑자로 돌아섰으나 1990년대로 들어서면서 다시 엄청난 적자국으로 전락했습니다.

이후에도 외채가 급증하더니 결국 IMF로부터 구제금융을 받음으로써 겨우 지불불능국 처지를 면하게 되었고, 따라서 '경제식민지'로 전락하고 말았습니다. 이 과정에서 사상 최대의 실업자를 양산했고, 노숙자가 급증했습니다. 일반 국민이 겪은 고통은 형언할 수 없었습니다.

공업발전에도 여러가지 문제점이 있었습니다

이승만정권의 원조경제체제 아래서의 공업은, 자본과 원료 면의 대외의존성이 높은 소비재 중심 공업이었고, 그것이 일부 재벌에 독점되었다는 점이 두드러진 특징이었습니다.

박정희정권의 외자경제체제 아래서의 공업 역시 급속한 외형적 성장에도 불구하고 이같은 취약성은 극복하지 못했습니다. 고도성장 기간을 통해서도 소비재생산 중심의 공업구조는 그다지 변하지 않은 것입니다.

소비재공업으로 볼 수 있는 경공업의 부가가치 비율이 1962년의 74.9%에서 1979년에는 44.6%로 떨어지고, 중화학공업은 같은 기간에 25.1%에서 55.3%로 증가했습니다.

그러나 이러한 변화는 중화학공업에 속하면서도 소비재공업의 성격이 강한 전기기기 제조업과 석유 및 석탄 제품업 등이 주도한 것입니다.

중화학공업 중에서도 산업기계나 공작기계 및 기초화학 분야와 같은 생산재 생산공업은 상대적으로 낙후하여 그 생산재들은 대부분 외국에 의존해야 했습니다.

일제강점 시대와 이승만정권의 원조경제 시대를 통해 공업의 또 하나의 취약점이었던 높은 대외의존도는 박정희정권의 고도성장기를 통해 오히려 더 높아졌음을 볼 수 있습니다.

1975년도 제조업의 부채비율은, 유동부채의 경우 은행차입이 약 35%였고, 사채류가 28%였습니다. 고정부채의 경우 외국차관이 전체의 48% 가량이었고 은행장기차입금의 비율은 28%에 불과했습니다.

제조기업의 재무구성상의 특징은 타인자본율이 높은데다가 그 타인자본도 외국차관의 비중이 높은 점이었습니다.

공업의 높은 대외의존성은 원자재의 수입의존도에서도 나타났습니다. 특히 수출용 원자재의 경우 일본에서 수입된 경우가 압도적이었습니다.

원유·생고무 등은 물론 원면·원모·유지(油脂)·원당(原糖) 등은 전량 수입되었고, 밀·펄프·고철 등의 원자재도 내수의 80% 이상이 수입으로 충당되었습니다.

제조업 원자재의 대부분을 외국에 의존하게 된 것은 천연부존자원이 부족한 데에도 원인이 있지만, 농업·광업과 같은 1차 원료산업의 개발이 지체되어 공업화과정과 연결되지 못했기 때문이기도 하며, 자본과 기술의 대외의존도가 높아 자연히 원료의 대외의존성을 가져온 것도 원인이었습니다.

일제강점 시대와 이승만정권의 원조경제 시기에 걸쳐 공업부문의 또다른 취약점이었던 고도의 독점적 집중성은 외자경제 시기에도 여전했습니다. 외채사업으로 건설된 대규모 업체들은 기존의 중소규모 토착기업을 몰락시키면서 생산 집중 현상을 심화시켜간 것입니다.

1979년 현재 종업원 5명 내지 9명의 영세기업이 사업체 수로는 전체의 37.5%이면서도 생산액으로는 전체의 1.5%에 불과했습니다.

종업원 500명 이상의 대기업은 수적으로는 불과 전체의 2%에 지나지 않았지만, 생산액에서는 전체의 55%를 차지했습니다. 이들 대기업의 대부분이 외채기업임은 말할 나위가 없으며, 이들 대기업이 도입한 외채가 곧 국민 부담이 되었음도 물론입니다.

또한 1960년대 중반 이후 본격화된 수출지향적 공업화는 저임금, 즉 노동자에 대한 극심한 착취를 기반으로 했습니다. 수출상품이 국제경쟁력을 가져야 하는데, 당시의 자본주의 발전 수준에서는 저임금을 기초로 가격경쟁력을 확보할 수밖에 없었습니다.

한국의 고도 경제성장에서 총요소 투입, 즉 토지·노동·자본의 성장 기여도는 1963~92년 기간중 대략 60~70%, 총요소 생산성, 즉 규모의 경제이익, 기술진보 및 기타의 성장기여도는 30~40% 정도로, 기본적으로 한국의 경제성장은 요소 투입의 양적 팽창에 더 의존해왔던 것입니다.

특히 총요소 투입의 상대적 기여도 중 노동의 기여도는 1963~72년 37%, 1972~82년 46%였고, 자본의 기여도는 각각 14%, 28%였습니다.

이처럼 경제성장에 대한 노동의 기여도는 절대적이었지만, 1960년대 전반 제조업부문 노동자의 평균임금은 식료품비에도 못 미쳤으며, 60년대 후반에도 주거비나 피복비 등을 포함한 도시가계지출 수준의 절반 정도밖에 안되었습니다.

1960년대 이후 실질임금이 계속 상승했지만 몇몇 예외적 기간을 제외하면 실질임금은 노동생산성을 밑돌았습니다. 이것은 경제성장에 따른 과실의 분배에서 노동자들이 소외되었음을 의미합니다. 노동자의 저임금은 최저생계비에도 못 미치는 수준이었지요.

식료품비에 국한해서 보면, 전국노동조합협의회(전노협) 최저식료품비 추정치를 기준으로 한 육체노동자의 식료품비 충족률은 1975년 40%를 겨우 웃돌았고, 사무노동자의 경우도 50%를 약간 넘어서는 수준이었습니다.

최저임금제는 근로기준법에 의해 실시 가능했지만 실제로는 그에 대한 행정지도만 이루어지다가, 노동자 대투쟁이 일어난 1987년을 전후해서 법이 제정되고 시행되었습니다. 구체적으로는 법 제정이 1986년 말에 이루어져, 올림픽이 개최된 1988년부터 시행되었지요.

박정희정권의 외자경제체제는 외채도입과 수출신장을 바탕으로 공업부문에서 큰 발전을 이룬 것은 사실입니다. 그 결과 한국경제가 IMF 관리체제로 감으로써 국민 일반에게 엄청난 고통을 가져다준 것 또한 사실입니다.

박정권의 공업정책이 안고 있던 과제는 ㉠종래의 소비재 생산 중심 공업구조를 근본적으로 바꾸는 문제 ㉡공업의 대외의존도를 줄이는 문제 ㉢지역적 편중성 및 수출공업과 내수공업 사이의 격차를 줄여 그 구조상의 이중성을 해소하는 문제 등이었습니다.

그리고 ㉣중소기업의 희생 위에서 심화되는 대기업의 독점성을 방지하는 문제 ㉤노동의 일방적 희생 위에 실현된 수출지향 공업화를 바로잡는 문제 등이었습니다.

이같은 과제를 제대로 해결하지 못한 채 결국 1990년대 들어 이른바 IMF관리체제로 가게 됨으로써 전에 없던 대량실업으로 노동자들의 가정이 파괴되고 노숙자가 양산되는 결과를 가져온 것입니다.

2. 수출이 신장된 한편 농촌경제가 크게 변했습니다

수출이 크게 신장했지만 취약점이 많았습니다

자원과 자본·기술을 모두 외국에 의존하는 경제개발정책을 세운 박정희정권은 대외 지불수단인 외화를 획득하기 위해 이른바 수출제일주의를 표방했습니다. 이에 따라 1960년대 이후 급격한 수출신장을 이루었지요.

구체적으로는 1960년에 3280만달러에 불과했던 수출액이 1964년에 처음으로 1억달러를 넘었고, 1966년에 2억 5000만달러가 되어 제1차 5개년계획 기간(1962~66)에 연평균 44%의 높은 신장률을 나타냈습니다.

1971년에는 수출액이 10억달러에 달해 제2차 5개년계획 기간 (1967~71)에도 연평균 33.6%라는 높은 신장률을 보였습니다. 이같은 신장세는 이후에도 계속되어 1975년에는 50억달러, 1977년에 1백억달러를 넘었습니다. 1972년에서 79년까지는 '오일쇼크'와 월남 공산화 등으로 국제경제가 악화했음에도 연평균 41%의 신장률을 나타냈습니다.

높은 수출신장률은 곧 박정희정권 시기의 고도성장을 주도한 요인이 되었습니다. 그러나 국내 산업을 기반으로 하기보다 세제 및 금융면의 특혜를 중심으로 하는 정부의 수출지원정책에 의해 수출신장이 이루어졌기 때문에 취약점이 많았습니다.

수출이 종래의 1차산업 중심에서 공산품 중심으로 바뀌어갔으나 1970년대까지는 경공업제품 중심이었습니다. 전체 수출에서 공산품의 비중은 1961년에 22%, 1962년에 27.7%에 불과했습니다.

그러나 수출신장정책이 본격화한 후부터 공산품 비중이 급증해서 1963년에 벌써 50%를 넘었고, 1974년에는 무려 89.2%에 이르러 공산품이 수출을 주도하게 되었습니다.

그러나 1974년 수출품의 67.2%가 식료 및 원료와 섬유제품·합판·신발류 등 경공업품이었고, 1975년에는 74.9로 그 비중이 오히려 높아졌습니다.

이와 반대로 철강제품·전기전자제품 등을 중심으로 하는 중화학공업 제품의 수출비중은 1974년의 32.8에서 1975년에는 25.1%로 오히려 낮아졌습니다.

1978년 이후에는 중화학공업 분야의 수출에 선박이 포함됨으로써 그 비중이 다소 높아지기는 했지만, 박정희정권이 끝난 1979년에도 식료품과 원료 및 경공업품 수출이 전체의 61.3%나 차지했습니다.

결국 수출 급성장기의 수출은 공산품 비중이 높아진 것은 사실이지만, 저임금을 바탕으로 한 노동집약적 경공업품이 그 대종을 이루었던 것입니다.

한편 수출비중이 높은 품목은 대개 원자재의 외국의존도가 높아서 외화가득률이 낮은 것이 취약점이었습니다. 공산품만의 외화가득률은 1963년 34%에서 1973년 61.7%로 증가했지만, 수출 전체의 외화가득률은 같은 기간에 82.2%에서 65%로 떨어졌습니다.

이같은 현상의 원인은 수출이 외화가득률이 낮은 공산품 중심으로 증가한 점, 그리고 국내의 1차산업과 연결되지 못하고 원자재의 외국 의존도가 높았던 점에 있습니다. 그 때문에 수출절대액이 급증했음에도 이것이 국제수지 개선에는 별 도움을 주지 못했으며, 그 결과 계속되는 외채 누적과 1990년대의 모라토리엄 위험까지 낳은 것입니다.

급격한 수출신장에 따른 또 하나의 문제점은 국가경제 전체의 무역의존도를 높인 일입니다. 무역의존도가 1961년의 21.1%에서 1975년에는 73.9%로 높아졌습니다. 이 때문에 국내 경제는 국제 인플레이션이나 자원파동 및 국제적 불황에 따르는 수입규제 등의 영향을 즉각적으로, 그리고 심각하게 받지 않을 수 없었습니다.

외자경제 시기의 수출이 가지는 또다른 취약점은 그것이 다변화되지 못하고 미국과 일본에 편중되었다는 점입니다. 한·일 국교정상화를 계기로 미국과 일본이라는 두 선진자본주의 국가로부터 생산력을 이식받게 됨으로써, 노동집약적 소비재 경공업제품을 가공 수출하는 재생산구조, 즉 수직적인 한·미·일 국제분업구조가 형성되었습니다.

1967년의 경우 일본과 미국 두 나라에 대한 수출편중도는 69.4%였고, 1972년에는 71.8%까지 올라갔습니다. 이후 다소 감소하기는 했지만 수출편중화는 곧 수입편중화를 초래했고, 두 나라와의 지나친 경제적·정치적 유착관계에서 벗어나기 어려운 결과를 가져왔습니다.

농업경제가 크게 변화했습니다

1960년대 이후의 수출제일주의, 급격한 공업화, 고도의 경제성장은 농업부문에도 엄청난 변화를 가져왔습니다. 우선 국민총생산에서 농수산업의 비중이 현저하게 감소했고, 농촌인구 구성비도 크게 떨어졌습니다.

비농림어업(非農林漁業)이 국민총생산에서 차지하는 비중은 계속 높아진 데 반해, 농업과 어업은 1962년의 43.3%에서 1979년 19.2%로 떨어졌습니다. 상대적으로 광공업의 비중은 1962년의 11.1%에서 1979년에는 33.8%로 증가했습니다.

농가호수가 전체 가구수에서 차지하는 비중은 1961년의 53.6%에서 1980년에는 27%로 떨어졌으며, 총인구에서 차지하는 농가인구의 비율도 같은 기간에 56.1%에서 28.4%로 떨어졌습니다.

산업별 취업자 구성비에서도 광공업의 경우 1963년의 8.7%에서 1975년에 19.2%로 높아진 데 비해, 농수산업은 같은 기간에 63.1%에서 45.9%로 낮아졌습니다. 경제개발계획 기간을 통해 농업생산력이 급격히 떨어지고 농업인구가 현저히 줄어들었음을 알 수 있지요.

이 시기 농업부문의 또 하나의 변화는 농가 계층구조 면에서 영세농층이 큰 폭으로 떨어져나가고 중농층이 상당히 증가했다는 점입니다. 0.5정보 미만의 영세농가수는 1960년의 약 1백만호에서 1975년에는 69만호로 줄어서 전체 농가의 30.2%가 되었습니다.

이에 비해 0.5정보 이상의 농가는 모두 증가했습니다. 그중에서도 1정보 내지 2정보를 가진 중농층의 증가폭이 제일 컸고, 다음이 0.5정보 이상 1정보까지의 소농층이었습니다.

이처럼 영세농가의 감소율이 높은 것은 경제성장의 결과 농가와 비농가 사이의 소득격차가 크게 벌어지고 비농업부문의 고용기회가 확대되면서 나타난 이농현상 때문이었습니다. 앞에서 본 농업인구의 감소도 이농이 그 원인의 대부분을 차지했던 것입니다.

한국자본주의의 고도성장에 필수적인 저임금 유지를 위해 농산물 저가(低價)정책과 양곡 수입이 지속되었기 때문에 농가소득 수준은 계속 악화했고 도농간의 소득격차는 확대되었습니다.

농업소득의 가계비 충족도는 1970년대 전반까지 80~90% 내외였으며, 1975년에는 약간의 잉여를 보이다가, 70년대 중반 이후 다시 하락하여 1980년에는 80%였습니다.

PL480호 양곡 원조가 미국의 달러 위기로 1967년부터 달러의 장기차관 방식으로 변하고, 이농의 가속화와 그에 따른 도시빈민문제가 사회문제로 대두되었습니다.

이런 문제를 해결하고 중화학공업화를 위한 저임금체계를 유지하기 위해 식량증산정책(통일벼 도입)과 고미가정책(1968), 이중곡가제(1969)가 실시되었습니다.

따라서 농가의 실질소득이 1960년대 말부터 70년대 중반에 이르는 시기에 상당히 증대되었지만, 도시노동자의 가구소득에는 훨씬 뒤떨어진 것이었습니다. 실질소득을 기준으로 볼 때 1974년을 제외하면 농가가구원 1인당 소득은 도시노동자의 56~80%에 불과했습니다.

이 시기 농업취업자의 연령구성 비율을 보면, 20대의 청년층은 1963년의 27%대에서 1974년에는 17%대로 크게 떨어진 반면 50세 이상 노년층은 같은 기간중 19%에서 26%로 급상승했습니다.

성별로는 남성취업자가 1963년의 62%에서 1974년에는 58.5%로 감소한 데 반해, 여성의 경우 같은 기간에 38%에서 41.5%로 증가했습니다. 농업취업자 절대인구의 증가는 대부분 이들 여성취업자의 증가에 의한 것이었지요.

도시화 및 공업화가 급격히 진행되었음에도 농업부문의 토지조건은 거의 개선되지 않았습니다. 전국의 경작면적은 1960년 204만 2000정보에서 1968년 233만 4000정보로 약간 증가했다가 1975년에는 224만정보로 감소했습니다.

도시화와 공업화에 따른 공장 및 택지와 도로용지의 수요 증가로 농지가 잠식되고, 반대로 농지의 개간은 저조했기 때문입니다.

경지면적이 감소했기 때문에, 비농업부문의 고용이 늘어나고 농업취업인구 비율이 낮아졌음에도 불구하고 고질적인 영세경영은 해소되지 않았습니다. 농가 호당 평균 경지면적이 약 1정보의 수준을 넘어서지 못한 것입니다.

경지규모별 농가호수 구성도 1정보 미만의 소농층이 1956년의

박정희정권은 농촌의 현대화를 외치며 이른바 새마을운동을 추진했으나, 농가의 부채를 크게 늘리는 결과를 낳았다.

73.5%에서 1975년의 66.4%로 약간 낮아진 반면, 1정보 내지 2정보 경작의 중농층은 같은 기간중 20.4%에서 27.1%로 증가했고, 2정보 이상의 대농층은 6.1%에서 6.5%로 거의 변하지 않았습니다.

정부의 조사에 의하면, 전체 농가호수 중 소작 내지 임차농(賃借農) 비율은 1960년의 26.4%에서 1970년에는 33.5%로 증가했고, 소작지의 규모는 1960년에 전체 농지면적의 12%이던 것이 1970년에는 17.2%로 증가했습니다.

소작료 역시 대체로 수확물의 50% 내외여서 봉건적 지주·전호관계에서와 같이 고율이었습니다. 이렇게 다시 나타난 소작제를 봉건적 지주·전호관계의 부활로 보건, 근대적 성격의 임차농 관계로 보건, 그것이 농민적 토지소유제 발달과 다른 방향인 것은 사실이었습니다.

그러나 박정희정권은 농업의 고질적 취약점인 영세경영 극복의 길을 기업농화에서 찾았습니다. 그리하여 새로 나타난 소작제를 위탁관리제 내지 임차농제로 인정하여 합법화하면서 농지소유의 상한제를 폐지하려는 방향으로 나아갔지요.

도시자본의 농업부문 유치와 기계화를 통한 대규모 농업경영으로 농업의 자본주의화를 시도한 이같은 농업정책은, 농업생산력을 향상시키는 데 목적을 둔 것이지만, 그 결과는 농촌의 황폐화를 가져와, 이후 한국은 만성적 식량수입국이 되었습니다.

1972년 통일벼의 도입과 상대적 미가보장정책으로 1970년대 후반에는 쌀을 거의 자급할 수 있게 되었습니다. 그러나 통일계 품종 도입은 보리생산을 위축시키고 논의 이모작 작부체계를 파괴하여 일제강점하의 산미증식계획처럼 미곡단작화를 초래했습니다.

결국 쌀의 자급은 이루어졌지만 식량자급과는 더욱 멀어지게 된 것입니다. 1965년에 식량자급률이 94%이던 것이 1975년에는 73%, 1980년에는 56%로 점차 하락했습니다.

이같은 농업정책은 경자유전(耕者有田)의 원칙을 기본으로 하는 농업 민주화의 길이 아니고, 직접생산자인 농민을 몰락시켜 본질적으로 임금노동자화하는 방향이었다고 평가되기도 합니다.

박정희정권은 잘사는 농촌을 만들기 위해 새마을운동(1970)을 펼쳤지만, 농촌인구는 1961년의 56.1%에서 1980년에는 28.4%로 격감했습니다. 도로확장이나 지붕 개조보다 농민이 농촌을 떠나지 않고도 잘살 수 있게 하는 것이 옳은 의미의 새마을운동이겠지요.

3. 박정희정권의 경제개발을 어떻게 봐야 할까요

김재규의 암살로 박정희정권이 무너지고 '유신'체제가 사실상 끝나고 전두환 군사정권이 들어서기 전까지, 흔히 '서울의 봄'이라 부르는 기간 동안, 새로운 민주주의 시대가 열린 것을 한국인뿐만 아니라 세계의 민주주의·자유주의·평화주의 애호자들도 함께 기뻐했습니다.

그럼에도 그후 20년이 지난 1990년대 후반기의 한국사회에서는 '박정희찬양론'이 일어나는 '기현상'이 벌어졌습니다. 한데 1997년 말 한국경제는 이른바 'IMF관리체제'로 들어가고 말았습니다.

이에 따라 재벌중심 경제체제의 문제점이 전면적으로 드러나고, 그 구조조정 문제 또한 강력히 대두했습니다.

'IMF관리체제'로 된 것은 짧게 보면 1990년대 김영삼정권의 경제적 실책이 원인이겠지만, 좀더 길게 보면 이승만정권과 박정희정권 이래 계속되어온 재벌중심 경제체제의 구조적 모순에서 근본적인 원인

서울의 봄 1979년 10·26사건 이후부터 전두환 등 신군부가 비상계엄을 전국으로 확대함으로써 사실상 권력을 완전히 찬탈한 1980년 5월 17일까지의 정치적 과도기. 1980년 3월 대학에서는 학생회·평교수회가 부활하고 해직교수와 제적학생들이 학원으로 돌아옴에 따라 학원민주화투쟁과 사회민주화투쟁이 벌어졌고, 노동운동 분야에서도 연인원 20만명이 쟁의에 참가할 정도로 민주화 열기가 고조되었다. 그러나 전두환이 광주민중항쟁을 무력으로 진압함으로써 '서울의 봄'은 끝이 났다.

을 찾을 수 있을 것입니다.

한국경제가 재벌중심체제로 나아간 것은 이승만정권 때부터지만, 그것이 본격화한 것은 역시 박정희정권 때부터라고 할 수 있습니다. 앞서 박정희정권의 경제개발 과정을 살펴보면서 그것이 가진 문제점들을 지적한 바 있습니다. 그 문제점들이 쌓이고 쌓였다가 20여년이 지난 1990년 후반기에 와서 한꺼번에 터져나온 것이지요.

박정희정권의 경제개발이 지닌 최대의 문제점은, '4·19 공간'의 민주적 분위기 아래서 민주당정권이 이승만정권의 경제체제를 비판하면서 지향한 중소기업중심 경제체제가 아닌, 재벌중심 경제체제를 본격화했다는 점입니다.

이른바 4대 재벌을 포함, 30대 재벌이니 하는 대규모 기업집단군이 정권과 유착해서 금융특혜로 확보한 외채자금 등으로 '문어발' 식으로 방만하게 기업을 확장하면서 독점재벌체제를 형성해간 것입니다. 구체적으로는 4대 재벌의 1990년 제조업 부가가치 비율이 17.0%였으나, 1995년에는 27.2%로 늘어나고 그 추세는 계속되었습니다.

재벌중심 경제체제는 엄청난 외채를 끌어들임으로써 우리 경제의 대외종속성을 심화시키고, 국가의 경제력 전체를 몇몇 재벌에 집중시킴으로써 경제적 민주주의에 크게 역행했습니다.

그뿐만이 아닙니다. 농업을 철저히 희생시켜 만성적 식량수입국으로 만들고 소득분배구조를 악화시켜 국내 각 계층간의 격심한 갈등을 빚어냈습니다.

1960년대부터 70·80년대를 통해 축적된 이같은 구조적 결함이 결국 1990년대의 이른바 'IMF관리체제'를 낳은 결과, 이같은 구조적 결함이 조성되고 축적된 일 자체에는 별 책임이 없는, 엄청난 수의 성실한 직업인들을 실업자로 만들어 노숙자가 되게 하고 자살률이 급등하게 한 것입니다.

하나의 민족사회가 한 시대를 통해 역사적 차원에서 발전을 이루거나 더 높은 단계로 성장하기 위해서는, 어느 특정 부분만의 발전이 아니라 정치·경제·사회·문화 면의 고른 발전이 이루어져야 합니다.

박정희 군사독재정권 시기를 통해 정치적 민주주의가 극도로 후퇴했고, 사회적으로는 독재체제에 야합한 계층과 반대하는 계층 사이의 갈등이 격심해졌으며, 문화적으로는 군사문화의 독소가 사회의 구석구석에 퍼졌습니다.

그런데도, 다만 경제적으로 일정하게 성장했다 해서, 온갖 비민주적인 부분들이 감춰지는 것은 아닙니다. 그 민족사회 전체가 역사적으로 전진했거나 한 차원 높은 단계로 발전한 것은 더더욱 아닙니다.

근대 이후의 역사는 어느 개인이나 한 집단의 의지 또는 작용에 의해 전진하는 것이 아닙니다. 박정희정권 시기를 통해 경제건설이 어느정도 이루어졌다 해도, 그것이 박정희를 중심으로 하는 일부 집권세력만의 공로나 업적이 아님은 말할 나위가 없습니다.

1960년대 이후의 경제발전을 역사적 안목으로 보면 다음과 같이 설명할 수 있을 것입니다.

우리 민족은 중세까지 동양문화권 안에서 높은 문화수준을 가졌었지만, 근대사회로 오는 과정에서 한때의 침체가 원인이 되어 식민지배를 받는 처지로 전락했습니다.

우리 민족 정도의 문화민족이 20세기에 와서 치열했던 의병전쟁을 겪고도 타민족의 지배를 받은 예가 없지요. 불행한 일이었습니다. 그러나 3·1운동으로 폭발한 민족해방운동 과정을 통해서 민족적 저력은 되살아나기 시작했습니다.

해방 후에는 민족사회가 분단되어 불행한 민족상잔을 겪으면서도 그 저력은 더 커졌고, 1960년대에는 4·19'혁명'을 폭발시켜 독재체제를 무너뜨릴 만큼 급성장했습니다.

그러나 그렇게 분출된 민족적 저력이 군사쿠데타로 집권한, 제국주의 일본군과 괴뢰만주국군 출신 중심으로 구성된 박정희 군사정권의 강압에 의해 오도(誤導)되었습니다.

군국주의 일본의 군벌과 재벌이 야합해 '만주'를 침략하던 역사를 현장에서 보고 배운 그들이, 그 전철을 밟아 군부와 연계된 재벌중심 경제체제를 성립시키는 방향으로 민족적 저력을 잘못 이끌어간 것입니다.

이 때문에 박정희정권 이후의 한국경제는 경제민주주의가 질식하다시피했고, '문어발식'이니 하는 일종의 천민자본주의가 일반화했으며, 그 틈에 급성장한 몇몇 재벌 중심으로 정경유착의 악습이 누적되었습니다.

1990년대로 오면서 그 폐단과 허점이 한꺼번에 드러나 'IMF관리체제'를 초래함으로써 구조조정이니 하는 조치들이 등장한 것이라 하겠습니다.

전쟁 후 복구과정에서 발휘되기 시작한, 오랜 역사를 통해 양성된 우리의 민족적 저력이, 군벌과 재벌의 유착에 익숙해진 제국주의 일본군 출신이 아닌 다른 지도력에 의해 더 민주적 방향으로 분출되는 것이 바람직했습니다.

비록 경제성장의 속도가 다소 늦어지더라도 정치·경제·사회·문화적 민주주의 발전이 병행되는 방식으로 경제건설이 이루어지는 것이 더 바람직했던 것입니다.

박정희정권이 우리 경제를 비민주적 방향으로 오도한 결과 1990년대의 'IMF관리체제'를 가져오게 되었다고 앞에서 말했지만, 앞으로는 군사독재권력이 아닌, 민주적 지도력을 바탕으로 재벌중심 경제체제를 극복하면서, 정치·경제·사회·문화적인 민주주의가 고루 발전하는 21세기의 새로운 시대로 나아갈 수 있어야 할 것입니다.

평화통일을 지향하는 21세기에 들어서서 전쟁통일이나 흡수통일이 아닌 '타협통일' '대등통일' '협상통일'을 성립시켜야 한다는 점을 생각해보면, 경제체제도 지금과 같은 재벌중심체제가 아닌 훨씬 더 민주화된 체제로 바꾸어야 함은 당연하다고 하겠습니다.

왜 또 전두환 군사정권이 들어섰을까요

2차대전 후 해방된 민족사회에서는 군사쿠데타가 빈발했지만, 우리의 경우 문민권력 중심이었던 근대 이전의 역사와 전반적인 문화수준, 그리고 4·19'혁명'을 거친 현대사적 전통 등으로 봐서, 한번의 군사쿠데타와 군정통치도 반역사성이 컸다고 할 수 있습니다. 때문에 박정희정권에 대한 반독재투쟁이 치열했고, 그 결과가 '10·26사태'로 나타났습니다.

그런데도 박정권 아래서 자라난 일부 권력지향 군인들이 다시 정권을 쥐려 했고, 그것에 대항하여 '광주민중항쟁'과 같은 치열하고도 처절한 저항이 일어났습니다. '광주항쟁'이 다른 지역으로 확대되지 못한 것이 1980년대 초기 우리 역사의 어쩔 수 없는 한계지만, 전두환 군사독재정권의 체제 연장책에 저항한 1987년의 '6월항쟁'은 우리 역사가 그 한계성을 넘어 전진해간 증거입니다.

3·1운동과 4·19'혁명' 등에서 보듯, 우리 근현대사를 통해 역사가 벽에 부딪힐 때마다 노동자, 농민, 중소자산계급, 애국적 지식인 등으로 구성된 '민중'은 힘을 합쳐 그 벽을 무너뜨려왔습니다. '광주항쟁'과 '6월항쟁'도 그 흐름 속에 있었던 것이지요.

'광주항쟁'은 쿠데타에 의한 군사정권의 재등장을 저지하려는 것이었기 때문에 어느 민중운동보다 치열했으며, 이를 계기로 한국에서도 비로소 반미운동이 표면화했다는 점 등이 다르다고 하겠습니다.

1. '5·18 광주민중항쟁'을 탄압하고 성립됐습니다

'신군부'가 '12·12 군사쿠데타'를 일으켰습니다

'10·26사태'로 박정희가 암살되자, 당시의 국무총리 최규하(崔圭夏)가 대통령권한대행이 되었다가, 통일주체국민회의에 의해 제10대 대통령으로 선출되었습니다(1979. 12. 6).

당연히 '유신'헌법이 철폐되고 민주헌법이 제정되고 직선제 선거를 통해 새로운 민주권력이 성립하기를 바라던 국민들의 소망과는 동떨어진 일이었지요.

최규하가 대통령이 된 후 헌법개정이 논의되면서 이른바 이원집정제 등이 거론되는 한편, 박정희 암살사건의 조사를 맡았던 국군보안사령관 전두환(全斗煥) 소장과 9사단장 노태우(盧泰愚) 소장 등을 중심으로 하는 '신군부' 세력이 부상했습니다.

이들은 마침내 육군참모총장이며 계엄사령관인 정승화(鄭昇和)가 박정희 암살사건과 연관이 있다는 이유로 참모총장 공관에서 총격전을 벌여 정승화를 보안사령부 취조실로 연행한 '12·12 군사쿠데타'(1979)를 일으켰습니다.

수도경비사령관 장태완(張泰玩), 공수특전단장 정병주(鄭炳宙) 등의

12·12 군사쿠데타 1979년 12월 12일 전두환을 중심으로 한 신군부가 감행한 군사쿠데타. 10·26사건 이후의 사태 추이에 불안해하던 차에 정승화가 수도권지역의 주요 지휘관을 개편하자, 전두환 등이 육군참모총장 공관이 있는 한남동과 삼각지·경복궁 일대에서 총격전을 벌인 끝에 12월 12일 저녁 7시경 정승화를 김재규 내란방조죄로 체포한 사건을 말한다.

부대가 이를 저지하기 위해 출동했지만, 그 속에도 전두환 등과 내통한 세력이 있어서 실패할 수밖에 없었습니다.

'12·12 군사쿠데타'로 전두환 등이 군부의 실권을 완전히 장악하게 되었고, 이후 전두환은 최규하를 압박하여 중앙정보부장 서리직을 겸함으로써(1980. 4. 14) 권력찬탈의 야심을 본격적으로 드러냈습니다.

이에 대해 전국의 대학생들과 재야민주세력 등이 강력한 반대운동을 폈지만, 전두환 등 신군부세력은 이를 탄압하면서 결국 권력찬탈의 길에 나섰습니다.

전두환 등은 박정희 암살사건으로 내려졌던 계엄령을 제주도를 포함한 전국으로 확대하면서, '계엄포고 10호'를 발표했습니다. 그리고 야당지도자 김대중을 체포하고 김영삼을 연금했습니다.

'계엄포고 10호'란 ㉠정치활동 정지, 언론·출판·보도·방송의 사전 검열 ㉡대학 휴교조치 ㉢'북괴'와 동일한 주장이나 용어 사용 및 선동행위 금지 등이었습니다.

'유신'체제를 겪고 난 후 민주화운동세력은 말할 것 없고 국민 일반도 두 번 다시 군인들이 쿠데타로 정권을 잡고 강압정치를 하는 역사가 거듭되지 않기를 바랐습니다.

그런데도 전두환 등 '신군부세력'이 하극상의 '12·12 군사쿠데타'를 일으켜 또다시 '유신'체제의 연장에 다름없는 군사독재정권을 이어가려 한 것입니다.

이쯤에서 그런 일을 저지른 전두환 등은 도대체 어떤 군인들이었는지 알아보는 것이, 다음에 말할 광주민중항쟁 탄압이나 김영삼정권 아래서의 '역사 바로 세우기' 등을 이해하는 데도 도움이 되지 않을까 합니다.

6·25전쟁 이전 육군사관학교는 단기교육기관이었습니다. 전쟁 직전에 4년제 사관학교가 설립되었으나, 전쟁 발발로 사관생도들이 재학중에 모두 출전함으로써 그 교육도 단기로 끝났습니다.

전두환·노태우 등은 6·25전쟁이 한창이던 때(1951) 다시 설립된 4년제 육군사관학교에 1회로 입학해서 졸업한 최초의 정규 육군사관학교 출신들입니다. 이들은 4년제 육군사관학교 출신 후배들 중 일부를 규합하여 '하나회'라는 군부 내의 사조직을 만들었고, 박정희의 특별한 보호를 받았다고 합니다.

박정희가 중앙정보부장 김재규에게 암살되었을 때, '하나회'의 핵심인 전두환은 때마침 국군보안사령관 자리에 있어서 박정희암살사건의 조사책임을 맡게 되었습니다.

박정희에 대한 충성심이 강했던 전두환 등은, '10·26사태' 당시 김재규의 계략적 초청으로 암살현장 가까이에 있었던 육군참모총장 정승화를 조사한다는 이유로, 대통령권한대행 최규하의 재가 없이 직속상관을 체포하는 '12·12 군사쿠데타'를 감행했습니다.

치밀한 계획 아래 일으킨 '12·12 군사쿠데타'의 '성공'을 계기로 전두환을 중심으로 한 '신군부'가 다시 정권찬탈에 나섰습니다. 이에 반대한 5·18 광주민중항쟁을 피로써 진압하고, 전두환·노태우가 차례로 대통령이 되어 12년간 집권했습니다. 박정희정권부터 치면 군사정권이 31년간이나 계속된 것이지요.

'12·12 군사쿠데타'의 장본인 전두환은 약속했던 단임 임기가 끝날 무렵 '4·13 호헌조치'를 발표하여 강압통치를 계속하려 했으나, 6월민주화운동으로 무산되었습니다.

대통령직에서 물러난 후 전두환은, 후속 노태우정권 아래서도 국민의 지탄을 피할 길 없어 결국 2년간이나 절간에서 '귀양살이'를 하지 않을 수 없었습니다.

그뿐만이 아닙니다. 26강의에서 다시 얘기하겠지만, 문민 김영삼정권에 의해 체포된 전두환은 '12·12 군사쿠데타'의 수괴로서, 또 재임중 2천억원이 넘는 거액을 '돈세탁'하면서까지 부정축재한 죄로 무기징역형을 받았습니다.

4·13 호헌조치 1987년 4월 13일 대통령 전두환이 특별담화에서 밝힌 정국운영방침으로, 소모적인 개헌 논의를 지양한다고 선언했다. 이러한 조치는 커다란 반발을 불러일으켜 6월항쟁을 촉발했다.

하극상의 쿠데타로 정권을 찬탈하고, 광주에서 저항하는 많은 민중을 학살했으며 엄청난 부정축재를 자행한 이들은, 정의와 명예와 직업 군인으로서의 신성한 사명을 목숨처럼 지켜야 할 정규 육군사관학교의 영예로운 제1회 졸업생들이었습니다.

광주민중항쟁을 피로써 탄압했습니다

광주에서는 '신군부'의 계엄 확대와 휴교령에 반대하는 대학생시위가 일어났습니다(1980. 5. 18). 학생들은 휴교령이 내린 교내로 진입하려다가 계엄군의 제지로 실패하자, 시내 곳곳에서 산발적인 시위를 계속했습니다.

'신군부'의 저지가 격렬해졌고, 그 과잉진압에 분개한 일반 시민들도 가담하여 시위는 하루 사이에 시민항쟁으로 발전했습니다. 학생과 시민이 합세한 민중항쟁은 곧 수세에서 공세(攻勢)로 바뀌어갔습니다.

학생시위에서 시작하여 민중항쟁으로 변한 광주항쟁은 200여 택시 운전사들의 차량시위(5. 20)를 계기로 노동자·도시빈민·회사원·점원 등이 폭넓게 참가하여 쇠파이프와 각목 등으로 '무장'함으로써 폭력 저항으로 변해갔습니다.

정부 쪽에서는 최규하 과도정부의 신현확(申鉉碻) 내각이 물러났고, 현지 '신군부군' 내에서는 광주지방의 향토사단과 별도로 투입된 공수부대 사이에 '지휘체계의 이원화'가 빚어졌습니다. 시민대표와 도지사 간의 협상이 결렬되자(5. 21) 항쟁 참가자들은 본격적으로 무장하기 시작했습니다.

도심에 모인 약 10만명의 군중 속에는 각처의 무기고에서 탈취한 카빈총으로 무장한 사람들도 있었습니다. 시민의 일부는 근처 자동차공장에서 장갑차를 탈취하여 무장하는가 하면, 이웃 고을 화순탄광 광부들의 협조로 다량의 화약과 뇌관을 확보하기도 했습니다.

시위군중은 나주·영산포·화순 등지의 경찰관서에서 카빈총·엠원

총 등 800여자루와 5만여발의 탄환을 탈취하여 광주시내로 반입함으로써, 본격적인 '무장시민군'이 형성되었습니다.

주로 노동자, 공사장 인부, 구두닦이, 넝마주이, 접객업소 종사원, 부랑아, 날품팔이, 학생 등으로 구성된 '시민군'은 계엄군 임시본부인 전남도청을 맹렬히 공격하여 '신군부군'을 '전략상 후퇴'하게 했습니다.

민중항쟁 발발 4일 만에(5. 21) '신군부군'이 후퇴함으로써 교도소를 제외한 광주시 전체가 '시민군'의 점령 아래 들어갔습니다. 후퇴한 계엄군은 항쟁의 확산을 막기 위해 광주시 외곽을 봉쇄했습니다.

계엄군에 의해 포위된 광주시내에서는 관료·목사·신부·기업가 등 15명으로 '시민수습대책위원회'가 구성되었습니다(5. 22).

'위원회'는 ㉠사태수습 이전 군대 투입 반대 ㉡연행자 전원 석방 ㉢군대의 과잉진압 시인 ㉣사후보복 금지 ㉤부상자·사망자에 대한 치료와 보상 ㉥이같은 요구가 관철될 때의 무장해제 등을 결의하고 '신군부군'과 교섭을 벌였습니다.

그러나 이 교섭조건은 항쟁 당초의 요구였던 계엄철폐, 김대중 석방, 군사정권 퇴진 등이 포함되지 않은 반면, 무장해제만이 제시되었다 하여 '항쟁민중'의 지지를 받지 못했습니다.

'신군부' 쪽도 이들 조건을 수용하지 않아서 교섭은 성과 없이 끝났으나, 이 과정에서 이미 '시민군'이 가진 무기의 절반 정도가 반납되었습니다.

이후 '민주수호 범시민궐기대회'가 개최되면서 '학생수습대책위원회'가 성립되는 한편, 다시 '시민수습대책위원회' 쪽 10명과 학생대표 20명이 참가하여 천주교 광주교구 대주교 윤공희(尹恭熙)를 위원장으로 하는 새로운 '수습위원회'가 성립했습니다(5. 23).

일부 수습위원들이 회수된 1000여점의 무기 중 200점을 '신군부군'에 반납하고 연행자 33명을 인수했습니다. 이날 전체의 절반쯤 되는 2500여자루의 카빈총·엠원총·권총 등이 회수되었습니다.

항쟁이 6일째로 접어들면서(5. 24) 항쟁민중 쪽에서는 협상파와 투항파, 그리고 항쟁을 다른 지역으로 확산시키려는 투쟁파 등이 대립하다가 투쟁파가 주도권을 잡아갔습니다.

이후 계속된 시민궐기대회를 거치면서 투쟁파와 청년운동권 인사, 그리고 기층민중 출신 등이 중심이 되고 김종배(金鐘培)를 위원장으로 하는 새로운 집행부가 구성되었습니다(5. 25).

이 집행부는 '시민군' 조직을 갖추었다고는 하지만 실제로는 미국의 압력이나 일반 국민의 여론 및 저항으로 '신군부'세력의 집권 기도가 좌절되기를 바라고 있을 뿐이었습니다.

당시 '시민군'이 보유한 무기는 총 5400여점이었고, 그중 이날까지

4000여점이 회수되었습니다.

　‘신군부군’ 쪽은 전투사단과 공수여단 약 4000명의 병력으로 5월 27일 오전 3시를 기해 ‘진압작전’을 감행했습니다. ‘진압작전’은 ‘신군부군’의 일방적 공격으로 많은 사상자를 내면서 약 4시간 만에 끝났습니다.

　이로써 10일간에 걸친 광주민중항쟁이 끝났으며, 계엄사령부는 항쟁민중 사망자가 148명인데, 그중 71%인 118명이 총상으로 죽었고, 계엄군 쪽의 사망군인 수는 15명이라고 발표했습니다.

　10일간에 걸친 ‘시민군’의 무장항쟁으로 큰 도시 전체가 ‘해방구’가 되었다가 ‘신군부’의 무자비한 무력소탕으로 끝난 광주민중항쟁의 원인은 다음과 같이 요약될 수 있지 않을까 합니다.

　그것은 ①조선왕조 시대의 갑오농민전쟁 및 호남의병전쟁과 일제강점 시대의 광주학생운동 그리고 해방 후의 각종 무장투쟁으로 이어지는 역사적 전통

　②박정희정권 말기의 중화학공업 과잉투자 등으로 인한 경제침체의 영향과, 특히 박정희정권의 정권유지 목적에 의한 영·호남 사이의 지역감정 조장과 경제개발 과정에서 호남지방의 상대적 낙후

　③‘유신’독재체제 아래서 ‘YH 노동자항쟁’ ‘부마항쟁’과 박정희 암살사건 후 ‘서울의 봄’으로 이어진 민주화운동의 고조

　④전두환을 중심으로 한 ‘신군부’의 정권 장악을 위한 계엄 확대 및 김대중 체포에 대한 반대

　⑤정권 장악에 나선 ‘신군부’의 힘의 과시를 위한 학생시위 과잉진압 등의 원인이 겹쳐 터진 민중항쟁이었습니다.

　그리고 ㉠하나의 지방도시에서 발단된 군사정권반대운동이 무장항쟁으로 나아갔고, 그것이 주변지역으로 확대될 조짐을 보일 만큼 호응을 얻었다는 점

　㉡이 항쟁 탄압을 고비로 본격적으로 등장한 전두환정권 아래서, 미국이 진압군 동원을 승인한 문제와 관련하여 과거 어느 정권 때보다 반미운동이 적극적으로 확산된 점 등이 역사적으로 주목할 만한 일입니다.

2. 전두환정권은 폭압적 통치를 했습니다

'국보위'의 횡포가 심했습니다

5·18 광주민중항쟁을 탄압하고 본격적으로 권력 장악에 나선 '신군부'세력은 '국가보위비상대책위원회'(국보위)를 두고 전두환이 상임위원장이 되어(5. 31) 입법·사법·행정의 3권을 장악했습니다.

'국보위'는 김대중 등 '내란음모사건' 관련자 24명을 군법회의에 기소하고, 박정희정권에서 배운 대로 제10대 국회의원 231명 중 210명과 각 정당의 중견간부 254명, 전직 고위관리 347명의 정치활동을 규제했습니다.

그리고 같은 해 7월에 고급공무원 232명, 3급 이하 공무원 4760명, 대학교수 86명과 교사 611명, 은행·보험·증권기관 임직원 431명, 정부투자기관과 산하기관 임직원 1819명, 언론인 711명 등 총 8500여명을 '숙정'이란 명목으로 강제 해직했습니다.

또 '사회정화'의 일환이라 하여 172개 정기간행물과 617개 출판사의 등록을 취소했습니다. 방송과 신문을 통폐합하고 통신사를 하나로 통합하는가 하면 중앙지의 지방주재기자를 철수시키는 등 사회 각 부문에 걸쳐 온갖 폭력적 조치를 자행했습니다.

최규하가 대통령직을 스스로 사임하고(8. 16) '전군주요지휘관회의'에서 전두환을 국가원수로 추대하기로 결의한(8. 21) 다음날, 그는 박정희의 전철을 그대로 밟아 스스로 육군대장으로 진급해서 전역하고, '유신'헌법에 의해 통일주체국민회의에서 총 2525표 중 2524표를 얻어 제11대 대통령이 되었습니다(8. 27).

마침 새로 들어선 미국 공화당의 레이건정권이 제일 먼저 전두환을 초청하여 그에 대한 지지를 표명하고, 미국이 북한과 단독으로 교섭하지 않고 주한미군도 철수하지 않을 것이라 약속했습니다(1981. 2. 3).

'유신'헌법에 의해 성립한 전두환정권은 새 헌법을 마련하여 국민투표에 부쳐 발효시키고(1980. 10. 22), 전두환을 총재로 하는 여당 민주정의당과 유치송(柳致松)을 총재로 하는 '우당'(友黨) 민주한국당을 만들어 정당정치의 형태를 갖추었습니다.

새 헌법에 따라 통일주체국민회의를 대신한 대통령선거인단을 선거하고, 마침내 그 선거인단에 의해 전두환은 다시 제12대 대통령이 되는 절차를 밟았지만(1981. 2. 25), 박정희 '유신'체제 이후의 대통령간선제에 의한 이른바 '체육관선거'를 통해 대통령이 되기는 마찬가지였습니다.

전두환정권 아래서 반미운동이 심해졌습니다

전두환 군사정권의 강압정책 아래서도 학생과 지식인들의 반독재 민주화운동은 계속되었습니다. 경찰이 9개 대학에 들어가서 '삼민(三民)투쟁위원회' 관련자 66명을 연행했으며(1985. 6. 29), 박종철(朴鐘哲) 고문치사사건(1987. 1. 14), 이한열(李韓烈) 최루탄치사사건(6. 9) 등이 일어났습니다.

95개 대학 4000여명이 '전국대학생대표자협의회'를 구성하여(8. 19) 강압정권에 저항하면서 학생운동을 주도했습니다. 또 전국 각 대학 교수들의 시국선언이 잇따랐고, 초·중등학교 교사 546명이 교육민주화선언을 했습니다(1986. 5. 10).

한편, 전두환정권 아래서 반미운동이 활발해졌습니다. 문부식(文富植)이 주동한 부산 미국문화원 방화사건(1982. 3. 18)이 있은 후, 대구 미국문화원 폭발사건(1983. 9. 22)이 일어났고, 서울 미국문화원 점거사건(1985. 5. 23)으로 대학생 25명이 구속되었으며, 부산 미국문화원 점거사건(1986. 5. 21) 등이 있었습니다.

이같은 일련의 사건은 특기할 만한 것이었습니다. 이승만정권이 당초 반공·친미정권으로 출발한데다가, 미국의 정치·군사·경제적 원

박종철 고문치사사건, 이한열 최루탄치사사건 25강의 참조.
부산 미국문화원 방화사건 문부식 등 부산 고신대생들이 광주민중항쟁 유혈진압 및 독재정권 비호에 대한 책임을 물어 부산 미국문화원을 방화한 사건. 이 사건은 1980년대 반미투쟁의 선도적 투쟁이 되었으나, 그 격렬성과 대담함으로 세인에게 커다란 충격을 주었다.

조가 역대 정권의 존립에 필수요건이었기 때문에 반미운동은 거의 일어날 수 없었습니다. 반독재·평화통일운동이 폭발한 4·19 때도 반미운동은 일어나지 않았습니다.

심지어 5·18 광주민중항쟁 때의 '시민군'도 미국이 '신군부'의 폭압을 저지해주기를 바랄 정도였습니다. 그러나 '신군부군'의 동원에 미군 쪽의 동의가 있었음을 알게 되고, 미국의 레이건정권이 제일 먼저 전두환을 초청하여 그 위치를 굳혀주자 해방 후 '처음으로' 반미운동이 활성화되었으니, 주목할 만한 일이었지요.

전두환정권은 1984년에 들어서면서 3차에 걸쳐 정치활동규제조치를 해제했습니다. 해금자들을 중심으로 신한민주당이 창당되었고 (1985. 1. 18), 그 당원들이 제12대 국회의원선거(2. 12)에서 대거 당선되었습니다. 그 위에 집권여당의 '우당'이던 민주한국당 당선자 29명이 신한민주당에 입당함으로써 정계의 판도가 크게 바뀌었습니다.

이후 신한민주당이 민주화추진협의회와 함께 1천만명 개헌서명운동을 벌이고(1986. 2) 대통령직선제 개헌안을 확정하는 한편, 재야 34개 단체와 '성고문·용공조작 범국민폭로대회'를 개최하는(8. 14) 등 민주화운동이 확산되었습니다.

전두환정권은 "북한의 금강산댐 건설은 서울을 물바다로 만들려는 데 목적이 있다" 하고(10. 30) '평화의 댐' 건설을 위한 국민운동을 벌이면서 예의 긴장고조정책을 썼습니다. 또한 '4·13 호헌조치'를 발표하여(1987) 대통령간선제를 계속 유지하려 획책했습니다.

그러나 이에 반대하여 '민주헌법쟁취 국민운동본부'가 발족하고, 전국에서 1백여만명이 참가한 직선제개헌요구 평화대행진이 전개되었습니다(1987. 6. 26).

다음 강의에서 상세히 설명하겠지만, 이 '6월민주화운동'은 지금까지의 야당과 재야세력 및 학생 중심의 운동을 넘어 일반 시민운동으로 확산되었습니다.

이에 밀린 전두환정권은 민정당 대통령후보로 지명된 노태우가 주도하는 형식으로 직선제를 수용하는 '6·29선언'을 발표하지 않을 수 없었고, 그 결과 본격적인 대통령선거전이 벌어지게 되었습니다.

선거에서 민족·민주화운동세력은 김대중과 김영삼의 후보단일화를 요구했으나, 결국 결렬되어 두 사람 모두 출마하게 되었습니다. 신민주공화당의 김종필까지 출마하여 4인의 후보가 겨룬 선거에서 민정당 후보 노태우가 당선되어 제13대 대통령이 되었습니다.

전두환의 정권이 성립, 지탱할 수 있었던 데는 몇가지 그 나름의 기반이 있었습니다. 가장 중요한 기반은 역시 군부였는데, 특히 그 핵심이라 할 국군보안사령부는 전두환정권이 성립되는 과정에서 공직자 대량 '숙정', 언론통폐합 등에서 핵심적 역할을 담당한, 정권유지의 중요한 기반이 되었습니다.

전두환정권은 성립 초기에 중앙정보부를 국가안전기획부로 바꾸고(1980. 12. 26) 그 기능을 약화시키는 듯했습니다. 그러나 국가안전기획부는 '김대중 내란음모사건'을 다루면서 본래의 기능을 회복했고, 이후 '관계기관대책회의' 등을 통해 정치·경제·사회·문화 등 모든 분야에 걸쳐 군사정권 유지를 위한 핵심기관이 되었습니다.

이밖에 전두환정권 아래서는 전투경찰이 크게 강화되어 경찰국가로서의 성격을 강화하면서 빈번했던 시위 진압에 결정적인 역할을 했습니다. 여당인 민주정의당은 당초 보안사령부를 비롯한 군부 출신 중심으로 구성되어 국민적 기반을 가지지 못하고 권력의 들러리 역할에 한정되었습니다.

직선제로 노태우 군사정권이 성립했습니다

　1987년의 '6월항쟁'은 '6·29선언'을 받아냈고, 뒤이어 전국적으로 노동운동이 일어났습니다. 그러나 민주세력의 후보가 단일화되지 못함으로써 직선제 대통령선거를 통해서도 다시 군사정권이 성립했습니다.

　그러나 총선거를 통해 여소야대 국회가 되었는데, 일부 민주세력이 군사정권과 합세해서 다시 여대야소 국회로 만듦으로써 노태우정권을 안정시켰습니다. 하지만 6월항쟁이 쟁취한 민주화는 이미 대세였습니다. 때문에 노태우정권은 같은 '12·12 군사쿠데타' 세력인 전두환정권의 비정(秕政)을 '5공청산'의 이름으로 탄핵할 수밖에 없었지요. 또 노정권이 끝날 무렵에는 군부 출신 정권을 후속시킬 엄두를 전혀 낼 수 없게 되었습니다. 박정희정권이나 전두환정권의 경우와는 달랐던 것이지요. 광주항쟁과 6월항쟁의 결과라 하겠습니다.

　노태우정권 아래에서는 전두환정권 시기와는 달리, 내적 민주화가 어느정도 진전된만큼 통일문제에도 상당한 진전이 있었습니다.

　소련의 개방정책과 올림픽 개최 등에 힘입기도 했지만, '7·7선언', 사회주의권과의 수교, 남북합의서 교환 등의 성과가 있었던 것이지요. 쿠데타로 성립된 군사정권과 선거로 이어진 군부 출신 정권의 차이도 있겠지만, 주변정세의 변화를 거스를 수는 없었던 점이 더 중요했다 하겠습니다.

1. '6월민주화운동'으로 직선제를 받아냈지만

'6월민주화운동'이 '6·29선언'을 받아냈습니다

'4·13 호헌조치'를 발표하고 대통령간선제를 유지하려던 전두환정권이 '6·29선언'을 발표하고 대통령직선제를 수용하지 않을 수 없게 된 것은, 6월민주화운동(1987)이 승리한 결과였습니다.

광주민중항쟁을 전후해서 분산적이고 고립적으로 나타났던 민족민주운동은, '민주화운동청년연합'을 중심으로 한 각 단체들의 연합체인 '민중민주운동협의회'와 기독교세력 중심으로 이루어진 '민주통일국민회의'로 양립되었습니다.

그러다가 두 단체가 통합해서 "민주화와 민족통일을 과제"로 하고 "재야 정치운동단체이며 민중노선을 지향"할 것을 원칙으로 하는 민주통일민중운동연합(민통련)이 결성되었습니다(1985. 3). '민통련'은 1987년 6월민주화운동에 앞선 민족민주운동 통일체로서 일정한 역할을 다했습니다.

1987년에 들어서 치안국 대공분실에 연행된 서울대생 박종철의 고문치사사건이 터지면서(1. 14) 반정부 민주화운동이 급격히 고양되었습니다.

박종철 고문치사사건 1987년 1월 14일 치안본부 남영동 대공분실에서 수배자 소재 파악을 위한 조사를 받던 서울대생 박종철이 고문으로 숨진 사건. 당초 경찰은 '책상을 탁 치자 억 하고 죽었다'고 발표했으나, 고문 의혹이 짙어지자 자체 조사에 나서 고문경관 2명을 구속했다. 그러나 5월 18일 천주교 정의구현전국사제단의 발표로 이것 자체도 축소 조작됐으며 고문 가담 경관이 5명이었다는 사실이 밝혀져 국민들의 민주화열기가 고조되었으며, 이러한 반독재민주화투쟁은 곧 6월민주화운동으로 이어졌다.

전두환정권이 '4·13 호헌조치'를 발표하자, 통일민주당과 '민통련'이 합세하여 "민주헌법 쟁취를 통한 민주정부 수립에 궁극적 목표"를 두는 '민주헌법쟁취 국민운동본부'를 구성했습니다(5. 27).

연세대학생 이한열의 최루탄치사사건(6. 9)에 이어 민주정의당이 노태우의 간선제 대통령후보 지명을 강행하자(6. 10) 서울·광주·부산·대전·인천 등 전국 18개 도시에서 학생과 일반시민들을 중심으로 '6·10 국민대회'가 열렸습니다.

'6·10 국민대회'는 ㉠ '4·13 호헌조치' 철폐 ㉡군사독재 타도 ㉢민주헌법 쟁취 ㉣미국의 내정간섭 반대 등을 주장하는 운동을 전국적으로 확산시켜갔습니다.

차량들은 경적을 울려 격려하고 시민들은 박수로 호응하는 가운데, 시위는 당초 평화적으로 이루어졌으나 경찰의 강경진압으로 격렬해졌습니다. 그 결과 시청 1개소, 파출소 15개소, 민정당 지구당사 2개소

이한열 최루탄치사사건 1987년 6월 9일, 다음날인 10일 열릴 '박종철군 고문살인 조작·은폐 규탄 및 호헌철폐 국민대회'를 위한 교내집회에 참가하고 시위를 벌이던 연세대생 이한열이 직격 최루탄에 맞아 사경을 헤매다 끝내 숨진 사건.

가 파손되었고, 시위현장에서 3800여명이 연행되었습니다.

　'6·10 국민대회'는 명동성당 농성투쟁으로 이어졌고, 다시 서울·부산·대구·인천·대전·진주·천안 등지에서 시위가 일어났습니다. 그후에도 10개 도시 127개소에서 시위가 계속되어 16개 파출소, 3개 민정당사, 2개 KBS 지방국이 피해를 입었습니다.

　'민주헌법쟁취 국민운동본부'가 주최한 '6·18 최루탄추방대회'에는 전국 14개 도시 247개소에서 경찰집계만으로도 20만명이 시위에 참가했습니다. 시위대는 호헌철폐·독재타도·민주쟁취와 "군부독재 지원하는 미군 철수"를 요구했습니다.

　이날의 시위로 전국에서 파출소 21개소, 차량 13대가 파손되고 경찰관 621명이 부상하는 사태가 벌어지자, 계엄령 발동설, 군대 투입설 등이 유포되었습니다.

　'국민운동본부'의 주도로 다시 전국 33개 도시와 4개 군·읍 지역의 370여개소에서 1백여만명이 참가한 시위가 벌어졌습니다(6. 26). 3467명이 연행되고 경찰서 2개소, 파출소 29개소, 민정당 지구당사 4개소가 파괴 또는 방화되고, 수십대의 경찰차량이 파손되었습니다.

　사태가 여기에 이르자 전두환정권은 노태우가 발표하는 형식으로 ㉠여야 합의에 의한 대통령직선제 개헌 ㉡공명선거 실시 ㉢김대중의 사면 복권 및 시국관련사범 석방 ㉣인권침해 사례의 시정과 제도적 개선 ㉤언론 창달 ㉥지방의회 구성 ㉦대학의 자율화와 교육자치의 실현 등을 주요 내용으로 하는 '6·29선언'을 내놓았습니다.

　6월민주화운동은 반군사독재 민주화운동으로서 1970년대 이후의 부마항쟁 및 광주민중항쟁의 연장선상에 있었습니다. 부마항쟁이나 광주민중항쟁이 일부 지역에 한정된 단기적인 것인 데 비해, 이 운동은 전국에서 연인원 4~5백만명이 참가하여, 3주일 동안 가두집회·시위투쟁·농성투쟁을 벌였습니다.

　이 운동은 전국 20~30개 도시에서 동시다발적으로 전개되었으며,

주변 농촌지역으로까지 확산될 조짐을 보이기도 했습니다. 이같은 전국적·대규모적·지속적 운동이 전두환정권의 연장과 대통령간선제를 저지할 수 있었던 것입니다.

'6월민주화운동'은 '광주민중항쟁'처럼 무장투쟁으로 발전하지는 않았습니다. 그러나 그것을 주도한 국민운동본부가 비폭력투쟁을 행동강령으로 발표했음에도 시위군중이 전투경찰을 집단적으로 무장해제하는 등, 전국적으로 전개된 대중운동치고는 대단히 격렬하고 공격적인 운동으로 발전했습니다. 광주민중항쟁의 영향이었겠지요.

6월민주화운동은 전두환정권이 군대를 동원하지 않는 한 진압할 수 없는 상황으로 몰아넣었습니다. 5·18 광주항쟁을 무력으로 탄압하고 성립한 전두환정권으로서는, 또다시 군대를 동원하여 민주화운동을 탄압하기는 어려웠습니다. 궁지에 몰린 군사정권은 결국 '호헌철폐'와 '직선제 실시'에 승복하지 않을 수 없었지요.

6월민주화운동은 청년·학생을 중심으로 하고, 사무전문직·생산직 노동자, 도시 소상인, 도시 자영업자, 농민 등 광범위한 사회계층으로 이루어진 반독재 민중이 주도한, 민주성과 민중성이 발현된 운동이었습니다.

근대 이후 우리 민족사의 중요한 고비마다 폭발하여, 침체한 역사를 전진시키는 역할을 다해온 민중운동의 하나였습니다. 그리고 이 운동은 같은 해 7월에서 9월에 걸쳐 전개된 전국적 노동운동으로 연결되었습니다.

그러나 이 노동운동은 군부 출신 노태우 대통령후보를 반대하는 운동으로 발전하지 못하고 임금인상운동에 한정되었습니다.

민주세력 일부가 노태우정권과 '합당'했습니다

6월민주화운동은 박정희정권의 '유신'으로 중단된 대통령직선제를 다시 전취했습니다. 그러나 민주세력 쪽의 대통령후보로 지목된 김대중과 김영삼의 후보단일화가 끝내 실패함으로써 직선제로도 군사정권을 연장하는 결과를 가져왔습니다.

7-9월 노동운동 1987년 6월민주화운동에 이어 7~9월 4000여 사업장에서 연 2백여만명이 참여한 전국적 규모의 노동운동. 울산 현대그룹의 현대자동차와 현대중공업 노동자들이 민주노조 건설을 위해 파업과 농성을 한 것을 시작으로 해서, 노동조건 개선, 민주노조 건설, 생존권 실현 등을 요구하는 노동자들의 투쟁이 전국적으로 확대되었다.

6월민주화운동이 쟁취한 직선제로 평화민주당 후보 김대중과 통일민주당 후보 김영삼, 신공화당 후보 김종필, 민주정의당 후보 노태우 등이 겨룬 대통령선거에서 유효표의 36.6%를 얻은 '신군부'세력 노태우가 당선되었습니다.

노태우 개인은 '12·12 군사쿠데타'에서부터 광주민중항쟁 탄압과정과, 그 결과로 성립된 전두환정권 전체 과정을 통해서 그 핵심세력으로 참여했습니다. 직선제 선거를 거쳤다 해도 노태우정권은 역시 전두환정권의 태내(胎內)에서 나온 군사정권이었지요.

대통령직선제를 통해 군사정권이 이어졌지만, 제13대 총선 결과 국회는 여소야대(與小野大)로 되었습니다. 이 때문에 노태우정권은 어떤 형태로건 전두환정권의 폭정에 대해 책임을 묻는 '5공청산' 과정을 거치지 않고는 안정을 얻을 수 없는 곤경에 빠졌습니다.

노태우정권의 성립을 앞두고, 전두환정권은 금기사항으로 계속 덮어두었던 '광주사태' 문제를 처리하기 위해 '민주화합추진위원회'를 구성하고 "각계각층 국민들의 의견을 광범위하게" 듣는다고 했습니다(1988. 1. 20).

그리고 국민들의 의견을 광범위하게 들은 결과 "진상조사라든가 처벌은 바람직하지 않다"는 결론이 나왔다면서, '광주사태'의 성격을 "민주화를 위한 노력"으로 규정한다고 했습니다.

전두환정권을 뒤이은 노태우정권은 '광주사태'의 사상자에 대한 보상과 위령탑 및 기념관 건립으로 이 문제를 마무리하려 했습니다. 그러나 국민적 요구와 야당의 주장에 밀려 국회에서 '광주청문회'를 열지 않을 수 없었습니다.

그럼에도 진상과 특히 발포명령자를 밝히지 못한 채 흐지부지 넘기려 하자 국민들의 강력한 진상규명 요구가 있었고, 이에 못 이긴 전두환이 국회에 나와 "어떤 단죄도 달게 받아야 할 처지임을 깊이 깨우치면서 국민 여러분의 심판을 기다리겠다"고 했습니다.

그러고는 퇴임 후를 대비해 가지고 있었다는 정치자금 139억원과 주택을 비롯한 모든 재산을 국가와 사회에 헌납하겠다고 발표한 후 (1988. 11. 23), 강원도 인제 백담사에서 은둔생활에 들어갔습니다.

여소야대 국회에서 '5공청산' 문제 등으로 시달린 노태우정권은 내각책임제 개헌을 비밀리에 약속하고, 여당 민주정의당과 김영삼이 총재인 통일민주당, 김종필이 총재인 신민주공화당 등 3당을 합당하여 개헌선 198석을 훨씬 넘는 216석의 민주자유당을 만들었습니다(1990. 1. 22).

이로써 총선으로 성립된 여소야대 국회가 무너지고, 다시 거대여당 국회로 바뀌어 국민을 놀라게 했지요. 합당 후 김영삼이 의원내각제 개헌에 반대함으로써 흘러나온 합당비밀문서에는 "1년 이내에 의원내각제로 개헌한다"는 약조가 들어 있었습니다.

거대여당체제로 된 노태우정권 아래서 '수서(水西)특혜사건'(1991. 2)·'정보사부지 사기사건'(1992. 7) 등이 터진 한편, 민주자유당은 경선제 실패 등을 겪은 후 대표최고위원 김영삼을 대통령후보로 선출하고, 유일한 야당으로 남은 평화민주당은 김대중을 대통령후보로 내세웠습니다.

노태우정부는 대통령선거에서 중립을 표방하고 '중립내각'을 성립시켰습니다(10. 7). 선거(12. 18) 결과 민주자유당 후보 김영삼이 제14대 대통령으로 당선되었습니다.

이로써 5·16 군사쿠데타 이후 32년 만에 군부정권의 태 안에서 문민정권이 나오게 되었습니다. 끈질기게 반군사독재투쟁을 했음에도 군사정권을 뒤엎고 문민정권이 성립되지 못하고, 군사정권과 타협해서 성립됨으로써 김영삼 문민정권은 많은 한계를 갖게 되었습니다.

그러나 노태우정권 말기에 와서, 우리 역사가 5·16 군사쿠데타 이후 30여년간 계속된 군사정권 통치에서 벗어나게 된 것은 큰 의의를 가진다 하겠습니다. 한번 성립된 군사정권체제가 제거되기까지 많은

수서특혜사건 한보재벌이 청와대 비서진과 국회 건설위원장, 여야 의원들에게 뇌물을 주어 서울 수서지구의 택지를 분양받은 사건.
정보사부지 사기사건 합동참모본부 군사자료과장이 포함된 토지사기단에 의해 보험회사가 군부 소유의 정보사부지 문제와 관련해서 660억원을 사기당한 사건.

희생을 바치고도 30년이란 긴 시간이 걸린 것입니다.

'10·26 박정희 암살사건' 이후 처절한 광주민중항쟁을 겪고도 군사정권체제가 청산되지 못하고 전두환정권으로 이어졌습니다. 전두환정권 말기의 '6월민주화운동'으로 대통령직선제를 받아냈으면서도 문민정권이 성립되지 못하다가, 노태우정권이 끝나는 시점에서야, 그것도 군사정권의 태 안에서 문민정권이 나오게 되고 말았습니다.

역사가 한번 잘못된 길로 들어서고 나면, 그 방향을 바로잡는 데 얼마나 많은 희생을 바쳐야 하고, 또 얼마나 긴 세월이 필요한가를 잘 말해주는 것이, 우리의 1960년대부터 90년대 초엽까지의 역사라고 하겠습니다.

2. '북방정책'에 이어 '남북합의서'가 교환되었습니다

'7·7선언'이 발표되고 '북방정책'이 추진되었습니다

소련에서 고르바초프(M. Gorbachev)의 개방·개혁정책이 추진되면서(1987) 사회주의권의 정세가 변화하기 시작했습니다. 그리고 제24회 서울올림픽대회를 앞두고 노태우정권은 '7·7선언'을 발표했습니다 (1988).

이 선언은 "자주·평화·민주·복지의 원칙에 입각하여 민족구성원 전체가 참여하는 사회·문화·경제·정치 공동체를 이룩함으로써 민족자존과 통일번영의 새 시대를 열어나갈 것임을 약속한다"면서, 여섯가지 구체적 방안을 제시했습니다.

그것은 ㉠남북 동포간의 상호교류 적극 추진 및 해외동포의 자유로운 남북왕래 ㉡이산가족의 서신왕래·상호방문 적극 추진 ㉢남북간 교역의 민족내부교역 간주 ㉣민족경제의 균형적 발전 및 우방의 북쪽에 대한 비군사적 물자교역 불반대 ㉤국제무대에서 민족 공동 이익을 위한 협조 ㉥북쪽과 자본주의국가의 관계개선 협조 및 남쪽의 사회주

384

의국가와 관계개선 추구 등이었습니다.

이 선언에는 서울올림픽대회를 앞둔 노태우정권이 대북 유화정책을 과시하려는 목적도 있었지만, 한편으로는 이른바 '북방정책'을 펴나가기 위한 길을 닦는 목적도 있었습니다.

이 선언이 발표되고 올림픽이 끝난 후 사회주의권 헝가리와 대사급 외교관계가 수립된(1989. 2. 1) 것을 출발로, 폴란드(11. 1)·유고슬라비아(12. 28)와의 수교가 이루어지고, 마침내 소련과도 정식수교를 맺게 됩니다(1990. 9. 30).

동유럽 여러 나라들과의 수교도 그러했지만 특히 소련과의 수교가 주목되었는데, 거기에는 한국의 소련에 대한 30억달러 규모의 경제협력 조건이 따랐습니다. 두 나라의 수교에 이만한 조건이 따를 만한 이유가 있었던 것이겠지요.

소련 쪽에서 보면 경제적 곤경에 빠진 상황에서 한국에 대해 경제협력을 요구할 필요가 있었고, 한국 쪽으로서는 북한정권의 주요 동맹국이요 우방의 하나인 소련과의 수교를 통해 북한을 고립시키고 남북관계에서 좀더 유리한 위치를 확보하려는 전략이 깔려 있었다고 하겠습니다.

북한의 또 하나의 중요한 동맹국인 중국은 남한과의 관계에서 '정경분리원칙'으로 일관하는 듯했습니다. 그러나 북경 아시안게임 때(1990. 10) 한국이 9백만달러의 광고사업에 참가하고 400여대의 차량을 제공한 것을 계기로 양국간에 무역대표부 설치에 합의했다가 결국 수교가 이루어졌습니다(1992. 8).

노태우정권은 동구권 및 소련·중국과 수교를 맺으면서 '북방정책'을 매듭짓는 한편, 유엔에의 '남북단일의석 가입안'을 주장하는 김일성정권에 맞서서 '남한단독가입안'으로 공세를 취하더니, 결국 '남북동시 각기 의석가입'을 이루었습니다(1990. 9. 17).

그리고 남북 사이에도 마침내 민족통일과정의 또 하나의 중요한 이

정표라 할 '남북 사이의 화해와 불가침 및 교류·협력에 관한 합의서'
가 교환(1991. 12. 13)되었습니다.

남북의 화해와 불가침 합의서가 채택되었습니다

7·4 남북공동성명이 '휴지화'한 후, 1970년대에는 남북관계에 이렇
다 할 진전이 없었습니다. 7·4 공동성명에서 민족통일을 자주적으로
또 평화적으로 이룬다는 대원칙은 합의되었지만, 남북에 실존하는 두
국가와 통치권력을 평화적으로 하나로 만들어갈 구체적인 방법은 합
의되지 못했습니다.

그러다가 1980년대로 들어서면서 북쪽에서 '고려민주연방공화국'
창설안을 제시했습니다(1980. 10. 10). 이는 ㉠남북이 서로 상대방에 존
재하는 사상과 제도를 그대로 인정하고 ㉡남북의 지역자치정부를 바
탕으로 하면서 ㉢남북이 동등하게 참가하는 민족통일정부로서 연방
공화국을 성립시키자는 안이었습니다.

이에 대해 남쪽에서는 연방제안을 거부하면서 대신 '민족화합민주
통일방안'을 제시했습니다(1981. 1. 22). 그 내용은 남북의 국민투표에
의해 통일헌법·통일국회·통일정부를 성립시키자는 방안이었습니다.

그리고 그것이 이루어질 때까지의 실천조치로서 ㉠호혜평등의 원
칙에 입각한 상호관계 유지 ㉡상대방의 내부문제에 대한 불간섭 ㉢각
기 체결한 국제조약 및 협정 존중 ㉣서울과 평양에 상주연락대표부 설
치 등을 제의했습니다.

이같이 1980년대에 들어와서도 쌍방이 제시한 구체적인 통일방안
에는 상당한 차이가 있었습니다.

그것을 요약하면 국가는 하나로 하되 남북의 두 정부와 두 체제는
상당한 기간 그대로 두자는 북쪽 안에 대해, 남쪽은 당분간은 남북의
국가와 정부와 체제를 모두 그대로 두고 서로 신뢰를 구축하고 협조해
나가자는 방안이었다고 하겠습니다.

1980년대에 와서 제시된 남북의 통일방안이, 국가를 당장 하나로 할 것인가 당분간 둘인 채로 둘 것인가 하는 데는 이견이 있다 해도, 상대방 정부와 체제를 서로 인정하고 상당한 기간 그대로 두자는 데는 합의를 이루었다고 하겠습니다.

바로 1국가 2정부 2체제로 할 것이냐, 당분간은 2국가 2정부 2체제로 두고 신뢰를 구축하면서 협력할 것이냐 하는 문제는 있지만, 적어도 2정부 2체제를 상당한 기간 그대로 두자는 데는 합의했다고 할 수 있겠지요.

실존하는 두개의 국가와 정권이 어떻게 평화적으로 하나로 되면서 통일을 이루어갈 것인가 하는 점에 대해, 구체적인 방법이 도출되었고 또 일정한 '합의'가 이루어진 것이라 할 수 있습니다.

남북 쌍방이 모두 무력통일은 물론 적어도 겉으로는 흡수통일도 않겠다는 것입니다. 무력통일과 흡수통일을 하지 않겠다는 남북 두 정부의 '합의'를 바탕으로 해서 1990년대로 들어서면서 또 하나의 평화통일 이정표라 할 '남북 사이의 화해와 불가침 및 교류·협력에 관한 합의서'가 채택되었습니다(1991. 12. 13).

그 주요 내용은 ㉠ '화해' 부분에서 상대방의 체제 인정과 존중, 정전상태에서 평화상태로 전환하기까지의 군사정전협정 준수, 판문점 남북연락소 설치·운영 등이었습니다.

㉡ '불가침' 부분에서는 상대방에 대한 무력 불사용 및 불가침, 군사분계선의 불가침경계선화 등이었으며 ㉢ '교류·협력' 부분에서는 자원 공동개발과 물자교류, 민족구성원의 자유로운 왕래와 접촉, 철도·도로 연결과 우편·전기통신 시설 설치 등이었습니다.

'합의서'의 내용은 7·4 공동성명의 정신에 입각했으면서도, 그것보다 훨씬 구체적이고 실질적이며 전진적인 주체적·평화적 민족통일의 실천방안이라고 할 수 있습니다.

이제 주체적·평화적·대등적·점진적 통일방안은 마련되었고, 문제는 남북 정부가 그것을 얼마나 충실히 이행하느냐 하는 문제만 남았다고 하겠습니다.

1950년대까지 실제로 무력통일론 중심이었던 한반도의 통일방안은, 7·4 남북공동성명에서 공식적으로는 평화통일론으로 돌아섰습니다. 그러나 1989년에 독일이 흡수통일되고 난 후에는 이제 비무력 평화통일뿐만 아니라 비흡수 평화통일이 중요한 문제로 부각되었습니다.

1980년대 후반기에 펼쳐진 노태우정권의 '북방정책'과 유엔가입 '공세'는, 서독의 동방정책 및 유엔동시가입정책의 결과로서의 흡수통일정책이 될 것인가, 독일과는 달리 비흡수 평화통일론으로 이어질 것인가, 아니면 '두개의 한국정책' 고착화로 갈 것인가 하는 문제를 안고 있었습니다.

그러나 '남북합의서'의 교환은 이런 의혹을 일부나마 불식할 만했습니다. '남북합의서'는 적어도 그 문맥상으로는 흡수통일이 아닌 남북 대등통일을 약속했고, 그렇기 때문에 채택될 수 있었던 것입니다. 흡수통일을 하겠다는 상대방 권력과 '화해와 불가침 및 교류·협력'에 합의할 수는 없었을 테니까요.

30년 군사정권 뒤
김영삼 문민정권이 섰습니다만

김영삼정권은 30년간의 군사정권 뒤에 성립하는 문민정권이라 국민들의 기대가 컸습니다.

그러나 군사정권을 타도하고 성립된 정권이 아니라 그것과의 타협으로 성립한 정권이라는 역사적 제약성을 가진 것도 사실이었습니다. 그러면서도 문민정권의 구실을 어느정도는 다해야 하는 것이 김영삼정권의 어려움이었습니다. 때문에 김영삼정권은 군부세력을 약화시키고 '12·12사태'를 '군사쿠데타적 불법사태'로 규정하는 데 그치려 했습니다.

그러나 지식인들과 재야세력의 강력한 요구에 밀려, 또 두 군부 출신 전직 대통령들의 엄청난 부정축재가 폭로됨으로써, 결국 전직 두 군사정권 대통령을 구속하고 재판하는 데까지 갔습니다. 군부세력과의 타협으로 성립한 문민정권이 군부세력의 숙청을 단행한 것입니다. 역사의 요구를 피할 수 없었다고나 할까요.

한편 김영삼정권은 남북정상회담에 합의했으나 한쪽 정상의 사망으로 무산되고 그 사후 처리를 미숙하게 함으로써 통일문제에는 전혀 업적이 없었습니다. 통일문제에서는 오히려 노태우정권보다 후퇴했으며, 더욱이 경제 부문에서 큰 실정을 했습니다. 반대가 만만치 않았던 OECD 가입을 강행하자마자 IMF관리체제로 들어간 것입니다.

그 실정(失政)으로 군사정권의 '시조'인 박정희 찬양론이 일어나게 한 것도 문민정권으로서는 치명적인 일이라 하겠지요.

1. '역사 바로 세우기'를 했으나, 정상회담은 불발했습니다

'역사 바로 세우기'를 하려 했습니다

노태우정권이 끝날 무렵에는 어떤 형태로든 또다시 군사정권이 후속될 상황은 아니었고, 결국 김영삼 문민정권이 뒤를 잇게 되었습니다. 우리 민주주의의 역량이 그만큼 커진 것이라 할 수 있겠지요.

그러나 앞서도 말했지만, 김영삼 문민정권은 군사정권을 뒤엎고 세워진 것이 아니라, 그것과 타협해서 성립했습니다. 그럼에도 문민정권으로서의 업적도 컸습니다.

김영삼정권은 출범하면서 바로 공직자윤리법을 제정하고(1993. 6) 6800명 공직자의 재산을 등록하게 했으며, 이를 곧 개정하여 등록대상자를 9만 6000명으로 확대했습니다.

또 김영삼정권 아래서는 지방자치제가 확대되어 우리나라 선거사상 최초로 광역자치단체장이 선출되었고, 대규모의 지방행정구역 개편이 단행되었습니다.

한편 인사문제를 둘러싼 군 내부의 오랜 부정을 파헤쳐 장성을 비롯한 부패군인들을 축출했고, 군사력 증강사업인 '율곡사업'에 대한 특별감사를 실시하여(1993. 5) 오랜 '성역'을 허물고 그 부정을 밝혀냈습니다.

또 박정희정권 이후 노태우정권에 이르기까지 군사정권을 유지하거나 권력을 창출해낸 하나의 축이었던 국군보안사령부를 문민시대에 알맞게 개편하는 어려운 일을 해냈습니다.

한편, 정규 사관학교 출신의 일부로 구성된, 전두환 중심의 사조직 '하나회'세력을 '숙청'하면서 '12·12사태'를 "하극상에 의한 군사쿠데타적 사건"으로 규정했습니다. 그리고 4·19'혁명'과 부마항쟁, 5·18 광주민중항쟁, 6월민주화운동 등을 정당화했습니다.

그러면서도 김영삼정권은 '12·12쿠데타'와 '광주민중항쟁' 탄압 주모자들에 대한 처벌은 포기한 상태였습니다. 두 사건의 피해자 고소·고발에 대해 김영삼정권의 검찰은 각각 기소유예와 공소권 없음 결정을 내렸습니다.

김영삼 자신도 이들 두 사건에 대해 '역사의 심판'에 맡기자고 했습니다. 이에 대한 대학교수 등 지식인들과 재야세력의 반발이 컸습니다만 별 성과는 없었습니다.

국회에서 민주당 의원 박계동(朴啓東)이 전직 대통령 노태우가 '비자금' 4천억원을 감추어두었다고 폭로한(1995. 10. 19) 것을 계기로, 김영삼정권이 '12·12쿠데타'와 광주민중항쟁 탄압 사건을 다시 단죄하는 '역사 바로 세우기'가 시작되었습니다.

노태우가 구속되고(11. 16) '12·12쿠데타'와 광주항쟁 탄압의 주모자이며 역시 수천억원대의 '비자금'을 감추어두었다는 전직 대통령 전두환이 구속되었습니다(12. 3).

국회에서 '5·18 민주화운동 등에 관한 특별법'과 '헌정질서 파괴범죄의 공소시효 등에 관한 특례법'이 제정되었습니다(12. 19).

군부 출신 전직 두 대통령을 대상으로 한 역사적 재판은 1심(1996. 3. 11)에서 항소심을 거쳐 대법원 상고심이 끝날 때까지(1997. 4. 17) 1년 이상 걸렸습니다.

1심에서는 헌정질서 파괴를 주도하는 과정에서 수많은 피해자가 발생한 점을 중시하여 전두환에게 사형이 선고되었습니다. 노태우에게는 2인자였다는 이유로 유기징역 최고형량인 징역 22년 6개월이 선고되었습니다.

항소심에서는 증인 소환에 불응한 또 한 사람의 전직 대통령 최규하를 강제 구인했으나, 그는 법정에서도 함구로 일관함으로써 한때의 국정 최고책임자로서의 역사적 의무를 기피했습니다.

항소심 판결에서는 전두환의 1심 형량인 사형을 무기징역으로, 노태우를 징역 17년으로 감형했습니다. 뒤이은 대법원 상고심에서는 상고기각이 결정됨으로써 항소심 형량이 그대로 확정되었습니다.

이로써 전두환·노태우 등의 정권찬탈 과정으로서의 '12·12 군사쿠데타'와 '광주민중항쟁' 탄압은 불법적인 사실임이 확정되었습니다. 그에 따라 '성공한 쿠데타'도 처벌된다는 헌정사상 초유의 판례가 남겨졌습니다.

이 판결은 법률적 판례 문제를 넘어 '12·12 군사쿠데타'와 '광주민중항쟁' 탄압을 통해 성립한, 전두환·노태우 두 정권의 역사적 정당성을 부인하는 것이었습니다.

노태우정권 때의 일이지만, 전두환의 경우 이 판결 이전에 이미 스스로 국회에 나와 "나는 어떤 단죄도 달게 받아야 할 처지임을 깊이 깨우치면서 국민 여러분의 심판을 기다리겠다"고 한 바 있습니다(1988. 11. 23). 전두환 자신이 이미 전국민 앞에서 제 정권의 정당성을 스스로 부인한 것입니다.

남북정상회담이 성사되지 못했습니다

30여년간 계속된 군사정권들이 북쪽과의 평화통일 문제를 획기적으로 진전시키기는 사실 어려운 일이었습니다.

6·25전쟁 때 서로 적이 되어 싸웠거나, 직접 싸우지 않았다 해도 적으로만 간주할 수밖에 없는 직업군인 출신 집권자들이, 북쪽 정권을

상대로 진정한 의미의 평화통일정책을 추진한다는 것은 어려운 일이 아닐 수 없었겠지요.

그래도 노태우정권 시기에 '남북합의서'가 채택되었다는 것은, 물론 우리 사회의 더 높아진 평화통일 의식이 배경이 된 결과이기도 하지만, 군사정권 아래서의 일임을 생각해보면 대단한 진전이었다고 할 수 있겠습니다.

김영삼 문민정권이 성립했을 때 대내적인 면에서 민주주의 발달도 기대할 만했지만, 특히 '남북합의서'를 바탕으로 북쪽과 획기적 관계 개선을 이룸으로써 통일문제를 크게 진전시키리라는 기대가 컸습니다. 군사정권이 아닌 문민정권이기 때문에 더욱 그랬지요.

이같은 기대에 부응이라도 하듯 김영삼정권은 북·미간의 전쟁을 막기 위해 전직 미국대통령 카터를 통해 남북정상회담을 제의했습니다(1994. 6. 18). 북쪽에서는 기다렸다는 듯이 바로 수락했고, 예비접촉이 이루어지더니(6. 23) 마침내 정상회담 개최가 합의되었습니다(6. 28).

제1차 남북정상회담이 1994년 7월 25일부터 27일까지 평양에서 열리기로 되었습니다. '남북합의서'는 양쪽의 총리 선에서 채택되었는데, 이제 양쪽 정상이 분단 반세기를 통해 처음으로 직접 만나게 된 것입니다.

7·4 남북공동성명에서 처음으로 합의되고 '남북합의서'에서 크게 진전을 보아 구체화된 주체적·평화적 통일문제가 이제 쌍방의 정상회담을 전망하는 수준까지 이르게 된 것입니다. 그야말로 획기적인 합의였다고 하겠습니다.

그러나 제1차 회담을 불과 17일 앞둔 시점에서 북쪽 정상이 사망했습니다(7. 8). 한쪽 정상의 사망이야 불가항력적인 일이었다 해도, 그후 김영삼정권의 전군 비상령 발표와 남쪽 사회에서 조문 찬반 문제로 빚어진 갈등 때문에, 남북관계는 급격히 냉각되어갔습니다.

불과 17일 후면 민족문제의 평화적 해결을 위해 얼굴을 맞대고 의논

했어야 할 한쪽 정상의 죽음에 대한 조문 여부가, 곧 그 후속 정권과의 화해관계 유지 및 정상회담 속개 문제와 직결되어 있었음은 말할 나위가 없습니다.

30여년 만에 성립한 문민정권에게 민족문제·통일문제의 획기적인 성과를 기대했지만, 이후 남북관계는 노태우정권 때보다 오히려 냉각되고 후퇴했습니다. 게다가 북한의 핵 보유 여부를 두고 논란이 거듭되더니, 동해에서 북쪽 '잠수함사건'이 터졌습니다(1996. 9. 18).

침투인지 사고 또는 표류인지 미처 가려지지 않은 채, 잠수함 승무원 26명이 사살되고 11명이 집단자살했으며 1명이 생포되었고, 남쪽 군인·경찰·민간인도 모두 합쳐 16명이 희생되었습니다. 뒷날 북쪽 정권은 이 일에 대해 유감을 표시했지만(12. 29), 얼어붙은 남북관계는 쉽사리 풀리지 않았습니다.

이 사건은 구포역 열차전복사건(1994. 3. 28), 아시아나항공기 추락사건(7. 26), 서해 페리호 침몰사건(10. 10), 성수대교 붕괴사건(10. 21), 아현동 도시가스폭발사건(12. 7), 대구 지하철공사장 가스폭발사건(1995. 4. 28), 삼풍백화점 붕괴사건(6. 29) 등 연속된 재난과 함께 김영삼정권 시기의 또 하나의 불행이었습니다.

이후 북한의 핵무기 제조를 방지하기 위한 핵발전소 건설이 추진되고, 기근을 돕기 위한 식량원조가 이루어졌으며, 미국이 제안하고 남북과 중국이 동조한 4자회담 등이 진행되었지만, 김영삼 문민정권의 통일문제 및 민족문제 해결을 위한 업적은 역사에 기록될 만한 뚜렷한 것이 거의 없었습니다.

김영삼정권은 군사정권의 태 안에서 나오기는 했지만 분명 문민정권이었습니다. 그리고 그 핵심세력은 군사정권 시기 30여년간을 통해 꾸준히 민주화운동을 추진해왔습니다. 그런데도 일단 집권세력이 되고 난 후에는, 특히 남북정상회담이 유회되고 난 후에는, 그 대북인식과 대북정책, 통일정책 등에서 문민정권다운 면모를 보여주지 못했고, 어떤 특징도 드러내지 못했습니다. '7·7선언'과 '남북

합의서'를 채택한 노태우 군사정권만큼도 업적을 남기지 못했음은 불행한 일이었습니다.

정권의 핵심세력이 1960년대부터 정계에 등장했고 1990년대에 와서 집권하게 되었지만, 60년대식의 대북 대결의식, 특히 반공의식에서 크게 벗어나지 못한 것이 아니었는지, 그것이 북쪽 정상 사망 후에 돌출한 조문 문제를 처리하는 과정에서 드러나지 않았는지 생각해볼 만합니다.

2. '한보사태'가 터지더니 'IMF관리체제'가 되고 말았습니다

OECD에 가입하고, 곧 '한보사태'가 터졌습니다

김영삼정권은 성립된 후 극비리에 준비한 금융실명제를 '대통령 긴급재정경제명령'을 발동하여 전격적으로 실시했고(1993. 8. 12), 그후 부동산실명제를 추가했습니다(1995. 7. 1).

국민의 큰 호응을 받았던 금융실명제는 비교적 빨리 정착해갔습니다. 그해 연말 현재 전체 금융기관에서 실명확인계좌 비율이 87.3%나 되었고, 가명계좌의 실명전환율도 97.6%나 되었습니다. 그럼에도 실시 초기에는 부작용도 있었습니다.

실명제 실시 이후 현금선호 경향으로 총통화증가율이 높아지고, 그 결과 물가상승률도 높아졌습니다. 사금융에 의존하는 영세기업들과 변화된 자금조달기반에 적응하지 못한 중견기업들의 부도가 계속되었습니다. 실명제 위반사건이 속출하기도 했습니다.

제2의 '장영자사건'이 일어나는가 하면, 특히 차명거래·도명거래가 묵인되는 상황이었고, 금융종합과세제가 때맞춰 실시되지 않은 상태여서, 실명제 정착에 장애요인이 많았습니다. 그렇다 하더라도 실명제 실시는 김영삼정권의 큰 업적이었습니다.

한편 김영삼정부는 경제침체 속에서 금융시장 개방조치가 경제에 악영향을 줄 것이라는 반대여론과, 야당 쪽의 시기상조론을 무릅쓰고, 마침내 OECD에 가입하여(1996. 10. 26) 국회비준도 받았습니다(11. 26).

자본시장의 조기개방이 불가피해질 문제점 등을 안고도, 세계화를 내세우면서 "선진국으로 도약하여 새로운 세계경제질서의 흐름 속에서 주도적 역할을 할 것"을 기도하면서, 29번째 가입국이 된 것입니다.

OECD에 가입한 1996년에는 경상수지 적자가 273억 2천만달러였습니다. 전년도 적자 89억 5천만달러의 세배나 되었던 것입니다. 무역수지 적자도 1995년의 47억 5천만달러에 비해 1996년에는 훨씬 악화되어 152억 8천만달러나 되었습니다.

총외채규모 역시 1996년 말 현재 1045억달러로 늘어났고, 순외채잔액은 1995년의 170억 1천만달러에서 1996년에는 347억달러로 두배 증가했습니다.

이런 상황에서 노태우정권 때의 최대 비리사건으로 지목된 '수서사건'의 장본인 한보그룹 총회장 정태수(鄭泰守)에 의해 또다시 국가경제를 밑바닥에서부터 뒤흔든 '한보사태'가 터졌습니다.

'한보사태'는 한마디로 말해서, 자기자본이 2200억원에 불과한 회사가 6조원이 소요되는 세계 5위의 제철소를 빚으로 건설하려다 쓰러짐으로써 엄청난 부작용과 후유증을 낳은, 재벌중심 한국자본주의가 가진 온갖 부조리를 드러낸 상징적인 사태였습니다.

당초 2조 7천억원으로 추산되었던 당진제철소 건설사업자금이 5조 7천억으로 늘어나자 '한보철강'은 5조원 가까이를 빚으로 메우려고 해서 부채비율이 1900%에 이르렀습니다. 이렇게 되자 정부와 채권은행단이 회사의 자금지원 요청을 거절하고 결국 부도처리하게 된 것입니다(1997. 1. 23).

자산순위 재계 14위였던 '한보그룹'이 주력기업인 '한보철강'의 부도처리로 공중분해되어버렸고, 엄청난 후유증이 뒤따랐습니다. '한보철강'이 발행한 어음 및 수표가 부도처리됨에 따라 22개 계열사와 850여개 협력업체들의 연쇄부도가 예상되었습니다.

국제금융시장에서의 자금조달 길이 막히면서 환율과 금리가 폭등하고, 주식시장이 냉각되었으며 기업들의 자금조달 여건이 급격히 나빠졌습니다.

재무구조가 극히 취약했던 한보철강이 어떻게 해서 5조원이란 돈을 끌어다 쓸 수 있었는가 하는 점에 국민들의 의혹이 높아갔고 결국 검찰조사와 국회 국정조사가 이루어졌습니다. 그 결과 '한보사태'는 악덕기업인과 정치권·금융계가 얽혀 빚어진 김영삼 문민정권 아래서의 최대 부패사건으로 규정되었습니다.

검찰조사 결과 정태수와 은행장, 여당의원, 전 내무부장관 등이 구속되었으나 그것으로는 국민들의 의혹이 풀리지 않았고, 결국 재수사를 하지 않을 수 없었습니다. 그 결과 청와대 비서진과 전직 장관, 국회의장을 포함한 33명의 여야 정치인이 조사를 받았고, 일부가 구속되었습니다.

기어이 'IMF관리체제'로 가고 말았습니다

1997년도에 들어서 '한보그룹'의 도산으로 시작된 대기업의 부도는 이후에도 계속되어 같은 해 말까지 모두 12개의 대기업이 무너졌습니다.

한보그룹에 이어 삼미그룹·한신공영·진로그룹·대농그룹·쌍방울·해태그룹·뉴코아·한라그룹 등이 부도가 났고, 특히 재계 8위였던 기아그룹이 부도유예협약 대상기업으로 지정되었습니다. 대기업들의 연쇄도산으로 가뜩이나 관치금융에 시달리면서 부실채권이 누적되어 온 금융기관들이 큰 타격을 받지 않을 수 없었습니다.

1997년 9월 말까지 국내 25개 일반은행과 6개 특수은행에서 이자를 못 받거나 원금을 떼이게 된 '무수익여신'이 무려 28조 2346억원에 이르렀습니다. 특히 대량으로 인가되어 느슨한 감독 아래 방만한 경영을 해온 종합금융사들의 부실이 심했습니다.

여기에 홍콩에서 시작된 동남아시아지역의 외환위기가 인도네시아와 태국을 거쳐 한국으로 번져오기 시작했습니다. 김영삼정부의 외환당국은 미국과 일본에 지원을 요청했으나 미국은 IMF(국제통화기금)를 통해서만 외환자금의 지원이 가능하다고 했습니다.

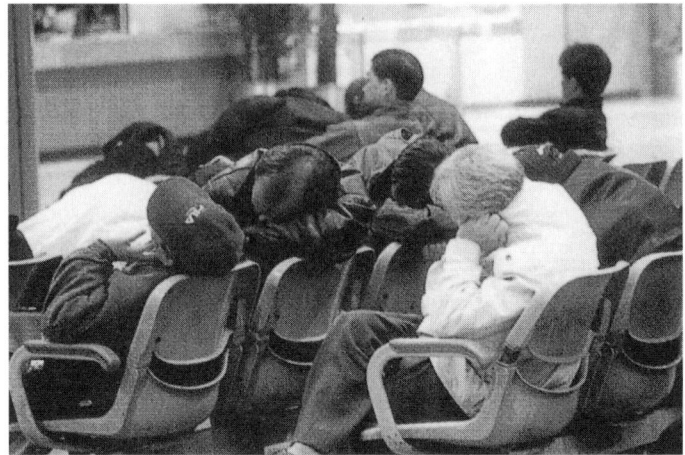

서울역 대합실의 노숙자들. IMF 사태 이후 실직으로 서울역 등지에서 노숙하는 이들이 급증했다.

미국대통령 클린턴은 김영삼에게 전화를 걸어 "국가부도사태를 면하려면 IMF와의 협상을 12월 1일까지 마무리지어야 한다"고 통보했습니다.

외환위기가 온 근본적인 원인은 대기업의 연쇄부도와 이로 인한 금융기관의 부실화에 있었습니다. 그리고 정부의 안일한 대응태도에 의한 외환정책의 실기(失機)도 한 원인이었습니다.

1996년 말에 844원이던 미국달러에 대한 원화환율이 97년 3월에는 897원까지 치솟았고, '기아그룹' 부도사태에 대한 김영삼정부의 어정쩡한 대응과, 함부로 허가한 종합금융사들의 부실운영으로 외채차입이 단절되다시피 했으며, 이에 따라 환율은 더욱 급등했습니다.

1997년 10월 말 환율은 965원으로 폭등했고, 무디스 등 국제신용평가회사들은 한국의 신용등급을 일제히 낮추기 시작했습니다. 환차손을 우려한 외국인 투자자들은 10월 한 달 동안 9641억원, 11월에는 17일까지만도 4853억원어치의 주식과 채권 등을 팔았고, 주가는 470선까지 폭락했습니다.

반대로 환율은 외환당국이 개입포기선언(11. 17)을 한 후 가격제한폭 1008원을 넘어섰고, 12월에 들어서면서 종합주가는 400선 아래로 내려갔으며, 금리는 25%대로 치솟았습니다. 무디스사는 한국의 신용도를 A1에서 A3으로 떨어뜨렸다가(11. 28) 다시 요주의 대상인 Ba1로 낮추었습니다.

한편 가용 외환보유고는 10월 말 현재 223억달러에서 11월 말에는 73억달러로 급감했는데, 그 원인은 11월 한 달 동안 환율방어에 150억달러를 쏟아부었기 때문입니다.

환율방어는 국민소득 1만달러 선을 유지하기 위한 정치적 목적이 뒷받침된 것이었다고 하겠습니다. 이 때문에 환율이 1997년 말에는 달러당 1415원으로 폭등했으며, 'IMF관리체제' 이후에는 1700원대까지 올라가기도 했습니다.

김영삼정부는 결국 IMF와의 협상을 통해 자금지원을 받기로 결정했습니다(1997. 12. 3). 긴급자금 지원규모는 IMF와 세계은행·아시아개발은행 및 미국·일본 등 13개국에서 모두 580억달러로, 사상 최대였습니다. 지원조건은 부실 금융기관 정리와 긴축재정 및 통화정책, 고금리 유지 등이었습니다. 이른바 'IMF관리체제'가 시작된 것입니다.

김영삼정권은 군사정권 30년 만에 어렵게 성립된 문민정권이었으며, 성립 초기에는 정치·경제 면에서 높은 의욕을 가지고 개혁을 시도하여 국민의 큰 지지를 받았습니다.

그러나 정권 말기로 가면서 통일문제의 평화적 해결에 별 진전이 없었던 것과 같이, 경제 부문에서 크게 실패하여 '6·25전쟁 이후 최대 위기'를 가져왔고, "경술국치(庚戌國恥)에 버금가는 경제주권의 상실"을 가져오고 말았습니다.

제15대 대통령선거(1997. 12. 18)에서는 여당 신한국당과 민주당이 합당해서 출범한 한나라당의 후보 이회창(李會昌)과 새정치국민회의 후보 김대중, 국민신당 후보 이인제(李仁濟), 국민승리21 후보 권영길(權

永吉) 등이 겨루어 결국 김대중이 당선되었습니다.

김대중은 대통령에 취임하기도 전에 당선자로서 국가부도사태 직전까지 간 경제위기에 대처해야 하는 상황을 맞았습니다.

강의

최초의 수평적 정권교체로
김대중정권이 섰습니다

　세번의 대통령선거 패배, 납치와 사형판결 등 숱한 고난을 겪은 김대중정권의 성립은 김대중 개인의 정치적 성공이기도 하지만, 근 30년간 지속된 군사정권에 맞선 민주투쟁의 승리요, 한국민주주의의 승리이기도 했습니다. 그리고 최초의 수평적 정권교체이기도 합니다.

　우리 공화주의 역사를 되돌아보면 해방 후 최초로 성립된 이승만정권은 4·19'혁명'으로, 장면정권은 5·16 군사쿠데타로, 박정희정권은 '10·26사태'로 무너졌고, 전두환정권에서 노태우정권으로의 교체와 그것의 김영삼정권으로의 교체는 여당내 정권교체였습니다.

　김대중정권은 우리의 반세기 공화주의 역사에서 정상적 선거를 거쳐 탄생한 최초의 야당정권, 즉 최초의 수평적 정권교체로 성립한 정권이라는 점에서 역사적 의미가 컸습니다.

　그러나 불행하게도 'IMF관리체제'의 뒤처리를 담당해야 했고, 행정부는 민주세력이 점유할 수 있었지만 의회는 아직 친군사정권세력이 다수당이었고, 특히 30여년간 군사독재정권과 유착하던 이른바 주류언론과의 관계 등에서 정권의 앞길이 순탄치 못했습니다.

　이같은 어려운 조건 아래에서도 (다음 강의에서 따로 다루겠지만) 반세기 이상 적대해온 남북관계를 실질적인 화해협력관계로 개선한 점, 각 부문에서 제도적 민주주의를 크게 진전시킨 점, 외교면의 위상을 제고시킨 점, 정보통신 문화를 획기적으로 발전시킨 점, 민주정권을 후속시킨 점 등의 업적을 남겼습니다.

1. 수평적 정권교체의 의의는 컸습니다

어렵게 김대중정권이 성립했습니다

1971년의 대통령선거를 앞두고 야당 신민당에서 '40대기수론'이 나오고 김대중이 대통령후보가 되어 선전했습니다.

약 1백만표 차이로 박정희후보에게 낙선했고, 그후 박정권이 유신체제로 들어가자 마침 해외에 있던 김대중은 일본을 주무대로 반(反)유신운동을 전개했습니다. 이를 빌미로 박정권에 의해 일본에서 납치되어 죽음 직전에 구출되어 강제 귀국했습니다(1973).

그후 김대중은 박정권의 유신체제 아래서 일부 종교인들과 함께 '3·1민주구국선언'을 했다가(1976) 5년간 투옥되었고, 10·26 박정희 피살사건 후 민주화운동에 적극 참여했다가 전두환 군사독재정권 성립과정에서 '김대중내란음모사건'의 주범으로 체포되어 사형선고를 받았습니다(1980).

해외에서의 적극적 석방운동에 힘입어 목숨을 건진 김대중은 한때 미국에 망명했다가 귀국했고, 이후 평화민주당을 결성하여(1987) 대통령선거에 출마했으나, 김영삼과 함께 신군부의 또다른 실세였던 노태우후보에게 패배했습니다.

김대중 내란음모 사건 1980년 7월 4일 계엄사령부는 계엄법, 반공법, 국가보안법 등을 근거로 김대중을 포함한 37명이 연루됐다는 내란음모 사건을 발표한다. 12·12쿠데타와 5·18 광주학살로 집권한 전두환정권이 반독재 민주화투쟁의 상징이자 5·18광주항쟁과 관련있는 김대중을 희생양으로 삼아 공안정국을 조성해 정국을 타개하고자 조작한 사건이다.

김대중은 그후 민주당을 결성하여 1992년 대통령선거에 출마했으나 노태우 군사정부세력과 합당해 출마한 김영삼에게 패배했습니다. 일시 정계를 은퇴했다가 다시 복귀하여(1995) 신정치국민회의를 결성하고 대통령선거에 네번째 출마했습니다.

마침내 여당 한나라당 후보 이회창을 약 40만표 차로 이기고 당선하여(1997) 제15대 대통령에 취임했습니다.

김대중은 박정희와 겨룬 1971년의 대통령선거 때 교통사고로 목숨을 잃을 뻔했고, 역시 박정희정권이 꾸민 일본에서의 납치사건으로 또 한번 목숨을 잃을 뻔했습니다.

전두환군사정권 성립과정에서는 이른바 내란음모사건의 주모자로 몰려 사형선고를 받았다가, 마침내 15대 대통령에 당선됨으로써 대한민국 정치사상 최초의 수평적 정권교체를 실현한 것입니다.

최초의 수평적 정권교체는 우리 민주주의 역사상 하나의 획을 긋는 일이었지만, 제15대 대통령 선거과정에서도 해괴한 일이 많았습니다.

'북풍' '세풍' '총풍' 즉 이른바 '3풍사건'이 그것입니다. 민족분단

상황에서 30년간 군사독재시기를 겪은 후 옳은 의미의 민주정권이 성립되기가 얼마나 어려운지를 보여주는 일이었습니다.

숱한 난관을 무릅쓰고 김대중정권이 성립되었지만, 민주세력만으로 성립된 것이 아닙니다. 5·16 군사쿠데타의 핵심세력인 김종필을 중심으로 하는 자유민주연합과 연합함으로써 김대중정권이 성립할 수 있었습니다.

그 결과 정권초기의 상당기간 구군부세력의 핵심인 김종필이 국무총리를 맡았고 '자민련' 쪽에 장관자리 몇개를 내주어야 하는 실정이었습니다.

군사정권 30년간의 민주화투쟁의 결과로 처음 성립된 김영삼정권은 신군부정권세력과 합당을 통해 이루어졌고, 두번째 민주정권인 김대중정권은 구(舊)군부 핵심세력과 연합으로 수립된 것입니다. 우리 민주화과정의 어쩔 수 없는 제약성이라 하겠지요.

그 때문에 행정부 쪽에서는 어느정도 민주적인 세력이 포진될 수 있었다 해도 의회 쪽은 박정희정권의 민주공화당 이래 지속된 군사독재정권 세력이 온존하여 민주화과정에 많은 장애요인이 됐습니다. '혁명적'이지 못한 민주화과정이 지니는 심각한 제약성이라 하겠습니다.

민주화와 외교 및 정보통신 분야의 업적이 컸습니다

30년간 지속된 군사정권 후 두번째 성립된 김대중 '국민의정부'는 민주주의 발전과 외교부문에서 큰 진전을 거뒀고, 특히 정보통신 분야의 선진화에 크게 기여했습니다.

먼저 4·13 총선거에서는 460여 시민단체가 '총선연대'를 구성하여 공천반대인사를 선정 발표함으로써 정치발전에 크게 기여했고(2000), 정부는 과거 군사독재정권 아래서 발생한 의문사의 진상을 밝히기 위해 대통령직속으로 위원회를 두어(2000) 활동하게 했습니다.

교원노동조합의 단결권과 단체교섭권을 인정했으며(1998), 여성부

동남아시아국가연합(ASEAN) 1961
년 창설된 동남아시아연합
(ASA)의 후신으로 1967년에 설
립했다. 당시 회원국은 필리
핀·말레이시아·싱가포르·인
도네시아·타이 5개국이었으
나, 브루나이·베트남·라오
스·미얀마·캄보디아가 가입
하여 현재는 10개국으로 구성
되어 있다.
아시아·유럽 정상회의(ASEM) 자유
무역 촉진, 아시아와 유럽 지역
의 무역과 투자 확대 등을 위해
1996년 설립. 2008년 아시아 13
개국, 유럽 27개국이 참여한다.

를 신설하여(2001) 여권신장에 기여하는 한편, 국가인권위원회를 발족
해(2001) 군사독재시대의 권위주의적 잔재를 청산하고 국제수준의 인
권국가로 발돋움하게 했습니다.

한편 김대중정부는 21세기 세계평화 및 지역평화에 이바지하기 위
한 동아시아공동체 문제에 높은 관심을 보이기도 했습니다. 아세안
(ASEAN)과 한·중·일 3개국이 참가하는 지역협력체에 '동아시아 비
전그룹'(EAVG)의 설치를 제안했습니다(1998).

또 아세안과 한·중·일 수뇌회담에서는 '동아시아 스터디그룹'(EASG)
설립을 제안하기도 했습니다. 아시아·유럽 정상회의(ASEM)를 유치하
여 ASEM회원국과 북한 간의 관계개선, 남북 및 북미관계 진전 등 5개
항의 「한반도 평화에 관한 서울선언」을 채택하기도 했습니다.

김대중정부는 한국이 정보통신 분야의 선진국이 되는 데도 큰 공을
세웠습니다. 1998년부터 2002년까지 총 1조 8천여억원을 들여 정보통
신, 반도체, 우주, 생명공학, 화학, 환경 등 12개 분야, 39개 기술을 중
점개발하기 위한 '중점국가연구개발사업추진계획'을 세우고 32개 사
업단을 선정·발표했습니다(1998).

아시아·유럽 63개국 92개 사업자가 참여하여 3년 동안 건설한 세계
최장의 해저광케이블인 '제7국제해저케이블'(SEA-ME-WE3)이 본격
가동되었습니다(2000).

이 광케이블망은 한국·일본·중국·베트남·말레이시아·호주·싸우
디아라비아·이집트·이딸리아·프랑스·영국·벨기에·독일 등 아시아
중동 유럽지역 33개국을 연결하는 것으로 길이가 현존 해저케이블로
는 가장 긴 3만 9000킬로미터에 달합니다.

한편 서울과 평양을 잇는 광통신망을 구축하여 판문점 남북연락사
무소 직통전화를 개설했으며, 국내 정보통신 부품산업의 경쟁력을 높
이고 수출산업화 촉진을 위해 2005년까지 6천억원을 투자하여 부품
국산화를 80%까지 높일 것을 발표한 바 있습니다.

그리고 위성발사체 발사장을 갖춘 150만평 규모의 우주쎈터를 전남 고흥군에 건설할 것을 결정했고, 세계 5대 정보보호기술 강국 진입을 위해 2005년까지 정보화촉진기금 약 2천억원과 민간자금 860억원을 투입하는 '정보보호기술개발 5개년계획'을 발표하기도 했습니다 (2001).

한편 330억원을 투입하여 해외 IT홍보사절단 및 IT시장개척단을 파견하여 해외시장 다변화를 추진하기 위한 'IT산업해외진출지원종합계획안'도 발표했습니다.

태평양횡단해저광케이블(CUCN)을 이용해 한국과 일본 간의 국제 디지털TV 중계망을 개통하는 한편, 효율성과 투명성, 써비스 향상을 위해 2003년까지 전자정부체제를 완성할 것이라 발표했습니다.

30년간의 군사독재체제 후 두번째 성립된 민주정권인 김대중정권은 앞선 김영삼정권이 이룬 군부세력 제거와 경제정의 실현을 위한 금융실명제 등에 이어, IMF체제 청산과 함께 여성권익 및 인권의 신장, 재벌 규제를 통한 경제정의 실현, 동아시아공동체 발전에 대한 관심, IT산업의 발전 등에서 큰 업적을 남긴 정권이었습니다.

2. 단시일에 'IMF관리체제'에서 벗어났습니다

'IMF관리체제'에서 빨리 벗어났지만

김영삼정부 말기인 1997년 말에 닥친 외환위기로 한국은 국가부도 위기 직전까지 갔었고, 국가신용등급은 투자부적격으로 6등급 이상 추락했습니다.

하루 150개 이상의 기업들이 부도를 내고 도산했으며, 중산층이 급격히 몰락하고 실업자는 매일 1만명씩 늘어나는 현실을 두고 6·25전쟁 후 최대의 국난이라 말해지기도 했습니다.

이 위기는 국민들의 열성적인 금모으기운동 등과 당선 직후부터 적극 나선 김대중정부의 발빠른 대책으로 비교적 빨리 극복돼갔습니다.

우선 김대중정부는 금융씨스템 복원작업부터 단행했습니다. 410개의 금융기관 중 은행 5개, 종합금융사 16개, 리스사 10개, 보험사 4개, 증권사 4개 등 91개를 정리했고, 은행 9개가 합병되었습니다.

정부의 이같은 적극적 대책의 결과 외환위기 초 39억달러에 불과하던 가용외환보유고가 1999년에 들어 5백억달러를 넘어섰고, 1997년에 82억달러 적자이던 경상수지가 1998년에는 4백억달러 흑자로 돌아섰습니다.

외환위기 직후(1997. 12. 24)에 1965원까지 치솟았던 원달러 환율은 1998년 1월에는 약 1706원으로, 1999년 1월에는 평균 약 1176원으로 크게 하락하면서 안정돼갔습니다.

어음부도율도 1997년 12월 2%가 넘는 초유의 사태를 나타냈으나 1999년 1월에는 0.13%로 낮아졌습니다. 외환위기 직후 투자부적격으로 6단계 이상 떨어졌던 국가신용등급도 1999년에 들어서면서 상향조정되기 시작했습니다.

1998년 말 현재 IMF로부터 받은 자금 190억달러 중 28억달러를 상환함으로써, 가용외화보유액 485억달러 중 차입금이 289억달러로 60%에 이르렀습니다.

1999년에 들어서면서는 IMF자금 10억달러를 상환하고도 가용외화보유액이 520억 2천만달러로 증가했으며, 차입금 비율도 52%로 낮아짐으로써 비교적 빠르게 IMF관리체제에서 벗어났습니다.

국민들의 적극적 참여와 정부의 적절하고도 발빠른 대책으로 IMF관리체제에서 비교적 빨리 벗어났지만, 그 후유증은 너무도 컸습니다.

IMF관리체제를 조속히 벗어난 사실이 김대중정부의 공적이긴 하지만, 벗어나는 방법이 이른바 시장원리 중심의 신자유주의적 방법밖에 없었다는 현실에 역사적 불행이 깃들어 있기도 했습니다.

기업과 공공부문의 구조조정이 단행되었습니다

IMF관리체제로 빠져들어가는 환란을 초래한 주범 중의 하나가 재벌 경제체제였으므로 재벌들의 방만한 이른바 '선단식' 차입경영형태를 고치지 않고는 경제의 재도약이 불가능하다는 진단이 내려졌습니다.

따라서 김대중정부는 기업과 공공부문의 구조조정에 들어갔습니다. 구조조정에 의해 30대 재벌 가운데 11개가 사라지고 나머지도 대부분 재벌의 형태를 상실함으로써 사실상 5대재벌체제로 개편되었습니다.

그리고도 구조조정이 미흡하다는 비판이 나오자 정부는 은행에 '부실판정위원회'를 두게 하여 5대그룹 계열사 20개를 포함하여 회생가능성이 없는 55개 기업의 명단을 발표하게 했습니다.

구조조정 결과 1999년 말까지 현대그룹은 계열사 수를 63개에서 32개로, 삼성그룹은 65개에서 40개로, 대우그룹은 41개에서 10개로, LG그룹은 53개에서 32개로, SK그룹은 49개에서 22개로 각각 축소하기로 하고, 주력계열사 이외에는 청산, 매각, 분사, 외자유치 후 독립 등의 형태로 바꾸어가게 했습니다.

5대그룹의 계열사 수를 264개에서 130개로 50% 이상 줄이고 3개 내지 5개의 핵심주력업종 위주로 재편함으로써 긴 세월 우리 경제를 지배하던 재벌의 '선단식' 차입경영형태가 일단은 축소되었습니다.

한편 금융계의 구조조정도 단행되었습니다. 금융감독위원회가 출범하면서(1998) 모두 60개의 금융기관이 인가취소되거나 영업정지되었는데, 경기은행·충청은행·동화은행·대동은행·동남은행 등이 퇴출되었습니다.

무분별한 외화차입으로 환란의 주범 중 하나가 된 종합금융회사도 30개 중 16개가 퇴출되고 2개가 합병되어 12개사만이 살아남았습니다. 이후에도 상업은행과 한일은행이 합쳐 한빛은행이 되었고, 장기신용은행은 국민은행에, 보람은행은 하나은행에 합병되었습니다.

이같은 금융계의 구조조정과정에서 은행권에서만 전체 종사자의 34%에 이르는 3만 9000여명이 직장을 떠나야 했습니다.

공기업부문의 구조조정도 과감하게 진행되었습니다. 두 차례의 공기업민영화계획에 의해 자회사를 포함한 108개 공기업 중 38개는 완전 민영화되고 34개는 단계적으로 민영화되며 6개의 자회사는 통폐합될 계획이었습니다(1998). 그리하여 2002년 말까지 공기업 수는 24개에서 13개로, 자회사는 75개에서 8개로 줄일 계획이었습니다.

IMF관리체제의 후유증이 너무 컸습니다

IMF관리체제에서 벗어나는 과정에서 겪은 국민 일반, 특히 서민층의 고통은 혹심했습니다. 통계청 발표에 따르면 1999년 2월중 실업률은 8.7%였고 실업자는 178만 5000명이었습니다.

실제로는 실업률 9%가 넘었고 그 수도 2백만명이 넘어서, 4인 가족을 평균으로 했을 때 전국민의 5분의 1, 즉 8백만명이 실업의 고통을 겪은 셈이었습니다.

각종 연구결과들은 IMF체제 1년으로 국민의 생활수준은 12년 정도 후퇴했고, 실업률과 물가상승률을 더한 데서 국내총생산(GDP) 증가율을 뺀 1998년의 '고통지수'는 전년에 비해 14배나 증가했다고 했습니다.

개인신용불량자가 매일 8300명 발생하고, 아이들이 매일 35명씩 버려졌으며, 실업자 5명 중 1명이 이혼 또는 별거하는 상황이 되었습니다.

서울시 조사에 의하면 시내 노숙자의 60%가 'IMF사태' 이후 실직하여 거리로 내몰린 사람들이었습니다. 이중 43%에 이르는 기혼자의 대부분이 이혼 또는 별거한 경우로 'IMF사태'로 인한 가정파괴 및 가족해체가 대단히 심각했음을 알 수 있습니다.

실업이나 노숙까지 이르지 않은 사람들이라 해도 IMF관리체제 아래에서의 고용불안도 극심했습니다. 통계청 조사에 의하면 1998년 10월의 전체근로자 1218만명 중 일용직은 194만 5000명으로 전달에 비해 2만 2000명, 임시직은 401만 8000명으로 8만 7000명이 늘어난 반면, 상용직은 621만 7000명으로 3만명이 줄었습니다.

이후 비정규직문제가 사회문제로 크게 대두했는데, 바로 IMF관리체제를 겪은 영향이었습니다. IMF관리체제가 가져온 후유증으로는 서민층의 빈궁화 외에도 중산층의 몰락과 부익부 빈익빈 현상인 양극화가 심화된 점을 들 수 있습니다.

고도성장 과정에서 급속한 소득증가에 따라 중산층으로 발돋움해온 계층이 'IMF사태'로 대규모 기업부도와 금융계 및 기업의 구조조정에 따른 대량실직과 감봉 등으로 급격히 몰락해간 것입니다.

이후 부익부 빈익빈의 양극화문제 역시 심각한 사회문제로 나타났는데 이것 역시 IMF관리체제의 후속 영향이었습니다.

IMF관리체체 아래서 소득이 가장 낮은 하위계층 20%의 소득은 평균치인 14.4%보다 훨씬 높은 24.4%가 감소한 데 비해, 소득이 가장 높은 상위계층 20%의 소득은 8.0% 감소하는 데 그쳤습니다. 고소득층은 연 30%가 넘는 고금리로 금융소득이 크게 증가했습니다.

부동산 등의 자산가치가 폭락하면서 중산층이 생계를 위해 내어놓은 부동산을 고소득층이 대부분 매수함으로써 빈익빈 부익부 현상이 급격히 심화돼갔습니다.

비록 IMF관리체제를 벗어났고 기업과 공공부문의 구조조정도 어느정도 이루어졌지만, 2000년대 이후에도 노숙자는 사라지지 않았습니다.

중산층 몰락 사태는 여전해서 양극화현상은 해소되지 않았으며, 특히 청년실업자의 비율은 줄어들지 않았습니다. IMF관리체제의 해독이 그만큼 컸던 것입니다.

김대중은 야당지도자일 때부터 국민·기업·노동자의 경제운영 공동참여, 공정한 소득분배 등을 골자로 하는 '대중참여경제론'을 주장했습니다. 시장원리에 입각한 자유경쟁체제를 보장하면서도 노사간 소득분배의 불균형을 해결하고 분배정의를 실현하려는 경제정책이었다고 하겠습니다.

그러나 그는 대통령 당선자 때부터 김영삼정권이 빠지고만 IMF관리체제의 수렁에서 벗어나야 하는 어려운 과제를 떠안아야 했습니다.

수렁에서 벗어나는 길이 노동자와 중산층의 파멸적 희생을 댓가로 하는 신자유주의적 방법밖에 없었다는 현실에 대중참여경제론을 주장한 김대중정권의 역사적 불행이 있었다고 할 수 있습니다.

민족통일의 신기원이 열렸습니다

　우리 민족의 현대사, 즉 20세기 후반기의 역사는 분단시대사 그것입니다. 불행한 민족분단의 과정은 흔히 세 단계를 통해 이루어졌다고 합니다. 해방과 함께 38도선이 그어진 것이 첫 단계인 국토분단이며, 1948년 한반도에 두개의 국가가 성립된 것이 둘째 단계인 국가분단이고, 6·25전쟁으로 남북 주민이 동족이 아닌 적으로 변한 것이 셋째 단계인 민족분단입니다.

　2차대전 후 분단된 베트남은 전쟁통일을 했고, 독일은 흡수통일을 했지만, 한반도는 6·25전쟁으로 통일도 흡수통일도 되지 않았습니다. 지정학적 조건이 다른 점에 주된 원인이 있습니다.

　그래서 고안된 것이 '협상통일' '대등통일' 방안이었고, 그것이 구체화된 것이 6·15 남북공동선언이라 할 수 있습니다. 남북이 화해와 협력을 통해 통일하자는 이 선언으로 남북은 서로를 적이 아닌 민족으로 인정하기 시작하는 민족통일이 시작된 것입니다.

　6·15 공동선언 후 남북간 사람의 왕래가 크게 늘고 개성공단이 조성되는가 하면 6·25전쟁으로 끊긴 남북간 철로가 연결되었고, 금강산과 개성지역의 육로 관광길이 열리기도 했습니다. 국토의 통일이 시작된 것입니다.

　'협상통일'은 베트남의 전쟁통일이나 독일의 흡수통일과 달라서 하루아침에 이루어지는 것이 아니라, 서로의 체제를 인정하면서 평화적으로 서서히 이루어지게 마련입니다. 국가의 통일은 제일 뒤에 오겠지요.

　김대중정권이 성취한 6·15 남북공동선언은 우리 역사를 남북대결의 20세기 분단시대사와 남북화해협력의 21세기 평화통일시대사로 나눈 분수령이었다고 하겠습니다.

1. 화해협력정책이 정착되어갔습니다

6·15 공동선언의 길이 열렸습니다

야당지도자 시절에 남북연합단계와 남북연방단계 그리고 완전통일 단계의 '3단계통일론'을 제기한 바 있는 김대중은 대통령취임사에서 대북정책 추진원칙으로 상호 무력불사용과, 흡수통일 배제 그리고 남북간의 화해협력 추진의 3대원칙을 표방했습니다.

김대중정부는 평화통일 기반조성을 위한 7개 목표로 ㉠'남북기본합의서' 이행 ㉡정경분리원칙에 의한 적극적 경제협력 ㉢민족동질성 회복을 위한 사회문화교류협력 활성화 ㉣이산가족재회 및 서신왕래 실현 ㉤남북 주도의 평화체제 구축 ㉥경수로사업 추진 ㉦국민적 합의에 의한 통일정책 추진을 내세웠습니다.

그러나 북한정부는 김대중정부가 주한미군 철수에 부정적이며 국가보안법과 안전기획부를 폐지하지 않은 점 등을 들어 남북관계 개선에 부정적이었습니다.

김대중정부와 북한정부와의 최초 접촉이었던 뻬이징(北京) 남북차관급회담도 별 성과없이 끝났습니다. 김대중정부가 내세운 햇볕정책을 북한은 뒤집어놓은 흡수통일정책으로, 반북통일정책으로 규정하기도 했습니다.

그러다가 전부터 금강산관광사업을 추진해 북한정부와 금강산개발 의정서를 체결한 바 있던(1989) 현대그룹 회장 정주영(鄭周永)이 소 500 마리를 끌고 판문점을 거쳐 입북했고(1998. 6), 같은 해 10월에도 소 501 마리와 함께 입북하는 그야말로 세계를 놀라게 한 일이 벌어졌습니다.

그리고는 곧 관광객 826명 등 1418명을 태운 현대그룹의 금강산관 광선이 강원도 동해항에서 북녘의 장진항을 향해 떠났습니다(1998. 11. 18). 분단 후 처음 있는 일이었습니다.

첫 금강산관광선이 출발한 지 불과 이틀 후에 서해상에 간첩선이 출 몰하는 일이 있었지만, 몇시간 뒤 동해상에서는 두번째 금강산관광선 이 예정대로 출발했습니다.

그렇다 해서 남북관계가 순조롭게 호전되기만 한 것은 아니었습니 다. 6·15 공동선언이 있기 1년 전에도 6·25전쟁 후 최대의 무력충돌 인 서해상 남북해군함정간의 충돌이 있었고(1999), 이에 따라 북방한계 선(NLL)의 법적지위와 정전체제 문제가 현안으로 부각되기도 했습니다.

마침내 6·15 공동선언이 선포되었습니다

2000년에 들어서면서 김대중정부는 남북경제공동체 구성을 제의했 고, 나아가서 북한에 대한 경제원조 제의와 한반도의 냉전구조 해체와 항구적 평화 및 남북간 화해·협력을 내용으로 한 '베를린선언'을 발표 했습니다.

곧 평양에서의 남북정상회담이 합의되었음이 발표됐고(2000. 4. 10), 분단 후 처음으로 평양학생소년예술단의 서울 공연이 있었으며, 마침 내 수행원 130명과 취재기자 50명으로 구성된 대표단이 직항로를 이 용해 평양에 도착했습니다.

그리하여 모두 5개 조항으로 된 역사적 '6·15 남북공동선언'이 발 표되었습니다. 그 내용을 요약하면 다음과 같습니다.

　첫째 남북 합심에 의한 자주적 통일, 둘째 남측의 연합제통일안과
북측의 '낮은 단계'의 연방제통일안 사이의 공통성 인정, 셋째 이산가
족 방문단 교환과 비전향장기수 문제의 해결, 넷째 민족경제의 균형적
발전과 사회문화 등 제분야의 협력과 교류 활성화, 다섯째 이같은 합
의사항의 조속한 실천을 위한 당국간 후속 대화 개최였습니다.

　공동선언 중 평화적·자주적 통일안은 7·4 공동성명에서 이미 합의
된 내용이었고, 이산가족 방문단 교환이나 경제협력 및 교류활성화 문
제 등도 '남북 사이의 화해와 불가침 및 교류·협력 합의서'(1991. 12. 13)
에서 이미 합의된 것이었습니다.

　최초로 이루어진 남북정상회담의 산물인 '6·15남북공동선언'은 그
둘째 조항에서 연합제 통일방법과 '낮은 단계' 연방제 통일방법 사이
의 공통성을 인정함으로써 7·4 공동성명 이후 평화통일을 표방하면서
도 계속 평행선을 달리기만 하던 남북통일안 사이의 합치점을 구하려
했다는 점에서 큰 의의가 있다고 하겠습니다.

　1972년의 7·4 공동성명은 6·25전쟁 경험으로 무력통일이 불가능함을 인식
한 결과 나온 평화통일론이었고, 1991년의 남북합의서는 남북 각각이 독일의 흡

수통일에 대응해 나온 불가침조약이었다고 할 수 있지요.

그렇다면 6·15 공동선언은 남북을 막론하고 한반도의 경우 무력통일은 물론 흡수통일도 불가능함을 인식하고, 남북공존과정을 인정하면서 연합제와 연방제 사이의 공통점을 모색하는 데까지 나아간 선언이라 할 수 있을 것입니다.

6·15 남북공동선언은 7·4 공동성명이나 남북합의서 교환에도 불구하고 실제로 적대와 대결로 일관하던 남북관계를, 화해와 협력을 바탕으로 남북의 공존과정을 인정하면서 통일의 길로 나아가게 한 결정적 계기를 마련한 선언이라 하겠습니다.

7·4 공동성명이나 남북합의서가 군사정권 아래서의 평화통일 방안들이었고, 따라서 남북대결 상황을 현실적으로는 크게 개선할 수 없었던 반면, 두번째 성립한 민주정권이 생산한 6·15 공동선언은 남북대결 관계를 실제로 해소하는 계기를 만들었다고 할 수 있습니다.

6·15 공동선언 후 곧 남북장관급회담의 정례화가 합의되었고, 서울과 평양을 오가면서 때론 금강산에서 장관급회담과 군사회담·경제회담·적십자회담 등이 잇따라 열렸습니다.

그 결과 이산가족 상봉이 성사됐고 비전향장기수 63명이 북송되었으며, 재일 '조총련' 소속 동포들의 고향방문이 이루어졌습니다. 그리고 6·25전쟁으로 운행이 중단되었던 경의선 복원과 도로 연결이 합의되고 이를 위한 비무장지대의 지뢰 제거에도 서로 합의했습니다.

특히 제3차 장관급회담에서는(2000. 9. 27) 경제분야의 교류협력을 확대하기 위한 '남북경제협력추진위원회' 설치가 합의됐습니다.

그 제1차회담에서는(12. 28) 남북전력협력 문제, 임진강수역 수해방지사업, 개성공업단지 건설, 경의선철도와 도로 연결 등이 협의되었습니다.

제4차 장관급회담에서는(2000. 12. 12) 투자보장, 청산결제, 상사분쟁, 이중과세방지의 4개분야합의서 서명이 이루어졌습니다.

4개분야합의서는 상대지역에서 자유롭게 기업활동을 하고 그에 따

남북장관급회담 우리측 통일부 장관과 북측 내각책임참사가 참석하는 남북회담이다. 남북공동선언 이행과 실천과정에서 제기되는 제반문제를 협의·해결하는 중심적 협의체로서 여타 분야에서 개최된 회담들의 합의사항 이행을 총괄·조정·지원해나가는 역할을 수행한다.

른 불이익을 받지 않도록 보장하는 데 초점을 맞춘 것입니다. 투자보장합의서는 남북이 상대방에 최혜국대우를 보장하며 투자관련 자금을 자유롭게 송금하도록 보장한 것입니다.

6·15 공동선언이 6·25전쟁 후 반세기 동안 얼어붙었던 남북관계를 얼마나 녹여놓았는지 알 만하지 않습니까. 그것은 평화통일의 시발점이었습니다. 6·15 남북공동선언을 성공시킨 대통령 김대중은 그 공로로 민족사상 처음으로 노벨평화상을 수상했습니다(2000. 10).

2. 6·15선언 후 한미·북미 관계가 변해갔습니다

주한미군지위협정이 개정되기 시작했습니다

1980년의 광주민중항쟁 이후 남한 역사상 처음으로 미국문화원 점거 등 반미운동이 일어났지만, 그것은 대학생 등 일부 의식층에 한정된 것이었습니다.

2000년대로 들어오면서 남북관계가 화해협력관계로 변하면서 한미관계에도 일정한 변화가 나타나기 시작했습니다. 우선 주한미군지위협정 개정운동으로 나타났습니다.

이 협정은 6·25전쟁 초기의 '6·25 참전 미군지위와 권한보호에 관한 대전협정'에 근거했고, 그후 한미상호방위조약이 체결되자(1954) 그것에 근거하여 '주한미군지위협정'이 체결되고 발효되었습니다(1967). 여기에는 주한미군에 대한 한국의 재판관할권, 형사재판권, 노무, 관세 등이 규정되었습니다.

협정이 체결된 지 20여년이 지나면서 여러 독소조항이 문제되었고 미군 피의자에 대한 형사재판권 자동포기조항 등은 삭제되었습니다(1991).

그럼에도 미군의 한국여인 살해사건(1992), 지하철내 한국인 집단폭

주한미군지위협정 한국과 미국 간의 상호 방위조약 제4조에 의한 시설과 구역 및 대한민국에서의 합중국 군대의 지위에 관한 협정의 약칭으로 한미 SOFA (Status of Forces Agreement)라고도 불린다. 국제법상 외국군은 주둔국의 법을 따라야 하지만 두 나라 법률의 범위내에서 일정한 특권과 면제를 제공받을 수 있다. 이는 파견국과 체류국 간에 주둔군지위협정 (SOFA)의 체결로 보장된다. 미국은 일본, 호주, 그리스 등 40여개 국가와 SOFA를 맺고 있는데 한미 SOFA는 다른 나라에 비해 불평등한 협정으로 평가받고 있다.

행사건(1995) 등이 일어나면서 한미 SOFA 개정운동이 일어나기 시작했습니다.

개정운동이 그다지 효과를 보지 못하다가 술집 여종업원 살해사건 용의자인 미국병사가 호송 도중 미군기지로 도망한 사건을(2000)을 계기로 한미 SOFA개정운동이 다시 촉발되었습니다.

그리고 미군전폭기의 사격으로 화성군 매향리 주민이 장기간 피해를 입게 되자 녹색연합 등 시민단체의 운동이 다시 격렬해졌습니다.

한미양국은 SOFA 개정협상을 재개하여 '외국수준'으로 개정한다는 데 합의하고 지금까지 '재판종결 후'로 되어 있던 미군 피의자의 한국 측으로의 신변인도 시점을 살인 강간 마약거래 뺑소니 등 중요 12개 범죄피의자의 경우 '기소시점' 인도로 앞당기게 되었습니다.

6·25전쟁 때 미국에게 넘겨진 전시작전통제권이 아직도 회수되지 못하고 있긴 하지만, 오랫동안 차별적이며 불리하게 되어 있던 한미 SOFA협정이 '외국수준'으로 개선된 것은 2000년대 이후 미국과의 특수관계를 어느정도 청산하고 한미관계를 정상적 국제관계로 가져가려는 '탈미(脫美)'현상의 결과라 할 수 있을 것입니다.

여중생 죽음으로 '탈미'운동이 일어났습니다

해방 후부터, 특히 6·25전쟁을 계기로 '특수'관계에 있던 한미관계를 정상적 국제관계로 바꾸려는 운동, 물리적 반미운동이라기보다 평화적 탈미운동이 활성화된 또 하나의 계기는 두 여중생이 미군장갑차에 치여 사망한 사건으로 펼쳐진 거대한 '촛불시위'를 들 수 있습니다.

두 여중생의 죽음에 미군측은 사과 한마디 없이 "적법한 작전수행 과정에서 일어난 공무중 사고이므로 한미 SOFA 규정상 미군측의 형사적 책임이 없다"는 이유로 두 여중생을 사망케 한 두 미군병사를 무죄판결했고, 이에 전국민적 반발이 무섭게 일어났습니다.

유족과 미군범죄근절운동본부 등 시민사회단체들이 함께 '여중생

사망사건 범국민대책위원회'를 발족해 책임자 처벌과 철저한 진상규명을 촉구했습니다.

의정부지역 미군 제2사단 앞에는 연일 미군을 규탄하는 시위가 벌어졌고, 책임자 처벌을 넘어 미국대통령의 공개사과와 미국의 형사재판권 포기를 요구하기에 이르렀습니다.

미국이 한국법무부의 재판권 이양을 거부하자 '범국민대책위원회'에 의한 전국동시다발시위가 벌어졌고 대학생의 미국대사관 기습시위 및 미군기지 진입시도 등 물리적 반미운동이 일부 일어나기도 했습니다.

그러나 이같은 물리적 운동보다 한 네티즌의 제의로 시작된 평화적 '여중생추모촛불시위'가 더욱 치열했습니다. 서울 광화문에서 시작된 촛불시위에는 국민 각계각층이 대거 참가했고, 그야말로 전국민적 시위로 번져갔습니다.

2002년 12월 14일에는 서울에만 5만명이 넘는 시민들이 손에손에 촛불을 들고 미국대사관으로 몰려가 항의했으며, 이 광경은 전세계 언론들에 보도되었습니다. 그리고 촛불시위는 미국과 유럽 등지의 해외 동포사회에도 번져갔습니다.

이 거대한 촛불시위는 역사적 의미를 가진다고 생각합니다. 해방공간, 특히 6·25전쟁 때부터 한미관계는 정상적 국제관계가 아니었습니다. 그것이 전쟁 후 50년이 지나고, 또 6·15 공동선언으로 남북관계가 변하면서 한미관계도 한영관계나 한불관계 같은 정상적 국제관계로 변해야 한다는 인식이 일반화해간 것입니다.

특히 6·15 공동선언으로 시작된 남북간의 화해협력관계가 정착하기 위해서는, 그리고 평화통일의 길로 나아가기 위해서는 무엇보다도 한미관계가 정상적 국제관계로 변해야 한다는 역사인식상의 변화가 있었고, 이것이 '탈미'운동으로서 거대한 촛불시위로 나타난 것이라 할 수 있습니다.

북미 · 북일 관계가 나빠져갔습니다

6·15 남북공동선선 후 한때는 북미관계도 원만해져서 북한의 조명록(趙明祿) 국방위원회 제1부위원장이 미국을 방문하고, 미국의 올브라이트(M. Albright) 국무장관이 평양을 방문하여 외교대표부 개설문제를 논의하기도 했습니다(2000. 10). 남북관계와 북미관계가 함께 순항할 조짐이었습니다.

그러나 미국에서 민주당 클린턴(B. Clinton)정권 뒤에 공화당의 부시(G. W. Bush)정권이 들어서면서(2001. 1) 대북정책이 강압정책으로 바뀌었고 이와 함께 북미관계도 나빠져갔습니다.

특히 제임스 켈리(James A. Kelly) 미국대통령 특사가 방북한 후(2002. 10) 북한의 핵문제가 표출되었고, 뒤이어 한반도에너지개발기구(KEDO)의 대북 중유공급이 중단되었습니다(2002. 11).

이에 북한은 핵확산금지조약(NPT) 탈퇴를 선언했으며(2003. 1), 이어 국제원자력기구(IAEA)가 북핵문제의 유엔안전보장이사회 회부를 결정함으로써(2003. 2) 북미관계가 악화하고 한반도 핵위기가 다시 고조되었습니다.

미국은 북한이 우라늄 농축방식으로 핵무기 개발을 재개했다고 주장했고, 북한은 이같은 주장을 일축하면서 미국이 중유공급을 중단하고 대북제재를 추진함으로써 제네바합의를 유린했다고 맞섰습니다.

미국은 북한의 우라늄 농축방식에 의한 핵무기개발 증거를 제시하지 못했고, 러시아는 미국의 주장에 의혹을 나타내기도 했습니다.

이후 북한은 핵시설 동결해제를 선언하고(2002. 12) 국제원자력기구에 봉인 및 감시카메라 철거를 요청한 후 마침내 핵확산금지조약을 탈퇴하기에 이르렀습니다(2003. 1).

북한은 미국에 지속적으로 불가침조약 체결을 요구했고, 미국은 이를 거절하면서 북한을 압박했습니다. 그러다가 북한의 저항이 거세지자 불가침에 대한 문서보장이 가능하다는 데까지 물러서기도 했습니다(2003. 1).

한편 일본은 코이즈미(小泉) 총리가 평양을 방문하여 식민지배에 대한 통절한 반성과 사죄, 빠른 시일 안의 국교정상화 등을 주요내용으로 하는 평양선언을 발표(2002. 9. 17)함으로써 북일수교협상이 급진전될 것 같았습니다.

그러나 북핵문제의 부상으로 북미관계가 어려워지자, 납치문제에 대한 일본내의 여론도 함께 들끓으면서 북일수교도 수렁에 빠지고 말았습니다.

6·15 공동선언 후 남북관계가 화해협력관계로 바뀐 데 반해 북미관계는 최악의 길로 치닫게 됨으로써 김대중정부는 어려운 처지에 빠졌습니다. 미국의 부시정권은 남북관계 진전에 제동을 걸면서 실제로 속도조절을 요구했습니다.

미국은 6·15 공동선언 이후에 진행된 남북관계 진전과 한미관계 변화에 불안을 느꼈다고 할 수 있겠지요. 그러나 한반도지역이 냉전체제에서 벗어나기 위해서는 남북관계와 한미관계에 변화가 와야 함은 당연한 일일 것입니다. 세기가 변하면 사람들의 인식이 달라지고 국제관계도 변하기 마련입니다.

강의를 마치면서

1. 20세기 전반기 우리 역사를 어떻게 봐야 할까요

우리 민족의 20세기는 한마디로 말해서 불행한 세기였습니다. 그 전반기는 일본의 강제지배를 받은 시기였고, 그 후반기는 민족이 남북으로 분단되어 서로 싸우거나 대립한 시기였습니다.

그러면서도 우리 민족사회가 2차대전 후 식민지배에서 해방된 민족사회 중에서 어느정도 선두그룹에 서 있는 것은, 오랜 역사시대를 통해 다져온 문화적 저력 덕분이라고 앞에서 이미 말했습니다.

식민지배에서 해방된 민족사회의 역사학은, 그동안 훼손된 민족적 주체성과 자존심을 회복하기 위해, 상당한 기간 주로 민족해방운동사 연구와 교육에 치중하기 마련입니다.

해방 전과 해방 후 제1세대 역사학자들은 민족해방운동사 연구를 하지 못했지만, 1960년대 이후 제2세대 제3세대 학자들이 좌우익 민족해방운동사 연구에 치중한 것은 그 때문이지요.

민족해방운동사의 연구와 교육을 통해 민족적 자존심이 어느정도 회복되고 나면, 냉정히 그리고 차분하게 왜 우리 민족사회가 식민지로 전락했는가 하는 문제를 구명하기 마련입니다. 우리 역사학은 이제 그 단계에 들어가야 하지 않을까 합니다.

그런데 요즈음에 일본과 국내의 일부 학계에서 조금 '엉뚱한' 일이 벌어지고 있습니다. 20세기 전반기 일제강점 시대에도 경제개발이 일정하게 이루어졌고, 그것이 해방 후 남한경제 발전의 밑거름이 된 것처럼 말하는 것입니다.

즉 자본주의적 물량적 경제개발에 초점을 맞추어 역사를 보는 경우, 식민지시대건 해방 후의 시대건 상관없이 역사 자체가 하나의 연결선상에 있다는 식의 이야기입니다. 그 시대 그 민족사를 담당하고 운영한 주체가 누구였건 상관없다는 것이지요.

가닥은 좀 다르지만, 일본에서는 요즈음 이른바 '신자유주의사관'이라는 것이 강세를 취하고 있습니다. 19세기 후반기 이후 일본의 한반도 및 중국대륙 침략에 대해, 그 침략성 자체를 부인하고 오히려 자위책(自衛策)으로 봐야 한다는 저들의 움직임과 우리 사회 일각의 이같은 논의가 때를 같이하고 있다는 점이 걱정됩니다.

역사를 이같은 '식민지개발론'적 시각에서 보면, 일제강점 시대 우리 민족해방운동전선의 노선과 투쟁실적은, 어쩔 수 없이 조선총독부에 의한 경제발전을 저해한 반역사적 행위로 되고 말 것 같아서지요.

역사적 안목에서 보면 문화민족일수록, 남의 식민지로 전락한 경우 그 민족사회가 당면한 절대·최고의 과제는 무엇보다도 민족해방 그것이었습니다. 그 절대·최고의 과제를 수행한 일이 반역사적일 수 없는 것입니다.

지금도 그런 면이 있지만, 아직 고전적 제국주의가 세계사를 주름잡고 있던 20세기 전반기의 경우, 어느 한 민족사회의 역사를 그 민족 스스로가 주체가 되어 영위하는가, 타민족이 주체가 되어 영위하는가 하는 문제는 대단히 중요한 일이었습니다.

특히 일본과 조선의 경우처럼 식민지 지배민족과 피지배민족이 수천년 동안 같은 문화권 안에서 살아왔고, 따라서 두 민족사회의 문화적 수준차이가 크지 않았을 때는 더욱 그렇지요.

본 강의에서도 여러 번 말했지만, 어느 한 민족사회의 한 시대의 역사를 제 민족이 아닌 다른 민족이 주도적으로 영위하는 경우, 그 역사 영위의 목적 전체가 지배민족 중심으로 될 뿐만 아니라, 그런 지배목적을 위해 피지배민족의 역사적 주체성과 민족적 자존심은 철저히 파괴되기 마련입니다.

그런데도 제국주의 침략자들이 식민지를 효과적으로 경영하기 위해 길을 닦고 철도를 놓고 공장을 세웠던 것에 대해, 오늘의 역사학이 제 민족이 역사를 영위했으면 그런 일을 전혀 할 수 없었을 것처럼 생각하고, 식민지배당국에 의한 '경제개발'의 성과에 역사성을 인정하려는 것은, 그야말로 본말이 전도된 역사인식이라 하겠습니다.

피지배기간을 통해 민족의 주체성과 자존심이 철저히 훼손되었고, 피지배기간을 통해 근대적 국가경영 경험에서 철저히 배제되었으며, 민족성을 가진 자본의 축적이 완전히 봉쇄되었습니다.

그 위에 제국주의 침략자들과 반민족행위자들에 의해 마치 민족자결 능력 및 역사창조 능력이 없는 민족인 것처럼 국내외에 널리 선전되었습니다. 그런 사실들이 효율적 식민지배를 위해 이루어진 약간의 '경제개발'보다 더 중요한 것인가를 제대로 구분할 수 있는 역사인식이 요구됩니다.

가령 20세기 전반기를 통해 일본제국주의자들이 조선을 강점해서 철도 100킬로미터를 놓았는데, 그 기간에 조선사람들 스스로가 놓았다면 50킬로미터밖에 못 놓았다고 합시다.

그래도 일본인들이 놓은 철도는 식민지 경영상의 이익을 위해 그들이 놓은 것이며, 조선사람이 놓은 철도는 조선사람의 이익을 위해 조선사람들의 능력으로 놓아진 것입니다. 철도 길이만 가지고 그 역사적 의미를 말할 수 있을까요?

그뿐만이 아닙니다. 일제강점시대 35년간을 통해 제국주의 일본이 식민지 조선을 경영하는 데 얼마를 투자했으며, 반대로 35년간 일본은 조선에서 얼마만큼의 자원을 가져갔는가를 철저히 따져야 합니다.

그리고 조선사람에게 얼마만큼의 세금을 거두었는가, 조선과의 독점교역에서 얼마나 이익을 보았는가, 철저한 '손익계산'을 해봐야 할 것입니다. 역사상 손해를 보면서 식민지를 지배한 제국주의가 있었는가를 따져봐야 할 것입니다.

지금까지의 우리 20세기 전반기 역사는, 주로 일본제국주의자들이 우리 민족을 얼마나 압박하고 약탈했으며, 그것에 대해 우리 민족은 또 얼마나 저항하고 싸웠는가에 초점을 맞추어 씌어지고 가르쳐졌다고 하겠습니다. 식민지배에서 벗어난 민족사회의 역사학은 일반적으로 그러기 마련이지요.

2차대전 후 해방된 민족사회 중에서도 분단과 민족상잔 등을 겪었음에도, 경제적으로 어느정도 발전하자, 그것이 마치 일본의 지배를 받은 결과인 것처럼 오해하고 '식민지개발론'이니 하는 말을 하는 이들이 나오게 되었습니다.

박정희정권의 경제개발을 설명한 강의에서도 말했지만, 1960년대의 경제성장을 역사적 관점에서 보면, 일제강점기나 박정희정권의 경제개발 결과이기에 앞서서, 오랜 역사시대를 통해 쌓인 우리 민족사회의 문화적 역량이 이 시점에 와서 발휘된 결과라 봐야 할 것입니다.

어느 한 민족사회의 옳은 의미의 경제개발은 제 이익추구가 앞서기 마련인 타민족의 주도에 의해 이루어질 수 없으며, 제 민족이라 해도 집권층 몇 사람, 특히 독재권력의 능력이나 지도에 의해 기적적으로 이루어지는 것이 아닙니다.

그 민족사회가 오랜 기간에 걸쳐 온갖 고난을 겪으면서 축적한 정치·경제·사회·문화적 역량이 일정한 시기에 집중 발휘되어 이루어진 개발이요 발전이라 보는 것이 더 역사적인 관점이라 할 수 있지요.

20세기 전반기 일제강점 시대의 우리 역사를 침략과 저항의 역사로만 보는 것은 너무 단순한 관점이라 생각할 때가 된 것도 인정해야 합니다. 일제강점 시대의 조선사람들이 모두 저항만 하고 산 것은 아니니까요. 구체적으로 무엇을 생각하고 무엇을 하며 어떻게 살았는가를 밝히는 생활사 연구가 더 이루어져야 할 것입니다.

그렇지만, 20세기 전반기는 제국주의 일본이 한반도를 식민지배한 기간입니다. 제국주의 침략국가에는 무엇보다도 자국의 이익이라는 엄연한 식민지배 목적이 있습니다. 그것을 도외시한 역사인식은 곤란합니다.

그리고 식민지 피지배민족에게는 무엇보다도 그 지배에서 벗어나는 일이 절체절명의 과제입니다. 제국주의시대에 대한 역사인식에서는 이 두 문제가 무엇보다도 앞서야 하고 또 중심적이어야 할 것입니다.

2. 20세기 후반기 우리 역사는 또 어떻게 봐야 할까요

20세기 후반기는 민족이 해방되었으면서도 통일민족국가를 수립하지 못하고 분단되었으며, 통일을 목적으로 한 민족상잔을 겪었을 뿐 통일에는 실패했습니다. 이후 남북이 극도로 대치한 가운데서도 평화통일론이 정착돼왔다는 점을 주목해야 할 것입니다.

20세기 후반기 우리 민족사 인식에서 가장 큰 문제는 왜 분단되었는가 그 원인을 찾는 일입니다. 본 강의에서도 그 원인을 밝히려 노력했지만, 민족사회 내적 원인과 외적 원인을 모두 공정하게 파악할 수 있어야 합니다. 종래는 외인론에 더 치우치고 이를 강조하는 경우가 많았던 반면, 내인은 상대적으로 소홀히 다루어졌다고 생각합니다.

외인만 강조하고 내인을 소홀히 다룬다면, 앞으로 통일을 추진하는 과정에서 민족의 주체적 능력을 강화하고 민족 외적 장애를 극복해나가는 데 도움이 되는 역사인식이 못 될 것입니다.

외세 작용이 분단의 주된 원인이니 통일도 외세가 주된 역할을 해야 한다는 논리가 서면 그야말로 비주체적 어불성설이 되겠지요.

6·25전쟁을 침략전쟁으로만 보고 어느 쪽이 먼저 침략했는가를 밝히는 데 초점을 맞추는 역사인식은 역시 남북 대립적 역사인식 및 냉전논리 중심의 역사인식이라 할 것입니다.

이 전쟁을 통일전쟁으로 보고, 한반도의 지정학적 위치가 주된 원인이 되어 민족 내전이 국제전으로 확대되었으며, 그 결과 전쟁의 방법으로는 한반도가 통일될 수 없었다는 사실을 옳게 인식함으로써, 평화통일론의 타당성을 높이는 역사인식이 중요하다는 생각입니다.

2차대전 후의 세계사가 자본주의 '종주국' 미국과 사회주의 '종주국' 소련의 대립구도로 되었고, 따라서 그 대립의 전초기지의 하나였던 한반도는 남북분단과 대립상황이 계속될 수밖에 없었다고 칩시다. 민족사회 내적 역량문제가 논외로 됩니다만.

그렇다 해도 미·소의 냉전대립구도가 무너지고 난 후의 한반도에서 왜 남북 대립상황이 그대로 계속되고 있는가, 한반도의 남북대립상황은 이데올로기 때문만이 아니지 않은가, 그렇다면 21세기에 들어가서 한반도는 어떻게 되겠는가, 하는 문제들을 생각하지 않을 수 없습니다.

20세기 후반기 우리 역사에 대한 이해에서 중요한 또 하나의 문제는 분단 반세기가 넘도록 왜 통일되지 않았는가, 그 반세기 동안 통일문제는 얼마나 진전되었는가, 20세기를 넘기는 시점에서 통일문제는 어디까지 와 있으며 어떻게 될 것인가 하는 문제들이라 하겠습니다.

본 강의에서도 그때마다 말했지만, 분단 반세기 동안 통일문제에 진전이 없었던 것은 아닙니다. 6·25전쟁이 있던 1950년대에는 무력통일 기도가 실패한 후유증으로 평화통일론이 정착되지 못했지만, 4·19'혁명'이 평화통일론을 여는 하나의 기폭제가 되었습니다.

5·16 후 박정희 군사정권의 평화통일세력에 대한 가혹한 탄압이 있었지만 역사는 발전하기 마련입니다. 1970년대 들어서 남북정권들은 7·4 공동성명을 통해 평화통일론을 제시하지 않을 수 없었고, 이후 그

것이 정착되어갔습니다.

전쟁통일은 물론 흡수통일도 아닌, 상당기간 남북 두 정권과 체제를 그대로 두면서 천천히 통일해가는 방법을 남북 양측이 인정하는 '남북합의서'가 교환되고 또 '6·15 남북공동선언'이 채택되었습니다.

본 강의에서 이 '합의서'와 '공동선언'에 대한 남북 두 정권의 충실한 실천만이 남은 과제라 말했습니다. 이 '합의서'와 '공동선언'에 따른 통일은 무력통일은 물론 흡수통일도 아닌 점진적·호혜적·양보적·대등적 통일을 말합니다.

통일문제는 일단 20세기를 넘기는 시점에서 '합의서'와 '공동선언'의 채택을 통해 그 방법론이 확정되는 데까지 진전했다고 할 수 있습니다. 이 '합의서'와 '공동선언'은 우리 역사의 20세기와 21세기를 구분하는 분수령이 되었다고 할 수 있겠지요.

수많은 역사적 역경 속에서도 우리는 어느 정도의 경제적 발전을 이루었습니다. 그 경제발전을 20세기 후반기 역사의 중심축에다 놓고 보려는 역사인식도 있을 수 있겠지만, 이 시기 우리 역사인식의 중심축은 역시 정치·경제·사회·문화적 민주주의 발전과 통일문제의 진전 여부에 있다고 하겠습니다.

따라서 20세기 후반기 우리 민족사에 대한 평가기준은, 남북 두 정권을 비교하는 평가건, 남쪽 각 정권끼리만의 비교평가건, 그 기준과 잣대는 정치·경제·사회·문화면의 민주주의 발전 정도와 평화통일 문제의 진전 정도에 두어야 할 것입니다.

3. 21세기 우리 역사를 어떻게 전망할 수 있을까요

21세기의 문제로서, 남북 중 어느 한쪽이 무너지는 통일이 아니라 양쪽의 합의에 의한 통일이 이루어질 때, 남의 자본주의체제와 북의 사회주의체제가 어떻게 하나로 될 수 있을 것인가 하는 문제에 대한 질문이 많습니다.

20세기 후반기를 통해서 남북에 실재하는 자본주의체제와 사회주의체제의 대립문제, 그것에 너무 얽매여서 21세기 민족사의 행방을 전망할 필요는 없다고 봅니다. 20세기적 상황과 21세기적 상황은 다르니까요.

20세기를 넘기는 시점에서 국가사회주의체제가 무너진 것을 보고, 성급하게 '역사의 종언'을 말한 사람도 있었습니다. 그러나 21세기 세계사가 국가사회주의체제가 무너진 후의 자본주의체제, 즉 '시장원리'만을 강조하는 신자유주의가 독주하는 그런 세기가 되리라 생각하기는 어렵습니다.

20세기 전반기 세계사적으로 자본주의체제가 크게 위협받았을 때 그 위기를 구제한 것은 노동고용과 사회복지 문제 등에서 크게 양보한 사회민주주의의 등장이었습니다. 국가사회주의가 무너진 원인이 사회민주주의의 활성화에 있다는 관점도 있습니다.

21세기에 들어가서도 세계사는 정치·경제·사회·문화면의 민주주의가 끊임없이 발전하는 방향으로 계속 전진해갈 것입니다. 국가사회주의의 도전이 없어짐으로써 '방자해진' 신자유주의가 특히 민주주의 발전에 역행하는 경우 반드시 저항을 받을 것입니다.

21세기에 들어가서 점진적 통일을 이루어야 할 우리 민족사회의 경우도, 현재의 남북이 가지고 있는 어느 하나의 체제로 통일되어야 한다고 보아서는 안되겠지요.

설령 남쪽 중심의 자본주의체제로 통일이 된다 해도, 지금 남쪽 사회의 수준보다 정치·경제·사회·문화면의 민주주의가 훨씬 더 전진한 상황에서 통일되어야 할 것이며, 북쪽 체제의 경우도 마찬가지임은 말할 나위가 없습니다.

세계사가 21세기에 들어선 시점에서도 자본주의체제와 국가사회주의체제가 대립하고 투쟁하기만 했던 지난 20세기적 상황에 얽매여, 민족문제 및 통일문제 해결의 희망을 못 가진다면 불행한 일입니다.

지금은 지난 20세기적 자본주의체제와 사회주의체제가 어떻게 평화롭게 통일될 수 있겠는가 걱정하기보다, 남북 사이의 적대의식을 해소하고 한반도의 평화를 적극적으로 정착해가야 할 때라고 생각합니다.

한편, 우리 민족의 통일문제는 민족사회 내부조건만으로 해결될 것이 아니라, 21세기 동아시아의 평화와도 직결되어 있음을 알아야 합니다. 본 강의에서도 말한 것과 같이, 한반도는 19세기 이전에는 중국에 예속되다시피 했고, 20세기 전반기는 일본의 강제지배를 받았으며, 20세기 후반기는 남북으로 분단되었습니다.

이 과정 전체를 통해서 한반도의 불(不)평화는 곧 동아시아의, 나아가 세계의 불평화와 연결되었습니다. 그런 한반도지역이 21세기로 들어서는 시점에서도 아직 분단된 채입니다.

그리고 북쪽은 소련이 무너진 후에는 정치·경제·외교적으로 중국쪽과 더욱 밀접한 관계가 되었으며, 남쪽은 미국을 배경으로 한 일본쪽과 밀접해져 있습니다.

21세기에 들어서도 한반도 분단이 그대로 계속된다면, 동아시아는 한반도 북반부와 중국을 묶은 하나의 세력권과, 한반도 남반부와 일본을 묶은 또 하나의 세력권으로 나누어질 가능성이 있습니다. 이데올로기 문제를 떠나서 지정학적 위치의 문제 때문이지요.

이 경우 지난 20세기 후반기의 동서냉전시대와 같이 동아시아가 대륙세력과 해양세력의 양대 세력권으로 나뉘어 대립할 가능성이 커지며, 한반도가 평화적으로 통일되기도 어려울 것입니다.

21세기에는 한반도지역이 평화적으로 통일되어, 대륙세력(중국 및 러시아)과 해양세력(일본 및 미국) 사이에서 제3의 위치를 확보함으로써, 양대 세력의 충돌을 완화하고 동아시아의 평화를 담보하는 역할을 할 수 있어야 할 것입니다.

20세기로 들어설 무렵과는 크게 다른 점이지만, 21세기로 넘어가는 시점에서 인류사회의 현실은 세계의 중요한 부분이 민족국가끼리의 대립을 해소하면서 유럽연합(EU)이나 동남아시아연합(ASEAN)과 같은 지역공동체를 이루는 방향으로 나아가고 있습니다.

지금도 거론되고 있지만, 21세기에는 한반도지역과 중국·일본과 ASEAN을 포함한 동아시아공동체가 성립될 가능성이 커지고 있습니다. 그러나 동아시아공동체도 한반도지역이 통일되지 않고 분단상태로 있어서는 성립 전망이 어둡습니다.

이렇게 보면 21세기의 동아시아가 중·일의 대립구도로 가건 동아시아공동체를 형성하는 쪽으로 가건, 이 지역의 평화체제 구축을 위해서는 한반도의 통일이 불가결하다는 점을 알 수 있습니다.

한반도의 통일문제는, 그곳에 살고 있는 남북 7천만 주민만의 문제가 아니고, 좁게는 동아시아와 넓게는 세계사 전체의 평화 진전을 위해 필수적인 문제라는 것입니다. 한반도 평화통일의 민족사적·세계사적 당위성이 여기에 있다고 하겠지요.

특히 중요한 것은 한반도의 통일이 평화적 방법으로 이루어져야 한다는 점이며, 민족사 내적으로도 정치·경제·사회·문화적 민주주의가 더욱 발전하는 방향으로 통일이 되어야 한다는 점입니다.

2차대전 후 분단되었던 민족사회 중 베트남은 무력통일을 했고, 독일은 이른바 흡수통일을 했습니다. 아직도 분단상태에 있는 한반도에서는 무력통일은 물론 흡수통일도 아닌 남북 '협상통일'과 '대등통일'을 지향하고 있으며, 그것을 '남북합의서'와 '6·15 남북공동선언'에서 이미 약속한 바 있습니다.

21세기 우리 역사는 정치·경제·사회·문화적 민주주의 진전과 함께 이 '남북합의서'와 '6·15 공동선언'을 어김없이 실천하여 민족의 평화통일을 이루는 문제에 그 중심축이 놓일 것입니다.